四川美术学院学术出版基金资助

联合国及相关国家的遗产体系

彭兆荣 等 / 著

北京大学出版社
PEKING UNIVERSITY PRESS

图书在版编目(CIP)数据

联合国及相关国家的遗产体系 / 彭兆荣等著. —北京：北京大学出版社，2018.10
（文化艺术遗产研究丛书）
ISBN 978-7-301-29220-4

Ⅰ.①联… Ⅱ.①彭… Ⅲ.①非物质文化遗产 – 体系 – 研究 – 世界 Ⅳ.① G112

中国版本图书馆 CIP 数据核字 (2018) 第 022744 号

书　　　名	联合国及相关国家的遗产体系 LIANHEGUO JI XIANGGUAN GUOJIA DE YICHAN TIXI
著作责任者	彭兆荣等　著
责任编辑	初艳红
标准书号	ISBN 978-7-301-29220-4
出版发行	北京大学出版社
地　　　址	北京市海淀区成府路 205 号　100871
网　　　址	http://www.pup.cn　新浪微博：@北京大学出版社
电子信箱	alicechu2008@126.com
电　　　话	邮购部 010-62752015　发行部 010-62750672 编辑部 010-62759634
印　刷　者	河北涿县鑫华书刊印刷厂
经销者	新华书店
	720 毫米 ×1020 毫米　16 开本　22 印张　418 千字 2018 年 10 月第 1 版　2018 年 10 月第 1 次印刷
定　　　价	72.00 元

未经许可，不得以任何方式复制或抄袭本书之部分或全部内容。
版权所有，侵权必究
举报电话：010-62752024　电子信箱：fd@pup.pku.edu.cn
图书如有印装质量问题，请与出版部联系，电话：010-62756370

目 录

前 言 …………………………………………………………………………… 1

第一章　联合国教科文组织遗产体系 ……………………………………… 1
　　第一节　联合国教科文组织遗产管理和保护体系 ………………………… 9
　　第二节　联合国教科文组织遗产研究 ……………………………………… 26
　　第三节　联合国教科文组织的遗产教育 …………………………………… 28
　　第四节　联合国教科文组织遗产宣传 ……………………………………… 33

第二章　法国遗产体系 ……………………………………………………… 36
　　第一节　遗产名录及法律法规 ……………………………………………… 37
　　第二节　遗产行政管理保护体系 …………………………………………… 49
　　第三节　遗产的研究及教育 ………………………………………………… 65
　　第四节　遗产宣传 …………………………………………………………… 73

第三章　日本遗产体系 ……………………………………………………… 79
　　第一节　日本文化遗产保护体系 …………………………………………… 79
　　第二节　日本文化遗产管理与宣传 ………………………………………… 93
　　第三节　日本文化遗产的教育与评估 ……………………………………… 100
　　第四节　日本文化遗产研究 ………………………………………………… 108

第四章　美国遗产体系 ……………………………………………………… 117
　　第一节　国家公园体系 ……………………………………………………… 122
　　第二节　史密森尼学会 ……………………………………………………… 147
　　第三节　美国遗产的提名制度 ……………………………………………… 165
　　第四节　遗产研究和教育 …………………………………………………… 180

第五章　澳大利亚遗产体系 ·· 191
第一节　澳大利亚遗产的官方管理机构和体系 ···················· 191
第二节　澳大利亚遗产保护组织机构 ································ 196
第三节　澳大利亚的遗产及分类 ····································· 200
第四节　澳大利亚国家遗产评估体系介绍 ·························· 211
第五节　澳大利亚遗产教育 ·· 240
第六节　澳大利亚与遗产相关的法律法规 ·························· 245

第六章　中国遗产体系 ·· 252
第一节　遗产管理和保护体系 ··· 252
第二节　遗产研究和教育 ·· 275
第三节　遗产宣传 ··· 289

参考文献 ·· 298
附录：重要研究资源索引 ··· 305
后　记 ·· 346

前　言

《联合国及相关国家的遗产体系》主要对联合国教科文组织（UNESCO）遗产事业的"操作体系"和规则进行评估，对重要的、有代表性的遗产发达国家（包括法国、美国、日本、澳大利亚等）的遗产体系进行充分介绍与评述，深入分析我国现行的遗产情形及其生成演化，探索中国非物质文化遗产体系在世界遗产体系中的角色与价值。具体结构如下：

第一章"联合国教科文组织遗产体系"，介绍联合国教科文组织遗产管理和保护体系，并对联合国教科文组织遗产的研究、教育与传播进行梳理、总结与评述。

第二章"法国遗产体系"，分别介绍法国的遗产名录及法律法规、遗产行政管理保护体系、遗产的研究与教育、遗产的宣传等方面。

第三章"日本遗产体系"，主要介绍日本文化遗产保护体系、日本文化遗产管理与宣传、日本文化遗产的教育与评估、日本文化遗产研究。

第四章"美国遗产体系"，介绍国家公园体系、史密森尼学会、美国遗产的提名制度，并对美国遗产研究与教育进行评述。

第五章"澳大利亚遗产体系"，介绍澳大利亚遗产的官方管理机构和体系、澳大利亚遗产保护组织机构、澳大利亚的遗产及分类、澳大利亚国家遗产评估体系、澳大利亚遗产教育、澳大利亚与遗产相关的法律法规。

第六章"中国遗产体系"介绍和分析中国文化遗产的管理和保护体系、遗产研究和教育，以及遗产宣传的相关情况。

当代的"遗产事业"是一个全球范围内的事务和事件，因此，它具有明显的政治性"话语"特征，并由联合国教科文组织执行和操作这一"话语"规则。中华民族一方面需要更好地将自己的文化遗产介绍给世界，与全人类共享；同时也需要拥有更多的话语权，以与遗产大国的地位相称。那么，就需要对联合国教科文组织及相关国家遗产体系有足够的了解，"知己知彼"，并加以借鉴。

课题组利用全球相关图书和数字网络资源，广泛收集全球文化遗产相关资讯数百万字（包括外文书籍二百余册，外文论文千余篇）。在梳理和掌握当前国内外非物质文化遗产研究和实践的脉络、取向和范式的同时，关注国际遗产研究最新动态，为中国非物质文化遗产体系研究提供持续性的文献支持。

第一章 联合国教科文组织遗产体系

联合国教科文组织无疑是现代遗产运动最重要的主角。1972年联合国教科文组织通过《保护世界文化和自然遗产公约》(Convention Concerning the Protection of the World Cultural and Natural Heritage,以下简称1972年公约),三十年来获得全球的认同(截至2014年12月,公约有缔约国191个,列入名录的世界遗产有1007项①),成为当下世界最成功、最具影响力的国际公约之一。2003年,经过近16年的讨论、实践、磨合,联合国教科文组织终于通过《保护非物质文化遗产②公约》(Convention for the Safeguarding of the Intangible Cultural Heritage,以下简称2003年公约),以图覆盖1972年公约无法加以全面和专门保护的非物质文化遗产,从此搭建起全面系统保护人类遗产的国际法制框架。

本书整合联合国教科文组织与遗产相关的四份国际文书:1972年的《保护世界文化和自然遗产公约》,1989年《关于保护传统文化与民俗的建议》,1998年《联合国教科文组织宣布人类口头与非物质遗产代表作条例》,2003年《保护非物质文化遗产公约》,以及以此为基础展开的各项遗产保护实践,将其视为联合国教科文组织一套日趋完善的人类遗产体系。这是一套包含了保护世界遗产(自然的和文化的)、非物质文化遗产的理念、规则和实施的完整结构。今天,当我们放眼世界,察看全球遗产实践时,联合国教科文组织的遗产体系自然且必然首先进入我们的视野。

1972年公约的缔造者之一米歇尔·巴提塞认为联合国教科文组织遗产体系的核心理念——"古董"(antiquities)和"自然的历史"(natural history)——广受游人和作家关注后,西方启蒙时代才真正开始③。至于联合国教科文组织遗产体系

---

① 1007项世界遗产分属全球161个国家。

② 为求统一,本书将Intangible Cultural Heritage翻译为"非物质文化遗产"而不是"无形文化遗产",以与我国所使用的概念相一致。但在论述特定国家的遗产体系时,则尊重相关国家的概念,比如日本使用"无形文化财"等。同时也兼顾一些相关概念的演化和统合。20世纪80年代联合国教科文组织的相关部门研讨和文件中都用"Non-Physical Cultural Heritage"的表达方法,直到20世纪90年代开始才从日本借用了"Intangible Cultural Heritage",两个表达方法是有区别的,为尊重这段历史,特此说明。

③ Michel Batisse. *The struggle to save our world heritage: includes ralated article*. Environment. 1992. 34(10):12-32.

则直接缘起于两个独立发起、发展的保护运动：

① 肇始于 18 世纪末、19 世纪上半期的现代文化遗产保护运动，以下列事件为标志：1790 年法国成立了第一个"历史建筑委员会"①（Commission des Monuments，持续了 5 年时间）；1830 年创设了历史建筑总督察（Inspecteur Général des Monuments Historiques）一职，并配备了记录、保护和修缮历史建筑的资金；1871 年（明治四年）5 月，日本太政官接受了大学（现在的文部省的前身）的建议，颁布了保护工艺美术品的《古器旧物保存方》等。

② 发端于 19 世纪 30—70 年代的现代自然保护运动，以下列事件为标志：1831 年 9 月 24 日波士顿第一个国家"景观墓园"（scenic cemetery）诞生；1851 年美国纽约中央公园（Central Park）立项；1872 年，美国也是世界上第一个国家公园（黄石国家公园）诞生。

以上这些历史事件是早期倾向于系统地保护文化和自然财产的行动，它们都严格地限制在国家层面上。事实上，这些行动通常是为了增进国家精神而展开的。法国当时处于君主制、封建制和资本主义交替之时，新政权意欲通过"国家遗产"来整合国民的认同。日本也处于明治维新时期，也有同样需求。而美国，当时还是一个新兴的弱国，区别于欧洲母国的荒野自然，不仅激发其拓殖者们对自然的独特审美，更成为他们引发民族国家自豪感的重要工具。

此外，一些国际性的会议或国际性宪章也被视为联合国教科文组织遗产体系的源头。挪威学者阿特尔·奥姆兰德（Atle Omland）②，将联合国教科文组织自然遗产保护运动的源头置于 1913 年柏林会议（作者没有找到更详细的资料，只找到了 1913 年在瑞士伯尔尼召开过一次自然保护的国家会议③）；将文化遗产保护的源头置于 1931 年 10 月在雅典由国际联盟（League of Nations）赞助的第一届历史建筑建筑师与技师国际大会（First International Congress of Architects and

---

① monuments 源自拉丁语"monumentum"，直译为：纪念的，纪念性建筑和文件。韦氏英英词典指：（老式用法）有拱顶的坟墓，同义词 sepulchre；法律文件或记录；纪念物、名人、纪念人或事件的碑或建筑；（古代用法）符号，征兆，证据；（老式用法）雕像，边界或位置标识；颂文。总之包含纪念性雕塑、碑碣、坟墓、边界、标识等建筑物，也包括纪念性文字等其他物品。梅里美登记的 historical monuments 主要是建筑，当然也包括使得该建筑保持其特殊风格的一些收藏品，如家具等物品。因此本书对"monument"的翻译依据语境而定，在讲到法国"monument historique"时翻译为"历史建筑"，在其他地方涉及多种门类文化遗产时翻译成"文化纪念物"，涉及古董一类时翻译成"文物"，涉及不可移动的古建筑、考古遗址、历史名胜时翻译成"古迹"……依具体语境而定。

② Atle Omland. *World Heritage and the Relationship Between the Global and the Local*. [D]London: University of Cambridge, 1997.

③ H. Conwentz. "On National and International Protection of Nature."*The Journal of Ecology*. 1914. 2(2): 109-122. 论文注释中说明这是一篇在 1913 年 11 月 18 日伯尔尼保护自然国家会议上宣读的论文。

Technicians of Historic Monuments,国际古迹和遗址理事会前身),这次大会通过了《雅典宪章》。2007 年世界遗产中心的一份出版物①将自然保护的源头追溯到跟自然保护相关的国际条约和公约的缔结,以及类似大英帝国野生动物保护协会②(the Society for Preservation of the Wild Fauna and Flora of the Empire,1903 年创立)这一类组织的创立。国际文化遗产保护运动的源头则追溯到 1919 年国际联盟的成立,因为它开创了非常重要的一系列文化、智力财产的保护活动,之后皆由联合国继承。

国际自然保护联盟前主席马丁·霍尔德盖特(Martin W. Holdgate)(任期 1988—1994)在梳理国际保护运动的历史时也采用了"个人—国家—国际"的线索:

① 建构理念的人:1866 年恩斯特·海克尔(Ernst Haeckel),首先使用了"生态"(ecology)一词,指出这是一个连接了生物及其生活物质环境的网络,他的自然整体论(holism of nature)强烈地影响了生态学科的发展。后来自然整体论得到俄罗斯科学家维尔纳茨基(V. I. Vernadsky)的推进,他认为生物圈最主要的特点为:它是所有生命的居所。

② 国家层面:美国人走在前面,他们努力在掠夺者手中挽救荒野(wilderness)。1864 年 6 月 30 日美国林肯总统正式签署了法案,将约瑟米提山谷以及马里波萨大树林赠与加州政府,并规定加州只能将其用于公共的用途、休闲和娱乐,任何情况下都不能挪作他用。1872 年黄石国家公园诞生。很快国家公园的运动扩展到澳大利亚(1879 年指定了第一个国家公园用地)、加拿大(1885 年开始)和新西兰(1894 年毛利族酋长将神圣的汤加里罗火山送给国家,后来这里成为国家公园)。到了 1914 年,国家公园遍及阿根廷、瑞典和瑞士等地。

③ 国际组织:发端于欧洲,旨在保护景观、自然和历史遗址。1895 年英国国家信托基金(The British National Trust)成立,接着在荷兰、德国和瑞士出现了类似的机构。也是在 1895 年,第一个保护鸟类的国际大会在巴黎召开,1902 年开了第二届会议。1900 年伦敦召开了一次保护非洲哺乳动物的会议。1906 年美国总统罗斯福在海牙召集了一次重要的国际会议,45 个国家列了一份对经济至关重要的自然资源清单,并讨论保护它们最好的办法。1909 年在巴黎还召开了一次保护自然的国际会议,直接导致 1913 年 17 个欧洲国家在

---

① World Heritage Centre. "Genesis of International Protection of Cultural and Natural Heritage". World Heritage:Challenges for the Millenium. *Paris*:*UNESCO*,2007:26-29.

② 世界上致力于自然保护的最早的国际慈善机构,1903 年由一些在非洲的英美博物学家创立,野生动植物保护国际(Fauna & Flora International,简称 FFI)的前身。

瑞士伯恩签署了一项决议，为自然的国际保护建立一个咨询委员会。于是1922年成立了国际鸟类保护理事会（International Council for Bird Preservation），1929年建立了自然保护国际办公室（International Office for the Protection of Nature）。①

国家层面与国际层面的保护运动在发展中开始了它们的互动。1919年巴黎和平大会创立的国际联盟便是这一浪潮的标志，为各国政府、环保主义者等或公、或私的保护者提供了更大的舞台，各方为更好地实施自己的环保政策和理念而相互竞争，客观上促进了整个保护运动的快速发展。②在工业化和全球化主导的20世纪，众多国家、国际遗产保护运动在各不相同的诱因下在国际社会上掀起"波浪"，渐渐汇成文化和自然两股浪潮，造就了20世纪独特的人类历史景观。两股浪潮都分别导向了平行的国际协议，由于国际自然保护联盟的公约草案涵盖了自然区域以及重要的历史遗迹，和联合国教科文组织提交的文化保护公约重叠了，这迫使在筹备联合国人类环境大会（Conference on the Human Environment，1972年6月在斯德哥尔摩召开）过程中各方作出新的决定：在一次讨论人类环境的国际会议上通过一份给予文化和自然财产同等对待的国际公约，即1972年《保护世界文化和自然遗产公约》。两股几乎齐头并进的浪潮最终由一个独特的国际公约汇成一个人类历史上最庞大的世界遗产保护运动。

就在1972年公约通过后不到半年，1973年4月玻利维亚政府的一份提案（提请在《世界版权公约》中加入保护民俗的条款）掀起了一场保护民俗（未纳入1972年公约的文化遗产）的国际大讨论。联合国教科文组织即刻被拉入一个全新的保护运动，一场在1972年公约基础上建构完整联合国教科文组织人类遗产体系的漫长旅程，至今没有完结。如何保护民俗的国际大讨论历时16年之久，终于在1989年10月联合国教科文组织第25次大会上取得阶段性成果——《关于保护传统文化与民俗的建议案》。

这是由1972年公约开创的联合国教科文组织人类遗产体系首次重要的拓展。1972年公约的世界遗产当中没有包括民俗方面的遗产。如果比较1972年公约里的文化遗产、自然遗产和1989年建议案里的民俗，两者之间的差别很明显：

---

① Martin W. Holdgate. "Pathways to sustainability: the evolving role of transnational institutions". Environment. 1995. 37(9): 16-20.

② Anna-Katharina Wöbse. *Natural Allies? Private-public Actors and International Organisations: A History of Their Interplay* (1920-1950).

表 1—1　1972 年公约世界遗产(文化和自然)与 1989 年建议案"民俗"之比较

	世界遗产(文化和自然)	民俗
形式	有形物为主体	无形物为主体
传承方式	自然留存	口传
跟社区关系	不涉及社区	基于社区
是否仍在日常生活中使用	大多文化遗产已不具日常功用 自然遗产也大多禁止日常使用	部分具日常功用(大众日用的) 部分即将消失(传统的)
鉴定标准	卓越的普世价值等	在社区和全球之间模棱两可

1989 年建议案是联合国教科文组织人类遗产体系对民俗——非精英的民间遗产类型的发现。它不是主流文化中用文字、艺术等有形物记录和传承的,不是举世瞩目的、令人叹为观止的"奇迹"型遗产,不是帝王或显赫人物留下的珍宝,也不是穿越漫长历史后镀上远古光环的古迹;民俗刚好是一些在现代社会中被边缘化的东西,它们要么仍流行于远离现代都市的"落后"地区,要么是年轻人不屑的"老土"、老年人新鲜的记忆,没有光环,不是奇迹。但作为第一份,也是当时唯一的专门为非物质文化遗产制定的国际法律文件,1989 年建议案不仅开启了对民俗的全面保护,也开启了对民俗智力产权的法律保护。同时,联合国教科文组织文化遗产保护运动从此进入了另一扇早在东方打开了的门——非物质文化遗产的保护。日本与欧洲文化遗产保护运动的先锋法国几乎同时开启文化遗产的保护运动,但是总是被西方遗产研究和实践所忽略。与西方相比,人们在东方文化遗产保护运动的视野中看到的是非常不同的文化遗产——活态文化。

1972 年公约是对有形遗产的保护,联合国教科文组织的人类遗产体系直到 1989 年才开始涉及对另一种类型的遗产——非物质文化遗产的保护。联合国教科文组织移植了博物馆的保护模式来保护民俗这一西方学科体系中定义的非物质文化遗产。因此 1989 年建议案主要的保护对象其实是"以有形形式固化"的民俗,一部分是用文字以及相机、录音机、摄影机等现代的传媒工具记录和物化的民俗,保护的是有关民俗的记录;另一部分则是文化社区用以表达自己文化的器物,如手工艺品、劳动工具、建筑等等。这样的保护无法涉及携带口传民俗最精华的部分——语境中活生生的文化感受,而这才是文化社区成员赖以获得社区文化身份认同和集体记忆的核心。表达文化的器物型民俗只是民俗中的一部分,尤其是当这些器物被拿出社区后,大有"死亡"之嫌。就在 1989 年建议案被反思的时候,东方的视野——"非物质文化遗产"开始登上联合国教科文组织人类遗产体系建设的舞台,其标志性成果为 2003 年通过的《保护非物质文化遗产公约》,联合国教科文组织人类遗产系统终于建构起一个比较完整的框架,将自然遗产(有形的和无形的)和文化遗产都纳入当下人类最庞大的反思平台和传承系统之一。

在这一过程中,日本以其百年的遗产保护实践与联合国教科文组织遗产体系的建设形成了卓有成效的互动。日本 1951 年 7 月 2 日加入联合国教科文组织,直到 1992 年 6 月 30 日才正式签署 1972 年公约。1989 年,也就是在日本还未成为 1972 年公约缔约国之前,日本为实践日本新的文化政策(国际合作)与联合国教科文组织共同设计了一个专为保护世界遗产的基金——日本保护世界文化遗产信托基金(The Japanese Trust Fund for the Preservation of the World Cultural Heritage)。此前,日本也参与了对努比亚遗址、印度尼西亚婆罗浮屠以及巴基斯坦摩亨佐达罗考古遗址的保护工作。基金建立后,主要协助保护亚洲地区的文化遗产地,但也援助了欧洲的罗马尼亚、非洲的贝宁和埃及,以及拉丁美洲的秘鲁和智利等国的文化遗产地保护工作。世界遗产中心还用这些基金帮助超过 15 个发展中国家筹备世界遗产的鉴定和提名工作,在亚洲进行发展文化遗产监测和报告制度的能力建设项目。近年来该基金援助的最大的项目是"巴米扬遗址的保护"(2003—2006)。

1993 年日本政府和联合国教科文组织建立了"日本保护和促进非物质文化遗产信托基金",这是联合国教科文组织非物质文化遗产保护项目中第一个信托基金,旨在增强发展中国家采取行动保护、复兴、促进和传承其非物质文化遗产的能力。这个基金为"非物质文化遗产"这个概念的形成作出了极大的贡献,让国际文化遗产保护社区对文化遗产的复杂性有了更综合性的认知。联合国教科文组织意识到,自 1972 年以来的几十年间,文化遗产的概念不断地变化,变得越来越丰富和宽泛,并将非物质文化遗产的理念渐渐理解为组成文化遗产的一个部分,文化遗产概念因而包含了有形和无形的方面,这使得对文化遗产的理解变得整体而均衡。基金还在世界范围内资助了大量非物质文化遗产保护方面的国际项目,赞助联合国教科文组织在国际、地区层面召开了多次专家会议,讨论非物质文化遗产及其保护工作,并大力支持和推动了 2003 年公约的筹备工作。日本因此成为联合国教科文组织人类遗产体系建设中的重要角色。

此外,韩国在联合国教科文组织非物质文化遗产项目方面也扮演了重要的角色。1993 年 6 月韩国给联合国教科文组织执行局的一封公函里正式提出建议联合国教科文组织建立"活着的文化财产"制度(System of "Living Cultural Properties")的提案,提案得以在联合国教科文组织总部组织的"联合国教科文组织新规划项目:非物质遗产的国际咨询会"上提出。这是一次非常重要的会议,会上联合国教科文组织正式提出建立非物质文化遗产部,并为联合国教科文组织保存、保护、传承、促进和复兴非物质文化遗产确定新的方向、途径和机制。1993年执行局第142次大会正式通过了建立"人间珍宝制度"(System of Living Human Treasures)的决议,旨在鼓励各成员国采取积极而有力的措施在所有层面保护传统文化。人间珍宝被正式定义为:人们在生活中所创造的优秀文化,以及在特殊物质文化遗产中那些拥有高超技能和技术的人。①

在对1989年建议案的全面反思以及日韩经验的推动下,联合国教科文组织遗产体系出现全新的局面。在1997西班牙作家胡安·戈伊蒂索洛(Juan Goytisolo)等人的呼吁下,联合国教科文组织文化遗产处与摩洛哥教科文全委会于1997年6月底在摩洛哥马拉喀什召开了"保护大众流行文化空间的国际咨询会"(International Consultation on the Preservation of Popular Cultural Spaces),形成两个新概念:"人类口头遗产"和"文化空间",并向联合国教科文组织提交议案,要求设立一个国际荣誉奖项,确保被宣布为"人类口头遗产代表作"的文化空间或文化表现形式受到保护和宣传。联合国教科文组织第29次大会决定启动宣布"人类口头与非物质文化遗产代表作"项目,每两年接受各成员国的申请,由联合国教科文组织组织的国际评审团评审,由联合国教科文组织宣布"人类口头与非物质文化遗产代表作",以弥补联合国教科文组织世界遗产体系的不均衡。② 这就是1998年《联合国教科文组织宣布人类口头与非物质遗产代表作条例》(Regulations Relating to the Proclamation by UNESCO of Masterpieces of the Oral and Intangible Heritage of Humanity,以下简称1998年代表作条例)出台的过程。

2001年联合国教科文组织总干事宣布了第一批"代表作",从32个候选项目中遴选出19项,这次评选取得很好的效果。但是在2001年第一批宣布的"代表作"中能见到明显的两极分化:发达国家的口头和非物质遗产普遍保护良好,而发展中国家的则大都处于濒危状态。同时还暴露了一些实施方面的问题,如宣传力度不大,导致申报数量不多;没有申报指南,提交的材料难以处理。于是在第一批"代表作"宣布后,联合国教科文组织组织编撰了《人类口头与非物质遗产代表作申报文件准备指南》,并成为联合国教科文组织指导各国申报的重要文件。

2001年第一批"代表作"出炉,联合国教科文组织人类遗产体系中非物质文化遗产保护框架总算是真正建构起来了。2003年公约渐渐成为一支安放在弓弦上的"箭",蓄势待发。就在联合国教科文组织宣布第一批"代表作"的同时,还提出

---

① UNESCO Section of Intangible Heritage, Korean National Commission for UNESCO. *Guidelines for the Establishment of Living Human Treasures Systems*. Updated Version. Paris: UNESCO, 2002.

② UNESCO. *Records of the General Conference*. Twenty-ninth Session Paris, 21 October to 12 November 1997.

《关于是否应该制定一份在国际范围内保护传统文化和民俗的新准则性文件的初步研究报告》，这次会议是一次联合国教科文组织非物质遗产领域的一次大反思。报告的结论是联合国教科文组织需要制定一份新的准则性文件来保护非物质文化遗产。与1972年公约的诞生相比，2003年公约的诞生过程是一个充满激情和幸运的过程，诸多因素促使原计划于2005年才讨论是否通过的新公约十分顺利地在2003年就"早产"了。在联合国教科文组织第32次大会上公约通过了，没有任何修改意见，而且几乎是一致通过。这标志着联合国教科文组织对非物质文化遗产理解的决定性转折。2003年《保护非物质文化遗产公约》的出台最终填补了有关遗产准则性文件的缺口。

至此，联合国教科文组织人类遗产体系的历史大致梳理完毕。联合国教科文组织在短短半个世纪里的开拓，整合全球力量建构了这一体系，这是人类发现自己、反思自己，并不断超越自己的努力。这个体系本身就如那些宏伟的人类文明遗址一样，是为了对我们而言极为重要的意义而建构起来的，联合国教科文组织人类遗产保护体系本身就是最具有卓越普世价值的"世界遗产"和最具有生命力的"非物质文化遗产"。

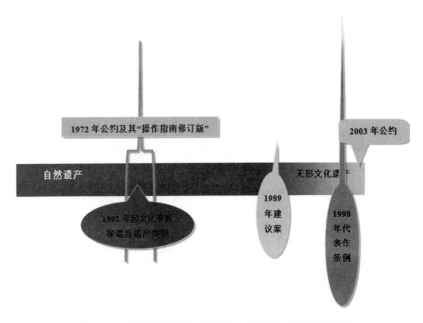

图1—1　联合国教科文组织的人类遗产体系成长图示

在这一套遗产理念和实践的基础上，联合国教科文组织还通过了其他一些公约来保护和管理特殊状态或者环境中的遗产，如武装冲突和非法交易以及进出口状态中的文化遗产（包括不可移动的和可移动的）、水下遗产等。

从20世纪50年代开始的努比亚保护运动到2006年生效的2003年公约,联合国教科文组织走过了一段漫长、艰难而卓有成效的遗产保护道路,这项事业的开创者之一米歇尔·巴提塞(Michel Batisse)①将联合国教科文组织守护遗产的工作表述为一次"伟大的征途"。②

第一节　联合国教科文组织遗产管理和保护体系

一、机构及其职能与运作模式

联合国教科文组织的遗产管理和保护机构由联合国教科文组织文化部门总体负责,该部门的工作主题包括:文化多样性、世界遗产、非物质遗产、水下遗产、可移动遗产和博物馆、创造性、对话、规范性活动、紧急情况。其内部的机构设置如下:

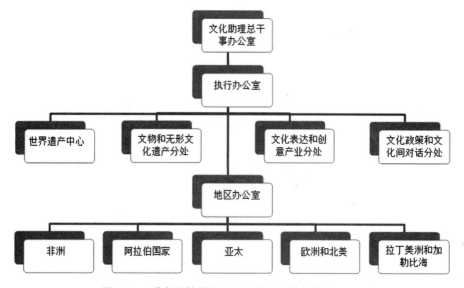

图1-2　联合国教科文组织文化部门的机构树形图

执行办公室下设的五个部门均按照联合国教科文组织通过的具有法律规范性的宣言、建议书或公约来开展工作,即机构是依法而建,据法运作,同时机构的工作

---

①　米歇尔·巴提塞(1923—2004),1972—1984年任UNESCO科学部助理秘书长,1972年世界遗产公约的创始人之一,在公约的磋商和筹备工作中起着至关重要的作用,捍卫了自然遗产在公约中的正当地位。是UNESCO"人与生物圈计划"以及"生物圈保护区"概念的主要创始人。半个多世纪以来,他为UNESCO环境和自然资源方面的项目作出了独一无二的贡献。

②　Michel Batisse, Gerard Bolla. *The Invention of "World Heritage"*. English verstion. UNESCO，2005 (French version. 2003)：21.

将提升法规的影响力和执行力。

这些法规性文件包括：《世界版权公约》(1952、1971)，《关于发生武装冲突情况下保护文化财产的公约》(1954)，《关于禁止和防止非法进出口文化财产和非法转让其所有权的方法的公约》(1970)，《保护世界文化和自然遗产公约》(1972)，《保护水下文化遗产公约》(2001)，《保护非物质文化遗产公约》(2003)，《保护和促进文化表达多样性公约》(2005)。几乎每一份公约都会依据公约设立秘书处或特别部门来负责公约的运营；鉴于公约的对象、历史、经营状态不同，有的公约机构已经形成文化部门下必不可少的行政部门，如世界遗产中心(据1972年公约建立)根据公约框架对联合国教科文组织遗产体系的重要程度、签署的情况，以及公约的影响力和运作情况进行管控。这里特别介绍两个重要的公约机构：

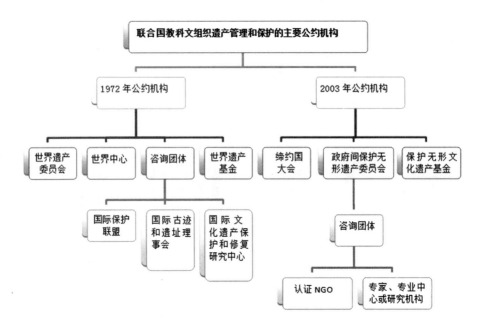

图1-3 联合国教科文组织遗产体系关键公约机构树形图

（备注：2003年公约的咨询团体由政府间委员会分别从认证NGO和专家、专业中心或研究机构网络中选出6家NGO和6位专家组成，每届均更新。）

世界遗产委员会由21个成员国组成，每年的6月或者7月至少开一次会议。委员会设有主席团，通常在委员会常会期间召集开会。通过世界遗产中心(即世界遗产委员会秘书处)可以联系委员会。世界遗产委员会成员任期6年。然而，为了保证世界遗产委员会均衡的代表性和轮值制，大会向缔约国提出自愿考虑缩短任期从6年到4年，且不鼓励连任。根据委员会在大会前一届会议期间所作的决定，为尚无财产列入《世界遗产名录》的缔约国保留一定数量的席位。

委员会的主要职能是与缔约国合作开展下述工作：

① 根据缔约国递交的"预备名录"和申报文件，委员会确认将在《公约》下实施保护的具有突出的普世价值的文化遗产和自然遗产，并把这些遗产列入《世界遗产名录》；

② 委员会通过反应性监测和定期报告审查已经列入《世界遗产名录》的遗产保护状况；

③ 委员会决定《世界遗产名录》中的哪些遗产应该列入《濒危世界遗产目录》或从《濒危世界遗产目录》中删除；

④ 委员会决定一项遗产是否应该从《世界遗产名录》上删除；

⑤ 委员会制定向它提交国际援助申请的审议程序，在作出决定之前，进行它认为必要的研究和磋商；

⑥ 委员会决定如何发挥世界遗产基金资源的最大优势，帮助缔约国保护他们具有突出的普遍价值的遗产；

⑦ 采取措施设法增加世界遗产基金；

⑧ 委员会每两年向缔约国大会和联合国教育、科学及文化组织大会递交一份关于其活动的报告；

⑨ 委员会定期审查和评估《公约》的实施情况；

⑩ 委员会修改并通过《操作指南》。

世界遗产中心，创建于1992年，担负秘书处的职能，联合国教科文组织总干事指派世界遗产中心主任为委员会的秘书。秘书处协助和协调缔约国和咨询机构的工作。秘书处还与联合国教科文组织的其他部门和外地办事处密切合作。

秘书处的主要任务包括：

① 组织缔约国大会和世界遗产委员会的会议；

② 执行世界遗产委员会的各项决定和联合国教科文组织大会的决议，并向委员会和大会汇报执行情况；

③ 接收、登记世界遗产申报文件，检查其完整性、存档并呈递到相关的咨询机构；

④ 协调各项研究和活动，作为加强《世界遗产名录》代表性、平衡性和可信性全球战略的一部分；

⑤ 组织定期报告和协调反应性监测；

⑥ 协调国际援助；

⑦ 调动预算外资金保护和管理世界遗产；

⑧ 协助各缔约国实施委员会的各方案和项目；

⑨ 通过向缔约国、咨询机构和大众发布信息,促进世界遗产的保护和增强对《公约》的认识。

世界遗产委员会正式咨询机构:

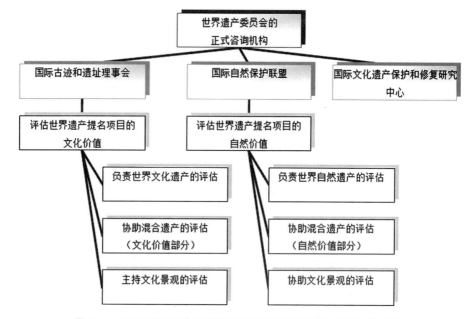

图1-4　UNESCO三大正式咨询机构及其与世界遗产有关的功能

机构	据1972年公约规定担负的职能
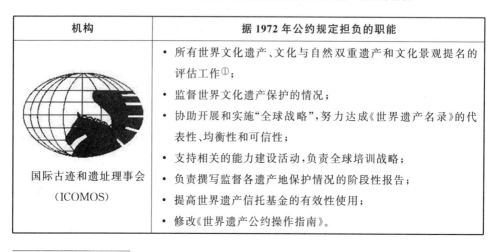 国际古迹和遗址理事会 (ICOMOS)	• 所有世界文化遗产、文化与自然双重遗产和文化景观提名的评估工作①; • 监督世界文化遗产保护的情况; • 协助开展和实施"全球战略",努力达成《世界遗产名录》的代表性、均衡性和可信性; • 支持相关的能力建设活动,负责全球培训战略; • 负责撰写监督各遗产地保护情况的阶段性报告; • 提高世界遗产信托基金的有效性使用; • 修改《世界遗产公约操作指南》。

---

① ICOMOS可能向世界遗产委员会提供四种可能的建议:不需进一步的行动直接将提名列入《世界遗产名录》;拒绝申请;延期,要求在全体委员会会议时补充信息。延期的决定还有可能最终将提名列入名录。通常是在ICOMOS建议申报国就边界做微小的修订或要求关于管理规划的进一步信息时;建议下一次会议讨论,以等待更多的支持信息。这种决定可能会导致ICOMOS委托某个专家或一个专业机构(可能是ICOMOS自己的一个国际科学委员会)进行一项比较研究。在另一种情况下,这种建议可能源自需要制订、实施或者是大幅度修改提名项目的管理规划。

续表

机构	据1972年公约规定担负的职能
IUCN 国际自然保护联盟	• 所有世界自然遗产提名的评估工作； • 与国际古迹和遗址理事会合作进行文化与自然双重遗产的评估； • 协助国际古迹和遗址理事会进行文化景观的评估； • 监督世界自然遗产保护的情况； • 审核各成员国申请国际资助的报告； • 协助开展和实施"全球战略"，努力达成《世界遗产名录》的代表性、均衡性和可信性； • 支持相关的能力建设活动，负责全球培训战略； • 负责撰写监督各遗产地保护情况的阶段性报告； • 提高世界遗产信托基金的有效性使用； • 修改《世界遗产公约操作指南》。
ICCROM 国际文化遗产保护与修复研究中心	• 文化遗产方面培训的优先合作伙伴； • 支持相关的能力建设活动，负责全球培训战略； • 监督世界文化遗产保护情况； • 协助开展和实施"全球战略"，努力达成《世界遗产名录》的代表性、均衡性和可信性； • 负责撰写监督各遗产地保护情况的阶段性报告； • 提高世界遗产信托基金的有效性使用； • 审核各成员国申请国际资助的报告； • 修改《世界遗产公约操作指南》。

图1—5　UNESCO三大正式咨询机构职能一览表

（综合IUCN，World Heritage Nominations for Natural Properties：
A Resource Manual for Practitioners. Draft Report. Gland：June 2007 和三大机构主页）

2003年公约的最高权力机构是缔约国大会，大会每两年举行一次常会。如若它作出此类决定或政府间保护非物质文化遗产委员会或至少三分之一的缔约国提出要求，可举行特别会议。

政府间非物质文化遗产委员会由参加大会之缔约国选出的18个缔约国的代表组成。在公约缔约国的数目达到50个之后，委员会委员国的数目将增至24个。委员会委员国的选举应符合公平的地理分配和轮换原则。委员国由缔约国大会选出，任期4年。但第一次选举当选的半数委员会委员国的任期为两年。这些国家在第一次选举后抽签指定。大会每两年对半数委员会委员国进行换届。委员会委员国不得连选连任两届。委员会委员国应选派在非物质文化遗产各领域有造诣的人士为其代表。

政府间非物质文化遗产委员会的职能：

① 宣传公约的目标，鼓励并监督其实施情况；

② 就好的做法和保护非物质文化遗产的措施提出建议；

③ 拟定利用基金资金的计划并提交大会批准；

④ 努力寻求增加其资金的方式方法，并为此采取必要的措施；

⑤ 拟定实施公约的业务指南并提交大会批准；

⑥ 审议缔约国的报告并将报告综述提交大会；

⑦ 根据委员会制定的、大会批准的客观遴选标准，审议缔约国提出的申请并就以下事项作出决定：列入第十六条、第十七条和第十八条述及的名录和提名，按照第二十二条的规定提供国际援助。

政府间非物质文化遗产委员会的工作方法：

① 委员会对大会负责。它向大会报告自己的所有活动和决定。

② 委员会以其委员的三分之二多数通过自己的议事规则。

③ 委员会可设立其认为执行任务所需的临时特设咨询机构。

④ 委员会可邀请在非物质文化遗产各领域确有专长的任何公营或私营机构以及任何自然人参加会议，就任何具体的问题向其请教。

咨询组织的认证：

① 委员会应建议大会认证在非物质文化遗产领域确有专长的非政府组织具有向委员会提供咨询意见的能力。

② 委员会还应向大会就此认证的标准和方式提出建议。

秘书处：

① 委员会由教科文组织秘书处协助。

② 秘书处起草大会和委员会文件及其会议的议程草案和确保其决定的执行。

二、相关法规

联合国教科文组织遗产体系就是基于一系列国际性法约框架建构起来的，因此法规是联合国教科文组织遗产体系的核心。相关的法规有：《关于发生武装冲突情况下保护文化财产的公约》(1954)、《关于禁止和防止非法进出口文化财产和非法转让其所有权的方法的公约》(1970)、《保护世界文化和自然遗产公约》(1972)、《保护水下文化遗产公约》(2001)、《保护非物质文化遗产公约》(2003)、《保护和促进文化表达多样性公约》(2005)。

1.《关于发生武装冲突情况下保护文化财产的公约》(1954)(摘要)

军事行动常常致使无法替代的文化财产遭受毁灭,于是国际社会于1954年在海牙通过了《关于发生武装冲突情况下保护文化财产的公约》。与该《公约》同时通过的还有一项关于占领时期文化财产的《议定书》。虽然1954年《公约》加强了对文化财产的保护,但它的各项规定却并未得到始终如一的贯彻。为了解决这一问题,1999年3月26日通过了1954年公约的第二个《议定书》(第二议定书)。上述各法律文件对于保存全人类宝贵的文化财产十分必要。

(1) 保护对象

不问其来源或所有权如何,应包括:

(甲)对各国人民的文化遗产具有重大意义的动产或不动产,例如建筑、艺术或历史上的纪念物,不论是宗教性的或是世俗的;考古遗址;具有历史或艺术上价值的整套建筑物;艺术品;手稿、书籍和其他具有艺术、历史或考古价值的其他物品;以及科学珍藏和书籍或档案的重要珍藏或者上述各物的复制品。

(乙)其主要目的为保存或展览(甲)款所述可以移动的文化财产的建筑物,例如博物馆、大型图书馆和档案库,以及发生武装冲突时准备用以掩护(甲)款所述可以移动的文化财产的保藏所。

(丙)用以存放大量的(甲)(乙)两款所述文化财产的中心站,称为"纪念物中心站"。

(2) 保护方式

缔约国必须保护所有文化财产,无论是其自己国家的还是位于其他缔约国领土之内的。为文化财产提供保护的各体系概括如下:

① 一般保护:必须在最低限度上,给予所有文化财产以《公约》所规定的"一般保护"。

② 保护:各缔约国必须保障其本国文化财产免受武装冲突之可预见后果的影响。缔约各国必须通过以下措施尊重所有文化财产:a.在发生武装冲突时,不得将文化财产用于任何可能致其毁损的目的;b.不得采取针对此项财产的任何敌对行动。

③ 例外:上述尊重一切文化财产的义务仅在"军事上绝对需要"的情况下方得予以摒弃。可因下列情况援引摒弃之规定:a.仅在没有其他办法能获得同等军事优势的情况下,方可将文化财产用于会使其遭受破坏的目的;b.只有当文化财产所起的作用已使其变为军事目标而且的确已没有其他办法能够获得同等军事优势时,方可攻击该文化财产。当条件允许时,应及时向对方发出有效警告。

④ 预防措施:各缔约国应尽一切可能将文化财产从军事目标附近移走或避免将军事目标设在文化财产附近。冲突各方应该采取一切可行措施保护文化财产,

包括避免采取可能对文化财产造成意外损失的攻击。

⑤ 被占领土:根据该《公约》,占领外国领土的缔约国应保存该领土上的文化财产。1954年《议定书》要求占领他国领土的各缔约国在武装冲突期间防止从该领土输出文化财产。但是,如果文化财产已被输出,缔约各国应在敌对行动终止时予以返还。

⑥ 特别保护:1954年《公约》规定了一个"特别保护"体系,但只取得了有限的成果。针对1954年体系的局限性,1999年《议定书》引入了一个关于"重点保护"的新体系。如果一项财产同时置于特别保护和重点保护之下,那么只适用有关重点保护的规定。

⑦ 重点保护:1999年《议定书》为某些文化财产提供了"重点保护"。

⑧ 保护标准:文化财产应符合以下三个条件,方可置于"重点保护"之下:a. 属于对全人类具有最重大意义的文化遗产;b. 系国内有关措施视为具有特殊文化与历史价值并给予最高级别保护的文化财产;c. 未被用于军事目的或用以保护军事设施,并且控制该财产的缔约国已正式声明其不会被用于此类目的。在武装冲突情况下,保护文化财产委员会授予重点保护资格的文化财产应被列入《受重点保护的文化财产目录》。

⑨ 保护:拥有《目录》中所列之文化财产的缔约国不得将这些文化财产或其周围设施用以支持军事行动。此项义务没有例外规定。缔约国应避免对《目录》中所列之文化财产实施攻击。

⑩ 例外:如果此类财产的使用方式已使其成为军事目标,则不得攻击《目录》中之财产的义务不予适用。只有在攻击是唯一可结束此种使用方式的手段,且已采取尽量减少对该财产损害的预防措施时,方可允许攻击。当条件允许时,应及时向对方发出有效警告。

(3) 公约的标记

公约的明显标记应如盾状,下端尖,十字交叉,蓝白相间(盾为蓝色四边形,其中一角成为盾的尖端,四边形之上为一蓝色三角形,两旁为白色三角形各一)。标记应单独使用,或者按照第十七条所规定的条件以一个三角形重复三次(下面为一个盾形)。

标记的使用:①明显的标记重复三次只能用以识别下列各物:a. 受特别保护的不能移动的文化财产;b. 根据第十二条和第十三条所规定的条件而进行运输的文化财产;c. 根据公约实施条例所规定的条件而临时设置的保藏所。②明显的标记单独使用只能用以识别下列各人或物:a. 不受特别保护的文化财产;b. 根据公约实施条例负管制职责的人员;c. 从事保护文化财产的人员;d. 公约实施条例所述的身份证。③在发生武装冲突时,除本条前两款所规定

图1-6 蓝盾

者外,禁止使用明显的标记,并禁止为任何目的使用近似明显标记的任何记号。④ 明显的标记不得置于任何不能移动的文化财产,除非同时显示经缔约一方主管当局正式填写日期并签名的授权。

(4) 公约的适用范围

① 除平时有效的规定外,本公约应适用于缔约国两方或两方以上之间可能发生经宣告的战争或任何其他武装冲突,即使一方或一方以上不承认有战争状态。

② 公约亦应适用于对缔约一方领土的一部或全部占领,即使对于上述占领不发生武装抵抗。

③ 如果冲突的一方不是本公约的缔约一方,公约的缔约各国在其相互关系中仍受公约的约束。如果非缔约一方的国家声明接受公约的规定并且实施此项规定时,缔约各国在其与非缔约一方的关系中应更进一步受公约的约束。

(5) 制裁

缔约各方承允在其普通刑事管辖系统内对违反或教唆违反本公约的任何人,不论该人属何国籍,采取一切必要步骤予以追诉并施以刑罚或纪律制裁。

我国于 1999 年成为该公约缔约国。

2.《关于禁止和防止非法进出口文化财产和非法转让其所有权的方法的公约》
   (1970 年通过,1972 年 4 月 24 日生效)(摘要)

主要宗旨就是保护缔约国的文化财产免受偷盗、秘密发掘和非法出口的危险。为此,各缔约国均有义务建立保护文化遗产的国家机构,配备合格的工作人员,履行协助制定旨在切实保护文化遗产特别是防止重要文化财产的非法进出口和非法转让的法律或规章,组织对考古发掘的监督,制定并不断更新一份其出口将造成文化遗产严重枯竭的重要的公共及其私有文化财产的清单,对任何种类的文化财产的失踪进行适当宣传等职责。

该公约所指的"文化财产"指每个国家,根据宗教的或世俗的理由,明确指定为具有重要考古、史前史、历史、文学、艺术或科学价值的财产并属于下列各类者:

① 动物群落、植物群落、矿物和解剖以及具有古生物学意义的物品的稀有收集品和标本;

② 有关历史,包括科学、技术、军事及社会史,有关国家领袖、思想家、科学家、艺术家之生平以及有关国家重大事件的财产;

③ 考古发掘(包括正常的和秘密的)或考古发现的成果;

④ 业已肢解的艺术或历史古迹或考古遗址之构成部分;

⑤ 一百年以前的古物,如铭文、钱币和印章;

⑥ 具有人种学意义的文物；

⑦ 有艺术价值的财产，如：

a. 全部是手工完成的图画、绘画和绘图，不论其装帧框座如何，也不论所用的是何种材料（不包括工业设计图及手工装饰的工业产品）；

b. 用任何材料制成的雕塑艺术和雕刻的原作；

c. 版画、印片和平版画的原件；

d. 用任何材料组集或拼集的艺术品原件；

⑧ 稀有手稿和古版书籍，有特殊意义的（历史、艺术、科学、文学等）古书、文件和出版物，不论是单本的或整套的；

⑨ 邮票、印花税票及类似的票证，不论是单张的或成套的；

⑩ 档案，包括有声、照片和电影档案；

⑪ 一百年以前的家具物品和古乐器。

此外，凡属以下各类财产均为每个缔约国的文化遗产的一部分：

① 有关国家的国民的个人或集体所创造的文化财产和居住在该国领土境内的外国国民或无国籍人在该国领土内创造的对有关国家具有重要意义的文化财产；

② 在国家领土内发现的文化财产；

③ 经此类财产原主国主管当局的同意，由考古学、人种学或自然科学团体所获得的文化财产；

④ 经由自由达成协议实行交流的文化财产；

⑤ 经此类财产原主国主管当局的同意，作为赠送品而接收的或合法购置的文化财产。

我国于 1989 年 9 月 25 日作出加入该公约的决定。

3.《保护世界文化和自然遗产公约》（1972 年通过，1975 年 12 月 17 日生效）（摘要）

1972 年公约第 1—3 条确定了世界遗产的定义。因为国际法中要求的定义是闭合性的，所以随着人们对世界遗产理解的变迁，公约的定义需要通过《世界遗产公约操作指南》来进行更新和阐释。1977 年第一版《世界遗产公约操作指南》出来后便相继进行了多次改版（最新为 2008 年版），至今世界遗产的定义已有较大变化。

（1）保护对象

①"文化遗产"：文物：从历史、艺术或科学角度看具有突出的普遍价值的建筑物、碑雕和碑画，具有考古性质成分或结构的铭文、窟洞以及联合体；建筑群：从历史、艺术或科学角度看在建筑式样、分布均匀或与环境景色结合方面具有突出的普

遍价值的单立或连接的建筑群;遗址:从历史、审美、人种学或人类学角度看具有突出的普遍价值的人类工程或自然与人联合工程以及考古地址等地方。

② "自然遗产":从审美或科学角度看具有突出的普遍价值的由物质和生物结构或这类结构群组成的自然面貌;从科学或保护角度看具有突出的普遍价值的地质和自然地理结构以及明确划为受威胁的动物和植物环境区域;从科学、保护或自然美角度看具有突出的普遍价值的天然名胜或明确划分的自然区域。

公约缔约国均可自行确定和划分上面提及的、本国领土内的文化和自然财产。

③ 文化和自然双重遗产:满足部分或全部公约第 1 和第 2 条中文化和自然遗产定义的遗产。

④ 文化景观(代表了公约第一条中"自然与人类合造之工程"的文化财产)、线路遗产等一系列新增的文化遗产亚类。

备注:对于可能发生迁移的不可移动遗产的提名将不作考虑。

(2) 保护方式

分别在国家和国际层面展开整合法律、科学、技术、行政和财政等多层面、多维度的保护和管理体系,并以《世界遗产名录》为标志,建立全球性的名誉和监测体制。

我国于 1985 年 12 月 12 日加入该公约。

4.《保护水下文化遗产公约》(2001 年通过,2009 年 1 月 2 日生效)(摘要)

由于人们对水下文化遗产日益频繁的商业开发和多年来对水下文化遗产的严重破坏,为此,联合国教科文组织认为有必要根据国际法和国际惯例,编纂有关保护和保存水下文化遗产的法典和逐步制定这方面的规章制度。公约明确规定不得对水下文化遗产进行商业开发。这是世界范围内通过的第一个关于保护水下文化遗产的国际性公约。

(1) 保护对象

水下文化遗产指至少 100 年来,周期性地或连续地,部分或全部位于水下的具有文化、历史或考古价值的所有人类生存的遗迹,比如:遗址、建筑、房屋、工艺品和人的遗骸,及其有考古价值的环境和自然环境;船只、飞行器、其他运输工具或上述三类的任何部分,所载货物或其他物品,及其有考古价值的环境和自然环境;具有史前意义的物品。

海底铺设的管道和电缆不应视为水下文化遗产。海底铺设的管道和电缆以外的,且仍在使用的装置,不应视为水下文化遗产。

(2) 保护要点

签约国有义务保护海底遗产;这些文化遗产应保留在原来的位置,即海底深处;禁止以商业为目的进行开发活动;各国之间加强合作,增强人们对海底考古的了解,向民众强调海底遗产的重要性。

2003年11月18日,中国国家文物局副局长张柏在香港说,中国政府同意并支持《水下文化遗产保护公约》的各项原则和规定,并正在积极准备,争取尽早成为该公约的缔约国。

5.《保护非物质文化遗产公约》(2003年通过,2006年4月20日生效)(摘要)

(1) 保护对象

"非物质文化遗产"指被各社区、群体、有时为个人视为其文化遗产一部分的各种实践、表演、表现形式、知识和技能及其有关的工具、实物、工艺品和文化空间。非物质文化遗产,代代相传,是由各社区和群体在应对他们的环境、他们与自然的互动,以及他们的历史变迁过程中不断创造和再创造的,能赋予他们一种认同感和延续感,因而能增进对文化多样性和人类创造力的尊重。在本公约中,只考虑符合现有的国际人权文件,各社区、群体和个人之间相互尊重需要,以及顺应可持续发展的非物质文化遗产。

"非物质文化遗产"包括以下方面:口头传统和表达,包括作为非物质文化遗产媒介的语言;表演艺术(包括传统音乐、舞蹈和戏剧);社会实践、仪式和节日性事件;有关自然和宇宙的知识和实践;传统手工艺。

(2) 保护方式

采取措施,确保非物质文化遗产的生命力,包括这种遗产各个方面的确认、立档、研究、保存、保护、宣传、弘扬、传承(主要通过正规和非正规教育)和振兴。

我国于2004年8月加入该公约。

6.《保护和促进文化表达多样性公约》(2005年通过,2007年3月18日生效)(摘要)

该公约的核心是促进国际合作,强调文化对发展的促进作用。将文化多样性视为"人类的共同遗产",但同时也必须保护知识产权以鼓励创作。联合国教科文组织希望该公约和1972年《世界遗产公约》、2003年《保护非物质文化遗产公约》一起为国际社会保护文化多样性提供一个有力的行动框架。

(1) 保护对象

① 文化多样性指各群体和社会借以表现其文化的多种不同形式。这些表现形式在他们内部及其间传承。文化多样性不仅体现在人类文化遗产通过丰富多彩的文化表现形式来表达、弘扬和传承的多种方式,也体现在借助各种方式和技术进

行的艺术创造、生产、传播、销售和消费的多种方式。

② 文化内容指源于文化特征或表现文化特征的象征意义、艺术特色和文化价值。

③ 文化表现形式指个人、群体和社会创造的具有文化内容的表现形式。

④ 文化活动、产品与服务是指从其具有的特殊属性、用途或目的考虑时,体现或传达文化表现形式的活动、产品与服务,无论他们是否具有商业价值。文化活动可能以自身为目的,也可能是为文化产品与服务的生产提供帮助。

⑤ 文化产业指生产和销售上述第④项所述的文化产品或服务的产业。

（2）保护方式

为保存、卫护和加强文化表现形式多样性而采取措施。

文化政策和措施指地方、国家、区域或国际层面上针对文化本身或为了对个人、群体或社会的文化表现形式产生直接影响的各项政策和措施,包括与创作、生产、传播、销售和享有文化活动、产品与服务相关的政策和措施。

我国于2006年12月批准该公约。

三、遗产登记制度

联合国教科文组织现有一系列具有法约性的遗产登记名录。其中依据公约建立并具有全球影响力的是《世界遗产名录》和《人类非物质文化遗产代表作名录》。

根据1972年和2003年公约对保护对象的定义、分类和评估标准,公约以联合国教科文组织的名义创立了以上几份名录,以此来鼓励各成员国积极保护这些遗产,并在全球范围内引发人们对这些遗产重要性的认识,进而激发人们的保护意识。

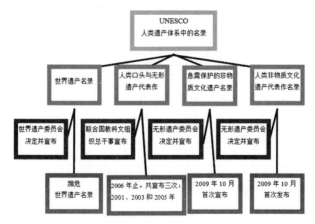

图1-7 联合国教科文组织遗产体系的知名遗产登记名录

除此之外,联合国教科文组织与遗产相关的重要登记制度还有两项：

① 世界记忆工程(Memory of the World)：这是由联合国教科文组织交流和信

息部门负责的一项特别的文献保护项目,该项目于1992年启动,目的是通过国际合作与使用最佳技术手段抢救和保存世界范围内正在逐渐老化、损毁、消失的文献记录,从而使人类的记忆更加完整。世界记忆遗产是世界文化遗产项目的延伸,世界文化遗产关注的是具有历史、美术、考古、科学或人类学研究价值的建筑物或遗址,而世界记忆遗产关注的则是文献遗产。世界记忆工程通过《世界记忆名录》来收编符合世界意义入选标准的文献遗产。这份名录由秘书处保管,并在网上公布。名录共分三个级别,即世界级、地区级和国家级。截至2014年底,列入世界级名录的已有约298项,中国有9项文献入选,分别是:传统音乐录音档案(1997,中国艺术研究院图书馆)、清朝内阁秘本档(有关17世纪中叶西方传教士在华活动的满文档案文献,1999,中国第一历史档案馆)、清代大金榜(2003,中国第一历史档案馆)、纳西东巴古籍文献(2005,云南省社会科学院东巴文化研究所)、中国清代样式建筑图档案(2007,中国国家图书馆等)、《本草纲目》(2011)、《黄帝内经》(2011)、中国西藏历史(1304—1367)官方档案(2013)、海外华侨侨批及银信通讯记录(2013)。

② 全球重要农业文化遗产制度(Globally Important Agricultural Heritage Systems,简称GIAHS):从2002年起,联合国粮农组织、联合国开发计划署和全球环境基金开始启动了GIAHS,保护属于世界遗产一部分的农业遗产:农村与其所处环境长期协同进化和动态适应下所形成的独特的土地利用系统和农业景观,这种系统与景观具有丰富的生物多样性,而且可以满足当地社会经济与文化发展的需要,有利于促进区域可持续发展。该项目将形成一个长期的开放式的计划,并最终计划将在全球建立包括100到150个具有重要意义的农业文化遗产保护地。为这些全球重要农业文化遗产及其农业生物多样性、知识体系、食物和生计安全以及文化的国际认同、动态保护和适应性管理提供基础。截至目前,已经在秘鲁、智利、中国、菲律宾、突尼斯、阿尔及利亚、肯尼亚和坦桑尼亚确定了农业文化遗产保护试点。在中国,申报材料有农业部提交联合国粮农组织审批。目前中国列入该项目的有稻鱼共生系统、稻作梯田系统和稻作文化系统。

四、遗产评估制度

联合国教科文组织遗产的评估均严格按照公约的规定,从评估对象、评估条件、评估程序、评估团队到评估后的监测均有详尽的条款。

1. 世界遗产

每年评选一次,以缔约国为单位申报,现行制度是每个国家所申报的项目必须来自本国的《世界遗产预备名录》,且最多只审查缔约国的两项完整申报,其中至少有一项与自然遗产有关;并规定世界遗产委员会每年审查的申报数目不超过45个。在审查中,存有优先顺序,顺序如下:名录内尚没有遗产列入的缔约国提交的遗产申报;不限国别,但申报须是名录内没有或为数不多的自然或文化遗产类别;采用该优先顺序机制时,如果某领域内委员会所确定的申报名额已满,则秘书处收到完整申报材料的日期将被作为第二决定因素来考虑。

申报过程及每个阶段需要准备的材料也有非常复杂的规定,在1972年公约《操作指南》中均有详细的说明,本书主要列出评估标准如下:

表1—2 《世界遗产名录》入选标准(据2008年《世界遗产公约操作指南》)

世界遗产种类	条款	突出普世价值的评价标准(至少满足其中一条)	完整性标准	原真性标准
文化遗产	1	代表着人类创造性才能的杰作(masterpiece of human creative genius)	完整性	真实性
	2	一段时间内或全球某一文化区域内,在建筑或技术、纪念物艺术(monumental arts)、城镇规划或景观设计的发展方面展现了人类各种价值的重要交替。		
	3	持有唯一或至少特别的证据证明某个现存的或已消失的文化传统或文明。		
	4	作为人类重要历史阶段例证的建筑物、建筑或技术组合、景观的突出范例。		
	5	代表着一种(或多种)文化或人类与自然环境互动的,特别是在不可逆转的变迁影响下变得易于受损的人类传统居地、土地或海洋利用的突出典范。		
	6	直接或明显地与具有突出普世价值的事件、活态传统、思想或信仰、艺术和文学作品相关(通常该项标准不单独作为评选标准,最好与其他标准共同使用)。		
自然遗产	7	包含最奇特的自然现象(superlative natural phenomena),或罕世自然之美和美学重要性的区域。		
	8	地球重要历史阶段的突出代表案例,包括生命的记录,地形形成过程中重要的、活态的地质演变过程,或重要的地貌或地文学特征。		
	9	代表着进化过程,以及陆地、淡水、海岸和海洋生态系统,以及动植物群落形成过程中重要的、活态的生态和生物过程的突出案例。		
	10	对就地保护(in-situ conservation)生物多样性而言最重要的自然栖息地,包括那些拥有从科学或保护的角度来看具有突出普世价值濒危物种的地方。		

2. 人类非物质文化遗产代表作

也是每年评选一次,每次根据公约规定评出列入两份名录(《急需保护的非物质文化遗产名录》和《人类非物质文化遗产代表作名录》)和一种活动("体现公约原则和目标的最佳保护计划、项目和活动"),以及国际资助的项目。申报主体可以是缔约国政府,也可以是获得资格的 NGO、社区和个人。评选所需的材料和提交时间也有严格的规定,详见《操作指南》,本节列出三类提名的评选标准:

表 1—3 据 2010 年 6 月通过的《世界非物质文化遗产保护公约操作指南》,
非物质文化遗产委员会关于列入《人类非物质文化遗产代表作名录》的评选标准

序号	列入《急需保护的非物质文化遗产名录》的评选标准
U.1	组成非物质文化遗产的元素(element)要符合《保护非物质文化遗产公约》第 2 条所界定的。
U.2	虽然相关社区、群体或(在可行情况下的)个体、国家努力了,但仍因其生命力受到威胁而急需保护的(非物质文化遗产)元素。
	非常急需保护的(非物质文化遗产)元素,如果不马上保护,便将会因各种威胁而无法存续。
U.3	所详述的保护措施可能让相关社区、群体或(在可行情况下的)个体继续实践和传承该(非物质文化遗产)元素。
U.4	已在相关社区、群体或(在可行情况下的)个体最广泛的参与下,遵照他们自愿、迫切和共知的意愿申报的(非物质文化遗产)元素。
U.5	根据公约第 11—12 条的规定,已列入申报国境内非物质文化遗产预备名单中的(非物质文化遗产)元素。
U.6	在极端紧急的情况下,相关的成员国协商后认为符合公约第 17 条第 3 款的。

表 1—4 是根据 2010 年 6 月通过的《世界非物质文化遗产保护公约操作指南》,非物质文化遗产委员会关于列入《急需保护的非物质文化遗产名录》评选标准。2003 年公约的第 17 条第 3 款:委员会在极其紧急的情况(其具体标准由大会根据委员会的建议加以批准)下,可与有关成员国协商将有关的遗产列入第 1 段所提之名录。

表 1-4 列入《人类非物质文化遗产代表作名录》的评选标准

R.1	组成非物质文化遗产的元素要符合《保护非物质文化遗产公约》第 2 条所界定的。
R.2	入选的(非物质文化遗产)元素将有利于确保该遗产的生命力,增进对非物质文化遗产重要性的意识,鼓励对话,进而反映全球文化多样性,证明人类的创造性。
R.3	所详述的保护措施将保护和促进(非物质文化遗产)的元素。
R.4	已在相关社区、群体或(在可行情况下的)个体最广泛的参与下,遵照他们自愿、迫切和共知的意愿申报的(非物质文化遗产)元素。
R.5	根据公约第 11—12 条的规定,已列入申报国境内非物质文化遗产预备名单中的(非物质文化遗产)元素。

3. 体现公约原则和目标的最佳保护计划、项目和活动

联合国教科文组织非物质文化遗产委员会还与名录同时公布"体现公约原则和目标的最佳保护计划、项目和活动",鼓励成员国申报最能体现本公约原则和目标的,国家级、亚地区和地区性的非物质文化遗产的保护计划、项目和活动。每届委员会将征集具有国际合作性质的申报项(详见公约 19 条),并且/或者聚焦于特别的优先保护领域。申报项可以是已完成的,也可以是正在进行中的。委员会将特别照顾发展中国家的需要,平衡地区分布,加强南—南、北—南—南的合作。委员会将选择最能满足以下所有条件的申报项。

表 1-5 据 2010 年 6 月通过的《世界非物质文化遗产保护公约操作指南》,
非物质文化遗产委员会遴选"体现公约原则和目标的最佳保护计划、项目和活动"评选标准

序号	评选"体现公约原则和目标的最佳保护计划、项目和活动"的评选标准
P.1	申报的保护计划、项目和活动要符合《保护非物质文化遗产公约》第 2 条第 3 款所界定的。
P.2	要在地区、亚地区和/或国际层面上合作努力保护非物质文化遗产的保护计划、项目和活动。
P.3	保护计划、项目和活动能体现公约的原则和目标。
P.4	已证明该保护计划、项目和活动在增强相关非物质文化遗产生命力方面有效。
P.5	已在相关社区、群体或(在可行情况下的)个体最广泛的参与下,遵照他们自愿、迫切和共知的意愿参加了该保护计划、项目和活动的实施。
P.6	该保护计划、项目和活动的保护活动是亚地区、地区或国际合作模式。
P.7	如果该保护计划、项目和活动被选中,提交申请的申报国,参与实施的团体、社区、群体或(在可行情况下的)个体愿意共同宣传他们的实践经验。
P.8	该保护计划、项目和活动的特点和经验是易于评估的。
P.9	该保护计划、项目和活动要首先适用于发展中国家的特殊需要。

4. 世界记忆遗产

每两年评选一次,申报主体为缔约国,提名项目必须出自本国《档案文献遗产名录》,记忆遗产的提名在经过国际咨询委员会评审讨论后,还需得到联合国教科文组织总干事的认可,才能被正式列入《世界记忆名录》。从已经入选名录的项目来看,除了文献所必须具有的重要影响力,在时间、地理上的信息含量,以及与重要历史人物的相关性之外,联合国教科文组织更注重文献的文化价值和社会意义,当然文献档案的完整性和唯一性,也是决定其是否具有世界意义的主要因素。

5. 全球重要农业文化遗产(GIAHS)

评选细则详见中国科学院地理科学与资源研究所自然与文化遗产研究中心主办的网站——中国农业文化遗产网的子栏目"申报指南"(http://www.bb-cream.cn/page/default.asp?pageID=56)。

第二节 联合国教科文组织遗产研究

除了国际法约性,专业性是联合国教科文组织遗产事业获得全球认同和积极响应的另一个砝码,而其专业性的重要支撑是其对遗产理论和实践在学术层面的重视和不懈追求。

一、遗产研究机构

联合国教科文组织的遗产研究主要以两种方式展开:会议模式和委托模式。联合国教科文组织遗产公约框架内的各类会议均具有极强的专业性和研讨性质,为相关的计划和工作的开展提供强大的智力和科学支撑,因此,他们通常要求与会者配备或本身就是学者。比如,1972年世界遗产公约的起草、协商和推动者米歇尔·巴提塞(Michel Batisse,1923—2004,曾任联合国教科文组织科学部助理秘书长)和杰拉德·博拉(Gerard Bolla,曾任联合国教科文组织文化与传播部总干事助理)分别是自然和文化遗产保护方面的专家,巴提塞不仅是联合国教科文组织"人与生物圈计划"的创始人之一,更是"生物圈保护区"概念的主要提出者。博拉则是著名的古建筑研究专家。再如1987年联合国教科文组织保护非物质遗产行动规划筹备工作组会议(Meeting of the Working Group for the Preparation of a Plan of Action for Safeguarding the Non-physical Heritage,巴黎)讨论的报告(拟建构"非物质遗产"的术语体系)均由美国新墨西哥大学教授大卫·唐纳维(David

Dunaway，专业是口述史①），著名视觉人类学家、加拿大蒙特利尔大学教授埃森·巴列克西（Asen Balikci）②以及挪威民俗学研究所主任劳里·航柯（Lauri Honko，享誉全球的民俗学权威）等提供。大会有记录且直接影响到1989年建议案的意见也大都由专家提出，如法国民族语言学家尤赛林·费尔南德斯-韦斯特（Jocelyne Fernandez-Vest）从民族语言学的方法对"非物质遗产"进行界定，当时马里文化部历史及民族学遗产部主任阿尔法·欧玛·库纳里（Alpha Oumar KONARE，1992年至2002年任马里总统，现在是非洲联盟委员会主席。也曾担任"代表作"国际评审团的评委）以非洲为例提出了保护非物质遗产的战略。再如，2001年3月联合国教科文组织在意大利都灵召开"无形文化遗产：工作定义"国际专家圆桌会议③，召集了十几位相关领域的著名专家，在激烈的讨论后为联合国教科文组织确立了"无形遗产"作为其相关领域的工作用语及其定义，还对新的国际准则性文件提出一系列建议。这次会议对2003年公约的重要性怎样强调也不为过，因为它扫除了困扰联合国教科文组织几十年的术语困境。

委托模式随着1972年公约的经营不断成熟并形成一种传统。以1972年公约为例，它的三大咨询团体：国际古迹和遗址理事会、国际自然保护联盟和国际文化遗产保护和修复研究中心已经成为联合国教科文组织遗产研究的常规核心团队。国际古迹和遗址理事会的专家包括建筑学家、历史学家、考古学家、艺术史学家、地理学家、人类学家、工程师和城市规划师。而国际自然保护联盟则是世界上最大最重要的保护网络，由全球81个国家、120个政府组织、超过800个非政府组织、10000个专家及科学家组成，共有181个成员国，他们形成了世界环保领域里独一无二的全球性合作关系。国际文化遗产保护和修复研究中心则主要负责就具体某些遗产地的问题向世界遗产委员会提供技术性建议，同时也对有关培训工作的提案和战略提出意见。1992年以来开始在文化景观方面开展工作，大大增加了与国际自然保护联盟合作的机会。

这些研究通过公约及其不断更新的操作指南、网站、电子或纸版刊物（包括定期的和不定期的）、宣传资料等呈现。

二、遗产研究课题和重要成果

具体的课题非常多，通过世界遗产中心网站可获得相关资料（详见附录"重要

---

① 他与维拉·K.鲍姆（Willa K. Baum）合著了 *Oral History: An Interdisciplinary Anthology* 一书，1984年第一版，1996年第二版，成为口述史研究的经典著作。
② 著名的视觉人类学家，在世界各地拍摄了多部记录原住民生活及其文化的纪录片。
③ The International Round Table on Intangible Cultural Heritage-Working Definitions, Turin, 14-17 March, 2001.

研究资源索引")。

三、遗产研究方法

联合国教科文组织遗产体系的法约性和行政特质决定了该组织更倾向于量化研究的方法，或者能产出可操作性成果的质化研究方法。《弥补世界遗产名录的裂痕：未来行动规划》(2005)和《世界遗产名录：为打造可信完整自然和双重遗产名录的优先工作点》(2004)就是典型的代表成果。不论是对待文化遗产，还是自然遗产，世界遗产委员会均要求在地域、时间、地理和主题类型四个方面系统量化分析《世界遗产名录》和《世界遗产预备名录》，并由此提供清晰的全景。该"全景"的清晰与否是一种隐喻，实际上它是基于数字说话的，数据统计越细致，图景就越清晰。于是，这些数值被以多种方式视觉化，比如用颜色的浓淡来表示基于某个数值的程度变化，或者以表格中的数据排序来表明过度抑或不足，以及表述这些数字背后相关的政治和文化关系。最终这些数据呈现的清晰全景，要为决策者提供短、中、长期的决策基础。

同样的方法偏好也存在于与2003年公约相关的研究中。鉴于非物质文化遗产的"无形"特质，量化研究方法遇到诸多难题，但并不妨碍与公约的法约性和行政特质捆绑在一起的量化性特征。因此，非物质文化遗产保护效力的衡量要么和经济，尤其是文化持有社区的经济数据捆绑在一起，要么就和某项非物质文化遗产的实践人次、频率等数据捆绑在一起。

对这种方法偏好的优点是显而易见的，对公约的实施、缔约国的管理和发展需求均必不可少。其缺陷同样明显，阻碍了对现代遗产事业、遗产知识的深度反思。

第三节　联合国教科文组织的遗产教育

教育在联合国教科文组织遗产相关公约中均占有重要的位置，或者说教育是遗产事业的题中应有之义。从遗产到教育，再到共享、共同承担责任，进而达成和平存续是联合国教科文组织宗旨中蕴含的逻辑。因此，不论是正式的还是非正式的教育，都是联合国教科文组织遗产体系的重要组成部分。

一、正式教育

正式教育主要通过与大学或缔约国的教育合作项目来展开。世界遗产委员会鼓励并支持编撰教育材料，开展教育活动，执行教育方案。鼓励缔约国开展世界遗产相关教育活动，在可能的情况下让中小学校、大学、博物馆以及其他地方或国家的教育机构参与其中。

此外,公约秘书处与联合国教科文组织教育部及其他伙伴合作,开发并出版世界遗产教育培训教材。如《世界遗产教育教师手册:了解、珍惜与行动,世界遗产在青年手中》(2002),此教材供全世界的中学生使用,当然也适用于其他教育水平的人群。

同时,世界遗产委员会支持缔约国在国内举办相关的培训项目,帮助成立为保护、保存和展出文化和自然遗产而建立的国家或地区培训和教育中心,还致力于推动这些培训与现有大学和教育体系融合。

可见,联合国教科文组织的正式教育体系实际上也是具有倡导性、协助性和合作性质的。1972 年公约拥有 18 家教育机构、15 所大学和 6 家研究机构合作伙伴,足以证明这一点,这些机构均与联合国教科文组织达成了不同类型、领域的教育合作项目。这里简介一二:

亚洲和太平洋地区世界遗产培训和研究中心:非盈利的遗产保护专业机构,2007 年在中国北京大学揭牌成立,这是当时设在发展中国家唯一专事世界遗产培训与研究的教科文组织二类组织。该中心由北京的北京大学、上海的同济大学和苏州市政府共同举办,北京分中心以自然遗产申报和保护为主,包括自然遗产保护考古发掘,以及文化景观管理等;同济分中心以文化遗产申报和保护为主,具体包括古建筑保护、历史名胜和文化景观管理等领域;苏州分中心主要是遗产地管理和修复技术为主的职业技术人才培训和研究活动。中心主要职能是通过培训、研究、信息传播和网络建设加强亚太地区参与世界遗产地申报、保护、保存和管理的专业人员、管理人员、手工艺人等的能力建设,从而推进 1972 年公约在亚太地区的落实,提高全民的遗产保护意识和整个亚太地区的遗产保护水平及《世界遗产名录》的平衡性和代表性。中心的工作内容大致为:向亚太地区遗产地管理者、教育人员和技术人员提供短期、长期的教育和培训活动;展开对区域和全球世界遗产重要课题的研究,与亚太地区相关的保护培训和研究机构合作对某些遗产资源进行调研;举办区域内和世界遗产有关的各类会议;建设区域世界遗产保护和管理的综合性数据库制度;通过多种渠道收集和散发相关信息和出版物;推动区域间的合作;鼓励发展世界遗产地管理者的区域网络;推动和世界遗产保护相关的课程和研究进入区域内的高等教育和研究机构。

亚太非物质文化遗产国际培训中心:是亚太地区三大国际非遗中心之一,2010 年 5 月成立。中国亚太中心以培训为主,韩国亚太中心以信息和网络建设为主,日本亚太中心以研究为主。亚太中心由管理委员会、执行委员会、咨询委员会、秘书处等机构组成。中心致力于宣传和推广《保护非物质文化遗产公约》,通过长期和短期课程培训与田野考察相结合等多种方式提高教科文组织亚太地区会员国在非物质文化遗产保护方面的能力,这是中国在非物质文化遗产领域积极开展地区和国际性合作的重要平台。

筑波大学"世界文化遗产研究"博士项目:这是筑波大学综合人文科学学院自2006年启动的世界首个,也是当时唯一的一个世界文化遗产研究方向的博士项目。世界遗产的保护成绩斐然,但问题也非常多,诸如无休止的提名,发展中国家严重缺少保护方面的专业人士,保护和旅游之间的失衡,遗产分类的不断发展,尤为紧迫的问题是遗产保护和保存的管理战略和制度急需研究和推进。因此遗产专业的人力资源成为解决以上问题的一个关键。筑波大学的世界遗产研究博士项目正是对以上问题的回应,该项目集合多学科的专业培训,包括保护的哲学和理念、宗教研究、考古学、生态学、管理机构建设和保护实践研究、文化旅游研究、保护管理学、文化景观研究、城市规划、艺术和建筑的历史研究,以及保护科学的方法论等等,希望不断拓宽和深化对遗产理论和技术的认知和实践能力。

第十届剑桥遗产研讨班:这是2009年剑桥大学建校800年纪念活动之一,也是文化遗产研究多学科研讨团体成立10周年的纪念活动。该研讨班聚焦于历史古城、建筑及其环境保护,讨论的问题包括:世界如何在迅速全球化的进程中存续文化和自然景观?专业人员如何在避免文化独特性和多样性丧失危机的情况下参与到遗产事业中去解决现代带来的挑战?

德国科特布斯勃兰登堡工业大学(Brandenburg University of Technology Cottbus)的遗产教育项目:包括跨学科博士项目和"世界遗产研究"的硕士项目。遗产研究博士项目是跨学科的,招收国内和国际学生,重视研究课题的前沿性、恰当的方法论、有效的课程和实习。"世界遗产研究"是一门新兴的(设立于1999年)、独特的和跨学科的课程,它涉及所有和世界遗产保护相关的国际合作技术和机构问题,社会经济研究问题,文化的、生物的和政治问题等的研究,开设的课程有遗产地管理、旅游项目规划、文化和自然遗产的政府营销等。课程用语80%英语,20%德语。该硕士学位针对大学生和年轻的专业从业人员,以及打算从事新兴工作领域的人,75%以上的学生来自海外。

美国自然历史博物馆"世界遗产探险队":2007年联合国教科文组织世界遗产中心和启动于1953年的(集学习、探险和休闲于一体)美国自然历史博物馆"探险队"教育旅行项目合作,旨在增进公众对世界遗产地保护和保存价值的认识,这一合作关系为博物馆的探险队提供了更多的文化导向和更丰富的内容。合作的项目之一就是创建了"世界遗产探险队",这是一系列考察全球杰出世界文化和自然遗产保护和保存努力及其过程的旅行。2010年该探险队访问了大量位于土耳其的遗产地以及埃塞俄比亚令人叹为观止的自然和文化遗产地。

印度野生动物研究所"野生动物管理"博士后项目：建于1982年的印度野生动物研究所(The Wildlife Institute of India)致力于印度自然保护和发展野生动物科学研究，并与诸多国际机构，包括联合国教科文组织和国际自然保护联盟等有多方的合作。

昆士兰大学环境管理硕士项目：由综合系统学系提供了学位，为学生提供影响国际食品和纤维业、管理自然环境、规划乡村社区的能力。该系聚焦于生物、经济和社会的持续性管理。该系最大的特色是没有专业教职人员，而将学生放到广阔产业网络的专门领域去实践和发展他们的管理技能。

明尼苏达大学设计学院世界遗产研究中心：2005年明尼苏达大学设计学院（原建筑和景观建筑学院）和世界遗产中心合作，成立了世界遗产研究中心，致力于全球遗产的保护、保存和改善方面的科研和教学。同时，建筑学院设立了遗产保护和保存的理科硕士。中心与世界遗产中心和建筑学院合作，与地方和国际伙伴联合推进遗产保护和保存的研究和田野考察，与世界遗产中心交换和世界遗产地相关的保护和资源管理方面的科研、教育和技术专家以及学生培训项目，在强调可持续发展的基础上创新保护的政策和实践，通过跨学科合作扩大遗产研究的领域，培养学生在文化遗产地阐释、设计和管理的能力和相关领域就业的竞争力。

瓦伦西亚理工大学(The Polytechnic University of Valencia)"联合国教科文组织－大学和遗产论坛"：创立于1971年的瓦伦西亚理工大学为西班牙一所重要的私立大学。1995年该大学和世界遗产中心创立了"联合国教科文组织－大学和遗产论坛"，通过这个由高等教育机构联合组成、管理的信息网络旨在举办各类保护文化和自然遗产的活动；动员大学分享相关的项目和知识，促成科研人员和学生的交流；推动世界各地大学的对话和合作。

国立莫斯科（罗蒙诺索夫）大学自然和文化遗产讲座课程：国立莫斯科大学建于1755年，是俄罗斯规模最大、历史最悠久的综合性高等学校。自然和文化遗产讲座课程是为未来区域内的决策者、旅游和景观规划者设计的，并将遗产定义为可持续发展的工具。课程的内容包括遗产概念的历史及其源流，从卓越普世价值到非物质文化遗产，再到遗产管理。强调发展学生在遗产分析和管理方面的技能。

迪肯大学(Deakin University)文化遗产和博物馆研究硕士项目：该大学位于澳大利亚墨尔本。该硕士项目要求学生掌握遗产保护、评估、阐释和管理的专业领域所需要的关键话题、概念和知识，尤其要求学生关注遗产保护和发展之间经常出现的冲突，要求努力探索新的途径在保护和可持续发展之间找到平衡。这些课程的受益者包括文化遗产地、博物馆、画廊、自然遗产地的工作人员和相关决策者。

伯恩茅斯大学世界遗产资源管理硕士项目:本项目以联合国教科文组织的一系列公约文件为教本,以本土和世界的遗产案例为个案,聚焦于世界上不同文化、生态和地理环境中的遗产地的管理、政策和研究。强调对"遗产"一词的界定、意义和哲学基础的探讨,强调如何利用地方、国家和国际法律措施和创新管理来保护遗产。课程设置具有跨学科的特点,强调对全球优先个案的研究。此外,还有6周在地处世界遗产地的工作室和个人研究项目中实习的要求。要求学生毕业后掌握专业的学术和实践技能,去界定、协商、提名和管理自然、文化、景观和混合遗产地。

"遗产共享:文化及自然遗产博士班":从2006年1月开始,为期三年的"遗产共享:文化及自然遗产博士班"项目启动。由联合国教科文组织世界遗产中心负责,欧盟和澳大利亚政府提供赞助,主要内容是来自四所欧洲大学和四所澳洲大学的交换博士生学习高级遗产管理学。第一届博士班于2006年1月在联合国教科文组织总部及法国卢瓦尔河谷大区世界遗产保护区举办;第二届博士班于2006年6月在澳大利亚的卡卡杜国家公约世界遗产保护区举办。本项目旨在促进对世界遗产管理的学术了解,增进对话。同时,它还将有助于了解遗产管理方式的多样性。

二、非正式教育

除了以合作等方式进入正式教育体系中的遗产教育外,联合国教科文组织还以青少年教育项目、出版教育宣传性质的手册以及支持各类宣传、教育、研讨活动等方式来展开遗产教育,即缔约国可向世界遗产基金申请国际援助,以提升遗产保护意识,开展教育活动与方案。诸如要求资助地区和国际级别的计划、活动和会议,以帮助在国内或特定地区内增大对1972年公约的兴趣;在执行公约过程中提高对不同议题的认识,推动更多方参与实施公约;资助经验交换的渠道,如帮助开展联合教育、信息以及宣传活动,特别是年轻人参加到世界遗产保护活动中来;资助用于国家级别的会议(特别是组织有年轻人参加的会议),让公约得到更好的了解,或者帮助创立国家世界遗产协会、总的宣传公约和《世界遗产名录》,准备、讨论教育和信息资料(例如宣传手册、出版物、展览会、电影、大众传媒工具),有年轻人参加尤为重要。

1994年联合国教科文组织启动了年轻人世界遗产教育特别项目——"世界遗产保护和宣传:年轻人的参与",旨在鼓励和让未来的决策者们参与遗产的保护工作,并积极应对世界遗产不断面临的威胁。该项目让年轻人有机会发出自己的声音,并主动参与保护事业。参与项目的学生将学习世界遗产地、他们自己的历史和传统,以及生态和保护生物多样性的重要性。该项目与联合国教科文组织"联系学校项目网络"(UNESCO Associated Schools Project Network)合作,主要活动包括:世界遗产青年论坛(World Heritage Youth Forums),利用世界遗产教育"工具箱"(一本《世界遗产在年轻人手中》的教师用书,1998 年英文和法文版,2002 年第二版,已翻译为二十多个国家的语言)的教师培训研讨会,以及针对年轻人的"现场技能建设课程"(on-site skills-development courses)。1995 年在挪威伯尔根举行了第一次世界遗产青年论坛;1996 年 5 月在克罗地亚举行了第一次欧洲世界遗产青年论坛;1996 年 9 月在赞比亚和津巴布韦举行了第一次非洲地区世界遗产青年论坛;1997 年在中国北京举行了第一次亚太地区世界遗产青年论坛。

第四节　联合国教科文组织遗产宣传

联合国教科文组织的遗产宣传也是以公约为基础展开的,以便更好地实施公约的规定和制度。1972 年公约是这种宣传模式的典型。在此我们以它为例来说明。

国际公约虽然是一种法律,但如果没有足够的国家认可和缔约是无法生效的,且日后公约的效力也有赖于公约的实施,诸如缔约国的数量、缔约国对公约的实施程度等都极为重要。因此每一份国际公约并非一个一劳永逸的法律框架,公约的管理机构如何来经营公约至关重要。1972 年公约是当下世界最为成功的国家法约框架,截至 2014 年 8 月,公约有缔约国 191 个,其《世界遗产名录》已经成为全球最具有影响力和号召力的旅游业金字招牌。这些成就和公约的宣传形成了螺旋推动的双赢关系。公约的实施需要从决策层到公众的共识,因此宣传及其重要,反过来,实施本身就是一种宣传。今天在中国,"申遗"这个简称成为大众都熟悉的专业术语,专门指向《世界遗产名录》的提名活动,并被赋予积极的意义、较高的社会评价(即便是丹霞申遗花费数十亿遭到各方质疑时,"申遗"活动本身的声誉并未受到影响),成为政府和民众都积极支持和参与的公共活动。因此,1972 年公约的宣传,一旦进入良性循环,成为一呼百应的事情后,世界遗产委员会的宣传工作压力便开始转入深度宣传,比如对遗产保护的专业行为(如遗产地游客行为规范),以及呼吁发展和保护均衡共赢理念的宣传。

一、遗产宣传机构

世界遗产中心承担了 1972 年公约的宣传组织任务,各缔约国也要分担相关的宣传责任。世界遗产中心的宣传阵地主要包括:

《世界遗产名录》：这是一份具有卓越普世价值的全世界自然和文化遗产地的甄选名单，由一群国际专家根据1972年公约确定的定义、评价标准和程序来选定。世界遗产委员会不断追求其代表性、均衡性和可信性，以确保这份受到保护的遗产名单能最大限度地守护人类的文化和生物多样性。在名录成长的几十年里，它自然而然地成为游客的旅游目的地选择指南，随着旅游业在全球兴起并成为重要的经济形式，游客也成为一种拥有强大力量的全新社会人群类别。这种情况显然超出了1972年公约缔造者们的初衷。由此，如何在遗产地保护和旅游业之间达成微妙的平衡，成为名录缔造者们越来越关心的问题。

世界遗产中心官方网站（http://whc.unesco.org）：在1972年公约创立之初，今天成为日用品的互联网还没有成为民用的网络，更谈不上担任宣传的重任。但随着网络时代的到来，网站成为1972年公约这一类全球化进程重要推动者的最佳拍档。其官方网站不仅为全世界的网民提供近距离接触1972年公约及其成果的渠道，更可以用最先进的传播技术（如三维照片，网友可以通过官方网站找到全世界绝大部分世界遗产地的全息三维照片），将世界遗产地及其保护的宗旨和要义传递给全球任何一个网络通达的地方。官网成为联合国教科文组织遗产宣传最经济、最强大、最细致、最易得的宣传工具。

出版物：除上面曾提到的那些专业书籍，世界遗产中心还出版每年更新的世界遗产地图、宣传手册（包括一本简介世界遗产名录中所有项目的精美图文出版物），以及期刊（纸版和电子版）《新闻简报》《评论》和系列丛书（包括和世界遗产相关的论文、各种会议报告和手册）。

合作的宣传、教育项目：以上谈到的大量教育和合作项目均具有宣传和教育的目的，此略。

二、遗产宣传模式

如果说联合国教科文组织的遗产宣传有模式的话，这种模式具有非常强的系统性和程式性。表现为，所有的活动均围绕1972年公约展开，秘书处、世界遗产委员会及其年会、世界遗产中心和各缔约国按照年会的长期、中期和短期规划按部就班展开各种活动，同时《世界遗产名录》的提名日程也形成一道固定的日程表，将宣传活动按照提前整体安排好的日常一步步展开。各种专家会议和三个咨询团体正如距离最近的"卫星"，不断随着语境的变化制造专业性信息，与联合国组织内外其他国际性、区域性公约、组织、机构和团体或项目的合作，不断将遗产和其他的信息传播点链接，形成庞大的宣传网络。这个网络既有深度，也有宽度。

系统宣传的视觉化系统则以世界遗产公约的标识为核心，在全世界遗产地的入口处，均将该符号和遗产地的名称以本国语言和英语铭刻在石碑之类的坚固载体上。它也出现在所有和1972年公约相关的活动现场、文档、网页上，这一简洁有力的视觉宣传符号成为全世界同行的"世界语"。

图1-8 世界遗产公约标识

联合国教科文组织遗产宣传由一个中心（1972年公约）出发，以会议、法约文件及其阐释性文件、规划、项目结盟扩展和深化，再由严格有序的名录、网站、出版物、视觉传播系统等如春雨般潜化世界各地的大众，协助传播循环的完成。

第二章　法国遗产体系

在法国,公众遗产概念经过法国大革命、民主化、工业化、战争和全球化进程而不断演变,但是一直保有两个特征,遗产概念不仅指的是财产所有权,而且与社会意识觉醒相关联。

文艺复兴发源地之一的法国,历史文化遗迹资源极其丰厚。在法国大革命时期,现代公众遗产的概念逐步形成,但是在当时仅限于有限的动产或具有象征意义的建筑,或局限于皇室、贵族、资产阶级、教会所拥有的"收藏品"。18 世纪的革命运动激起了对具有公众记忆的宗教和世俗建筑实施保护的社会思潮,主旨在于抵御革命运动对宗教、王室及贵族建筑的毁灭性冲击。因此在较长的历史时期内法国文化遗产保护的着重点都在于"纪念性建筑物"或"历史古迹"。直到 20 世纪 60—70 年代,现代意义上的"遗产"概念已经拓展指向所有具有历史、艺术和科学价值的人类创造及物品。21 世纪以来,法国人更偏向采用"大遗产"观,超越民族主义和地区主义意识,将建筑物、城市、自然景观区、工业遗迹、基因工程等等各类形式的凝聚人类智慧的表现形式、知识技能、实物、工具、工艺品以及文化场所归入遗产之列。

与国际社会对遗产的分类方式接轨后,法国文化遗产基本分为两大类:非物质/无形文化遗产(le patrimoine culturel immatériel)与物质文化遗产(le patrimoine culturel matériel)。[1]

非物质/无形文化遗产基本可以涵括所有人类行为,即人类行为都有可能转化为遗产,如知识、技能、宗教现象及表演等。

物质文化遗产范围更为广泛,不只涵括历史文物、建筑或建筑群、文化遗迹。出于欧美国家日渐兴盛的本国文化遗产的保护意愿,并且随着生态保护的重要性日益凸显,未来人类历史中对自然财富不可或缺意识的兴起,自然风景区、生态区、城市生活空间、工业遗迹等均融入物质文化中。

法国对文化遗产和非物质文化遗产采用名录制度的保护方式,将文化遗产和

---

[1] C. HOTTIN. *Le Patrimoine Culturel Immatériel : premières expériences en France*. Paris: Maison des Cultures du Monde, 2001, p. 3.

非物质文化遗产进行注册、登记,通过登录认定文化遗产和无形/非物质文化遗产的不同等级保护资格,确定它们的历史文化价值,用相关的法律法规的条例加以约束,并通过大众媒体公布于世,进行舆论宣传,提高大众的保护意识,推动文化遗产和非物质文化遗产的保护。

对于文化遗产,法国在法律法规、管理、科研以及教育各领域,都创建了较为完善的保护制度和体系。与此同时,法国还致力于与欧洲各国携手合作,共同推动欧洲文化遗产保护运动。2006年,法国联合西班牙和匈牙利在"欧洲跨文化会议"中呼吁发扬欧洲历史遗产,提出"欧洲遗产标示"(Label patrimoine europeen)"概念,旨在通过强调欧洲各国共同的历史背景来加强欧洲公民(European Citizen)对于欧盟的归属感并增进跨文化对话。目前已得到约20个欧盟会员国的共同响应。[①]

第一节 遗产名录及法律法规

一、遗产名录体系

20世纪初,法国从建筑领域开始,对国家建筑遗产进行名录化登记和管理。这种方式逐渐被法国遗产管理与保护体系采纳吸收,与相关法律法规体系的建立并进,构成其遗产管理体系的重要方式之一。

遗产名录体系的缘起应追溯到法国大革命(1789)时期。法国大革命引起了财产所有权归属于人民的社会思潮,皇室财产被收为国有,教会财产交予国家处理,流亡海外的贵族资产也被充公。1790年设立了国家档案。1792年政府销毁了王权相关的象征符号。但为了阻止抢劫和人为破坏,同一年,国会投票出台"重要艺术作品"的保护政策。1794年,格里高利主教向国会提交了一份报告,希望政府采取措施阻止大规模毁坏文物运动及赝品复制行为。在报告中他提出了"人民所有权"的概念,倡导政府应以"父亲"的身份来将国民的财富保管和传承下去。此外,他还提出了有关财富清查和保管的具体规章,建议在每个省市设立国民财产普查清单。1816年法国正式公布了第一份建筑遗产名录。1819年,"历史文化纪念物"(monument historique)概念在这个刚经历了动荡不安的国家首度出现,旨在唤起政府对遭受破坏的历史建筑和文化资产进行保护。法国的文化遗产保护观念便如

[①] 参见陈泯旻:《法国文化遗产研究:以巴黎塞纳河畔为例》,淡江大学欧洲研究所硕士班硕士论文,2011年,第40页。

此一步步茁壮成长起来。①

集体所有权这一社会观念的出现标志着法国近代遗产概念的出现。这与国民身份认同、国有资产公共管理、物品作为时代研究见证等社会意识的兴起有紧密的联系。但是当时遗产保护的重心在于经典的建筑，以越久远的建筑越为珍贵。

19世纪开始，大规模工业生产的单一化引起了对以往物品的独特性、典雅性和美感的追求。因此地方历史及地方集体性博物馆得以受到重视和兴起。图书馆、博物馆、文档管理也在这个阶段得到大量发展。1830年被视为法国遗产政治的开端，由内政部部长吉佐设立了历史建筑调查机构。从这个时期开始，遗产的意义也不仅仅局限于每个单一物品之上，而是被推广到国家纪念意义的层面，讲究与国家历史相结合的整体性。遗产是国家性质的，"具有法兰西身份，标志着国家的历史"②。这一时期，保护的重点在于建筑与艺术作品。最终1913年《历史古迹法》的出台成为奠定现代公众遗产法律保护的基石。

与《历史古迹法》的出台相辅相成的是《历史古迹名录》的开展，名录主要针对工业革命前的建筑进行录入、管理和修缮，国家在法律层面给予全方位的保护。20世纪，遗产的概念在历时性和类型上都日益丰富，尽管"建筑是法兰西身份的精髓"③，但是"在日益成熟的缓慢过程中，法国社会逐渐承担起寻找集体记忆的全方面任务，并且通过遗产方式将越来越多的公共财富保存和传承下去"④。这逐步奠定了"大遗产"观的雏形。

遗产观念的多样化依旧起始于历史建筑，不同于以往对远古建筑的重视，18、19世纪的建筑也获得关注，比如城堡、教堂和特别的住宅也可以享受到保护政策。此外，还出现历史整体化概念，历史建筑不再作为单一关注及保护的对象，而更强调与其所处的城市环境相融合。20世纪60年代，学者对于"遗产"的研究和关注，以及他们的实际行动推动了"大遗产"观的形成。1964年时任文化部部长安德烈·马尔罗（André Malraux）采纳了艺术史学家安德烈·卡斯戴尔（André Chastel）的建议，在文化部设立了"遗产清查服务司"（le Service de l'Inventaire），法国艺术财富与建筑普查名录也自此诞生。然而，该名录与1913年名录有本质上的区别。对于纳入1964年名录的遗产，国家没有保护义务，也就是无须为入选名录的遗产提供法律保护。1964年名录只是通过调查和研究去提倡对遗产的保护，

---

① 参见陈泯旻：《法国文化遗产研究：以巴黎塞纳河畔为例》，淡江大学欧洲研究所硕士班硕士论文，2011年，第49页。

② FRIER Pierre-Laurent, *Droit du patrimoine culturel*, collection *Droit fondamental*, *Droit politiaue et théorique*, Paris: Edition. PUF, 1997, p. 5.

③ Ibid., p. 2.

④ Ibid., p. 18.

仅具有名义效应。也因此有学者提出："入选（1964年）名录的很多遗产面临消失的危险，因为它们不是'注定被保护'。"①尽管如此，1964年遗产名录还是被视为对遗产进行"整体化感知"的有效实施方法。城市化进程加快，大量考古成果的出现使得考古遗迹与物品获得重视，并被列入1913年历史古迹保护法行列。工业和乡村遗产、民俗、工艺及技术等方面在19世纪70年代成为遗产的新焦点，法国曾将农业、工业或手工业相关的技术、工艺称为"大众技艺和传统"，后逐渐与欧洲和世界的遗产研究相接轨，将文学与音乐作品、传统习俗等归入无形/非物质文化遗产的范围，以名录的文档形式进行保存。2006年希拉克总统签署协议加入《联合国教科文组织无形文化遗产名录》。

表2—1 法国遗产名录

遗产类型	遗产名录（创办时间）	管理级别	内容
有形遗产	《联合国教科文组织世界文化遗产和自然文化遗产名录》（1972）	联合国教科文组织	突出的普世价值的文化景观与自然景观（35项文化遗产，3项自然遗产，1项双重遗产）
	《历史古迹名录》（1913）Inventaire supplémentaire des monuments historiques	国家	国家层面的遗产价值的历史建筑为主体，包括相应的自然景观或物品
	《法国艺术财富与建筑普查名录》（1964）Inventaire général des monuments et richesses artistiques de la France 现更名为 文化遗产普查名录 L'inventaire général du patrimoine culturel	大区或省市	大区及省市层面的遗产价值的建筑、考古物品、民俗物品等
无形遗产	《联合国教科文组织无形文化遗产名录》（2003）	联合国教科文组织	对国际社会具有重要性或重大意义的人类共同遗产
	《法国无形文化遗产名录》（2006）	大区或省市	国家、大区及省市重要的各种实践、表演、知识和技能及相关工具、工艺与空间

随《文化遗产普查名录》的出现，法国还建立及逐步完善了遗产的信息数据库。《文

---

① Xavier De MASSARY. «Sélection raisonnée et connaissance globale du patrimoine bâti», in *Collectif, Tri, sélection, conservation: quel patrimoine pour l'avenir?*, Paris: Monum/ Editions du Patrimoine, 2001, p. 106.

化遗产普查名录》下主要建立了三个数据库和一个类属词典：

1. Mérimée 建筑遗产数据库：200,000 个法国建筑遗产简介，附有 35,000 张图片,13,500 份完整的信息资料；

2. Palissy 动产数据库：280,000 个法国动产遗产简介，附有 25,000 张图片,5000 份完整的信息资料；

3. Mémoire 图表数据库：建筑服务处所属的图表及图片资料库,600,000 份简介与图像；

4. Thésaurus 动产及建筑作品名称词典。

二、遗产法律法规

法国大革命使得整个法国的历史文化遗产遭到了空前的破坏，自此文化遗产保护的呼声日益高涨，对文化遗产的保护也逐步从历史建筑方面开始系统性展开。法国文化遗产相关法律法规不下数百种，其涉及领域广泛，包括古迹、建筑等大型有形文化遗产，考古文物、图书档案等小型有形文化遗产以及自然遗产之使用、保护、监管、维修、补偿、税收,文化遗产保护组织（委员会、基金会、信托）的行为规范，等等。所涉范围虽庞杂，但基本思想一直围绕着1913年颁布的《历史古迹法》。

法国文化遗产法的制定，主要是针对历史建筑、街区、遗迹、小型有形文化遗产和自然景观进行的，这些法律法规的制定，充分显示出了法国文化遗产保护法的基本特征。但在无形/非物质文化遗产保护方面，法国在法律与操作层面上都还没有实质性的行动。

表2-2 法国文化遗产的主要法律法规

时间	法律名称	主要内容
1841年	《历史性建筑法案》	世界上最早的关于建筑遗产保护方面的法律
1887年	《纪念物保护法》	以历史建筑、文物为主要保护对象
1913年	《历史古迹法》	法国对文化遗产的关注始于历史建筑
1930年	《景观保护法》	对人文遗产保护的同时，意识到自然遗产保护的重要性
1941年	《考古发掘法》	对地下文物的保护
1967年	新《景观保护法》	加强了对自然遗产的保护
1960年	《国家公园法》	
1962年	《马尔罗法》即《历史街区保护法》	法国历史建筑与历史街区保护工作中最为重要的法律，其立法宗旨提倡对历史街区实施整体保护策略
1973年	《城市规划法》	

1. 历史建筑与古迹遗址保护法的制定

（1）1913 年颁布的《历史古迹法》

1830 年，法国成立了专门研究历史建筑的机构，设立了历史古迹总建筑师的职位。第一份历史建筑的分类名录在 1840 年产生，同时，成立了直接受内务部领导的历史建筑管理委员会，委员会的职责是对已经清点过的历史建筑进行技术分析并且负责必要的修复工程。

1887 年，法国颁布了第一部历史建筑保护法律。该法律确定"历史建筑"（Monument Historique）为一个法定概念，并且明确了政府干预范围。该法令在 1913 年 12 月 31 日经过修订和完善，形成了在法国历史文化遗产保护史上非常著名的针对"历史建筑"的"1913 年法"。该法律第 1 条第 1 款规定该法以保护具有历史价值与美术价值之动产与不动产为宗旨。

根据历史建筑的历史、艺术价值，规定了两种不同程度的保护方式（该分类型保护方式也运用于自然遗迹保护中）：

① 列级保护（Monument Historique Classé）：列入正式名册的历史建筑，要求对历史建筑从历史学的角度或者从艺术的角度来进行保护，其登录和保护的程序都比较严格。

② 注册登记（Monument Historique Inscrit）：登记在附属名册的历史建筑，原来是用来登记那些准备要列级的历史建筑的临时名册，后来专门登录价值稍逊或者较为普遍的历史建筑。保护要求也相对简单，主要是对历史建筑的变化进行监督和有效的管理，以保持和体现其价值。从此，"历史建筑"作为专门的一个历史文化遗产的概念被确定。

（2）"历史建筑周边环境"概念及 1943 年 2 月 23 日法律修订

《历史古迹法》在后来经过了多达 27 次的修订，1943 年修订中提出了"历史建筑周边环境"（Les abords）的概念，即指除具有上述价值的不动产，如建筑物、遗址外，在景观上与它连为一体的、在其周边 500 米范围之内的其他景观，也一并列入《历史古迹法》的法律保护范围。因为人们逐渐意识到历史建筑与围绕它的空间是不可分离的。所有的邻近环境的改变，不管是自然的还是人工的，都会影响人们的感觉。因此有必要建立了一个以历史建筑为中心的半径为 500 米的圆周保护范围。

与"历史建筑"和"景观地"的复杂登录程序不同的是，"历史建筑周边环境"的概念和范围以及保护措施是自动生效的，即一旦某个"历史建筑"被确定，在其周边便自动形成 500 米为半径、约 78.51 平方米面积的保护范围，在其中的建设活动都受到严格控制。包括:在其中不能有任何没有得到特殊准许的建设,保护和历史建筑息息相关的自然元素(独立的树木、树篱、成行的植株、树林等),保护围绕历史建筑的建筑物,保护基地上或街道上的特征(城市家具、铺地材料、公众照明等),这些周边环境都具有"珍藏首饰的首饰箱"(l'écrin qui met le bijou)这样的作用。与此相关的另一个概念是"可视范围"(le champ de visibilité),这个概念包含了两层意思:从历史建筑的可视性以及在历史建筑和所研究建筑之间的互视对比性。这个更多地从美学角度上考虑的概念要求国家所委派的工作人员在现场进行非常细致的个案研究。

由于在法国几乎每个市镇都至少有一个被列级保护或注册登记的历史建筑,因而其覆盖的范围是非常大的。

在1913年法律的基础上,国家出台了一系列的法规、条例、政府决议,制定了一系列的强制性、鼓励性和惩罚性措施来保证对"历史建筑"的保护和管理,并且鼓励其向公众开放,以实现其社会效益。主要补充的保护法令如下:

> 1994年1月28日第94—87条法令:对历史古迹高级委员组织的相关规定;
> 1994年5月27日第94—423条法令:修订原先的法令,并赋予委员会有关对历史遗迹评级或撤级的咨询职能;
> 1997年2月第97—179条法令:同意成立地区级遗产和风景区委员会(CRPS),目的在于保护和实践文化遗产的价值。

(3)"保存区"概念和1962年马尔罗法

20世纪50年代的法国城市被战争毁坏,街区残破、肮脏,大量的城市中心区尤其是历史地区被定为"不卫生地区",人们纷纷选择拆除或者重建城市,但是他们很快发现,城市的特色风貌景观在快速地消失。为了防止旧市区因都市更新导致大规模地被拆毁,1962年的《马尔罗法》(la Loi Malraux)中提出了"保存区"(secteurssauvegardés)的概念。

《保存区法令》适用范围指具有历史、美学、地理等特色,并且值得保存、修复和开发整体建筑物或其局部的区域,这些区域是可以界定及划分出来的。

> 由行政机关裁定,一个或多个当地市镇政府认可或提议;
> 假如一个或多个当地市镇政府持反对态度,仍可经由国家议会的行政命令指定。

在保存区段里,将建立一套保存区保护及开发计划(PSMV)。在当地市政议会和保护区的中央委员会协商之后,保存区保护及开发计划由行政部门公布。在保存区保护及开发计划获得许可前,需先进行一次公开调查。这项公开调查也唯有在获得中央委员会对保存区提出意见后,依据国家议院的法令执行。

出于国家强制性的特点,这个规划的编制权和审批权一直保留在国家的手中,甚至在1983年以后城市规划的大部分权力下放到地方的背景下,保存区保护及开发计划成为唯一由国家编制和管理的城市规划文本。因此,在被划为保存区的范围内,保存区保护及开发计划是唯一有效的城市规划文本,即地方政府不再编制该范围内土地使用规划,或者即使有土地使用规划也被保存区保护及开发计划所取代,在保存区的范围内代替其他城市规划图。因此,在很多历史城市的总体规划图中,经常会出现有明确边界的空白,这就是保存区所覆盖的范围。

因此,保存区保护及开发计划具有与一般城市规划不同的特性:

- 强调对历史文化遗产的保护,是城市历史文化遗产保护和协调的基础。
- 强调对历史文化遗产价值的重现,是城市历史文化遗产修复和再利用的指导计划。
- 包含土地利用规划的内容,包括社会、经济、功能等方面,考虑保护区内居民有关居住、就业、服务和交通等的需求。使得历史文化遗产的保护纳入不断发展的城市建设与管理的完整体系中,从而保证保存区的活力。

保存区范围中的所有人都必须遵守保存区的规定,包括公务人员和私人业主。保存区规划的研究和制订工作由一个或几个在城市历史街区和城市传统中心区规划方面有专长的自由执业建筑师完成。他们在通过负责建筑和城市规划事务的国家部门认可后,由市长任命开展保存区规划的研究和制订工作。制订保存区规划的费用由国家支付,并由一个地方委员会——保存区地方委员会监督制订工作。研究工作主要以两部分为基础:对城市历史档案的分析以及现场实地考察。深入每幢建筑、每个地块和每个场所。由于保存区规划图必须准确地反映每幢建筑的情况,图纸的比例一般是1∶500。图纸中每项内容由一套标准化的图例进行解释。保存区规划由国务院声明通过,由负责城市规划(设备部)、建筑和遗产(文化部)以及管理地方政权的机构(内务部)等共同签署。在批准之前,必须先经过名为"保存区国家委员会"的技术委员会的咨询,并通过保存区所在地城市议会的审议。保存区范围内,所有工程项目必须通过法国建筑物管理建筑师的许可。此外,对保存区有国家拨款的法律条款,对获得许可的工程项目,国家资助业主对房屋进行维修工作。

与保存区地方委员会相对应,法国中央建筑部下成立的"保存区全国委员会",主要保证保存区的保护政策以及讨论有关保存区保护及开发计划的制订、修改和审核。在地方,所有的工程项目甚至包括室内改造工程都必须经过法国建筑物管理建筑师的同意,从而保证了保护的原则不受地方利益的左右。作为计划的关键人物,法国建筑物管理建筑师帮助都市规划师拟定计划,规定计划中使用规定的一致性,确保法规被遵守。此外,他/她还负责审视计划案的提案,亲自到现场指导业主或相关建筑师,如果必要的话则邀请各方面具备资格的专家共同完成结构上的分析。

(4) "建筑、城市和景观遗产保护区"(ZPPAUP)概念和 1983 年 1 月 7 日的法律

设立"保存区"的基本原则是为那些拥有丰富遗产的城市管理其古老的中心区提供有力的工具。作为补充,1983 年 1 月 7 日的法律规定了城市或国家界定建筑、城市和自然风景遗产保护区(ZPPAUP)的可能性。建筑、城市和景观遗产保护区适用于遗产价值相对较弱的对象,用于保留和体现某一历史地区的遗产价值。制定建筑、城市和景观遗产保护区的初衷与制定历史建筑的保护范围或保护区是一致的,但更多涉及自然与城市风景的内容。

建筑、城市和景观遗产保护区的建立主要有三个方面的原因:

① 调整历史建筑周边环境的概念

到 1983 年为止,已经有 33,500 个纪念建筑被以"历史建筑"的名义列级保护或者注册登记,同时也确定了对其周边 500 米半径内环境的强制性保护。

这个强制性措施在实施过程中出现了新的问题。其一,对所有建筑物的保护范围都是同样的机构划定,不管该历史建筑的特点,不管其周围直接的环境,比如一个城堡和一个喷泉的周边环境保护范围是一样的。其二,在管理模式上,由法国建筑物管理建筑师进行"个案"研究,使得国家建筑师的负担非常繁重和琐碎。因此,人们越来越希望在众多历史建筑的周边范围内事先建立一套"游戏规则"。

因此,建筑、城市和景观遗产保护区主要是为每一个历史建筑限定一个适合其本身特征的保护范围,保护其所特有的个性以及其所在场所共同的形象。

② 加强对城市和乡村历史文化遗产的保护

在 20 世纪 80 年代初期,人们意识到保护那些不具有特别突出的艺术、文化价值但是却对体现该城市或者乡村特性风貌有重要作用的区域遗产的必要性。因此,建筑、城市和景观遗产保护区的确立有时仅仅因为该遗产本身具有与众不同的品质,因此这种建筑、城市和景观遗产保护区中不一定有历史建筑的存在,她可能是一个有特色的小镇、20 世纪初甚至战后新建的城市部分、工业区等等各种有场所特色的区域。从而将遗产的概念扩展到了更为普遍的意义上。

③ 赋予市镇在对其历史文化遗产的管理和开发利用的过程中积极的作用和责任

建筑、城市和景观遗产保护区的产生与1983年的地方分权法有直接的关系。法国通过分权法后,市镇当局具有城市规划和城市管理的权力,他们可以自行制订和管理土地使用规划,并且具有发放建筑许可证的权限。但同时,国家将具有国家利益的权力紧握手中,这其中包括对历史文化遗产的保护权力。因此,上述提到的"历史建筑""景观地""保护区"的保护和管理的权力还是由国家以及国家在地方的权力机构负责。

　　建筑、城市和景观遗产保护区的建立使得市镇在对其所属土地进行城市规划的同时,有可能和国家一起共同保护其所属土地上的其他历史文化遗产。因此,它的成功之处在于它的工作方式。这种方式建立了国家(主要保证对国家历史文化遗产的保护)与地方市镇(主要负责对其所属区域和城市进行规划)之间的对话,促成地方性历史文化遗产项目的协调和升值。法国国家建筑师代表国家保证对历史文化遗产的保护。他们主要是检查每一个项目是否符合建筑、城市和景观遗产保护区的说明。没有他们的同意,不能在建筑、城市和景观遗产保护区范围之内进行任何建筑外观和空间的改变、新建、拆除、砍伐等。

　　保存区保护及开发计划(PSMV)是一种必须履行的城市规划文件,并在城市这一层次生效。保存区保护及开发计划的制订常常与土地利用规划的修改同时进行,在制订该计划书时,一般都必须考虑如何适应当前正在执行的城市土地利用规划的有关规定。建筑、城市和景观遗产保护区范围中的所有人都必须遵守其规定。包括公务人员和私人业主。

　　同保存区一样,保存区保护及开发计划的制订由一个或几个在此方面有专长的自由执业建筑师完成。在经过咨询国家建筑物管理建筑师后,这些建筑师由市长任命开展保存区保护及开发计划的制订工作,而国家建筑物管理建筑师则对整个研究和制订过程进行指导。

　　与保存区规划一样,保存区保护及开发计划的研究工作主要以两部分为基础:对城市历史档案的分析以及现场实地考察工作。根据每个地区各自的建筑和遗产的不同特征,分析工作的深度也不同。除说明书外,所有不同类型的建筑特征都反映在建筑、城市和景观遗产保护区规划图上,其他的文件还包括一份建筑、城市和景观遗产保护区的规定和一份图例。图例的内容并不是预先决定的,而是通过研究工作归纳出应该包含的内容。其款项可以借鉴保存区规划,但更应该考虑对自然和城市风景的分析,以及当地特殊的环境要素。

　　在经过"遗产和景区地区委员会"(CRPS)的咨询后,保存区保护及开发计划由大区行政长官签字生效。在建筑、城市和景观遗产保护区内,所有工程项目必须通过国家建筑物管理建筑师的许可。对获得许可的工程项目,国家将资助业主对房屋的维修工作。

建筑、城市和景观遗产保护区是比保存区更新的管理工具,它适用于范围相当广的有关遗产的对象,并为国家与城市相互协作提供了广泛的可能性。它是建立在共同商议的基础上的研究成果,并为改善城市质量提供建议。建筑、城市和景观遗产保护区和保存区都是在省这一层次上进行管理的工具,与市长协作,并由国家建筑物管理建筑师以法国国家历史古迹总建筑师的名义进行操作。

随着人们对历史文化遗产概念扩展的普遍认识以及历史文化遗产在城市中所起的积极作用,建筑、城市和景观遗产保护区越来越成为国家、地方和民众都乐于接受的一种既灵活又有充分保障的保护制度。

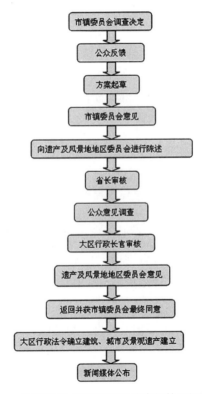

图2—1 法国建筑、城市和景观遗产保护区评估流程

2. 自然景观保护法的制定

(1)《景观保护法》

1906年,法国议会投票通过第一个有关"景观地"的法律,1930年对这个法律进行了补充完善,该法律保护的重点是天然纪念物或在美术上、历史上、学术上、传说中、绘画上具有普遍意义的自然景观及人文景观。该法律最终成为环境法典的

一部分。

这个法律包括两种等级的保护方式(与1913年有关历史建筑的法律一样):列级保护与注册登记。根据1930年法律第12条的规定,被列级保护的景观地"除非有特别的准许,禁止任何破坏、改变其面貌状况"。因此,所有可能引起景观地的性状及其完整性改变的项目,如立面维修、树木裁减、插建建筑物和构筑物等都受到严格的控制。而对注册登记的景观地控制则要相对灵活很多。

"自然景观地"的概念是在1930年5月2日的法律中确定的,首先主要是限定在一些自然物上,如瀑布、泉水、岩石、岩洞、树林等,后来逐步扩大到人们创造的田园景观以及城市中的特色景观,如巴黎城区内埃菲尔铁塔所在的区域被认为是巴黎市非常重要的城市景观而被列级保护,巴黎环线以内大约有80%的面积被注册登记在景观地的补充名单上。

1967年12月28日通过的《景观保护法》中,进一步强化了1930年颁布的《景观保护法》内容,要求各地区确实做好重点天然纪念物及历史遗迹的登录工作,随时接受上级主管部门检查。而景观一旦进入遗产名录,未经文化部批准,任何人都不得随意毁坏或改变其外观,违者除被提起公诉,追究法律责任外,还要恢复遗址原貌。修改后的《景观保护法》还明确规定,景观所在地的公民除日常农耕或房屋修缮外,在进行其他大型施工作业时,必须提前4个月向有关部门提请申报。该法规定:进入遗产名录或被指定为自然遗产的景观可以是树木、村落,也可以是历史街区。

表2-3 自然景观相关法律的制定阶段

时间	法律内容
1975	有关损耗的法律框架。 沿海地带保护措施出台。 设立环境高级委员会。
1976	创建回收及销毁损耗品代办处。 1976年6月16日有关饮用水的指令。 1976年7月10日自然景观法修正,确立(土地整治工程对环境的)"影响研究"(études d'impact),扩展了法国环境法的应用范围。 环境保护采取了列级保护的方法。 水污染的相关法律出台。

续表

时间	法律内容
1977	列级保护方法应用于损耗品和水源管理方面 1977年1月3日有关建筑的法律,与风景保护有更为直接的关系。该法律第一条指出这是关于在自然环境或城市环境中兴建建筑的法律。
1979	创建地方农业和环境司(DRAE),后改名为地方环境司(DIREN)。
1980	创建空气质量监督机构(AQA)
1983	1983年1月7日法律,补充了《城市规划法》第L.110条中"法国领土即国家共同遗产"的总则。 1983年7月12日《Bouchardeau法》,关于公众咨询民主化和环境保护的关系,并强调了公众协商的重要性。
1985	1985年7月18日有关城市规划实际操作法,定义并实施领土规划整治的要则。国家拥有管理权,通过秩序法庭来进行裁决,并保有土地控制权来防止城市规划的失衡。
1991	1991年7月13日的《城市指导法》(LOV)将城市空间首先理解为生活空间。该项法律强调社会的社区凝聚力和住房要求。它是城市规划的指导思想,旨在解决日渐成为社会危机主要原因的城市化问题。
2000	2000年12月13日《城市互助与更新法》(SRU)是有关城市规划权分配方式的重要法律。旨在摆脱国家总体规划的危机,加强市镇间的合作,保证地方总体规划的编制和实施,并改变公共政策中城市规划、社会住宅发展计划和城市交通规划相互脱离的状况。通过新的规划方法、程序和工具促进各项政策的相互融合,加强国土利用和城市规划各部门的协调与统一,保证国家政府和地方集体在规划政策上的一致性。提出了展示城市发展前景的《地区发展纲要》(SCOT)和市镇土地详细规划的《地方城市规划》(PLU)两项规划文件。

(2)《国家公园法》

1960年7月22日颁布的《国家公园法》是针对法国将设立规模更大的国家公园或地域公园而制定的专门性法规。该法律规定:凡在《国家公园法》指定区域内生活的动物、植物,甚至包括这里的土壤、大气、地下水以及独特的自然景观等等,都将受到该法律的保护。此时的法国人已经清醒地认识到,在保护好人文景观的同时,还要保护好自然遗产,自然遗产亦应被视为人类宝贵的精神财富。

(3)《考古发掘法》

1941 年颁布的《考古发掘法》源于 1913 年颁布的《历史古迹法》,它所强调的是对地下文物的保护。这也是法国唯一一部有关地下文物发掘工作的法律指南。该法律条文明确规定,除国家外,一切对地下文物的发掘、试掘,都必须事先征得国家有关部门的许可,一切发掘都需在文化部的监督下进行,否则视为非法。

3. 文化遗产普查相关法规条例

根据 2004 年 8 月 13 日颁布的 2004−809 法的第 95 条有关地方权益和责任规定,以及 2005 年 7 月 20 日颁布的相关实施条款 2005−835 的规定,对于文化遗产普查名录及其各项项目,负责人为两部分:一是中央政府,另一个是各大区地方政府及科西嘉岛合众体。

各大区地方政府及科西嘉合众体负责在其各自管辖范围内对遗产普查负有从项目计划到评定的全部科学技术职责。同时,他们要负责地方团体或相关机构在其管辖范围内提出遗产认证的要求(2004−809 法的第 95 条 II)。按照 2005 年法条的相关规定,各个大区地方政府内部负责遗产普查部门,设立相关公务员职务保证文化遗产相关项目的实施。

中央政府承担科学技术的监控的角色,以保证全国范围内普查实际操作的质量、相关部门之间的协调与合作情况(2005 年实施条款 2005−835 的第 1 条)。普查相关的方法论、实践操作、专业词汇、图表及资料库的规范由中央政府来定义。

中央政府负责操作结果的发布,比如在网络平台上提供各种国家资料库数据。此外,也负责执行国家普查计划内的相关项目。

国家层面上还设立了文化遗产普查国家委员会,委员会的职责关键在于提供意见、建议以及开展评估。这个新的决策机构为专家提供了对话空间,也为参与遗产评定的所有相关机构及人员提供了思考、提议和辩论的空间。多年来委员会实际上也成为国家与地方政府的遗产普查部门间的联系纽带。

法国公众遗产相关法律法条参考网址:www.legifrance.gouv.fr/affichCode.do;jsessionid=261416DE3D1BA06D1BF1FEB988557EC4.tpdjo14v_1?cidTexte=LEGITEXT000006074236&dateTexte=20140715。

第二节 遗产行政管理保护体系

在法国,政府部门关于公众遗产的管理体系一直在演变与更新。文化部(Ministère de la Culture)是文化遗产保护的最高决策机构,1997 年更名为文化及通信部(Ministère de la Culture et de la Communication)。该部于1998年成立了遗产与建筑司(Direction de l'architecture et du patrimoine),在此基础上,2010年1月13日根据2009年11月的1393条法令,与法国档案司、法国博物馆司合并成立文化遗产司(Direction générale des patrimoines),其职能包括遗产的管理及保护。

一、遗产管理职能部门

文化遗产司下设四处、七科以及图片管理处,囊括了不同类型的文化遗产的保护与管理事宜。由于遗产分类保护管理工作具有一定的专业性,所以该司既有行政管理人员,也有专职科研人员。这些下属单位包括:遗产服务处、建筑服务处、法国部级间档案服务处、法国博物馆服务处、科技教育科、公共政策科、遗产信息体系科、欧洲及国际事务科、通信科、公共政治及研究科、作品管理及安全科。对于这些部门的职能,简要介绍如下:

1. 遗产服务处

负责建筑遗产、考古遗产、民族学遗产及保护区相关的保护政策、维护修复和评估等方面工作。保证对遗产进行适当的工程干预措施,保持遗产在公众及私人专业网络的活跃度,与历史遗迹及保护区的合作伙伴保持良好关系。

负责国家的文化遗产普查名录的实际操作,在实际过程中作为国家与地方对话的重要代言人。

两个下属部门为:历史建筑与保护区部、考古及文化遗产普查部。

设立遗产监察科(Service de l'inspection des patrimoines),保证相关法律及规章的实施,并为文化司提供专家意见咨询服务。

在六个方面对国家遗产进行科学技术的监控:考古、建筑及保护区、文档资料、文化遗产普查名录、历史遗迹和博物馆。

2010年3月,文化部决定成立"影像资料调查团"(Mission de la photographie)。该调查团隶属文化遗产司,但是与其他部门的各类相关单位也保持紧密的合作关系。旨在凝聚公众、私人业主、专业人士及基金会所有人的力量在各部门间建立一个共同点,促进法国国土形象的图片、写作形式多样化及活力的保持。

2. 建筑服务处

负责建筑相关的宣传和建造、风景规划、生活区域、专业经济、教育及研究。

包括建筑制造质量、城市空间和风景的政策制定,制订建筑师职业训练趋势规划,监督保证公共建筑的质量。

两个下属部门为：建筑研究与高等教育部，建筑、建造质量和生活区域部。

3. 法国部级间档案服务处

设计并管理档案及文档查找的相关政策。负责建立和执行规范性和立法性的框架。保证有关档案介绍及保存的规章指导和通报得以使用及实施。

鼓励及促进历史数据为更多大众所熟知的科学工作。同时也致力于拥有历史价值的私人文档的保存。

组织并协调法国档案体系及相关活动，范围涉及国家、大区、省级及市级的档案。

负责在档案领域与国际社会保持密切合作。

两个下属部门为：部级间和国际间传统档案及电子档案政策部、档案查找及网络检索合作部。还包括一个致力于建立国家庆典未来的庆祝仪式名录的考察团。

4. 法国博物馆服务处

负责博物馆收藏品管理（获取、维修、调动、盘存、宣传、电子化），博物馆收藏品保管技术（场地及设备），专职人员及研究。此外保护、研究并充实公众收藏，保证从科学技术层面的管理，以及促进法国博物馆联系网络（区域及国家博物馆）。

在文化产品流通领域，关注艺术市场及资助体系的发展。

两个下属部门：收藏品部门、博物馆政策部门。

5. 科技教育科

负责将文化遗产司内相关的部门联系起来，提出、协调及促进专业教育项目（中央项目、地方项目、合作委托项目以及国家监督下的合作机构项目）。

向文化部其他部门的工作人员提供培训，为国外专家提供合作实习机会。

6. 公共政策科

保证面向公众的文化教育活动的发展。同样也关注信息技术的提升，公众服务度的提高，以及保证收费政策的合理。负责艺术教育、特定民众领域的文化发展政策的实施。参与科技文化宣传政策的制定和协调文化评定政策。

7. 遗产信息体系科

确定及协调国家研究项目，比如有关考古、文档、民族学、无形遗产、动产、博物馆、历史遗迹及环境保护区的项目结果的宣传。保证研究项目各合作方之间的协调。同时，负责执行联合国教科文组织有关物质/非物质文化遗产保护公约。

8. 欧洲及国际事务科

确保信息体系之间、国家遗产之间与文化遗产司之间的协调。也创立一个负责资料工程化数字化管理的专家团。

9. 通信科

为文化遗产司的欧洲或国际项目提供协调等相关服务。关注欧洲遗产的建立和学术圈的对话。对文化遗产司发起的欧洲区域的文化政策提供支持。因此，负责与欧盟、欧洲委员会、联合国教科文组织及相关组织间的联系。同时，对遗产及建筑领域的国际专业协会提供支持。

10. 公共政治及研究科

负责协调和执行文化遗产司主持的相关文化政策的联系活动。组织推动有关建筑、遗产和博物馆史的国家级活动，如欧洲遗产日或博物馆之夜的宣传形象。同时，保持与媒体间的良好联系，鼓励文化遗产司项目的相关资助活动，与外界发展合作关系。

11. 作品管理及安全科

提供咨询及安保协助，保证管理中心、相关服务机构、合作机构在组织活动时的安全。给活动相关负责部门提供有关经济成本、可行性等方面的专业支持。

"文化遗产司管理体系"的资料来源：法国文化及通信部官方网站 http://www.culturecommunication.gouv.fr/Ministere/Directions/La-direction-generale-des-patrimoines。

二、遗产的管理制度

1. 相应的管理机构及组织

从法国国家到地方社区不同层级（法国行政区划及级别：国家—大区—省—市镇，即 Etat-Régions-Départements-Communes），均有相关机构和代表负责遗产管理和整治。依据遗产的不同形式，管理体制中各相关机构的职能或有重叠。因此，在法律及性质上对遗产进行了梯级划分，管制力度从底层管理体系开始逐层递增。与中央的文化遗产司对应，大区每个行政区政府内部设有文化事务部，省级设有省级遗产与建筑服务部，市级政府内部还可设有遗产助理与遗产协会等，负责管理、调查和监督文物古迹的现状和维护工作。

以下内容将以表格形式简要介绍在保护建筑型及风景型文化遗产方面的相关机构、组织,而有关建筑型与风景型相结合的文化遗产已在《城市互助与更新法》(SRU 法)中进行了明确强调。

表 2—3　法国各类遗产的各级管理机构列表

遗产类型	关涉的国家级管理机构	关涉的省级管理机构	关涉的市镇级管理机构
历史古迹 Monument historique	遗产秘书处,DAPA(建筑及遗产司,Direction de l'architecture et du patrimoine),环境部,旅游、交通设施部,设施普查部,历史遗迹高级委员会,国家保护区委员会,风景区高级委员会,国家旅游咨询处,法国环境研究院	地区行政长官(Préfet de région),省长(Préfet),地方文化事务司,地方环境司,地区遗产和景区委员会,省级遗产和建筑服务部,法国建筑物管理建筑师,历史古迹总建筑师,建筑、城市规划和环境委员会	市长、遗产处助理、市镇服务总负责人、遗产保护协会负责人
自然保护区 Site naturel, Secteur sauvegardé,包括建筑城市和景观遗产保护区(ZPPAUP)	遗产秘书处,DAPA,环境部,旅游、交通设施部,设施普查部,农业机械研究中心,部级合作环境委员会,历史遗迹高级委员会,国家保护区委员会,风景区高级委员会,国家旅游咨询处,法国环境研究院	地区行政长官,省长,地方文化事务司,地方环境司,地区遗产和景区委员会,省级遗产和建筑服务部,法国建筑物管理建筑师,建筑、城市规划和环境委员会,省级农业和森林司	市长、遗产处助理、市镇服务总负责人、遗产保护协会负责人
海滨地带 Littoral	环境部、海洋交通司、设施普查部、沿海及航海作业处、农业机械研究中心、部级合作环境委员会、海洋部级委员会、国家旅游咨询处、法国环境研究院	地区行政长官、省长、地方环境司	市长
山区 Montagne	环境部、设施普查部、乡村林业司、部级合作环境委员会、国家山区咨询处、法国环境研究院	地区行政长官、省长、地方环境司、省级设备司	市长
濒危自然区域 Espace naturel sensible	环境部、设施普查部、农业机械研究中心、乡村林业司、部级合作环境委员会、国家自然保护咨询处、法国环境研究院、国家森林办公室	地区行政长官,省长,省级农业和森林部,地方环境司,地区遗产和景区委员会,省级遗产和建筑服务部,法国建筑物管理建筑师,建筑、城市规划和环境委员会,省级农业和森林司,省级设备司	市长、遗产处助理、遗产保护协会负责人

续表

遗产类型	关涉的国家级管理机构	关涉的省级管理机构	关涉的市镇级管理机构
公园 Parcs	环境部、设施普查部、农业机械研究中心、乡村林业司、部级合作环境委员会、公园部级委员会、国家山区咨询处、国家旅游咨询处、国家自然保护咨询处、法国环境研究院	地区行政长官、省长、地方环境司	市长
绿地 Espaces verts et bois	环境部、设施普查部、农业机械研究中心、乡村林业司、林业管理处、部级合作环境委员会、公园部级委员会、历史遗迹高级委员会、国家保护区委员会、风景区高级委员会、国家山区咨询处、法国环境研究院、国家森林办公室	地区行政长官,省长,地方环境司,法国建筑物管理建筑师,建筑、城市规划和环境委员会,省级设备司	市长、遗产处助理、遗产保护协会负责人
广告宣传 Affichage	环境部、设施普查部	地区行政长官、省长、地方环境司、省级农业和森林司、省级设备司	市长

传统上,法国的文化事务一直由国家中央行政管理,然而经过两次大普查以及文化遗产数量的大幅增加,法国文化部无法继续负担如此繁重的工作,便从20世纪70年代开始实施"去中心化"管理,逐步将文化事务权力由中央下放到地方政府,在各地区成立地区文化事务办事处(DRAC),并由区政府和其所属的省份来进行密切的文化合作。①

2. 遗产的业主及其财产的特点

在法国,49.54％的历史遗迹的所有权属于私人,其归属已经不再受制于业主社会地位高低的标准。随着社会民主化以及文化遗产定义的扩大,历史或自然遗迹由"高级别"转变为"高魅力"的统一体。

遗产的买主投入的不仅是金钱,还有对遗产本身及附属环境的投资。未来的

---

① 参见陈泯旻:《法国文化遗产研究:以巴黎塞纳河畔为例》,淡江大学欧洲研究所硕士班硕士论文,2011年,"提要"第Ⅰ页。

主人再次寻找的不仅仅是一栋有故事的"特别房子",而是一处环境与建筑物和谐统一的景色。"一处房产被拆解出售,他的附属建筑从城堡中剥离出来,单独出售。城堡里的一些基本东西被打包出售,各种装饰物件被廉价出售给旧货商,最后专卖给家具店或餐馆。我们几乎找不到一个愿意投入精力和金钱到这样一个历史建筑且不破坏其原有布局的买家了。"[1]

因此,对于业主或购买者来说,通常且至少他应该有义务了解向文化部和环境部投诉的相关各种负责行政权益,他们之间是共生关系。在研究中也不应将两种文化遗产进行区分对待,而且根据《城市互助更新法》的规定,建筑与其所在环境在社会意识上是紧密联系在一起的。

建筑的业主应该负责实现遗产及其所在环境的价值化。景点、森林和濒危自然场所的业主要注意提升其保护地内或周边的建筑物的建筑价值。在环境与建筑的结合中,如果损坏已经发生,唯一需要关心的应该是保持它的协调性或者是修护的可能性。这些遗产的物质价值和非物质价值有赖于此。

3. 购买建筑或景观文化遗产

当历史遗迹的所有者预备出售产权时,摆在受(法律方面)保护建筑、小块土地的潜在购买者面前的第一个问题就是:获知这项投资是有回报的或者仅仅是一个"有趣"的投资?

投资建筑或景点文化遗产是有风险的,而且收益并不稳定。投资收益也是长期的,具体体现在:

- 市场有限且不统一;
- 销售价格不可能抵消花费在装修、修复建筑物和绿地空间的费用;
- 历史遗迹的参观门票收入通常并不乐观;
- 大多数情况下,可能一条公路、高速公路或附近商业区的规划,可以将周边有机地整合起来从而使其成功地商业化,投资成功。而商业化发展如果不成功或不利,该产业的商品价值就会严重损失。

当然,承担这样的工程,其成本比单一性的建筑工程要贵,尤其是当这个遗迹已经收入遗产名录,那么将要花费很长的时间来获得审批资格。

在购买保护遗产之前,购买人必须了解:

---

[1] L. Jacob, P. BACHOUD et B. TOULIER. *Patrimoine Culturel Bâti et Paysager*. Delmas, 2002, p. 126.

- 在市政府处领取城市规划图或者城市地图,以及土地相关性图标和一些相关的解释(公共地区管理职权归属,已设定计划实施的工程等);
- 通过省级遗产和建筑服务部(SDAP)了解地区相关限制以及正在实施的项目;
- 通过地方文化部(DRAC)了解每年现行的本年度及多年度计划,已拟定的地区建设目标和业主政策;
- 通过地方环境部(DIREN)了解地区环境政策和相关地区有关自然纪念物及列入或录入古迹地点的政策限制;
- 通过历史古迹总建筑师评定该遗产的主要价值所在,确定哪些区域需要修缮或规划;
- 通过乡村建设和土地规划协会(SAFER)确定有关这块待买土地所在领地买卖的当地政策。比如一份公园或绿地中的土地正在经由农民打理,购买者就不可能再获得这份土地。如果土地正在被销售,即使业主已经获得了与土地价值相符的收益,SAFER 也有最终否决权。

4. 建筑型文化遗产的管理

并非所有建筑型遗产都一定会被列为保护对象。但是为保持修建中建筑物的原真性及其所在的周边环境,展开保护是必要的。那些在历史或艺术角度上有保护利益的建筑或部分建筑也是处于文化遗产保护的法律框架内的。

一般来说,除了那些受到文化和传播部部长个人关注或紧急保护的古迹,相关保护工作是从申请登录遗产清点名单开始的。

申请人:由地区行政长官发起申请登录遗产清点名单的提名。此外,建筑的业主,任何与遗产有利益关系的自然人或法人,有相应资格的第三方(地方集体、协会……),中央或地方文化管理负责人都可以提出保护申请。

审核人:保护的申请递交给地区行政长官和地方文化事务司(DRAC)。申请材料要包括该建筑的详细介绍以及全景图片或其中最具价值的局部照片。

① 申请注册登记遗产清点名单程序

根据 1997 年 2 月 28 日 97—179 法令,由地区历史古迹监察官向地方遗产和风景区委员会申请立案。他会就建筑本身及其保护的价值提出评估建议。对此,没有必要取得建筑业主的同意。

某建筑是否能登录遗产清点名单是由地区行政长官进行判定,并由其通知业主、建筑所在社区的区长、相关工作人员或可能存在的房屋占用人。如果是由历史遗迹高级委员会提出申请要求,那么相关判定是由文化部出示。

登录的判定将在房产抵押办公室、地区政府管理文集和官方报刊上公布。

拥有地区城市规划(PLU)的市镇已经有相应的保护条例,对照实施即可。

历史遗迹建筑的业主或有相应资格的第三方,可以在公告的2个月内就登录遗产清点名单向政府仲裁员提出反对的申请,但是只限于反对保护的合法性。

② 列级的历史遗迹的申请程序

如果遗产和风景地方委员会(CRPS)认为某项遗迹需要列级,由地方政府颁布录入的决定。随后,地方历史遗产监察官将决定交与文化部相关负责人(历史遗迹司下设的历史遗迹保护办公室),再由文化部交与历史遗迹高级委员会(CSMH)审核。

CSMH确认该遗迹是否符合列级标准。在业主同意的前提下,由文化部部长来公布最终决定。

如果列级的建筑属于个人财产,列级的结果并不意味着其所有权转为国家所有。相似地,如果某建筑是公众集体所有,列级后其归属权也不变。

③ 受保护遗迹的相关管理办法

登录遗产清点名单的历史遗迹相关管理办法包括:

所属建筑录入遗产清点名单的业主,要对该处历史遗迹有全权的保护义务。

登录遗产清点名单后业主无权对建筑或建筑某一部分进行修改,除非提前四个月通过地方文化事务司的人员通知地区政府,并清楚陈述将进行的工程的内容。

事前告知的程序(申请人不应将其与为获得城市规划许可的《工程说明书》相混淆,因为后者不包括登录遗产清点名单的历史遗迹)与《城市规划法》的规定相重叠。具体案例中,无论是私人或公众业主都需要获得建筑许可或拆迁许可。

《工程说明书》中至少要清楚陈述以下三个要素:

➢ 一份介绍报告

➢ 详细且量化的施工说明书

➢ 有助于理解即将实施工程内容的图纸或照片

政府管理部门要保障土地占用和使用的相关政策一致。具体程序参照《城市规划法》中L.421-1,L.421-2,L.421-2-1,L.421-2-3,R.421-33,R.421-36,R.421-38-2,L.422-4和R.422-2条例。

④ 个人所得税的征收制度

历史遗迹特别的征税方式给其业主带来实际且重大的好处,即由文化事务管理部门同意、监管、执行或监督的维护和修补工作,会以总税额减免的方式来减少个人所得税的缴纳。

a. 某处历史遗迹缴税的多种收入项目

在历史遗迹的管理过程中,业主有三种收入方式:

- 以对外开放、出租建筑周围的土地以及出售有关该建筑的产品(照片、明信片、光盘)而获得的相关土地性收入。
- 产业或商业行为中收益从而获得的产业和商业性收入,如出租建筑内的房屋,或设立商业网点(商店、餐馆等)。
- 农业性收入,比如贩卖牲畜产品,对土地的直接开发或贩卖农业产品。

b. 以下四种情况下,个人收入或行为的收税制度

- 无业主居住但有实际收益的建筑:若该遗迹向公众免费开放或所有支出由政府补贴,则100%免除税金;若未符合以上两条规定,则免除税金50%。
- 无业主居住且无实际收益的建筑:原则同上。
- 私人建筑且无实际收益:土地性收入只可减免75%的税,剩余25%的税归于总税收中。
- 有业主居住且有实际收益的建筑:若该遗迹向公众免费开放或所有支出由政府补贴,则100%免除税金;若未符合以上两条规定,则免除税金50%。

⑤ 国家提供的财政资助

地方政府有权对古迹的保护给予财政资助,资助的最大限度为实际花费的40%,尤其是针对加固工程。

根据地方文化事务司在地方历史遗迹保护的要求下提出的津贴议案,地方政府提供相应的资助,同时法国建筑物管理建筑师(ABF)给予技术指导。

历史遗迹管理的一个重要内容是,在根据1999年12月16日99-1060法令的第4条法案对提交的文件审核未结束前,任何工程都不允许动工。申请人需要声明遵守此项不提前动工的约定并提交业主证书或财产公证书。

获得国家财政资助的时间安排如下:

在地区管理会议上,地方政府同意使用国家分权给予地方的资金(第二种类型的资金)。该会议将聚集地区各部门各项服务单位的负责人,一年举行两次。

在管理会议召开前的当年6月,地区文化事务司将与各省、各大区以及省议会的代表就预审的文件共同商讨来年的资金预期规划。地方文化事务司将在3到6个月的时间里公布地方政府达成的其余决定。

因此有关国家财政资助的申请需要在资金预期计划前6个月递交上去。未遵守99-1060法令的第9条法案在6个月前的期限递交的材料一律不予受理。

资金的分配属于计划生效后的一个任务,该项资金被分为两部分,1月份分得

80%,9 月份分得 20%。若有紧急情况则进行特殊分配。

⑥ 维修改建的相关管理办法

若主管当局同意,列入国家保护的古迹可能被拆迁、移址或部分地进行维护和改建。

按城市规划法 L.422－1 条规定,列入遗迹的相关工程无需建筑许可证,L.430－1 条规定无需拆迁许可。主管部门是地区政府,文化部也有权按照 1913 年法的第 9 条来进行干预。由业主向地区文化事务负责人提出许可申请。申请书中要附上具体实施计划,详细描述和解释计划内容、布局和技术细节或草图,其中必须包括以下要素:

➢ 一份介绍报告;
➢ 详细且量化的施工说明书;
➢ 有助于理解即将实施工程内容的图纸或照片。

获得批准的工程需要在文化事务管理部门的监督下实施。相应工程可能有两种类型:

➢ 维护和修理;
➢ 恢复、改造或建设。

⑦ 平常的修护和保养

业主要依法执行如同"父亲"般的照顾职责。也许实施的某一工程并不重要,但是要确保技术文件中注明工程各项情况,其中的要素包括:

➢ 保护区的自然侵蚀情况
➢ 树木砍伐情况
➢ 开垦情况
➢ 残余树桩情况
➢ 壁画创作和残余情况
➢ 彩绘大玻璃和雕塑情况
➢ 绘画作品、古雕塑和彩绘大玻璃的恢复
➢ 无水清理的操作
➢ 加固
➢ 规划、估价和赎回情况
➢ 扩建
➢ 相关设备的情况
➢ 城市规划法 L.421－1 和 L.422－2 条规定总体方案和豁免方案

国家财政支持能达到维修工作总投入的50%。此外,国家资金还不排除接受其他资金来源以资助业主。对于已获国家资金资助的列级保护的遗迹,省议会还可以提供高达维修费用30%的资助。

平常的维修和维护由法国建筑物管理建筑师进行监控。他/她对递交的材料进行审核,并保证工程过程符合相关要求。

监管、督促获得国家资金资助建筑的相关工程,对法国建筑物管理建筑师而言是在执行其常规的公众服务。

⑧ 有关修补工作的前期研究

所有有关遗迹的工作都要经过工程监控者的"前期研究",监控者通常是业主和当地相关的历史古迹总建筑师。同时还要有地区文化事务司遗产服务部负责历史遗迹保护的人员,地方考古、民族遗产清点服务部,以及各专业研究人员,比如经济学家、建造工程师、土壤研究员、材料分析研究员和档案分析员。

基于全体专家和地区历史监管员的意见,前期研究还要获得地区文化事务负责人的同意。有时,还会听取历史遗迹高级委员会的意见。

建筑按照其破旧情况的严重与否来决定其申请的优先次序,破损严重的具有优先权。其后,地区文化事务负责人和业主共同商议资金补助的预计方案。

前期研究和修缮工作可以从国家那里获得财政支持,资助数额可占实际操作支出的20%－80%,用以支付修缮建筑中具有历史和建筑意义部分以及相关国家机构服务人员。国家资助不排除业主从其他途径获得资金支持。

为了确保"前期研究"能够获得批准,业主可以监督"前期研究"的全过程并将自己的意见递交到国家部门。

当国家资金支持相关历史遗迹工程时,工程监管是必备的,要么通过法国建筑管理建筑师监管平常的维护,或由历史古迹总建筑师监管全程其他的工作。一般来说,历史遗迹在维护和修复时不能想象没有国家的帮助,因为包括工程的持续性和质量,相关建筑技术的保证,都在国家管辖范围内。

然而,出于某些原因,如果业主希望更换"前期工程"的监督建筑师,他可以写信向地区历史遗迹监管负责人申请由中央政府改派其他建筑师。

⑨ 与盗窃和文物破坏行为的对抗

对历史文化财产的盗窃和文物破坏行为是业主最为担心的问题。

历史遗迹的城堡和住宅地理位置相对隔绝加重了犯罪的猖狂程度。1998年,1266座城堡及住宅内文物遭到盗窃。而这一现象在1997年还只有501起。到2001年,328个宗教场所遭到盗窃,与前一年同期相比增长16%。

1975年,为了反盗窃,设立了反文物财产非法交易中央办公室(OCBC)。它是部级间合作部门,由1名高级警司领导35位警务人员运作。内务部负责其运转开支。这个组织为每件文物进行归档,建立了一个名为"电子寻宝和艺术想象"数据库。

采用的预防措施。业主应对所有可能被盗的物品拍照并留档,比如建筑物、壁炉、雕塑、门、窗等等,并将资料递交给保险公司或警察局。给物品做标记也是同样有效的,有助于警察重新找到时进行确认。业主也可以安装报警器等防盗装置。

对于植物损坏这一条保险中不一定涵括。如果要对建筑及其所在环境全方位投保的话,需要在合同中加入一条特别条款。

5. 风景型文化遗产的管理

《环境法》L.110－1条条款确立了受保护区域的自然环境保护的法律依据。法令中指明场地、资源、自然动植物、风景区、农地,这些生态平衡和多样性的指标是维系"可持续发展"和未来人类所需的重要因素。包括空气质量也被强调。这些都是立法和管理的对象。

(1) 受保护景区内财产的管理

① 注册登记的风景区

城市规划法为风景区保护提供了相关法律依据。环境法L.341－1法令也确定了"自然遗迹和风景区的保护",体现了艺术、历史、科学、神话和美学性的整体利益。

对风景区的另一种理解是"出于保护的规划"。

② 注册登记风景区的过程

在每个省都有一份自然遗迹的"清单"或代表整体利益的风景区保护名册。登记在册意味着处于环境部的保护监管中。这份名单可以在地方环境司或省级遗产和建筑服务部那里查询到。

申请人:a.个人、协会、公众团体或负责风景区事宜的省公共服务委员会都可以提出申请。b.市议会接到大区政府通知申请事宜后须在3个月内给予意见。

审核人:a.环境部通过部令宣布登录的风景区。这个部令直接下达给业主。如果共有业主超过100人,地区政府则采取新闻形式进行公布。这种方式避免了不必要的第三方介入。每年风景区名录的公布也是实施保护的一种形式。如果业主反对登录的部令可以向仲裁庭提出上诉。仲裁庭会就登录措施的合法性进行审核。b.部令颁布即意味着风景区登录成功。风景区区域界定与市镇政府的土地利用规划或城市规划相一致。

登录风景区后须遵守的相关要求:a.除了乡村基金的短期开发和普通建筑修

护外,相关工作都需要在地区政府备案。无论建筑许可或拆迁许可,任何工程实施前都要提前4个月通知地区政府。如果政府否决了业主提出的工程,他将给予工程规划否定书或否决相关税收减免,来简化否决过程。b. 风景区规划包含了如若存在的市镇政府土地利用规划或城市规划的相关要求,为公共利益服务。c. 若无特殊相关规定了风景区禁止商业宣传和广告行为。d. 未经地区政府豁免,禁止野营行为。e. 除非风景区有特殊相关设施,否则禁止旅游团队入内。没有地区政府的豁免则不允许开发新土地。f. 未经地区政府豁免,不允许设立旅游度假村。g. 风景区森林砍伐须经地区政府批准。

违反规定后的预期惩罚:1994年生效的《新刑法典》401-1条款中就对影响国家根本利益、自然环境平衡的破坏环境之行为提出明确的惩罚措施。

③ 列级保护的风景区

对自然风景区保护的列级是在登录级别上的升级,这不是性质上的差异,仅是出于提高保护程度的目的。列级保护的风景区前身都是注册登记风景区。

与登录景区的申请模式相似,列级风景区也是向环境部提出申请。

由国家或公共团体完成列级的手续。如果由国家提出某景区的申请,在经过财政部及相关部长的同意后,由环境部提出申请。但是若各部门之间不能达成一致,则由国家议会决定是否提出列级申请。

若由公共团体提出申请,过程与经由国家申请是一样的。如果负责部门同意团体申请,列级决议则获得通过。若不能达成一致,由国家议会进行裁决。

私人财产的风景区列级工作的申请首先需要通知资产拥有人,以业主或使用者为先。

由地区行政长官提出民意调查,听取所有利益相关人员,尤其是业主(们)的意见。程序细节记录在1969年6月13日法第4及第5条中。

一旦开始列级评定,除非经过环境部门允许,1年内不可以在风景区内实施任何作业。但是建筑物的正常维修和短期土地整理是被允许的,由省级委员会或景区上级管理机构规定时限。

得到业主同意的情况下,经环境部授权,听取风景区上级委员会意见,最终公布列级结果。

若业主未同意,在听取风景区上级委员会意见后,国家议会以政令形式做出决定。

列级风景区结果的公布

➤ 在官方杂志上公布结果;

➤ 正式通知业主列入过程是否包括改善现状或其中住宅的居住情况的指示;

- 向抵押管理会公布结果;
- 如果有相关的市镇土地使用计划(POS),需要列入审查范围。风景区界限划定需要根据市镇土地使用计划或当地城市规划。列级是公用服务事业的一部分。

自官方杂志上公布以来的两个月之内可以对列级结果提出反对的诉讼。

④ 列级风景区限制条件

- 对于那些影响景区外貌和状态的作业,包括整体或部分建筑物的拆除,整体或部分景区外部的整改,建造某个建筑,安置电网等,必须获得环境部或省级行政部门的许可;
- 植被方面,除非部级政府部门授权,否则严厉禁止砍伐;
- 若业主要将景区某块土地销售或捐赠出去,他必须向买主或转让接受人提交评级文件,并在15天的期限内通知政府相关转让部门;
- 若因占用土地或城市规划的需要,需要获得公众同意,符合相关人员的利益;
- 若需要征用景区某块土地,必须是经过环境部授权。

此外,与对登录风景区的要求一样:

- 未经环境部豁免,禁止野营行为;
- 未经环境部豁免,禁止旅游车队;
- 未经环境部豁免,禁止设立旅游度假村;
- 禁止进行广告宣传行为。

(2) 国家为自然保护提供的资助

根据1995年2月4日《领土指导及规划法》,设立了乡村空间保护基金(FGER)。该基金为恢复生态系统脆弱和敏感地区的工作提供资金支持,最大资助比例为80%。

领土发展和规划基金(FNADT),也是在《领土指导及规划法》出台后成立的。它是在原有的多个基金基础上重组而成,旨在为运转和投资提供资金支持。其文件通过省政府向公众进行公示。

环境部以列入风景区规划的方式提供资金资助。相关资料由省遗产和建筑服务部以及地区环境办公室协助办理。

1993年财政法建立了提升生活质量基金会,其致力于:

- 规划城市向乡村扩张的计划

> 防护林种植
> 通过建立林荫道和恢复风景区从而促进建立"乡村计划"

1993年1月8日的《乡村法》第17条确立了对树丛、防护林和边界植物的保护。出于对这些植物的保护，因此相关地区不享受历史遗迹建筑物的土地免税政策。

随着集体农业政策的改革，与农民达成"可持续发展合同"。这项规划允许农业发展既不妨碍自然资源发展，又能维持经济发展。

在同一"可持续发展合同"的框架内，农民有可能抛荒其部分开垦地来保护当地动植物资源的生存和发展。在此框架下，农民与省级农业和森林司下属协会签署协议，这个协会也是致力于保护野生动物和自然保护的。

国家林业基金不仅为森林扩张、提升质量或重建提供资金，还为相关设备、保护措施以及森林保护区提供帮助。这类援助可以是直接拨款或以减税的方式资助。

在修复乡村建筑或乡村景观的情况下，可以从那些受保护的乡村遗产基金（PRNP）那里获得资金支持。

遗产基金会（La Fondation du Patrimoine）被认为是一个推动未受国家保护遗产的保护意识并提高保护方法的公益团体。该机构服务对象包括所有面临消失或损毁的未受保护遗产，例如：

> 纪念物、建筑物或建筑群
> 自然空间或景区的有价值元素

该基金会给予未受保护遗迹修复和评估法律上的帮助。

(3) 环境保护行动的团体资助

团体资金资助不是运用到特殊地域或受保护地方的，而是用于支持那些更大意义范围内保护环境的活动。主要支持团体如下：

> 欧洲结构性基金
> 团体发起型项目
> 欧盟直接资助

作为环境保护资金工具的欧洲结构性基金有两种，分别是欧洲地区发展基金（FEDER）和欧洲农业担保基金（FEOGA）。

> 欧洲地区发展基金主要通过当地团体发展市中心商业以及城市旅游。但是只有投身于风景型遗产保护的人才有资格申请该项基金。

➢ 欧洲农业担保基金更加直接地致力于环境保护。他们通过"乡村发展计划"参与到每个地区中去,并为结构性适应及乡村脆弱环境地区发展提供资金援助。其活动性质在"出色的规划文档"(DOCUP)中得到阐述,省长以及省森林和农业司有权对该档案进行审核。

经国家或欧委会框架下制定的团体发起型项目中,有两种资助环境保护行为的计划:

➢ 领土合作计划(INTERREG)支持跨国行动;
➢ 资助乡村发展项目。

申请人通过向省长或省森林和农业司递交文件材料来进行申请。

欧盟直接资助:主要通过一项名为"致力于环境的在线资助工具"(LIFE)提供资助。目的是让参与项目的业主在保护自然的政策下达到发展的目标。资助金额可达企业对该项目投资总额的50%。通过向环境部、自然保护司或地区环境保护司(DIREN)提出参与项目资格的申请。

第三节 遗产的研究及教育

一、遗产研究及相关机构

法国社会人文学科对"遗产"概念、理念和研究一直处于推陈出新的扩展过程中,学者和政府、协会相关遗产机构一直处于互动模式,由政府和相关协会作为遗产项目主要发起人,聘用专家、学者通过会议、遗产评定项目等方式负责实际执行与操作,同时,专家学者也可以向政府或协会提出自己专业的意见和见解,推动遗产研究的进程。多方面的学科领域都参与到遗产研究中,如人类学、社会学、历史学、博物馆学、考古学、政治学、公共管理学等等。因此当代法国遗产研究的课题涉及范围较广,其中最为突出的是有关"大遗产"观的形成,是遗产概念延展的结果。随着遗产概念的延展,以新型遗产为主打的研究领域也得以拓展。同时,学者们也进行了有关遗产评定体制的反思及批判。

历年来,法国的遗产概念在三方面得以延展。其一,历时性的延展。遗产出现现代化和当代化的趋势。遗产的所指内容起初局限在19世纪之前,对于19世纪及20世纪的作品并未加以注重。1913年《历史古迹法》中仅涵括了19世纪的数十件建筑作品。在现代化的潮流下,现当代的建筑大多难逃被拆毁的命运,现今仅存大皇宫(le Grand Palais)以及奥赛火车站(现今的奥赛博物馆)。埃菲尔铁塔也在公众质疑声中勉强得以保留,直至1964年才得以列入历史遗迹得以保存。现当代的建筑作品是否应列入历史古迹名录或文化遗产普查名录引起了激烈的讨论。

其二,空间性延展。以历史古迹来说,古迹本身的历史性和美学性得到认可,其周边的环境风景的真实性和可视性也被逐渐涵括到古迹保护的范围内,被视为古迹的本质属性之一。由这些古迹周边环境概念开始延伸,自然而非人工再创造的环境也于70年代开始被列入遗产保护行列,并且被国际公约接纳,涵化成为"自然遗产"的概念。"自然环境"与"人文环境"的结合也成为法国遗产的特色。

其三,类型的扩大。一些并不符合传统审美价值的作品凭借其独特性入选遗产名录,一些物品基于对传统生活再体现的价值也被囊括其中,集中在交通、工业及商业三个主要行业内。如:地方小型农场或田庄、喷泉、矿产、铁路线、磨坊、炉灶、农村手工艺者的器具,乃至咖啡馆、电影院、剧场、商店内装饰物、市集、城市交通设施、地铁入口装饰、矿井、工厂等。1970年因此盛行起了生态博物馆(écomusée)。这些遗产往往通过地方性协会推选而产生,被称为"新型遗产"。与这些遗产相关的调查研究随即开展,比如80年代初文化部启动专项设立特定部门负责对工业遗产、乡村遗产进行调查研究以及相关政策的制定,这些新型遗产最终获得国家行政机构承认并被纳入遗产范围。1981年参议院开设了一项预算用于在1913年古迹法的基础上加入"未受保护的农村遗产"专项。自70年代以来,以人类学家与社会学家为主导的关于研究及保存自身文化的实践热潮,加速了全方面遗产化运动的进程。

遗产研究包括对评级、录入等方式,以及对遗产进行科学分类管理的方式进行反思和批评。以伊芙·阿基拉(Yves Aguilar)为代表的学者对建筑遗产评级提出质疑,认为类似的分类方式会造成多方面的问题:其一,造成财产所有者拥有特权,社会某些团体的均质性增强,避免其与公众分享;其二,遗产保护有可能成为对某种"社会准则"或"审美准则"的保护,特别是对特定的某种造型有审美偏好,例如相对应的评级会特定保护某一类型的建筑,因此也构成法律保护某一社会准则或审美准则;其三,用艺术的名义建构"符号资本"以聚集"社会资本",遗产评级等级的标准为财产所有者构成了有利的社会资本,抑或有名的艺术品获得认证而随之带来符号资本,国家甚至提供补助金用以保证遗产的延续;其四,遗产评定可能引起法律权益被操作,个体以社会群体名义享受相应权益。毕竟在评定遗产过程中,"美是由掌握权力的社会阶层在相应时间段内设定的社会标准,而并非是我们所获得的自然天成之物"①。

---

① Yves AGUILAR «La Chartreuse de Mirande. Le monument hitorique, produit d'un classement de classe», *Actes de la recherche en sciences sociales*, N.42, avril,1982, p.86.

法国对文化遗产以科学的态度加以保护、管理、研究和开发。从组织建构上，法国不但有专门负责遗产保护工作的政府机构、顾问团体、协会，同时还有一套完整的教学体系与科研体系，确保了文化遗产保护工作的科学性与持久性。以下主要介绍文化遗产研究机构以及培养专业文化遗产保护与管理人才的教学机构。

（1）古迹保护与历史研究高等研究中心

Centre d'Etudes Supérieures d'Histoire et de Conservation des Monuments Anciens (CESHCMA)(http://www.citechaillot.fr/)

建立于1887年的古迹保护与历史研究高等研究中心，后更名为Chaillot高级研究中心（CHEC），是集教学与科研于一体的文化部下属机构，拥有百余名学生，培养法国建筑物管理建筑师（ABF）以及历史古迹总建筑师（ACMH）。

2003年，该中心与法国遗迹博物馆（le Musée des Monuments Français）、法国建筑研究所（L'institut Français d'architecture）共同搬入"遗产及建筑城"，组成了Chaillot高等学校（L'Ecole de Chaillot）。

该学校设置三个专业方向：建筑；城市与风景区规划；历史、遗产法及管理。

（2）国家遗产研究所

Institution National du Patrimoine (http://www.inp.fr/)

创立于1990年。培养文化遗产保管与修复人才的高等教育机构，隶属文化与通讯部。下设文化遗产保护学院（Ecole Nationale du Patrimoine）。除遗产保管与修复专业外，还设有博物馆、考古学、历史建筑、文档管理、电影文化遗产等专业，新增设科学、工业及自然遗产专业。

基础课程和向文化部职员开放，设有"遗产管理者"教育课程。自1996年以来，在"文艺品修复教育系"开设了私人文物修复课程。

（3）卢浮宫学校

Ecole du Louvre (http://www.ecoledulouvre.fr/)

创立于1882年。面向大众开设教学课程，学员分为"专业生"（研究人员）和"旁听生"（具有专业素养的博物馆观众）。其向学生提供三个阶段的课程，每个阶段均可获得相应文凭，以及提供一项针对遗产管理者竞赛的预备课程。

（4）古迹保护研究中心

Centre de Recherches sur les Monuments Historiques (CRMH) (http://www.mediatheque-patrimoine.culture.gouv.fr/fr/crmh/index.html)

创立于1934年，曾是法国文化部下属部门的文档资料室（Office de lq documentation），负责收集历史古迹修复中的材料及研究古老的修复技术。

该中心提供有关考古和历史古迹建筑技术的资料，并拥有自己的出版物。

（5）法国国家博物馆修缮与研究中心

Centre de Recherche et de Restauration des Musées de France（CRMF）（http://www.crmf.fr）

法国国家博物馆修缮与研究中心是负责法国境内1200座博物馆馆藏的文档存储、保护和修缮事宜的国家级研究中心，负责大量科学研究和藏品的数据记录工作，并且积极参与国家及国际上文化遗产保护和研究工作。在艺术品保存领域，国家博物馆修缮与研究中心或与全球其他博物馆或研究机构一起负责相关的科学技术程序的开发工作。

国家博物馆修缮与研究中心成立于1998年，由法国博物馆修复服务部（Service de Restauration des Musées de France，SRMF）和法国博物馆科研实验室（Laboratoire de Recherche des Musées de France，LRMF）两部分合并而成。现今有四个主要研究部门：学术研究部，修缮部，保存与预防部，存档及信息技术部。

国家博物馆修缮与研究中心科研工作包括藏品材料的理化特性、绘画材料与书画雕刻艺术的化学、作品的老化及其保护与修复、年代鉴定、真伪鉴定、艺术技术史等。在信息的传播方面，法国博物馆修缮与研究中心确保将国家博物馆藏品处理所必需的知识信息传递给科学团体，尤其是传递给国家级的科学团体。因此，它经常组织研讨会，出版 TECHNE，从事国家数据库项目、数字化项目、光盘产品及资料影片的研究。该中心与文化遗产有关的研究委员会和实验室，如与法国国家科学研究院（CNRS）等有密切合作关系或交流，也与企业一起投资于欧洲研究项目。

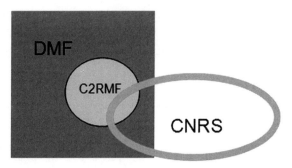

图2-2　C2RMF与CNRS（法国国家科学研究院）及DMF
（文化及传播部下属的法国博物馆司）的职能范围

该中心的研究人员列举：

米歇尔·莫律（Michel Menu）：研究工程师、学术研究中心主任，与遗产保护与研究技术相关的课题，如《检查和分析绘画品的非侵入方法的新发展和局限》（Non invasive methods to the examination and analysis of paintings: recent *developments and restrictions*)。

（6）藏品保护研究中心

Centre de Recherche sur la Conservation des Collections（CRCC）（http://www.crcc.cnrs.fr/）

1950年代，应时任法国国家博物馆馆长朱利安·该隐（Julien Cain）寻找书籍和资料储藏中避免生物作用腐蚀保护措施的要求，国家自然历史博物馆一个藓类植物实验室逐渐发展为图片资料保护研究中心（the Centre de recherches sur la conservation des documents graphiques，CRCDG），并随后演变为藏品保护研究中心（the Centre de recherche sur la conservation des collections，CRCC）。

1963年，国家文化事务部和国家教育部共同签署创建图片资料保护研究中心的决议。最初，法国国家科学研究院（CNRS）研究负责人并兼任图片资料保护研究中心负责人的弗朗斯瓦·弗里德（Françoise Flieder）将各行业专家引入研究中心，这些化学家和生物学家成为法国文化遗产材料保护和修复研究的领头人。

图片资料保护研究中心的研究目标由最初的图片资料拓展到皮制品、照片及影像资料领域。发展至今，藏品保护研究中心的研究目标包括：

➢ 加强材料认知以及了解其降解过程
➢ 提高处理破损资料的能力
➢ 增强预防性的保护方法

目前，藏品保护研究中心主要致力于抑制藏品物理、化学和生物方面的破坏，保护记录文献，对遭受损坏的记录文献进行修复。该中心已成为法国研究图书、档案、绘画、照片等记录文献保护的中心，既与法国大部分保护机构和修复工作室以及工业部门有联系，也与大学实验室、自然历史博物馆及文化部所属有关部门（包括法国国家档案局、国家档案馆等）保持密切联系，在法国文化遗产的保护与修复领域占有重要的地位。同时它参与了欧盟框架工作，与国际文化财产保护与修复研究中心（ICCROM）、美国盖蒂研究院（Getty Conservation Institute）和加拿大保护学院（CCI）等有着密切的交往。

藏品保护研究中心的研究课题主要有：

➢ 自然历史研究
➢ 藏品微生物研究
➢ 视觉和外观研究
➢ 油墨纸/纤维素研究
➢ 保护材料研究

> 感光材料研究
> 音像资料研究

（7）法国巴黎高等物理化学工业学院

École supérieure de physique et de chimie industrielles de la ville de Paris (ESPCI)（http：//www.espci.fr）

巴黎高等物理化学工业学院是巴黎市政府直属的巴黎高科（Paris Tech）工程师院校成员之一，是物理及化学领域的高级研究院。

巴黎高等物理化学工业学院与众多企业有密切的合作关系，下属实验室与斯伦贝谢油田服务公司、道达尔公司、泰勒斯公司、米其林公司、罗地亚公司、阿科玛公司等签署合作协议。

该院的研究人员列举：

克劳德·博卡哈（Claude Boccara）：1969年作为光学教授开始任职于巴黎高等物理化学工业学院，光学物理、固态物理、仪器仪表以及表面超导实验室的负责人，2010年任科学学院院长。他改进了通过声光成像和光的断层扫描获得生物组织光学成像技术，制成启动器及LLTech，使通过一个不透明介质传输重构中看到一个物体的图像分析成为可能。

与遗产保护与研究技术相关的课题：

《简易电脑成像下用于绘画研究的光学切片技术》（Optical Slicing of Paints by Light Computed Tomography）

（8）巴黎纳米科学研究所

Institut des Nano Sciences de Paris (INSP)（http：//www.insp.jussieu.fr/）

该研究所是法国国家科学研究院（CNRS）与巴黎六大的一个联合研究组。由法国国家科学研究院负责人伯纳德·贝行（Bernard Perrin）领导。

主要研究方向：量子纳米结构，光学与声学的隔离及传送，结构、动力学与界面反应，纳米材料。

该所研究人员列举：

瑟尔基·拜尔第耶（Serge Berthier），如论文《自然与艺术中的纳米光子》（Nano Photonic in Nature and Art）。

二、遗产教育

1. 普及教育

在由法国国民教育部和文化部于2000年制定的《学校艺术及文化》框架中，遗产教育在提高社会认同方面起到了基础性的作用。遗产教育在进行文化教育的同时,也进行了公民意识的培养。这一计划由国民教育部长发展并命名为"文化接受"。该计划的实施不仅涉及国民教育部和文化部之间的合作,同时还需要得到地方市或省级单位的配合。这些合作协议已经签署。其目标在于将现有遗产引入公众生活中,让大家将其当做一种公共财产来保护。

在法国文化与交流部的建筑和遗产部门,专门管理手工艺和建筑及遗产推广下属机构,它负责协调公共区域内有关遗产的处置。它尤其确保全国城市及乡村艺术与历史委员会秘书处在遗产教育框架里运作。

2. 专业教育

法国有关文化遗产保护的专业教育是随着加入《保护世界文化和自然遗产公约》后拉开序幕,虽然发展的历史只有四十多年,却是世界各国的实践先驱。

由于法国建筑遗产保护的成就最为瞩目,保护文化建筑遗产专业的学校可以被视为法国遗产教育的代表。以下进行简要介绍:

在2001—2002学年,法国文化部直辖的建筑学校有20所。学生数量达18,000人。

此外,隶属国家教育部的斯特拉斯堡国家艺术与工艺学校、巴黎私立的建筑专业学校,各有学生约100人和500人。

(1) 不同科目的文凭如下:

➢ 建筑基础研究文凭(DEFA)

➢ 国家认证建筑文凭(DPLG)

➢ 高级建筑研究证书(CEAA)

➢ 高级研究文凭(DEA)

➢ 专业高等研究文凭(DESS)

(2) 大学相关的高级研究文凭(DEA)专业如下:

➢ 巴黎一大的造型艺术专业

➢ 巴黎一大和四大的建筑史专业

➢ 雷恩(Rennes)二大的艺术与考古史专业

➢ 凡尔赛美院的社会文化史专业

➢ 社会科学高等学校(EHESS)的园艺、风景、领土专业

➢ 蒙彼利埃二大的材料机械学

➢ 巴黎一大的艺术哲学专业

- 艾克斯-马赛三大的工业生产信息自动化专业
- 巴黎八大的城市及建筑项目专业
- 巴黎十大的社会学和人口统计学专业
- 图卢兹二大的领土环境整治专业
- 国家文化遗产学校的城市规划和区域管理专业
- 巴黎七大的城市规划和区域管理专业
- 巴黎十大的城市和社会专业

(3) 其他大学与"遗产与规划"和"遗产法"相关的专业高等研究文凭（DESS）专业如下：

- 南希一大和二大的数字影像专业
- 巴黎七大的城市规划硕士文凭
- 斯特拉斯堡国家高等工艺学校的城市规划硕士文凭
- 斯特拉斯堡一大的城市规划硕士文凭
- 勒阿弗尔大学的建筑修复专业
- 法国洛林国家理工学校的欧洲建筑实践专业
- 巴黎八大的城市规划和整治专业
- 格勒诺布尔二大的城市规划和整治专业
- 巴黎七大的城市规划和管理专业
- 波尔多三大的实用城市规划专业
- 里尔一大的城市及规划专业

(4) 以文物保护和修复为专业的学校主要有 5 所，并均开设了专业高等研究文凭（DESS），相当于硕士水平的教育。

- 巴黎第一大学文化财产保护—修复部（Section de Conservation-Restauration de Biens Culturels，Université Paris 1）
- 法国艺术品保护学院（IFROA：Institution Français de formation de restauration d'œuvres d'arts）
- 国家遗产大学（Ecole nationale du patrimoine）
- 图尔美术大学（Ecole des Beaux-arts de Tours）
- 阿维尼翁大学（Ecole d'Avignon）

第四节　遗产宣传

法国在国家及欧洲范围内对于遗产的宣传是不遗余力的。文化遗产部的遗产服务处提供了多种宣传方式：网络上公布的数据库、国家和大区间的专业联系网络、出版物、展览和培训项目等等。

与遗产相关的国家级数据库在本书第一章中进行了介绍，三大数据库均面向大众开放，在文化及通讯部（www.culturecommunication.gouv.fr）和文化遗产普查（www.inventaire.culture.gouv.fr/）的官方网站上均可查询。

与遗产普查相关的论文与专著的简介也可以在文化遗产普查的官方网站上进行查询。包括：记录遗产普查的方法和评定标准的论文集《文档和方法》（*Documents et méthods*），专业词汇分析的论文集《科学分析的原则》（*Principes d'analyse scientifique*），科学期刊《在原地》（*In Situ*）和《遗产的路线》（*Itinéraires du patrimoine*）。

遗产宣传的目标人群不仅仅在于专业人士，更期望能引起公众的更多关注。回溯到1964年遗产名录建立时期，法国前文化部部长安德烈·马尔罗在《名录的诞生》一文中就曾表示："建立并制作一个能提供面目一新资料的名录，对于以下各方面都是非常有必要的：（1）对于行政管理机构，他们拥有的行政文件资料非常贫乏；（2）国土整治规划部门，他们经常忽视考古方面的宝藏；（3）国家或地方性历史；（4）教育；（5）大众娱乐休闲。"[①]在这一理念的引领下，法国政府在遗产与公众互动及接触方面做出了特别的努力。较为突出的方面为：（1）在世界范围内率先设立以遗产为主题的公众活动日、包括：遗产日，博物馆之夜等；（2）在文化宣传机构内倡导文化遗产、非物质/无形文化遗产相关的活动；（3）将遗产推向市场，与旅游开发相结合，打造遗产产业链。以下将以三个案例对法国遗产宣传进行简要描述，看一下在法国遗产以何种鲜活的方式向公众进行推广。

1. 法国文化遗产日及欧洲文化遗产日

法国文化遗产日（Journées du Patrimoine）是一项国家性的大型文化活动，目标是"推动和促进欧洲对历史文化遗产和非物质文化遗产的保护工作"。法国政府于每年9月的第三个周末向公众免费开放名胜古迹、历史建筑和国家行政机构等

---

① André Chastel. *L'invention de l'Inventaire：éditorial*, *La Revue de l'Arts*, Paris：CNRS, 1990, pp. 4-5.

知名场所,以便于公众进一步了解法兰西民族的文化遗产,弘扬悠久的历史文化,唤起民众对历史文化的保护热情。

此项活动源于法国戴高乐总统时期发起的全国大规模"文化财富"普查活动。经过几十年的普查,到1984年,当时的政府文化部部长雅克·朗(Jack Lang)受1982年成功举办的音乐节的启发,决定在9月设立"文化遗产日"向国民展示"文化家底"。

每年遗产日期间选定约15,000个"遗产"开放景点,特别是法国总统府爱丽舍宫、总理府马蒂尼翁宫、国民议会波旁宫、巴黎市政厅等这些国家权力机关及地方政府,平时百姓不能涉足的地方均免费对公众开放。此外,除了参观宗教建筑和民用建筑,遗产日具有多样性,在工业、农业、园艺、考古、家具、文学、音乐、军事等方面都有丰富的文化遗产资源的呈现和参与活动。

每届遗产日活动均设有活动主题,如1998年文化遗产日主题为"与文物相关的手工业和技能"。活动期间,全法一万多处手工作坊对公众开放,还开展了手工业拜师学艺活动。2010年文化遗产日的主题是"这些创造了历史的名人"(Les grands Hommes: quand femmes et hommes construisent l'Histoire),将名人和名胜有机联系起来,使对此有兴趣的民众通过游览探访相应地点从而见证民族发展脉络,寻找历史的记忆。

法国财政部展出路易十六国王的财务总管图尔戈(Turgot)1774年的一封信。他在信中解释如何"在不增税和不加重债务的情况下"整顿公共财政。

法国教育部开放朱尔·费里(Jules Ferry,法国政治家)和莫泊桑(Guy de Maupassant,法国短篇小说之王)曾工作过的办公室。

法国地方机构依据主题,开放历代名人的故居。如司汤达(Stendhal,19世纪现实主义作家)在格勒诺布尔出生的公寓,康布罗纳将军(Cambronne)在南特的故居,哲学家奥古斯特·孔德(Auguste Comte)在巴黎的出生地点,里昂曾监禁抗德游击队领导人让·穆兰(Jean Moulin)的蒙吕克(Montluc)军事监狱,勃艮第王后让娜(Jeanne)在汝拉省的阿尔勃瓦(Arbois)酒窖,以及西班牙画家戈雅(Goyay Luvientes)生前在波尔多的最后一座庄园。

由于法国文化遗产日受到社会各阶层的认可和广泛参与,这一让人民免费观赏国家文化财富的盛事其影响波及欧洲各国。1991年在欧盟的鼓励和支持下,欧洲48个国家都效仿法国,每年在同一时期举办类似活动。于是自法国兴起的"文化遗产日"一举成为一项全欧行动。

2. 世界文化馆

世界文化馆(la Maison des Cultures du Monde)是一家政府支持的民间非物

质文化遗产教育与交流的机构,其口号为"多样化丰富生活 坚持不懈让个人变得全球化"。

世界文化馆建于1982年,致力于加强法国与世界各国之间的文化交流以及文化多样性和文化独立性的保护。与政治活动相区别,通过文化和艺术活动联系全世界的各种不同文化。

文化馆的主要目标是支持和维护全世界的非物质文化遗产的发展。通过开办各式各样非凡的节日、习俗、游戏和娱乐活动展示人类多样且无穷的原创力和重塑性。人们在创造活动中充分表达出自身,经过接触其他民族的文化表达方式,人们相互了解和认识自身本性和他人。

世界文化馆在法国和世界上的知名度源于:

- 保护和鼓励文化多样性意识和文化差异性;
- 支持艺术形式的非物质文化遗产研究和课题;
- 为人类学分支"民族科学(ethnoscenology)"设立基金,与国际学术界和世界教科文组织有密切联系;
- 保存稀有文字影像资料以及濒危音乐。

世界文化馆并非以文化为工具来促进国际关系的政府组织,而是一个以真诚态度去发现和交流的地方,在某些方面兼具法国政府的文化交流职能:在一系列访问、实习和培训活动的框架下接待所有文化领域的外国专家和文化管理者。这些活动主旨在于推进文化各个领域中法国文化管理和组织能力,并为参与者在法国提供联系渠道。

文化馆由法国文化和传播部与巴黎市政府共同投资建成,获得法国外交部和法语联盟基金会的支持。创始人为卡扎纳达先生(Chérif Khaznadar),历任馆长为著名社会学家迪维尼奥(Jean Duvignaud,1982—2000)、前文化部长比厄西尼(Emile J. Biasini,2000—2007)和艾斯柏女士(Arwad Esber,2007至今)。2010年4月,卡扎纳达先生与艾斯柏女士共同成为法国国家教育、科学与文化委员会成员。

其资源中心收集了自1982年以来文化馆举办所有活动以及雷恩传统艺术节(1974—1983)的资料。中心收藏了57,000份有关传统音乐及表演的视频、图片、书籍、百科全书和未出版资料等资讯。

重要活动:"想象节"

世界文化馆举办的活动丰富,涉及文化各个领域,自1997年以来其主办的每年一届的"想象节"(Festival de l'imaginaire)为15支来自世界各地的传统艺术表演队提供舞台,对非物质文化遗产宣传起到突出作用。除表演外,该节日同样也是思考和辩论的舞台,世界各国人员参与的研讨会、圆桌会议、演讲及富于社会关怀或文化意识的各类活动轮番上演。

现任馆长艾斯柏女士在阐述创设该节日目的时提出了四个发展方向:

- ➢ 研究非物质文化遗产的未知表现形式,推进这些文化表现形式的传播,尤其是对下一代而言;
- ➢ 特别关注近些年来文化和人民多元化进程加快的国家,关注文化交融的结果;
- ➢ 在新生代中寻找那些基于自身原有传统进行重新创造的艺术家;
- ➢ 进一步发展教育和宣传活动,设立硕士课程(世界文化馆与雷恩二大原本已有相应的教学联系)。

"想象节"由法国文化和传播部、巴黎市政府、外交部和法语联盟基金会赞助举办。法国主要媒体均进行跟踪报道。

3. 里昂——丝绸之都

这是一条文化遗产古城的纺织文化旅游之路。现今漫步于世界文化遗产地之一的里昂老城,会看到很多如迷宫一般的小巷,这些狭窄且封顶的小巷,是当年为运输丝绸纺织品,避免其受风吹雨淋而设计的,它们曲折穿过了古老的房屋,连接着两侧的街道。里昂将这些小巷开发成老城探古寻幽的最佳路径,与城市悠久的纺织文化相连接共同开创了遗产城市旅游的新篇章。

丝绸纺织业在里昂的城市繁荣和发展中占有过十分重要的地位。1536年,里昂设置了第一个丝绸纺织作坊。法国国王弗朗西斯一世自此从里昂订购大量宫廷所需的金线、银线和蚕丝织品,里昂因此而赢得了"丝织之都"的美誉。到17世纪,里昂变成了全欧洲最重要的丝绸产地,是法国王室及贵族所用珍贵丝绸的唯一来源。里昂的丝绸一时成为全法最大的城堡和宫殿珍贵的室内装潢用料,包括凡尔赛宫和卢浮宫。里昂纺织及装饰艺术博物馆里一幅为路易十四织的装饰挂毯,据说丝织工人为此花费整整20年。

在当今丝绸纺织传统手工艺衰落、工业化生产兴起的背景下,里昂调整发展方向,继承了传统行业聚集优势,特雷沃纺织技术集团(TTT)、德福织品染印与毛巾制造(Deveaux)、乐家比内衣制造(Lejaby)等众多企业集团纷纷在里昂投资设厂,里昂得天独厚的纺织工业技术得以充分利用。

同时,里昂十分重视纺织品牌推广及相应的教育发展。服装设计师工坊极富活力,众多时装设计师在里昂老城的红十字街区都开设了自己的品牌商店,特别是在蒂亚费商业廊(Passage Thiaffiat)形成了时装设计师村(Village des Créateurs),汇聚了大约30家由本地青年设计师开设的专卖店,如 Fafiotte、Azuleros、Chaize 等品牌,以及十几家邀请其他地区有才华的设计师坐镇的店铺。这里拥有各种流行风格,举办时装秀等各种活动。

里昂拥有多所服装专业学校:

> 里昂服装学院(Université de la Mode),每年招收50名左右服装系学生。学生的专业学习不仅限于学校,他们走入里昂人的生活,每年多次举行服装走秀及更多大型主题活动。
> 里昂最出名的服装设计学校:ESMOD LYON,每年学期末都会组织学生的时装作品展。

由于拥有众多致力于丝织业推广工作的文化宣传机构,里昂工商会结合这些机构推出"商店与设计"的城市游览路线,其中包括:

> 里昂纺织博物馆(Musée des Tissus et des Arts Décoratifs de Lyon):收藏品按两大类别展出:西方(法国织物)和东方(日本和服、中国龙袍、波斯和中国地毯)等。
> 法国里昂丝绸工人之家(Maison des Canuts):丝绸博物馆及商店。
> 克鲁瓦-鲁斯丝绸工坊(Atelier de Soierie vivant à la Croix-Rousse):展示19世纪克鲁瓦-鲁斯区的能容纳重型织布机的车间,可以参观当时制作丝绸家庭作坊的传统工作方法,如涤子、手工织造、机械织造等。
> 丝绸协会(Association Soierie Vivante)
> 丝绸作坊(Atelier de Soierie):丝绸作坊继承了传统织机和手工绘画,在此可以观赏到仅在里昂生产的天鹅绒(一种绘以手工图画的真丝薄纱和有起伏的天鹅绒结合品)。
> 圣乔治丝绸厂(Soieries Saint-Georges)
> 索菲·居约纺织品厂(Sophie Guyot－objets en textiles)
> 时装咖啡馆(Café de la Mode):每个月的第一个星期二为时装爱好者提供一个交流的平台,众多关于时装的话题曾在这里展开热烈的讨论。

此外，里昂每年主办多次与时装业相关的国际展览活动。其中最著名的是名为"里昂，时装之城"的国际博览会，它每年将全球五大洲的内衣制造业者召集于此。与此同时，国际针织料、花边织品、刺绣织品和内衣、泳装及运动装等的博览会都会在里昂举办。遗产管理与文化商品化紧密联系。遗产化不仅仅展示的是遗产本身的历史及公众道德价值，也带来了所有权及商品化销售出路的问题。里昂是法国遗产市场化管理与商品化宣传中一个突出的案例。

第三章　日本遗产体系

在日本漫长的历史发展历程中，孕育了众多世代传承守护至今的文化遗产，作为日本全体国民的重要文化财富，受到国家和国民的高度重视。一方面这些众多的文化遗产是日本国民对自己国家的历史、文化、政治、经济、技术等方面达成正确理解不可或缺的重要文化财富；另一方面也是世界各国了解和解读日本文化的重要资源，同时也是日本文化将来发展和传承的重要基础资源。日语中把"文化财"定义为"作为文化活动客观成果的诸事项或诸事物"[①]。实际上"文化财"一词，是一个包含多种文化因素和不同形态的综合概念，涵盖了现实语境中"有形文化遗产""无形文化遗产""地下埋藏物""人间国宝"等诸多方面的具体内容。而在日本社会实际使用环境下，"文化财"又是一个专门的适用于日本法律的专用术语。1992年在日本加入《保护世界文化和自然遗产公约》之后，"文化遗产"作为一个新近普及开来的词汇在实际使用中与"文化财"一词在涵义上基本相通，但也有一些微妙的差别。为了避免引起歧义和混淆，本文将按照中文读者的阅读习惯和日文使用习惯，对有关概念进行解释，简要陈述日本文化遗产的管理保护体系和具体分类，相关法律、法规和现阶段的研究、教育、宣传等诸多方面的现状。

第一节　日本文化遗产保护体系

一、日本文化遗产保护法规的发展历程

1.《文化财保护法》的诞生

日本对文化遗产进行规范管理和保护的行政体系制度、法律、法规最初始见于明治初期，当时由于西方文化思潮的传入对日本原有文化体系产生了较大的冲击，明治维新之后，很多古代寺庙、神社、工艺美术品、古代书画等等都

[①] 《广辞苑》(第五版)，岩波书店，1998年。

面临遭受破坏的危机。1871年（明治四年），日本政府第一次以政令的形式颁布实施了《古旧器物保护法》具体规范了对古代美术品、工艺品、古代书画作品等器物的管理保护的行为责任和物品持有者相应的法律义务。同时，日本政府专门组织人力、物力开始了文化遗产的调查、登记工程。1888年，日本宫内省专门设立了"全国宝物调查局"，历尽多年的不懈努力，对日本全国的寺庙、神社、绘画、雕刻、工艺品、古文书等的存有量进行了深入调查、登记造册，并对其中一部分重要物品颁发了鉴定证书。在此背景下，相应的文化遗产保护法规也进入立法阶段。

19世纪末期，1897年，日本政府在大规模普查的基础上，颁布了《古社寺保护法》，这也标志着日本文化遗产的管理保护工作步入了法制化管理的轨道。作为日本文化遗产保护制度法制化管理进程的根基，该法规将神社、寺庙建筑物及所属物品中具有重要历史价值和具有典范意义的物品统称为"特别保护建造物或国宝"。该法规具体规定了神社、寺庙必须承担这些国宝级建造物和物品的保护责任，并有将"国宝"交由国家博物馆保存的义务，严禁随意转让处置。同时，也明确提出了政府有责任出资维修已经破损的国宝级建造物和物品的国库补助制度。

1911年日本贵族院提出了《关于史迹及天然纪念物保护的建议》的提案，其中明确提出了国家有责任颁布一部专门保护名胜古迹及天然纪念物的法规，以使日本文化遗产和自然遗产得到更为妥善的保护。1919年《古迹名胜天然纪念物保护法》正式颁布，其基本内容包括古迹名胜天然纪念物的认定和颁布程序，还包括了紧急情况下可由地方行政长官进行临时性"假指定"紧急措施，以及对被保护对象进行维护施工等所必需的申报体系。也确定了为被保护物划定适当的保护区域，对遗址、景观等进行整体保护，同时还明确了内务大臣可以指定地方团体协助政府实施对文化遗址、文化景观的保护工作等具体管理法规。

1929年，日本政府又颁布了《国宝保存法》，具体明确了将"原特别保护建造物"及具有国宝资格的文物统称为"国宝"，并将"国宝"的范围扩大到国家、团体以及个人所藏宝物。同时规定"国宝"的输出、转让必须得到文部大臣的许可，除对"国宝"进行必要的维修之外，在对"国宝"进行改动之前也必须得到文部大臣的许可。该法也最先提到了收藏不是保存宝物的唯一目的，在保护好宝物的同时，还要注意对宝物的"活用"。在这部法律中所提倡的文化遗产的"活用"，主要是指充分地利用文化遗产的价值和发挥文化遗产的功能，使之能够具体运用于当代日本国民文化建设，比如公开展示、博物馆展览等等。

1937年，第二次世界大战爆发后，日本的文化遗产管理和保护受到很大程度的影响，各方面工作几乎停滞，直到1945年二战结束。从1948年开始日本政府制订了五年的恢复计划，但由于战后日本的政治、经济等社会状况较为动荡，国民生活也陷入困境，一些国宝、宝物、文物面临被破坏、转卖的境地，其中一部分也通过各种渠道流向国外，日本文化遗产管理保护工作面临非常严峻的考验。

　　1950年4月，经过详细的实地走访调查，听取各方意见之后《文化财保护法》正式提交参议院文部委员会讨论。同年5月，《文化财保护法》获得国会通过，并于同年8月开始实施。日本的《文化财保护法》是日本关于文化遗产管理和保护的一部重要法典。在明治时期以来颁布的诸多关于文化遗产保护的法案、法律、法规的基础上，《文化财保护法》对文化财的分类、构成、管理保护责任、具体实施的范围、措施方法等进行了全面系统的规范。以立法的形式，明确地规范了文化遗产管理保护中，中央政府、地方政府、文化遗产所有者及管理者、普通国民的相关法律责任、权利和义务。

　　2.《文化财保护法》的改定

　　1954年，经过三年的实际运行，日本"文化财保护委员会"提交了对《文化财保护法》的修改议案，从而对原有《文化财保护法》进行了首次较大的修订。此次法案的修改，确立了无形文化财及其最终体现者，也就是该项技术的保有者一并纳入文化财管理体系当中进行管理的"无形文化财认定体制"。对重要无形文化财中价值较高者实行"田野调查"，并以田野调查报告的方式将该无形文化财产生的历史、现状、传承关系、方式等等，全面、客观、科学地记录下来。新法案调整了原文化财保护类型的划分，把"民俗资料"从原有形文化财中分离出来列为单独一个保护专项实施保护。同时，把埋藏文化财从有形文化财中分离出来，对调查目的以外的埋藏文化财进行发掘前有申告的义务。进一步明确了地方政府参与地方文化财保护工作的责任和义务，并鼓励社会团体积极参与文化财的保护工作。在法律条文中设立了"文化财复原令"，对于随意改造文化财的行为实施更为严厉的处罚措施。1968年6月，原"文化财保护委员会"与"文部省文化局"合并成立日本文化厅，文化财的指定、认定以及解除等权限也同时移交给了文部大臣，而其他权限则移交给了文化厅长官。同时设立了新的"文化财保护审议会"，为文部大臣或文化厅长官提供必要的咨询建议等。

　　1975年5月，日本推出了进行过多项修订的新版《文化财保护法》，对民俗文化财的范畴作了新的设定,将原民俗资料的名称变更为民俗文化财,加大保护力度。将其中原来包括在民俗资料内的衣食住、生产习俗、信仰、年节岁时等划归到"无形民俗文化财"的范畴之中,而将其中的服饰、器具、房屋建筑等物件划归为"有形民俗文化财"。同时还强化了对埋藏文化财实施保护的具体措施。新版法规中,对传统建筑群落实施整体保护,并且不再局限于建筑本身而是连同建筑周边环境一起实施整体性保护。并且将文化财保存技术的保护也列入了新版的法律条文当中,将对于文化财保护具有重要价值的传统技术、技能列入保护范围。同时,增加了对传统技术传承者和传承群体的认定,国家将给选定的技术传承者提供必要的经费支持,以确保该技术的顺利传承。由文部大臣具体负责认定、指定这些有形及无形文化财,而对无形文化财的选定则由文化厅长官来完成。由此,《文化财保护法》的基本框架逐渐趋于完善。

1996年,日本政府再次对《文化财保护法》进行了修订。文化厅专门针对那些修建已有50年以上历史,并且确认为有必要保护和活用的有形建筑物,新设立了"文化财登录(登记注册)制度"。作为该项登录制度基本要件的登录基准,除了必须具有50年以上建筑历史之外,还需要符合以下三个条件中的任意一项:一、构成日本国土历史景观;二、造形符合规范;三、难以复制。"文化财登录制度"的实施,可以为登录在册的建筑物提供修缮设计费用的补助资金,减轻其固定资产税,获得低息贷款等优惠待遇。此制度有效地促使建筑物的所有者加强自主保护意识,进一步扩大了全国有形文化财的保护对象。

随着日本社会产业结构以及国民生活环境、意识的变化,人们希望那些渐渐消逝的乡土文化景观,以及与生产、生活关联的制造技术等近代的文化遗产也能得到足够的保护,但以往文化财的保护政策法令并不能适应新的需求,重新修订《文化财保护法》的呼声日益高涨。2004年5月,日本文化厅出台了《文化财保护法部分修正法案》,并于翌年4月开始实施。该法案主要对两大方面的内容进行了增改。其一,扩大原有法规的保护对象范围,设立了新的"文化景观保护制度",梯田、里山(农村、山村及其周围森林)这些人与自然共同创造出来的"文化景观"被纳入保护范围。国家根据都道府县以及市町村提交的申请,选定其中特别重要的为"重要文化景观",并由国家对其进行保护和援助。同时,将锻造、冶炼、造船等制造生产技术、工具、生活用具等等世代传承下来的"民俗技术"也增加到法律保护对象范围之内,作为"民俗文化财"实施保护。其二,"文化财登录制度"的涵盖范围得到进一步扩充。原法规中只对具有50年以上历史的有形建筑物实施登录制度,而此次修订案中,登录制度的实施范围扩大到建筑物之外的其他有形文化财、有形民俗文化财和纪念物。政府对新列入保护范围的文化遗产,采取自主申报、指导、建议、劝告等温和的保护措施,以促使所有者更加积极主动地实施有效保护。

3. 文化财保护的国际交流与协作

日本的文化遗产不仅是日本国民的文化财富,也是全世界人民所共有的文化瑰宝,国际间的交流和协作对于文化遗产的保护同样必不可少。在当代全球化发展的背景下,日本一方面需要进一步充实、完善本国的文化财保护体系,另一方面也面临加强国际交流与合作等新的课题。为了保护人类共同的财富——文化遗产和自然遗产免受损伤和破坏的威胁,在国际协作和援助的迫切需要下,1972年联合国教科文组织通过了《保护世界文化和自然遗产公约》。1992年日本加入此公约,积极参与到以联合国教科文组织为核心的世界遗产保护体系之中,成为共同推进世界文化遗产保护的重要一员。翌年12月,日本奈良县的"法隆寺地域的佛教建筑物"和兵库县的"姬路城",以及鹿儿岛县的"屋久岛"和青森、秋田县共有的"白神山地"先后列入世界文化遗产和世界自然遗产名录。

日本的文化财保护工作是国际协作中的重要一环,为了与国际文化遗产保护的关联条约相呼应,日本分别于2002年和2006年制定了《文化财非法出入境管理等相关法》和《武装冲突下文化财应急保护的相关法》两部法规。为了防止各国文化遗产被非法交易或非法出入境,日本作为《关于禁止和防止非法进出口文化财产和非法转让其所有权的方法的公约》的缔约国,在2002年9月制定了《文化财非法出入境管理等相关法》,并修订了《文化财保护法》中的关联部分。2006年6月,颁布了《推进国际合作,共同保护海外文化遗产的相关法》。该法律界定了在国际的文化遗产保护活动中日本应尽的责任和义务,确定了基本协作方针,强化相关机构的横向合作等具体措施。2007年又新制定了《武装冲突下文化财应急保护的相关法》,伴随着该法律的颁布,日本在同一年得以成为《关于在武装冲突下保护文化遗产公约》的缔约国。

同时,作为《保护世界文化和自然遗产公约》和《保护非物质文化遗产公约》的成员国,日本积极参与"世界文化遗产、自然遗产"以及"无形文化遗产"申报活动,在以联合国教科文组织为核心的国际合作框架下,成为推进日本国内文化财保护进程的重要举措。

世界遗产委员会规定,各成员国必须首先选拔该国优秀的遗产提案列入该国的"世界遗产预备清单"之后,才有资格将其推荐给世界遗产委员会。日本在缔结遗产保护条约之际,政府就已经确定了预计列入预备清单的遗产提案项目,在遗产所在辖地的公共团体协助下,共同促成该遗产提案列入预备清单。2006—2007年根据地方共同体的提议,政府采用公开募集的方式筛选可以追加列入预备清单的遗产提案,并由文化审议会文化财分科会下设的世界文化遗产特别委员会对新的提案进行审议。这一新的举措直接促使 2007 年有 4 件、2009 年有 3 件文化遗产提案新增列入预备清单。

由各地方公共团体推荐该地区的遗产提案列入世界遗产预备清单的过程,既是日本文化遗产和自然遗产向世界展示其魅力、获得国际认可的重要途径之一,同时也是日本社会重新认识、发现和评价其遗产价值的有效方式。入选世界遗产预备清单的遗产提案,不仅需要证明其具有显著的普遍性价值,而且还要求有完备的保护措施、具体的保护实施方法作为保障支撑。2006—2007 年由地方团体共同提交申请列入世界遗产预备清单的候补遗产提案就有 32 件,每一件都是在各地区长期历史文化中孕育出来的,与自然环境合为一体的文化财富。申请列入世界遗产预备清单的活动实质上也促使各地方加大对文化财的保护力度,充实保护制度的有效方法。因此对于日本社会而言,《文化财保护法》与《保护世界文化和自然遗产公约》本质上都是为了保护文化遗产、自然遗产的同一类型的制度体系,可以认为世界遗产体系就是在《文化财保护法》延长线上延伸出来的制度。除了制定和颁布以上呼应国际条约和保护海外文化遗产的法律之外,到 2010 年末为止,日本共有 11 个世界文化遗产,3 个世界自然遗产,以及 12 项世界无形文化遗产。

综上所述,《文化财保护法》从诞生之际开始,就伴随着时代的变迁和现实社会状况的具体变化历经多次修订,到目前为止还处在不断改进、完善的过程当中。以《文化财保护法》为核心,日本有关文化遗产保护和利用的法律、法规、政令和条例等逐渐得到完善,从而构成了一个行之有效的,旨在保护文化遗产和促进文化遗产的传承和利用的法制体系。

二、日本文化遗产的分类与保护体系

日本根据《文化财保护法》将其文化遗产主要分为"有形文化财""无形文化财""民俗文化财""纪念物""文化景观""传统建筑物群"六大类别。除了以上文化财的六大分类之外,还有作为保护和修缮文化财的技术保障"选定保存技术",以及埋藏于土地中有待发掘调查的"埋藏文化财"也是日本文化财的保护对象(见图 3—1)。《文化财保护法》根据各种类型的特点,分别制定保护对象与保护措施。在《文化财保护法》第 2 条第 1 项中,对各类型文化财的内容加以定义。其中,将在历史、艺术、学术方面价值较高的文化财,通过"指定""选定"或"登录"等不同方式,分别界定为"重要文化财"或"登录有形文化财",其中具有较高价值的被指定为"国宝"或"特别历史古迹"。

(1) 有形文化财

"有形文化财"包括"美术工艺品"和"建筑物"两大类,是指在艺术上和历史上具有较高价值的绘画、雕刻、工艺品、考古资料、历史资料和建筑物。除"建筑物"以外的有形文化财被概括到"美术工艺品"当中。其中,被认为具有重要价值的文化财由国家"指定"为"重要文化财",而在"重要文化财"当中,最为优秀的或在文化史方面具有深远意义的文化财被进一步特别指定为"国宝"。除了上述较高价值的"重要文化财"之外,还有一些被认为需要给予关注和保护,具有一般价值的有形文化财可以通过申报"登录"方式成为"登录有形文化财"。

(2) 无形文化财

"无形文化财"主要指那些在日本历史上、工艺上以及艺术上具有较高价值的演剧(传统戏剧、舞蹈、音乐)和工艺技术等。无形文化财之所谓被称为"无形"是因为其缺乏某种具体的物质形态,或者是不能或难以通过某一物质载体来体现其文化意义。无形文化财更为强调那些由表演者或工艺师通过记忆、传承、再现等方式而得以保存下来的"技能"本身。这些传统技能由某一个人或某一团体保持,或者由多个团体共同传承。无形文化财中具有特别重要价值的,被国家指定为"重要无形文化财"。

(3) 民俗文化财

"民俗文化财"包括"有形民俗文化财"和"无形民俗文化财"两个类别。"有形民俗文化财"主要是指反映日本国民生产、生活状况的生产工具、器皿、生活用具、民居等设施。而"无形民俗文化财"则是指有关普通民众的衣食住、婚丧嫁娶、年节岁时等方面的民间习俗,以及节日庆典、信仰祭祀活动时的歌舞艺能表演等。民俗文化财中具有较高价值的,由国家分别指定为"重要有形民俗文化财"和"重要无形民俗文化财"。还有一部分被认为需要保存和活用的,通过登录的方式成为"登录有形民俗文化财"。

(4) 纪念物

"纪念物"主要包括"古迹"(如贝冢、古墓、都城遗址、城迹、旧宅等)、"名胜"(如庭院、峡谷、海滨、山岳等)和"天然纪念物"(如日本特有的动物、植物和地质矿物等)三大部分。纪念物中特别重要的,由国家指定为"古迹""名胜"和"天然纪念物"。其中,对具有较高价值的纪念物,再进一步指定成"特别古迹""特别名胜"和"特别天然纪念物"。"古迹"通常被认为在历史上或学术上具有较高的考察价值,"名胜"在艺术鉴赏上具有较高的美学价值,而"天然纪念物"则在学术研究上具有较高的研究价值。

(5) 文化景观

"文化景观"是指在各地区由于人们的生活或者生计职业,与根植于该地区的自然环境相互作用而形成的景观地,如"梯田""里山""水渠"等,是理解国民生活以及生计职业不可缺少的重要内容。文化景观中尤为重要的景观,在各地方政府申报的前提下,有可能被选定为"重要文化景观"。由于文化景观是根植于人们生活中的、熟悉的景观,因此人们在日常生活中不容易认识其价值。《文化财保护法》对文化景观建立保护机制,正确地评价其文化价值,以期在各地区的文化景观得以保护并传承给子孙后代。

(6) 传统建筑群(保存地区)

"传统建筑物群(保护地区)"是指与周围环境融为一体的、呈现历史风貌的建筑物群,如农村、渔村、商业街区、港口街区、城下町等分布在全国各地的历史街区和小镇。传统建筑群落中的建筑物之间以及建筑物与周围景观都相得益彰,往往成为代表日本文化的"原风景"。市、町、村各级地方自治体(地方政府)按照有关条件划定传统建筑物群保存地区,并且制订切实可行的保护计划,有计划地开展保护工作。其中在历史、景观、环境方面具有较高价值的保存地区,可以向国家提出申请,由国家选定为"重要传统群保存地区"。

(7) 选定保存技术和埋藏文化财

"选定保存技术"制度始于 1975 年对《文化财保护法》的重新修改。对那些认为有必要采取措施进行保存的传统工艺和技能,由文部省大臣最终"选定"成为"选定保存技术",而掌握该技术工艺的个人和团体也相应获得认定。为了保护该保存技术,国家在技术的记录、传承人培养、技术的精进方面给以必要的援助。到 2009 年 4 月 1 日为止,日本选定的"选定保存技术"有 67 项,其中 47 项由 52 名个人掌握,另外 28 个保存团体掌握着 27 项选定保存技术。

"埋藏文化财"由于其具有不可再生性,无须经过指定或选定。经过大量科学的发掘测定和研究调查,埋藏文化财可以揭示日本列岛先民们生产、生活的历史,具有重要的历史和科学价值。目前日本全国已知的埋藏文化财约有 46 万处遗址,每年以 9 千处左右的速度在进行逐步发掘调查。同时,日本文化厅从 1995 年开始每年在全国各地举办"被发掘的日本——考古成果最新发现"的巡回展览,及时公开埋藏文化财的发掘成果。

第三章　日本遗产体系 | 87

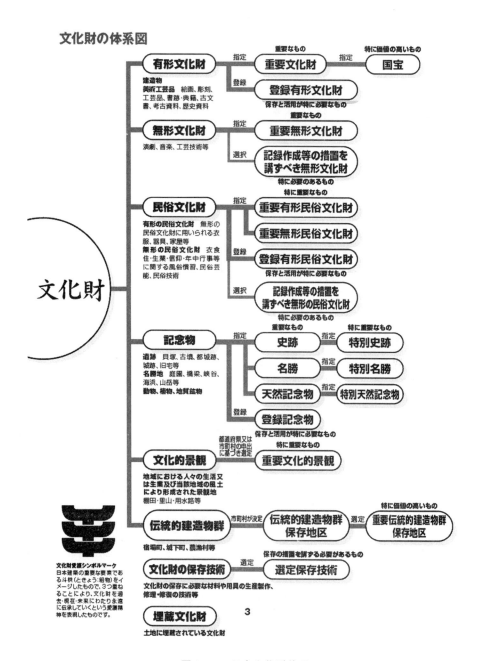

图 3-1　日本文化财体系

1. 日本国家指定文化财数量统计

（2014年12月1日）　　　　　　　　　　　　　　　　（单位：件数）

[指定]

(1) 国宝·重要文化财

表3-1　重要文化财中包括国宝的件数

类别/区分		国宝	重要文化财
美术工艺品	绘画	159	1,994
	雕刻	128	2,685
	工艺品	252	2,445
	书籍·典藏	224	1,900
	古文书	60	754
	考古资料	46	612
	历史资料	3	183
	合计	872	10,573
建筑物		(268)	(4,676)
		220	2,419
合计		1,092	12,992

(2) 古迹/名胜/天然纪念物

表3-2　古迹/名胜/天然纪念物中包括特别古迹/名胜/天然纪念物的件数（古迹/名胜/天然纪念物有重复指定的情况，括号内为实际指定件数）

特别古迹	61	古迹	1,733
特别名胜	36	名胜	383
特别天然纪念物	75	天然纪念物	1,012
合计	172(162)	合计	3,128(3,019)

(3) 重要无形文化财

表3-3　部分保持者被多重认定，括号内为实际人数

类别	个别认定		保持团体等认定	
	指定件数	保持者数	指定件数	保持团体数
艺能	38	57(57)	13	13
工艺技术	41	59(58)	14	14
合计	79	116(115)	27	27

(4) 重要有形民俗文化财　214件

（5）重要无形民俗文化财　286件

［选定］

（1）重要文化景观　44件

（2）重要传统建筑群保存地区　108个地区

（3）选定保存技术

表3－4　部分保存团体被重复认定，括号内为实际团体数

选定件数	持有者		保存团体	
	件数	人数	件数	人数
69	47	55	31	33（31）

［登录］

（1）登录有形文化财（建筑物）　9,786件

（2）登录有形文化财（工艺美术品）　14件

（3）登录有形民俗文化财　33件

（4）登录纪念物　88件

（资料来源：http://www.bunka.go.jp/bunkazai/shoukai/shitei.html）

2. 日本的世界遗产

日本的世界文化遗产、世界自然遗产是在加入《保护世界文化和自然遗产国际公约》之后才出现的新的认证体系。截至2014年12月，日本共拥有18处世界遗产，包括14项文化遗产、4项自然遗产。2003年，联合国教科文组织通过《保护非物质文化遗产公约》，并从2006年开始正式生效。日本依据《文化财保护法》对无形文化财的保护，先于其他国家从事无形文化财的保护工作，因此在《保护非物质文化遗产公约》的策划阶段，日本就发挥了极为重要的主导功能。日本于2004年6月成为该公约的第三个缔约国。截至2014年12月，日本共有23个项目登录联合国教科文组织无形文化遗产名录。

表3－5　日本世界自然/文化遗产名录（2014年12月）

序号	名称	构成	所在地	登录时间
· 自然遗产 ·				
1	白神山地	白神山地自然环境保全地域	青森、秋田县	1993年12月
2	屋久岛	屋久岛国立公园 屋久岛原生自然环境保全地域	鹿儿岛县	1993年12月
3	知床半岛	知床国立公园 远音别岳原生自然环境保全地域	北海道	2005年7月

续表

序号	名称	构成	所在地	登录时间
4	小笠原群岛	小笠原国立公园 南硫岛原生自然环境保全地域	东京都	2011年6月
· 文化遗产 ·				
1	法隆寺地域的佛教建筑物	法隆寺、法起寺	奈良县	1993年12月
2	姬路城		兵库县	1993年12月
3	古都京都的文化财（京都市、宇治市、大津市）	贺茂别雷神社（上贺茂神社）、贺茂御祖神社（下鸭神社）、教王护国寺（东寺）、清水寺、延历寺、醍醐寺、仁和寺、平等院、宇治上神社、高山寺、西芳寺、天龙寺、鹿苑寺（金阁寺）、慈照寺（银阁寺）、龙安寺、本愿寺、二条城	京都府、滋贺县	1994年12月
4	白川乡、五箇山"合掌造"建筑群		岐阜县、富山县	1995年12月
5	原子弹爆炸遗址		广岛县	1996年12月
6	严岛神社		广岛县	1996年12月
7	古都奈良的文化财	东大寺、兴福寺、春日大社、春日山原始林、元兴寺、药师寺、唐招提寺、平城宫迹	奈良县	1998年12月
8	日光的神社与寺庙	二荒山神社、东照宫、轮王寺	枥木县	1999年12月
9	琉球王国的古宫殿以及相关遗产群	今归仁城迹、座喜味城迹、胜连城迹、中城城迹、首里城迹、园比屋武御岳石门、玉陵、识名园、斋场御岳	冲绳县	2000年12月
10	纪伊山地的灵场和参拜道	吉野·大峰：吉野山、吉野水分神社、金峰神社、金风山寺、吉水神社、大峰山寺 熊野三山：熊野本宫大社、熊野速玉大社、熊野那智大社、青岸渡寺、那智大瀑布、那智原始林、补陀洛山寺 高野山：丹生都比卖神社、金刚峰寺、慈尊院、丹生官省符神社 参拜道：大峰奥驱道（含玉置神社）、熊野参拜道（中边道（含熊野川）·小边道·大边道·伊势路（含七里御滨、花之窟））高野山町石道	三重、奈良、和歌山县	2004年7月

续表

序号	名称	构成	所在地	登录时间
11	石见银山遗迹及其文化景观	银山栅内、代官所迹、矢泷城迹、矢筈城迹、石见城迹、大森·银山、宫之前、熊谷家住宅、罗汉寺五百罗汉、石见银山街道鞆浦道、石见银山街道温泉津·冲泊道、鞆浦、冲泊、温泉津	岛根县	2007年7月
12	平泉——展现佛国土（净土）建筑、庭园及考古学遗址群	中尊寺、毛越寺、观自在王院遗址、无量光院遗址、金鸡山	岩手县	2011年6月
13	富士山——信仰的对象与艺术的源泉	富士山域（山顶信仰遗迹群、大宫·村山口登山道、须山口登山道、须走口登山道、吉田口登山道、北口本宫富士浅间神社、西湖、精进湖、本栖湖）、富士山本宫浅间大社、山宫浅间神社、村山浅间神社、须山浅间神社、富士浅间神社、河口浅间神社、富士御室浅间神社、御师住宅（旧外川家住宅）、御师住宅（小佐野家住宅）、山中湖、河口湖、忍野八海（出口池、釜池、底拔池、铫子池、涌池、浊池、镜池、菖蒲池）、船津胎内树型、吉田胎内树型、人穴富士讲遗迹、白丝滝、三保松原	山梨县、静冈县	2013年6月
14	富冈制丝场以及近代绢丝产业遗迹群	富冈制丝场、田岛弥平旧宅、高山社迹、荒船风穴	群马县	2014年6月

表3—6 日本世界无形文化遗产名录(2014年12月)

序号	名称	登录时间
1	能乐	2001年
2	人形净琉璃文乐	2003年
3	歌舞伎	2005年
4	雅乐	2009年
5	小千谷缩·越后上布	2009年

续表

序号	名称	登录时间
6	石州半纸	2009 年
7	日立风流物	2009 年
8	京都祇园祭的山车巡游	2009 年
9	甑岛的神灵(Toshidon)	2009 年
10	奥能登的祭稻神节	2009 年
11	早池峰神乐	2009 年
12	秋保栽秧舞	2009 年
13	正月十五少女舞(Chakkirako)	2009 年
14	大日堂舞乐	2009 年
15	题目立	2009 年
16	阿伊努古式舞蹈	2009 年
17	组舞:冲绳传统舞蹈	2010 年
18	结城䌷:丝绸纺织工艺技术	2010 年
19	壬生花田植	2011 年
20	佐陀神能	2011 年
21	那智田乐	2012 年
22	和食	2013 年
23	和纸	2014 年

3. 日本申请世界文化遗产暂定名录(10 件)

- 古都镰仓的寺院·神社(神奈川县,1992 年)
- 彦根城(滋贺县,1992 年)
- 飞鸟·藤原的宫都及其相关遗产群(奈良县,2007 年)
- 长崎教堂群落以及基督教相关遗产(长崎县,2007 年)
- 国立西洋美术馆本馆(东京都,2007 年)
- 北海道·东北地区北部的绳文遗迹群(北海道、青森、岩手、秋田各县,2008 年)
- 九州·山口地区的近代化产业遗产群(福冈、佐贺、长崎、熊本、鹿儿岛、山口县,2008 年)

- 宗像·冲之岛及其相关遗产群(福冈县,2008年)
- 以金矿为中心的佐渡矿山遗产群(新泻县,2009年)
- 百舌岛·古市古坟群(大阪府,2009年)

第二节　日本文化遗产管理与宣传

一、日本文化遗产管理机构体系

随着日本文化遗产保护对象范围的不断扩大,按照《文化财保护法》及相关法规的规定,为推进文化财保护工作的开展,以原文部省、教育委员会、国立博物馆、独立法人研究机构等相关单位为基础,1950年专门设立了"文化财保护委员会",全面负责文化财的保存、活用、调查和研究等工作。"文化财保护委员会"下设事务局负责文化财保护方面的具体日常管理和运作。并且确立了在文化财的管理保护工作中,国家行政机构与地方行政机构之间彼此协作、共同管理的体制。国家有权委任都、道、府、县的教育委员会进行地方文化财的"保护"与"活用",同时,也明确了地方政府在"保护"及"活用"文化财中的行为责任和义务。

根据《文化财保护法》,日本政府(具体代表机构是文化厅、地方政府(即都、道、府、县、市、町、村等各级地方行政管理机构))及文化遗产的所有者、持有者、管理者和普通国民,均有各自对于文化遗产管理和保护所应该承担的责任、义务和所能够发挥的各种各样的作用。

1. 日本政府(文化厅)的责任和义务

在文化遗产的管理、保护和活用方面,日本文部科学大臣下属的文化厅是文化遗产管理行政业务的主管部门。承担的主要责任和义务为:(1)制定、修改和完善《文化财保护法》;(2)负责重要文化财的指定和选定,以及一般文化财的登录工作;(3)向指定文化财的所有者或持有者对其文化财的管理、维修和公开进行指示、命令或劝告;(4)限制擅自改变指定文化财的现状,有权命令其恢复原状,并禁止文化财擅自出境;(5)针对指定文化财的管理、修缮和公开,对所有者或管理团体予以必要的资金补助;(6)对致力于文化财公有化的地方公共团体予以必要的经费补助;(7)在课税方面,设定与指定文化财有关的特别优惠措施;(8)修建和运营公开文化财的公共设施,包括国立博物馆、国立剧场等,并设置和运营文化遗产研究所。

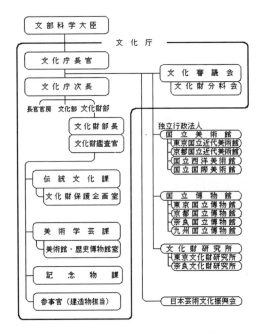

图 3-2　日本文化厅部门结构图

（据日本文化厅主页：http://www.bunka.go.jp/bunkazai/shisaku/sesaku_1.html）

文化厅代表国家对重要文化遗产、重要有形民俗文化遗产及史迹、名胜、天然纪念物等，向所有者或管理团体，就其管理、维修、复旧、公开等发出指示、劝告、命令。文化厅有权限制对文化遗产所进行的现状变更，并有权限制其出境。文化厅可以针对文化遗产的维修、收购等提供国库补助金。

对于登录有形文化遗产、登录有形民俗文化遗产和登录纪念物，文化厅可就其维修的设计监理费提供国库补助金，可就其现状变更等进行指导、建议或劝告。对于重要无形文化遗产、重要无形民俗文化遗产及选定保存技术，文化厅可以组织实施记录其保持者或保持团体的活动、技能和成果的工作，对于保持者或保持团体的记录事业和培养后继者等事业，可以提供适度的国库补助金。文化厅长官可以对保持者或保持团体就公开其技能与作品以及公开其有关记录等提出劝告，也可以就保持者或保持团体的文化遗产保存活动进行必要的建议和劝告。国家对被认定的无形文化遗产保持者，每年发给 200 万日元的"特别助成金"，对于选定保存技术的传承人每年发给 110 万日元的补助金。地方政府对于无形文化遗产的保持团体进行的培养无形文化遗产传承者或有关其成果的公开事业等，予以一定的经费补助。对于重要文化景观，文化厅可以就重要文化景观的管理、现状变更等，对所有者或持有者给予指导、建议、劝告或命令。对于涉及重要文化景观的维修、修景、复旧、防灾等事宜，文化厅长官可通过都、道、府、县或市、町、村予以必要的国库补助。文化厅对于以调查为目的埋藏文化遗产的发掘，有权对所有者或占有者发出指示，要求其履行申请备案义务，要求其提出相关的报告书，或有权发出禁止命令。对于因土木工程而进行的发掘，文化厅可要求所有者或持有者履行申报备案义务，也可以就发掘事宜发出指示。文化厅可以就遗址遗迹的发现，要求所有者或占有者履行其申报备案义务，并可就遗址遗迹的保护做出必要的指示，也可发布使其停止现状变革行为的命令。并且文化厅长官应该让文化遗产的所有者或持有者了解其可能会包含埋藏文化遗产的土地范围等。

在日本中央省厅机构改革中，对国语审议会、著作权审议会、文化财保护审议会、文化功劳者选考审查议会等机构职能进行了综合调整，2001年1月6日，文部科学省下设立了文化审议会（详见下图）。文化审议会主要负责的事务有：(1)根据文部科学大臣或者文化厅长官的咨问，调查审议文化振兴以及国际交流振兴的重要事项，并将调查结果汇报文部科学大臣或文化厅长官。(2)根据文部科学大臣或文化厅长官的咨问，调查审议国语改善以及普及的相关事项，并向文部科学大臣，相关各大臣官员、文化厅长官汇报审议结果。(3)依照《文化艺术振兴基本法》《著作权法》《文化财保护法》《文化功劳者年金法》等法律规定，处理审议会权限范围内的相关事项。

2. 文化审议会组织图(2011年)

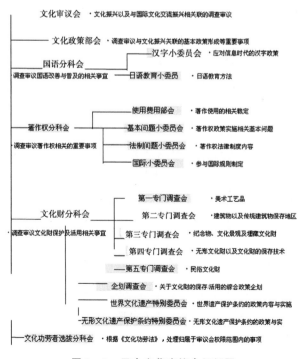

图3-3　日本文化审议会组织图

3. 地方政府的责任和义务

根据《文化财保护法》和其他相关的法律法规，日本的都、道、府、县及市、町、村亦即各级地方政府在文化遗产的保护与利用方面，同样肩负着相应的责任和义务。地方政府有责任保护好本辖区内的文化遗产，对于发展和提高地方文化具有非常重要的意义，同时也是地方政府不可推卸的责任。地方政府可以制定及修改各自辖区的《文化财保护条例》。各级地方政府对于其各自辖区内的文化遗产（除国家指定或选定的之外），可以通过制定保护条例予以指定，并实施必要的保护和活用。

在日本的文化遗产的保护体系中，除了国家指定或选定的文化遗产之外，还有都、道、府、县或由市、町、村所分别指定的文化遗产。对于指定文化遗产的所有者、持有者，地方政府可以就文化遗产的管理、维修、公开等发出指示、劝告以及限制其现状的变更等。同时，地方政府也有义务对指定文化遗产的管理、维修和公开提供一定的资金补助。地方政府还可以设置和运营旨在保护和公开文化遗产的地方公立设施，如各自辖区的美术馆、博物馆、历史民俗资料馆等。通过社会教育和学校教育等多种方式，大力推进学习、爱护和传承文化遗产。推进旨在保护和利用文化遗产的各种地方性的活动，包括以普通市民为对象的文化遗产启发和普及活动。作为国家指定的管理团体地方政府有责任和义务对国家指定、选定及登录的文化遗产予以管理和维护，其中包括配合指定等进行基础性的调查、指导组织或培育无形民俗文化遗产的保护团体等。

截至目前，日本全国所有的都、道、府、县和3249个市、町、村中的3139个，即大约有97%的地方自治体均已制定了各自的"文化遗产保护条例"。根据1975年对《文化财保护法》的修订，在各都、道、府、县教育委员会内还设置了"文化财保护指导委员"，其职责主要就是巡回视察当地的文化遗产并给予细致的工作指导。鉴于各地的埋藏文化遗产对于说明和揭示地方历史及文化有着不可替代的价值，各都、道、府、县及市、町、村均积极地致力于协调经济开发与埋藏文化遗产保护之间的关系，为了实施科学的调查与发掘，展开遗址的保存与活用事业，日本全国大约共配备了7000多名专职人员。

4. 文化遗产所有者的责任和义务

在日本，文化遗产的所有者们也必须承担相应的对文化遗产的管理、保护的责任和义务。由国家以及各级地方指定的文化遗产的所有者、持有者有义务对所有者的变更、文化遗产的毁损和破坏情况以及所在地变更等事宜及时向有关行政机构提出报告。有责任对文化遗产进行合理的管理和修缮，并且有义务向公众公开展示其所持有的文化遗产。在出售或转让重要文化遗产时，所有者应该首先向国家提出申请。至于现状变更，则需要获得文化厅长官的许可。为了进一步宣传其所拥有的文化遗产的价值和重要性，同时也为了保护他们各自的合法权益，往往会成立一些财团法人或其他社团法人，积极地进行信息交流和组织各类有关活动。例如"社团法人全国国宝·重要文化财所有者联盟""全国传统建筑物群保存地区协议会"等。其中"社团法人全国国宝·重要文化财所有者联盟"创始于1977年9月8日，它致力于团结全国国宝·重要文化财所有者，积极推进与文化遗产保护、利用相关的各种事业，为日本的文化发展作出贡献。

5. 普通国民的责任和义务

日本把文化财界定为全体日本国民的财富，从这一概念引申出保护和活用文化遗产不仅是中央政府和各级地方政府的基本责任和义务，同时也是所有国民的责任和义务。

一般的普通国民对于文化遗产所应承担的义务主要有：(1)尽可能地向国家以及各级地方政府主导的文化遗产保护工作提供协助；(2)在发现遗址、遗迹时，需及时向国家或地方有关机关报告；(3)在众所周知的可能存在埋藏文化遗产的地方发掘或施工时，应当首先向国家或地方政府的有关机关报告；(4)在以调查埋藏文化遗产为目的发掘工作时，应该向国家或地方有关机关提出报告等。

飞速发展的现代化进程，促使日本国民对于本民族的文化遗产及其命运产生高度的危机感和使命感。同时也由于日本国民从小就接受不同形式和内容的文化遗产教育，有着较好的教育背景和较强的法律意识，在保护和活用文化遗产方面，日本确实是基本上做到了全体国民的积极参与。在日本各地，长期以来一直活跃着很多诸如"京都祇园祭的八幡山保存会""花祭保存会""高森田乐保存会"等地方性、民间性的文化财保护组织，这些民间组织几乎全都是普通的国民参与其中。

二、文化遗产的宣传活动

为了向国民公开文化厅主导下的文化遗产的管理、保护等工作内容，让国民了解所实施的文化遗产保护政策，提高文化遗产的保护意识，积极地加入文化遗产的保护和传承活动中，日本政府通过文化厅开展了各种各样的文化遗产宣传活动。以下列举其中的部分内容。

文化厅主页(http://bunka.go.jp)

文化厅主页上随时公开各种审议会、委员会以及研讨会的活动信息，公布文化财的调查报告书以及记者发表的资料，尽可能地提供最新的文化财信息。同时，文化厅的施政内容介绍、文化财的指定件数、文化财的分类等都有较为详细的资料和说明。一般国民可直接参与或旁听部分文化财保护活动和研讨会。文化厅也通过在其主页上及时公布信息的方式,号召更多的国民参与到保护活动当中。除此之外,该主页还链接了"文化遗产在线""国家指定文化财数据库"等与文化遗产相关联的其他主页地址,方便阅览者能够迅速查阅。

文化遗产在线(http://bunka.nii.ac.jp)

"文化遗产在线"是文化厅运营下的有关日本文化遗产的电子信息广场。文化遗产在线可以浏览到由全国博物馆、美术馆等提供的信息,提供国宝、重要文化财等国家指定文化遗产相关数据的检索。

文化遗产在线可查阅信息包括:(1)查阅全国的博物馆、美术馆提供的馆内信息,可检索信息数在"文化遗产在线"正式公开之际就达到65,566件;(2)国家指定的文化财信息,可检索27,742件;(3)无形文化财动画映像27件;(4)世界遗产与无形文化遗产的相关信息11件;(5)登记注册在"文化遗产在线"上的全国博物馆和美术馆的详细信息与展览活动926件。今后,在众多博物馆和美术馆以及相关团体的协助下,更多宝贵的、多样化的信息将进一步充实"文化在线"内容。

国家指定文化财数据库(http://www.bunka.go.jp/bsys)

"国家指定文化财数据库"参照《文化财保护法》的界定标准,将由国家指定、选定、登录的文化财信息按照数据库的方式整理公开,可以通过"名称""分类""指定或选定的区分""时代""都道府县""所有者""地图"等不同类别进行检索。尤其是2010年7月进一步增加了地理信息功能之后,读者可以更为直观地了解文化财信息。

文化财保护强化周

每年11月1日到7日为日本全国的"文化财保护强化周"。在这一周内,文化财的所有者、都道府县以及各下级地方行政机构的教育委员会共同协作开展丰富多彩的宣传活动,如公开举办历史建筑物、美术工艺品的展览;参观游览历史古迹;举行传统艺能表演等等。这些活动旨在通过官民一体共同参与的方式,让国民更多地了解日本的历史文化,增强人们保护文化财的意识。为了吸引多数国民的参加,每年文化厅还在活动之前向全国征集"活动周标志(logo)",在活动周期间使用获奖标志并同时向优秀者颁发奖励。

文化财防火日

每年的1月26日是日本全国的"文化财防火日"。防火日的设立缘于1949年1月26日,奈良法隆寺金堂发生火灾,日本最古老的木造壁画遭到严重烧毁的火灾事件。这一事件震惊了全体国民,如何提高忧患意识,消除火灾等灾害来保护文化财被提上日程。该事件也是日本在翌年为文化财制定颁布《文化财保护法》的契机。

之后,为了加强防火意识和警示后人,从1955年开始,选定法隆寺发生火灾的1月26日为全国的"文化财防火日"。每一年的这一天,由文化厅与消防厅主导,全国各地的各级教育委员会、消防署和文化财所有者协作,在全国各地的文化财所在地开展以防火训练为中心的文化财防火活动。2011年1月26日的"第57个文化财防火日"是在国宝"功山寺佛殿"(山口县下关市)和"护国寺"(东京都文京区)进行了防火训练。

保护文化财的象征标志

"保护文化财的象征标志"作为全国推进文化财保护运动的旗帜,早在1966年(昭和四十一年)5月就被选定下来。该象征标志是一个双手展开的三层重叠图案,图案设计源于日本传统建筑"斗拱"的形象,而上下三层重叠则象征着保护文化财的精神贯穿着过去、现在和未来,并将永远传承下去。(见下图)

图3—4　日本保护文化财的象征标志

工艺技术纪录片

日本文化厅从1971年开始拍摄和制作被指定为重要无形文化财的工艺技术的纪录影片,到2009年3月为止,已经先后拍摄了36部纪录片。用影像记录的方式把难以用文字和照片记录的工艺过程、技术关键环节清晰地保存记录下来。这样既可以完整地保存无形文化财,也可以用作将来培养工艺传承人的教材或是学者们的研究素材。当年只有16毫米和36毫米的电影胶片,现在除了电影胶片之外,还有录像、DVD等多种方式记录工艺技术。

文化财研究赞助财团

日本国内尤为重视对现存的有形文化财与无形文化财的保护和修缮,以及对传统艺能的教育和传承。不少企业财团为文化财的研究、保护和传承提供经费赞助。日本文化厅在网络主页上公布赞助财团信息,号召更多的团体和个人利用这些经济资助对日本的文化财富进行保护和传承。企业财团赞助的方向共分为四个方面:(1)文化财的修复。如财团法人文化财保护·艺术研究助成财团对都道府县的指定文化财(有形文化财或有形民俗文化财)提供修缮赞助基金(http://www.

bunkazai. or. jp/06koubo/index. html）。(2)文化财的保存与传承。例如日本邮政公社对文化财保护事业、文化财保护活动提供活动资金（http：//www. post. japanpost. jp/kifu/index. html）。(3)文化财的展示。财团法人花王艺术・科学财团向美术馆・博物馆主办的绘画、版画、雕刻等展览会提供赞助经费（http：//www. kao-foundation. or. jp/assist/index. html）。(4)文化财的调查与研究。如公益信托大成建设自然・历史环境基金向日本国内，以及发展中国家历史建筑物的保存・活用事业提供经费（http：//www. taisei. co. jp/about_us/society/kikin/）。

第三节　日本文化遗产的教育与评估

一、日本文化遗产教育

遗产教育的方式主要包括知识教育、体验教育和生涯教育（终身教育）三种。"读万卷书，行万里路"这句脍炙人口的名句同样体现在日本遗产教育的主要内容中。在学校、职场、社会、家庭等不同环境下进行知识教育的同时，身体力行地前往文化遗产地，在现场了解保存、修复技术如何用于遗产设施，体验修缮、管理人员的辛劳，参加遗产旅行也是不可或缺的教育内容。同时，日本认为人在不同年龄段都需要从学校以外的家庭、职场和地方社会（如社区、农村）学习相应的知识和技术，保持身心健康，促进个人价值的自我实现。这与日本的"修业一生"，即我国的"活到老，学到老"的观点相似。因此，不少大学有针对一般社会成员的"夜校"和"假日大学"，许多地方自治体都建有公民馆和生涯教育中心。随着世界遗产申报竞争的白热化，以及遗产旅游的兴盛，越来越多的生涯教育机构都在教育内容上纳入遗产教育。例如茨城县县北的生涯学习中心就每年都开设为期半年的"学习世界遗产"的课程。

1. 学校教育

日本从中学到大学都开设了历史、社会、文化的相关课程，通过这些课程加深对日本历史、传统和文化的理解，培养尊重传统、热爱传统文化的艺术涵养，塑造拥有丰富心灵和感性的人才。通过合理利用各种各样的学习机会，与艺术家、文化遗产保护人员合作，对学生进行文化艺术方面的指导。课程当中，使用日本传统乐器，吟唱日本民谣童谣，将传统音乐教育适宜地纳入教学体系。学校的修学旅行也多前往京都、奈良等代表日本传统文化的地方进行参观学习。

1953年由联合国教科文组织创办的联合国教科文组织合作学校（UNESCO

Schools），是一个国家间的学校联盟（ASPnet：Associated Schools Project Network），其宗旨是动员全世界各学校在教育中能充分彰显联合国教科文组织宪章的理念，帮助年轻人树立宽容思想，促进国家间的相互理解，增进文化之间的交流。目前世界上有 180 个国家约 9000 所学校加入该联盟。联合国教科文组织合作学校充分利用该联盟构建的网络，与世界各地的其他学校共享资源，探讨新的教育内容和教育方法，共同面对年轻人在学校生活中出现的新问题，谋求共同发展。具体而言，联合国合作学校主要围绕以下 4 个主题展开活动：(1)针对贫困、饥饿、人口问题等全球性问题与联合国体系的作用；(2)促进对人权、民主主义的理解，树立宽容思想；(3)跨文化理解；(4)环境教育等。截至 2011 年 1 月，日本共有 279 所幼儿园、小学、中学、大学等学校先后加入该联盟（ASPnet）中。

(1) 大学文化遗产教育机构

日本对于文化财的重视，从其大学相应设立的专业中可窥见一斑。不少大学在学科或专业名称上就直接用"文化财"或"文化遗产"一词命名，专门培养管理、保护、修缮文化遗产的专业人才。除此之外，还有很多大学在课程设置中也开设了与文化财相关的课程。目前，日本主要开设文化财、文化遗产专业或相关学科的大学如下所示：

北海道·东北地区

- 弘前大学（人文学部、人类文化课程、文化财论专业）
- 东北艺术工科大学（美术学部、美术史·文化财保存修复学科）

关东地区

- 共立女子大学（家政学部、被服学科、染织文化财专业）
- 昭和女子大学（人类文化学部、历史文化学科）
- 千叶大学（文学部、史学科、文化财讲座）
- 筑波大学（人类综合科学研究科、世界遗产专业/硕士课程、世界文化遗产学专业/博士课程）
- 东京学艺大学（教养系、环境综合科学课程、文化财科学专业）
- 东京艺术大学（美术研究科、文化财保存学专业）
- 东京大学（人文社会系研究科、文化资源学专业）
- 东洋美术学校（艺术系、保存修复科）
- 大正大学（文学部、文化财专业）
- 早稻田大学（理工学部、建筑学科、建筑史研究室）
- 鹤见大学（文学部、文化财学科）

中部·东海·北陆地区

- 金泽学院大学(文学部、历史文化学科)
- 长冈造形大学(建筑环境设计学科、文化财建筑物保存专业、遗迹修复专业)
- 名古屋大学(环境学研究科、都市环境学专攻、建筑·环境设计讲座)
- 人类环境大学(人类环境学部、历史·文化环境专业)
- 身延山大学(佛教学部、文化专业、修复·雕刻·佛教艺术·佛教文化)

近畿地区

- 大阪大谷大学(文学部、文化财学科)
- 京都市立艺术大学(大学院美术研究科、保存修复专业)
- 京都造形艺术大学(历史遗产学科、文化财保存修复·文化遗产专业)
- 京都花园大学(文学部、文化遗产学科)
- 京都大学(大学院人类·环境学研究科、共生文明学专业、文化·地域环境论讲座)
- 京都橘大学(文学部、文化财学科)
- 奈良大学(文学部、文化财学科)
- 奈良教育大学(教育学部、综合教育课程、文化财·书法艺术专业)

中国·四国·九州·冲绳地区

- 吉备国际大学(文化财学部)
- 德岛文理大学(文学部、文化财学科)
- 鸟取环境大学(建筑·环境设计学科)
- 广岛大学(文学部、地理学·考古学·文化财学专业)
- 别府大学(文学部、史学·文化财学科)
- 网络大学(世界遗产学部)

(2) 大学遗产课程设置

日本各大学开设的文化财/世界遗产专业都开设怎样的内容,培养哪一方面的专业人才,想必也是我国发展遗产教育中一个令人关注的问题。下面我们将以日本最早开设文化财学科的奈良大学为例来介绍日本文化财教育体制的具体内容。

奈良大学文学部下设的文化财学科①创始于 1979 年 4 月,是日本最早以"文化

---

① 日本的"学部"相当于我国大学的"系","学科"相当于我国大学系部下属的"专业"。

财学科"命名的大学教育机构。奈良大学是成立于1969年的私立大学,坐落在世界文化遗产地"古都奈良及其文化财"的奈良市,一直以考古学、历史学、文化财学的研究和教育著称。1979年,奈良大学在文学部(即文学系)下增设了文化财专业,并于1993年开始招收"文化财史料学"的硕士研究生,1995年招收同专业的博士研究生。目前,该学科又细分为六个专业,分别是:考古学、美术史、保存科学、史料学、文化财博物馆学和世界遗产。除了"世界遗产"专业是面向全校的普及教育之外,其他五个专业从其专业名称可知,都是以培养文化财的专业人才为主。学生们在一、二年级接受文化财相关的基础知识,从三年级开始,可以选择以上六个专业中的任意一项进一步深入学习研究。奈良大学地处世界文化遗产地古都奈良,众多著名的历史遗迹、神社寺庙,以及博物馆、研究所分布于学校周围。学生能够近距离地接触文化遗产,教学与实践相辅相成,二者相得益彰。同时,学科内部除了各个专业的研究室和实验室之外,还有 GPS·激光测量系统、带 X 线分析装置的电子显微镜、荧光 X 线分析装置、透过 X 线摄影装置、傅立叶变换红外线光谱、离子交换色谱以及 PEG 浸渍槽等一流的检测/分析设备。这样得天独厚的地理条件和完备的研究环境,使奈良大学文化财研究科可以称得上是日本学习和研究文化财知识最有实力的学校。(注:相关的课程资料由所属学校的官方网站提供)

2. 职业教育

职业教育是面向从事与文化遗产相关工作的职业人员所展开的教育活动。具体而言,如国家公务员、地方行政官员、世界遗产的所有人、遗产管理者、教师、遗产修复人员、博物馆工作人员、旅游从业人员、导游等等。例如,作为独立行政法人的奈良文化财研究所以及东京文化财研究所,每年都定期募集负责地方埋藏文化财的工作人员,或是保存、修复文化财的职员,对文化财如何发掘、保护和利用进行专业技术培训,培养保护、管理、修复文化遗产的专业人才。东京文化财研究所不仅培养日本国内的文化财技术人员,还致力于通过国际交流与合作,以招募国外的同行业者到日本研修,或者以派遣日本专家到国外的方式,帮助他国培养遗产保护·管理人才。

3. 社会教育与家庭教育

面向一般国民的社会教育也是日本遗产教育中的重要内容,即通过大众媒体如电视、广播、报刊、网络、CD 和 DVD,以及在作为市民活动中心的公民馆、图书馆、博物馆、美术馆等一般公共设施中举行遗产展览或遗产讲座,向社会普及世界遗产以及文化财知识。例如,日本 TBS 电视台自 1996 年 4 月 14 日之后,就在每周日播放名为《世界遗产》的专题节目。2005 年开始,NHK 电视台播出的《探险与浪漫——世界遗产之旅》和《世界遗产系列》深受观众欢迎直至今日。同时,日本世界遗产联盟多次与不同地方政府合作,举办"世界遗产摄影展""世界遗产的SOS——来自亚洲濒危遗产的讯号"等图片影像展览等。不少观看过这些节目和展览的观众正以此为契机前往遗产目的地旅游观光。不少日本普通家庭的家庭成员到市民图书馆借阅文化遗产方面的书籍,参观文化遗产展览,观看电视节目,举家前往遗产地旅游等等,在家庭生活中学习文化遗产知识。

通过以上各种教育方式,最终希望借助文化遗产之力,学习和了解日本文化财的魅力,促进对日本自然、历史、文化的重新认识,通过学习世界遗产体系知识,增进国与国之间的相互理解,探讨"环境""和平""人权"等世界性课题。

二、遗产知识的测试与评定

为了宣传文化财知识和世界遗产知识,日本有各种普及文化遗产知识的"知识测试"体细,以及专门针对专业工作人员实施的技能测试,并对具有不同技能的人员颁发技能认证书。日本的文化遗产知识的评定体系主要分为知识测试与资格认证两大部分。其中,知识测试按照考核知识范围的大小又可以细分为"世界遗产知识测试"和"地方知识测试"两部分。随着全世界申请世界遗产热潮的高涨,全国范围内举行的"世界遗产知识测试"成为目前日本最为瞩目的文化遗产测试。除此之外,日本大部分地区都有主要面向当地一般民众的"地方知识测试"。此外,还有考核评定专业从事文化财调查、发掘工作人员的"埋藏文化财调查技师认证"。

1. 世界遗产知识测试

世界遗产知识测试是由成立于 2005 年 2 月的日本非营利组织(NPO)世界遗产学院(World Heritage Academy,日文"世界遺産アカデミー",http://www.wha.or.jp)主办的一项考试。该组织通过开展世界遗产教育的启蒙活动,促进人们加深对人类的共同财富——世界遗产的了解,提高民众的修养,是一个旨在以此为社会作出贡献的民间组织。NPO 世界遗产学院在日本遗产教育与普及中担负了极为重要的作用,主要开展以下三方面的活动:(1)举办世界遗产讲座,召开遗产研讨会。该组织经常邀请知名专家或前联合国官员举办世界遗产讲座,普及和深化遗产知识;与驻日本的使领馆合作举办该国的世界遗产展览;同大学以及研究机构共同举办与世界遗产相关的国际研讨会。(2)派遣授课教师。NPO 世界遗产学院还根据地方自治体、企业、学校以及文化中心等不同机构的要求,派遣相应的教师到该机构授课。这些授课教师大多都不是该机构的长期雇员,多为各国大使馆和政府旅游局的工作人员、大学教授、旅游作家、摄影家、电视台遗产节目制作人、世界遗产修复技师等。(3)主办面向一般国民的"世界遗产知识测试"。

"世界遗产知识测试"是随着保护世界遗产活动的开展,在进一步加深学习遗产知识,学有所用,反馈社会的背景下展开的一项考试制度。该考试从 2006 年开始实施,至今已有 3 万多人参加,其中有 1 万多人获得了不同级别的认证,现在每年举行 2 次,即 7月 3 日和 12 月 18 日。"世界遗产知识测试"不仅测试单个遗产的相关知识,还兼顾不同遗产之间的相互关系,探讨异同。在明晰文化具有多样性的前提下,进一步对历史、地理、相关人物、现在的课题等构成"遗产背景"的框架与发展轨迹进行考察。该资格认证不仅能检验对世界遗产知识的把握程度,同时在升学、就业、工作中也起到不可忽视的作用,因此参加考试的考生既有高中生、大学生、社会职员,也有家庭主妇和退休人员。该考试由低到高共分为 4 个等级,具体内容如下表。

表 3—7　日本世界遗产知识测试等级(2011 年)

3 级	世界遗产初学者
考试资格	任何人
考试内容	理解世界遗产的理念,了解 100 个主要世界遗产的历史与现在
试题数量	60 题
考试时间	60 分钟(考试前说明 15 分钟)
题型	标准化试题
认定基准	60 分(满分 100 分)
教材	《初学世界遗产 100——世界遗产测试 3 级考试对应》
2 级	对世界遗产的历史和地理有自信的人
考试资格	任何人
考试内容	理解世界遗产的理念,了解 300 个主要世界遗产的历史与现在
试题数量	60 题
考试时间	60 分钟(考试前说明 15 分钟)
题型	标准化试题
认定基准	60 分(满分 100 分)
教材	《世界遗产测试指南 300(2 级对应)》
1 级	对世界遗产的历史和地理有相当深度了解的考生
考试资格	2 级合格认证获得者,或 2007 年之前获得银级认证的人员
考试内容	理解世界遗产的理念,了解所有世界遗产的历史与现在
试题数量	90 题

续表

考试时间	90分钟(考试前说明15分钟)
题型	标准化试题
认定基准	140分(满分200分)
教材	《世界遗产测试正式教材(1)—(3)》
特级	熟知世界遗产知识,并能够就遗产问题发表观点的考生
考试资格	1级合格认证获得者,或2008年前获得白金级认证的人员
考试内容	完全通晓遗产的知识和价值,能就此阐述自己观点
试题数量	另行通知
考试时间	120分钟
题型	论述题
认定基准	非公开
教材	《世界遗产测试指南300》

资料来源:http://www.sekaken.jp/authorization/outline.html

2. 地方知识测试

"地方知识测试"是针对特定的地区范围内的历史、地理、旅游、文化财、风俗习惯等知识进行考核,给达到相应知识水平的考生颁发合格证书。尽管地方知识测试不是专门针对考核文化财知识而实施的考试制度,但是考试内容中必定涉及该地区的文化财知识,因此在文化财知识的普及、文化财保护的宣传与教育等各个方面仍然具有重要作用。

"地方知识测试"最早源于2003年9月日本文化普及交流机构举行的"博多之子测试",该测试的实施使得与九州鹿儿岛县博多市相关的地方知识得到一次全面的普及和推广。2004年的"东京导游知识测试"也是公认的早期地方知识测评中的一项,甚至部分研究认为该考试就是日本"地方知识测试"制度的雏形。"东京城市导游知识测试"是由东京旅游财团和东京商工会议所共同主办,旨在培养熟悉大都市东京的成立和发展过程,知晓市井文化,能自信地向国内外游客介绍东京魅力的专业人才。同一年,京都商工会议所也开始实施"京都·旅游文化知识测试"。"京都·旅游文化知识测试"从历史、文化、产业、生活等多方面考察古都·京都的相关知识,帮助人们正确认识京都,旨在把地方知识传承给子孙后代。该测试在2004年到2006年,先后有3万人参加了该考试,一跃成为当时最受关注的考试。之后,全国各地掀起"地方知识测试"热潮,各地的各种地方文化知识测试应运而生。

目前日本全国不同地区，或者同一地区的不同机构举办的各种"地方知识测试"共有100多项，内容除了对地方知识全面考察的综合性知识之外，还有专门针对某一项地方特产（例如越前螃蟹知识测试）或是某一景区（例如琵琶湖知识测试）等的专业性知识测试。这些"地方知识测试"大多是由当地的商工会议所、历史研究会或者民间团体组织实施。在日本，各地兴起的知识测试热潮目的在于期望借助考试这种方式展现地方文化的魅力，增加外部社会对该地区历史文化的关注。在增强当地人的自信心和自豪感的同时，培养旅游从业人员，振兴当地旅游产业，从而带动地方经济发展。近几年来，一些地区的"地方知识测试"因为参与人数下降、运作成本较高导致难以维系的问题也受到学者的关注。如何以低成本延续测试制度的运营也成为新的课题。

3. 埋藏文化财调查技师认证

埋藏文化财是指埋藏于地下的文化遗产，是日本国民的共同财富。埋藏文化财调查技师认证体系是日本文化财保护协会为了培养从事发掘、调查埋藏文化财的人才，对具备相应知识和能力的从业人员颁布技能资格证书的一项考核制度。该认证体系的目的在于丰富从业人员的知识体系，提高实际操作技能水平，促进埋藏文化财调查顺利实施，该认证制度有助于进一步完善日本文化财的保护工作。埋藏文化财调查技师认证体系一共可以授予三种资格：（1）埋藏文化财调查技师，（2）埋藏文化财调查助理，（3）埋藏文化财发掘作业员。埋藏文化财调查技师是指从发掘调查开始一直到调查结束后撰写调查报告书的整个过程能独立完成，并承担其相应责任的主要负责人。埋藏文化财调查助理是对发掘调查现场进行人事、安全、工程进度等进行全方位管理的工作人员。埋藏文化财挖掘作业员则是指在发掘调查现场能从事安全并适宜的操作，能够指导经验不足的其他工作人员的初级专业人员。参与这三种资格的资格认证考试必须具有如下资格才可应试：

（1）埋藏文化财调查技师。欲获得该项认证考试的考生，必须具备以下两种资格中的任意一种：①具有埋藏文化财调查技师助理资格，并在获得助理资格之后从事3年以上发掘调查工作，同时撰写3部以上调查报告或正式发表2篇专业论文。②在国家或地方共同团体（包括埋藏文化财中心等）从事发掘调查、数据核算、监督管理工作等与埋藏文化财相关工作20年以上，具有丰富实战经验的人员。

（2）埋藏文化财调查助理。参与此项认证考试的考生，必须符合以下要求中的任何一项，同时学完协会举办的技术培训：①国家认可的正规大学毕业，大学期间所学专业为文化财保护协会认可的相关专业，并实际从事发掘调查工作4年（或48个月）以上。②国家认可的正规大学毕业，实际从事发掘调查工作5年以上。③并不具有以上两项资格，但实际从事发掘调查工作8年以上。

（3）埋藏文化财发掘作业员。实际从事埋藏文化财发掘整理工作3年以上，不问年龄、学历均可参加。（实际工作100天计为实际作业1年，即具有实践工作经验达到300天以上的人员均可参加。）

以上列举的有关文化遗产的知识测试和资格认证体系，以"世界遗产知识测试"的知名度最高，社会影响力最大。而"地方知识测试"则是根植于全国各地的地方知识考核，旨在普及宣传地方知识，增强当地群众的地方认同感，振兴地方经济。与前两项偏重对历史文化了解程度深浅的知识测试相比，"埋藏文化财调查技师"则偏重于针对专业技术人员，根据其从业时间的长短，考查他们的实际操作能力，并赋予相应的资格。

第四节　日本文化遗产研究

一、文化遗产研究机构

日本对于文化遗产研究工作的开展主要在各文化财研究所中展开，同时，日本的大学与我国高校一样教学与研究并重，校内设有"文化财""文化遗产"院系的大学，基本上都有规模不同的"研究中心""研究会"或"研究小组"，师生共同学习探讨、研究该领域的相关问题。如前所述，"世界遗产"这一概念是日本参加《保护世界文化和自然遗产国际公约》之后才逐渐普及的概念，因此日本国内单纯专门研究列入世界遗产名录的研究机构屈指可数。而以"世界遗产"冠名的研究机构不仅成立时间短，而且数量与规模与文化财研究机构相比都要逊色得多。下面我们将介绍日本主要的文化遗产研究机构概况。

1. 独立行政法人国立文化财机构

日本最具权威性的文化财研究机构当属"独立行政法人国立文化财机构"（http://www.nich.go.jp/kiko/purpose/index.html）下设的东京文化财研究所和奈良文化财研究所。"独立行政法人国立文化财机构"是日本政府推行全面行政改革之际新成立的国立文化财设施。"独立行政法人国立文化财机构"由东京国立博物馆、京都国立博物馆、奈良国立博物馆、九州国立博物馆四大博物馆，以及东京文化财研究所、奈良文化财研究所两大研究所等六个机构组成。这六个机构主要通过对有形文化财进行收集、保管、调查、研究和向外界展示等工作，旨在更加有效地促进文化财的保护与合理利用。"国立文化财机构"主要开展的工作如下：

（1）收藏品的保存与整理，以及藏品的传承工作。各博物馆按照均衡积累藏品的原则，全面地及时有效地收集藏品。

（2）充分利用文化财向国内外宣传日本的历史和传统文化。始终在秉承倾听客户的需求与把握最新学术动态的基础上，举办高质量的、充满魅力的展览会，促进日本历史、传统文化以及东洋文化的理解。同时发挥日本文化财教育基地的作用，大力开展文化财教育普及事业。同时，为博物馆的参观者和研究所的利用者构建更为方便、舒适的环境。

（3）丰富博物馆的馆内活动，帮助其发挥国际交流中心的功能。广泛公开与文化财相关的调查、研究成果，丰富日本国内博物馆以及其他国家博物馆的活动。

（4）促进文化财的调查与研究。进一步推进文化财的调查和研究工作，为将来更好地继承文化财构筑坚实的、必不可少的知识、技术基础。

（5）推进国际间在文化财保存、修复上的合作。努力构建国际间在文化财保存、修复上的国际合作联系，加大技术交流和人才培养，为国际间的合作贡献力量。

（6）强化信息发布功效。积极强化信息发布功效，让更多的研究人员以及一般民众都能共享研究成果。

（7）实质性地协助地方共同体提升文化财的保护能力。协助全国从事文化财保护的从业人员，为了实质性地帮助他们提高工作实践能力，在实际调查、研究的成果基础上，向他们提供专业性的、技术性的建议和帮助，培养文化财保护的专业人才。

各大博物馆和研究所主要的工作重点各不相同。具体而言，东京国立博物馆担负了保护、传承日本以及东洋文化遗产的中心作用，是日本国内最大的综合性博物馆。京都国立博物馆主要收集从平安时代到江户时代的京都文化中孕育而生的文化财，是一个与地方文化紧密结合的博物馆。奈良国立博物馆主要保护和传承以佛教美术为中心的文化财。九州国立博物馆是以"从亚洲史的观点来把握日本文化"而著称的博物馆。东京文化财研究所全方位地从事文化财的调查研究、保存修复以及国际协作等工作。奈良文化研究所主要对平安宫遗迹、飞鸟·藤原地区的古迹以及考古资料进行发掘整理、调查研究。（详见下图）

独立行政法人国立文化财机构概要

• 国立博物馆概要

表3-8 日本国立博物馆简表

名称	所在地	成立时间	功能/业务
东京国立博物馆	东京都台东区上野公园13-9	1872年(明治五年)（文部省博物馆）	综合性博物馆。对以日本为中心的东洋各地域的文化财进行广泛的收集、保管、展示，以及调查研究和教育普及等。
京都国立博物馆	京都府京都市东山区茶屋町527	1897年(明治三十年)（帝国京都博物馆）	主要对从平安时代到江户时代，以京都文化为中心的文化财进行收集、保管、展示，以及调查研究和教育普及等。
奈良国立博物馆	奈良县奈良市登大路町50	1889年(明治二十二年)（帝国奈良博物馆）	主要对佛教美术为主的文化财进行收集、保管、展示，以及调查研究和教育普及等。
九州国立博物馆	福冈县太宰府市石坂4-7-2	2005年4月1日（开馆：同年10月15日）	对日本与亚洲各国进行文化交流的文化财进行收集、保管、展示，以及调查研究和教育普及等。同时，通常与福冈县共同开展事业。

2. 文化财研究所概要

表3-9 日本文化财研究所简表

名称	东京文化财研究所	奈良文化财研究所
所在地	东京都台东区上野公园13-43	奈良县奈良市二条町2-9-1
成立时间	1930年(昭和五年)6月28日	1952年(昭和二十七年)4月1日
主要事业	1. 调查、研究日本的美术品和无形文化财，以及国外的美术品。 2. 新的文化财调查方法的开发和研究。 3. 充分利用科学技术，对文化财的保护科学、修复技术进行调查和研究。 4. 根据全国博物馆和美术馆的要求，提供专业的指导、建议和技术培训。 5. 提供与文化财保存、修复相关的国际协助。	1. 平城宫、藤原宫、飞鸟地域的发掘调查以及出土文物、遗址的调查、研究。 2. 与遗址的保存、整理、活用相关的一体化调查和研究。 3. 对古都的神社寺庙收藏的历史资料进行调查、研究。 4. 向全国各地发掘调查提供指导、建议以及培训发掘调查员。 5. 公开发表飞鸟资料馆、平城宫遗址资料馆的调查研究成果。 6. 提供与发掘调查、遗址整理相关的国际协助。

从 2011 年 4 月开始,"独立行政法人国立文化财机构"成立了"亚洲太平洋无形文化遗产研究中心"的筹备室,这也意味着该机构下一步的事业重点将从日本国内进一步向海外发展,而涉及的事业内容也将从以往的有形文化财扩展到无形文化财。

UNESO 世界遗产研究所

日本早稻田大学下设的"UNESO 世界遗产研究所(Institute of UNESO World Heritage)"自 2003 年开始从事世界遗产的研究工作。该研究所并不是早稻田大学常设的一个研究机构,也没有专门的所谓"研究所"的建筑物和固定的研究人员。该研究机构是早稻田大学从 2001 年开始,为在一定时期内共同完成某一项研究项目而成立的一系列"无形研究所"。研究所打破文、理科的分界,以不同学科的校内教师构成研究团队,涉足该研究领域的世界尖端问题。目前,早稻田大学先后成立了约 130 个这样的"无形研究所"。"UNESO 世界遗产研究所"的研究工作从研究对象的地域上,可分为两大部分。第一,帮助日本国内的文化遗产加速申请列入世界遗产名录的步伐。第二,对其他国家世界遗产的保护维修以及遗迹的挖掘和整理提供技术支持。

例如,以 2008 年度(即 2008 年 4 月 1 日—2009 年 3 月 31 日)该研究所公布的研究报告为例,主要有以下五项活动内容:(1)推进福冈县宗像大社的申请世界遗产活动。(2)古埃及·代赫舒尔金字塔北侧遗迹的发掘调查与保存修复。(3)柬埔寨巴戎寺庙保护项目("Safeguarding BAYON Temple" Project)。(4)前吴哥·三波坡雷卡(Sambor Prei Kuk in Pre-Angkorean)遗址保护计划。(5)世界文化遗产·越南顺化历史建筑群和周边环境的保护,以及无形文化遗产宫廷音乐的传承与振兴。

世界遗产综合研究所

"世界遗产综合研究所"成立于 1998 年 9 月,主要开展世界遗产地实地调查、世界遗产展览、世界遗产最新课题研究、世界遗产书籍出版等工作。该研究所尽管只有两名专职研究人员,但从 2001 年开始每年出版《世界遗产指南》和《世界遗产数据手册》,及时更新最新的世界遗产状况和相关的遗产数据。同时该研究所还出版了大量书籍(如《世界遗产地图》《世界遗产事典》《世界遗产关键词》等),分别介绍分布于世界各地的遗产状况以及日本国内的世界遗产,积极发布申请世界遗产的工作进展,对推动官民一体共同保护世界遗产发挥了重要的宣传引导作用。

二、日本文化遗产的研究成果

日本文化遗产研究，尤其是文化财的研究历史久远，有非常多的研究成果问世。这些研究成果主要有：从技术层面对于文化财的保护提供具体的建议和指导方面的技术类书籍，详细分析日本文化财保护的法理依据《文化财保护法》的解说类书籍，对文化财、文化遗产的信息进行汇编整理的资料大全，以及从民俗学/人类学的视角来剖析文化财在社区生活中的功能的书籍，等等。下面将分别列举部分。

1. 技术支持

《文化财保存科学入门》（2002）

"保存科学"一词源于 1972 年在奈良县发现的高松冢古坟遗址。日本在遗迹中首次发现古坟壁画，立即引起了全世界的关注。以此为契机，围绕保护文化财研究开发新的科学技术成为迫切的课题。该书由在文化财保护、修缮第一线工作的专业人员在实践中记录下的实战经验编辑而成，是面向初学者的入门书籍。书中从保存科学的历史、文化财的材质和保存技法、传世珍品的保存与修复、埋藏文化财的保存、文化财与环境等几个方面概括性地介绍了文化财保存科学。

《文化财科学事典》（2003）

"文化财科学"是一门诞生于 20 世纪中后期的新兴学科，该书从不同角度全面概括说明这门学科的具体内容，是一本研究文化财科学的综合性词典。全书由八个部分组成，它们分别是：文化财的保护，从材质看文化财，文化财保存的科学与技术，文化财的图像观察法，文化财测量法，古代人生活的研究，世界文化史、人类史年表，专业词汇说明。该书也是文化财专业学生必不可少的工具书。

《文化财保护环境学》（2004）

文化财的保护环境往往会因为温度、湿度、光线、空气污染、振动冲击、火灾、地震、人为破坏等原因而造成保护环境劣化。该书通过评估不同劣化原因所导致的风险发生概率，推算在遭受不同灾害时文化财有可能受损程度的大小，科学地安排修缮的先后顺序，如何对环境劣化现象进行处理的技术类书籍。

《文化财害虫事典》（2004）

对于纸张、纺织品或是木材、竹子等植物材质生成的文化财而言，最大的威胁来自火灾和害虫两大方面。尽管把文化财收纳到水泥制的收藏设施里可以防止火灾的危害，但是还有大量的文化财处于开放空间中，并时刻面临害虫的威胁。虽然使用杀虫剂可以暂时解除部分害虫之扰，但收藏空间的大小、藏品的移动使这种驱虫方法并非长久之计。该书列举侵蚀文化财的主要害虫的类别，介绍它们的生理特性,以及在不对文化财造成污染或伤害的前提下,如何进行预防、驱除和管理。包括杀虫剂的名称、杀虫剂的使用方法、对人体健康有无影响和预防措施等,也作了非常详细的说明。该书内容翔实,图文并茂。

2. 法律条文

《文化财保护相关法令集(第3次改定版)》(2009年)

该书最早的版本是1997年出版发行的《文化财保护相关法令集》,是针对1996年文化厅对《文化财保护法》的修订而编辑出版的各项与文化财保护相关的法令文集。之后,在2001、2006年又分别根据当时对《文化财保护法》的修订进行了相关的编辑和整理,出版了两个改定版本的法令文集。最新的版本是2009年出版的第3次改定版。该书包括以下各部分的法律法规。"文化财保护法关联法令""文化艺术振兴基本法关联法令""枪炮刀剑类管理关联法令""阿伊努文化振兴关联法令""关于促进美术馆藏品公开展览的相关法令""关于文化财非法出入境管理的相关法令""武力冲突之际文化财应急保护的相关法令"以及"关于地方历史景观维系和改善的相关法令"等。

《精说文化财保护法》(1977年)

该书是日本《文化财保护法》出台以来,迄今为止对《文化财保护法》法令进行最为详尽解说的书籍。书中不仅介绍说明了晦涩难懂的法律术语,而且从立法精神的高度出发,把文化财乃是人们生活环境的一部分的理念贯穿全书。作者既基于本人遍布全国的长期调查经验,又结合引用国外的案例。尽管此书出版已有三十余年,作为解读《文化财保护法》的参考读物,其书丝毫不逊色。该书分为三大部分。第一部分介绍《文化财保护法》的基本特征、沿革和面临的问题,第二部分具体解说法律的各项内容,第三部分国外的文化财保护体制。

3. 资料汇总

《国宝・重要文化财大全》(1997—2000)

明治维新后的日本新政府着手对日本的文化财进行调查和研究,为了保护这些全体国民的文化财富,于1897年6月制定颁布《古社寺保护法》,并开始实施文化财的指定制度。在该法令颁布100周年之际的1997年,文化厅和每日新闻社对以往出版的书籍《重要文化财》进行全面的升级和改版,出版《国宝・重要文化财大全》。全书系共13册,由绘画(上/下)、雕刻(上/下)、工艺品(上/下)、古书典籍(上/下)、考古资料、历史资料、建筑物(上/下)和所有者名录/名称索引/统计资料组成。

《世界遗产年报》(1997—2009)

该书可以称得上是在日本介绍各国世界遗产状况、世界遗产委员会活动以及最新发展动向的唯一官方正式书籍。从 1997 年开始,每年年末由日本联合国教科文组织协会联盟出版发行一册。《世界遗产年报》从世界遗产的意义、申报方法、世界遗产的现状都有详尽的说明,并针对如濒危遗产之类的敏感问题专门出版专辑,内容深入浅出、通俗易懂。无论是一般市民还是研究人员,都能够从中获取最新的世界遗产相关信息。

《世界遗产数据手册》(1995—2010)

《世界遗产数据手册》是由世界遗产综合研究所出版发行的遗产数据手册。该书每年根据新列入遗产保护名录的遗产项目,每年出版一册,不断更新全世界的遗产数据。书中内容包括介绍遗产条约,按地区、国别分别整理各国、各地区的世界遗产名录,分析登录遗产的类别和特征等。这本手册囊括世界遗产的各方面数据,是了解世界遗产知识的重要参考资料。

4. 人类学/民俗学研究

《祇园祭·都市人类学入门》

"祇园祭"是日本京都最为盛大、最为热闹的三大祭之一,日文的"祭"字是"节日,庆祝活动"的意思,古都京都就有大大小小上百个"祭"。"祇园祭"在每年 7 月举行,时间前后长达一个月。2009 年 9 月 30 日,"祇园祭"中的"山鉾巡游"被列入世界无形遗产名录。"山鉾"是一种诸如神轿一般的传统花车,共有 32 个"山鉾"参加巡游,场面极为壮观。《祇园祭·都市人类学入门》一书从都市人类学的角度对祇园祭参与者的构成、仪式过程、仪式的深层文化意义、文化重构等问题进行了探讨。这本书是研究日本无形文化遗产"祇园祭"必不可少的书籍。

《世界遗产时代村落的歌舞——无形文化财传承》

该书从国际性的视角考察民俗艺能的实质,在欧亚大陆内对"村落歌舞"进行了广泛的比较研究。作者在所收集的国内外田野调查资料的基础上,以"村落歌舞"为例来考察日本、中国、俄罗斯的民俗艺能的不同特点,它们各自的历史发展轨迹,民俗艺能的学术史研究成果,各国面临的课题,等等。通过纵横向的比较研究,探讨无形文化财保护的行政制度问题,寻求无形文化财保护与传承的解决方案。书中提及日本的"和合念佛舞""盂兰盆舞"、中国少数民族的"对歌"、俄罗斯的"祭熊歌舞"等等。

三、日本文化遗产研究的国际贡献

日本文化遗产研究对于国际遗产课题研究,以及相关法令的改定都具有重要的贡献。最为著名的一项研究成果，莫过于在日本对其文化财的深入研究基础上，提出文化遗产除了公认的"真实性"基准之外，还具有"多样性"的特征。1994年，世界文化遗产奈良会议发表了著名的《关于真实性的奈良文件》。

《关于真实性的奈良文件》是一部极具国际影响力并引起广泛讨论的文献。该文件的产生源于与世界文化遗产保护相关的真实性课题，在20世纪90年代再度受到人们的关注。秉承1964年《威尼斯宪章》中对真实性的严格要求重新受到一部分人的质疑，进而使对真实性的课题进行重新讨论成为必然。1964年发表的《威尼斯宪章》一向被公认为界定文化遗址保存规范的重要条约，该宪章在其导言中就开宗明义地说明何为"真实性"。在大会上通过的《保护世界文化与自然遗产国际公约》中，联合国教科文组织把真实性作为认定世界文化遗产的必要条件。这一点在《保护世界文化与自然遗产国际公约》执行行动纲领之第二十四条(b)款中有着非常清楚的陈述：在材料(material)、设计(design)、技术(workmanship)或是环境(setting)，以及在文化景观上，它们的特性与构成需符合"真实性"的考验。而且，世界遗产委员会强调任何重建只能是在原物基础上进行的完整并详尽的记录才可以接受，也就是说世界文化遗产必须是真迹，不容许有任何的虚假臆测。

《关于真实性的奈良文件》再次把真实性作为会议的主要议题，无非是要反映真实性在文化资产保存上的重要性，也提出了"真实性是决定价值的基本要素"的观念。当然也认识到每一种文化对于文化资产真实性的评估并不一样，但这并不会动摇《威尼斯宪章》与《保护世界文化与自然遗产国际公约》中所阐述的真实性的重要性。同时《关于真实性的奈良文件》并非要推翻《威尼斯宪章》的观点，而是如文件第3点所示："是在《威尼斯宪章》基础上加以延伸和扩展，以回应当今世界对文化遗产关注和利益范围的不断拓展。"

《关于真实性的奈良文件》在强调真实性的同时，还提出需要关注与真实性密切相连的"多样性"。在奈良会议上各国达成共识的"文化多样性"概念，是使《关于真实性的奈良文件》与《威尼斯宪章》同样具有重要影响力的最大成因。"文化多样性"观点产生的背景可以以日本文化财的修缮为例来说明。日本的传统建筑始终重复着解体—重建—修复的循环，这是由日本的建筑大多为木造建筑这一有别于西方的建材特点所决定的。梁柱的根基、椽檐的边缘都会因为吸附了过多的湿气，或者由于部分被雨淋而产生腐朽或破损。这样的情况在日本有很多，只需要通过用新的材料更换受损的部分即可达到保护原物、延长其寿命的功效。日本的文化财研究者熟知这种方法是有效可行的，长年以来都采用这种方式修复文化财。但是，欧美的研究人员看到日本采用这样的方法进行修缮，往往对修缮后的建筑物是否还具有原初性、真实性表示怀疑。因此，《关于真实性的奈良文件》中强调的"多样性"就明确指出"所有文化与社会都根植于特定的形式,以有形和无形的表现手段构成其遗产,而这些应该获得尊重",并且在文件的第5—8项中都对此进行了具体的说明。尊重文化的多样性并不意味着可以在保护遗产的口号下,对文化遗产进行肆意的变形和改造,严重破坏遗产的行为是不被认可的,这也是多数缔约国之间的共识。

第四章　美国遗产体系

在联合国教科文组织的号召下,很多国家积极响应,参与了世界遗产保护运动。美国往往以这项保护运动的拓荒者和领导者自居。对此,美国负责世界遗产的主要部门——国家公园管理局(the National Park Service,简称NPS)在其网站上是这样说的:

> 一个世纪前,在《保护世界文化和自然遗产公约》诞生过程中,美国是领导者,在公约成长过程中,美国是主角。1978年9月,世界遗产委员会在华盛顿特区召开会议,并为"世界遗产名录"迎来了首批提名的遗产地,共12个,美国黄石国家公园和梅萨维德国家公园有幸双双入选。
>
> 1872年美国建立了第一个国家公园,由此开创并引领了一场世界性的运动,类似区域被当做国家财富(national treasure)来加以保护。一百年后,在尼克松总统任期内,美国向国际社会提出世界遗产公约的建议案,公约诞生后,美国是她的第一个缔约国。这份人类历史上最广为接受的国际保护公约,正是美国国家公园理念全球化的结果。①

这种优越的自信处处可见。2014年6月,路易斯安那州州级史前遗址和国家纪念园"波弗蒂角土建工程纪念园"(Monumental Earthworks of Poverty Point)列入联合教科文组织"世界遗产名录",成为美国第22个、全世界第1001个世界遗产地。然而,在此一个月后,美国国家公园管理局、国务院有关世界遗产网页并没有更新数据。② 这与我们欢天喜地沸沸扬扬庆祝新世界遗产地提名形成明显对比。

联合国教科文组织1972年和2003年两份遗产保护公约,是多个文化系统、不同传统、不同国家和地区,在不断磨合中出台的,对其遗产理念和实践的更新从未

---

① 参见美国国家公园管理局网站:http://www.nps.gov/oia/topics/worldheritage/WH_US_Sites.htm;http://www.nps.gov/oia/topics/worldheritage/worldheritage.htm[2014-07-21]。以及美国驻华大使馆官方微博:《美国将提名圣安东尼奥教堂为世界遗产址》,2014年1月28日。http://blog.sina.com.cn/s/blog_67f297b00102eh3o.html[2014-07-21]

② 仅有个小窗口公告2014年6月22日波弗蒂角土建工程纪念园成为美国第22个世界遗产地,但同一页面的主要内容里均未更新,仍是21个世界遗产地。参见 http://www.nps.gov/oia/topics/worldheritage/worldheritage.htm;http://www.state.gov/p/io/unesco/c48319.htm[2014-07-21]

中断过。其中,文化遗产承法国、意大利的传统,无形文化遗产因日本主导而成,而自然遗产则以美国为轴心。截至 2014 年底美国没有缔约 2003 年《保护无形文化遗产公约》,且作为第一个缔约 1972 年公约的国家,至今只有 22 个世界遗产地,其中文化遗产 9 项,自然遗产 12 项,文化与自然混合遗产 1 项,数量名列世界第 10 位。

在美国,国家公园的声誉远甚于世界遗产。换句话说,沿联合国教科文组织思路的"遗产体系"一词,与美国有关自然和文化遗产/资源的地方性知识相比,"竞争力"较弱。对于美国人而言,相比"遗产"(heritage)、"馈赠"(bounty)、"资源"(resource)或"财产"(property)等首要处理共时关系的词更合适表达他们要保护的自然和"过去"(past)。不像法国、意大利和日本的遗产,是种"祖产"(patrimony),美国的"遗产"首先是在历时的历史意识里获得其意义和重要性的。所以,若从"遗产"这个被联合国教科文组织"普遍化的"(universalized)概念入手,很难在美国找到系统的相关概念、分类以及实践,犹如 18 世纪被法国普遍化的一般历史(universal history),很难与德国那犹如精神作物一般总是生长在特定土壤里的具体历史(concrete history)同日而语。① 美国对待其自然馈赠和文化遗产的一百多年,犹如一次随性的、至今也没能完成的雕塑:并没有预先想好要塑个什么,只是一点点,用到手的材料,依据美(于他们而言差不多等同于有用的)的原则,运用雕塑的各种手法,粘、削、涂、抹、勾……一直就这么雕着塑着。美国的自然和文化保护,与联合国教科文组织引领的世界遗产运动、与法国文化遗产百年保护史之区别,就犹如英美判例法与大陆成文法的区别。

对美国所谓的"遗产体系",观察得愈多,视线就愈发被两个巨人的身影填满。它们可以说是美国遗产领域具有奠基性质的"判例",它们填充塞满了研究者探寻的眼光,早早地在世界遗产项目之前,就在美国建立了自己的保护帝国。甚至可以说,它们与美国这个国家相伴相生,它们与这个国家分享着共同的身体、习性和精神。这两个巨人是:史密森尼学会(Smithsonian Institution)和国家公园系统(National Park System)。1846 年 8 月 10 日由第 11 任总统波尔克(James K. Polk)和 1872 年 3 月 1 日由第 18 任总统格兰特(Ulysses S. Grant)分别签署了法案批准学会和公园成立。要了解美国的遗产体系,若离开这两个巨人,离开了这两个奠基性"判例",就犹如失去靶心的箭。鉴于此,本章唯有通过梳理史密森尼学会和国家公园系统,才有可能展现美国的"遗产体系"。

---

① 参见 J. Burckhardt. *Force and Freedom*:*Reflections on History*. J. H. Nichols ed.,New York:Pantheon Books,1943,pp. 57-58.

两个巨人出场前,需要对场景有所铺垫。众所周知,美国是以英国清教徒为主的欧洲殖民者开辟的殖民地,他们携带着欧洲的文明和传统,到新大陆立志开创一个最好的国家。这些拓殖者有很多差异,但有两点是大家一致的出发点:个体的政治平等和私有财产的神圣不可侵犯。换句话说,身体享受(physical pleasures)和物质财产(material property)成为合理合法(当然且必然)的人生目标。能否坚持贯彻这两点,是判断国家是否理想的主要标准。19 世纪三四十年代访问美国的法国贵族学者托克维尔(A. D. Tocqueville)已然洞悉民主制度在美国端倪初现的与生俱来的问题:用平等的政治把公民,包括其精神、伦理和理想等都拉平,进入"均质多数人"的暴政,从根本上阻碍了人类精神提升和多元化的可能性。[①] 二十年后瑞士史学家布克哈特(J. Burckhardt)把这一现代问题的源头指向文艺复兴时期的意大利,在那里,视个体(individual)身心满足为个人和社会理想的现代精神便已开启,法国启蒙思想家卢梭在疾呼平等和人性善的同时,也把人们内心必要的政治原则及其约束给解开了。[②] 布克哈特预言,在与(精神质量日益下降、以占有物质为首要追求的)大众的共谋中,卢梭的启蒙理想"天赋之人权",被转化并阐释为生活舒适和物质满足的权利,而竭力为大众此理想服务,帮助大众达成这种理想的国家政府(the state)将获有极大权力,或最终走向军人专政(布克哈特以为拿破仑已验证了这一点,但或许他的预言将走得更远)。[③] 就这一点,福柯细致入微的分析足以让不论是大众还是小众都惊得一身冷汗。托克维尔也看到了美国民主制度用以调和这些问题的机制——自由独立的机构(free institution)[④],它能把平等自由而孤立的个体整合起来,或者说,这些个体意识到,若不积极组织独立的机构,形成大多数,发出声音,就无法维护自己的权益。这些机构也在一定程度上改善了独立个体与政府机制间的权力失衡和沟通失效。史密森尼学会和国家公园体系正是这样的机构,两者都在国家和个体之间生长、勾连、周旋。犹如把"砖头"(个体)黏合在一起筑成"房屋"(国家)的力、空间关系和"水泥",最后,这些及其历史都成为一座建筑的有机部分。这或许能解释,在梳理美国遗产历史之脉络时,人、事、言都不及"机构"理想。

由此我们更容易明白,为什么"公—私"是理解美国遗产体系根本的,也是首要

[①] 参见 A. D. Tocqueville. *Democracy in America*, *and Two Essays on America*. Trans. G. Bevan, E. Penguin, 2003[1835, 1840], Volume 2, part two, chapter 10-11, pp. 616-620.

[②] 参见 J. Burckhardt. *The Civilization of the Renaissance in Italy*. Trans. Holborn, H. New York: The Modern Library. 1954[1860], part two and four, pp. 100-107; 225-264.

[③] 参见 J. Burckhardt. *Force and Freedom*: *Reflections on History*, pp. 30-49.

[④] 参见 A. D. Tocqueville. *Democracy in America*, *and Two Essays on America*. Volume 2, part two, chapter 4-6 and part 4, chapter 1, pp. 591-503; 775-776.

的一对范畴。美国根据"内—外"来设定负责世界遗产的职能部门,对外,由美国驻联合国教科文组织代表团来负责;在内,由内政部(负责鱼类、野生动物和公园的副秘书长)下属的国家公园管理局管理。在国家公园管理局网页上对世界遗产项目的实施作了如下说明:

> 内政部委托国家公园管理局负责认定并申报世界遗产的事务。提名的遗产地,必须要么属于联邦政府,如国家公园,要么是已被指定为"国家史迹"(the national historic landmarks)或"国家自然地标"(the national natural landmarks)的地方。除此之外的财产(properties),必须在其所有人期望申遗,并能保证永久保护该财产的情况下才予以申报许可。
>
> 绝大部分美国世界遗产地由国家公园管理局管理。其余的则由州政府、私人基金会、波多黎各自治邦(the Commonwealth of Puerto Rico)和印第安人各部落管理。①

"世界遗产"犹如落在美国财产范畴上的雪花。更准确地说,"世界遗产"是从美国飞出去的蒲公英,携带着其财产观念的种子,经由联合国教科文组织飞向世界。在中国,它生根发芽开出了雍容华贵的牡丹花,人们惊艳于她的美丽,满足于她属于中华,至于"这花是长在哪家花盆里"这样的问题基本不可能出现在人们的头脑中。当习惯欣赏牡丹花的中国人到美国看他们的遗产时,不仅惊讶于看到的是蒲公英,更惊讶于发现,在美国,即便是蒲公英,人们首先要问清楚的是"她长在哪家哪户的田地里"。② 黄石国家公园西门公路两旁,有很多美丽的农场,但无论是拍照还是观光,你必须先看清楚是否有"私产勿近"的警示牌,否则可能会出现不必要的麻烦。1984年被联邦政府指定为"国家风景区"(the National Scenic Area)③的哥伦比亚河谷(Columbia River Gorge)里,几乎每个瀑布的简介牌都会告诉你,这个瀑布及周边土地是某时由某人/家族捐赠给州政府以便作为公园之用。这些牌子当然不会告诉人们,当年指定该区域时所激发的诸多争议。哥伦比亚河是美国第四大跨境河流,具有漫长的开发历史,开发程度也相当深。指定之

---

① 参见 http://www.nps.gov/oia/topics/worldheritage/worldheritage.htm[2014—07—22]

② 参见一则新闻,张敏毅:《文化差异美华人闹笑话 豪宅区评头论足被当歹徒》,中新网2014年7月19日电。

③ 从1984年开始,美国联邦政府将具有很大自然和科学价值但又达不到"荒野区"标准的区域指定为国家风景区。20世纪60年代美国交通网络对自然生态造成的破坏激发了保护运动,1964年政府通过了《荒野保护法》(Wilderness Act),将人迹罕至、鲜有人为破坏的地区,及仍保留原始状态的未开发的联邦政府土地指定为荒野区。至今,这个由国家公园管理局、森林管理局、鱼类和野生动物管理局和土地管理局共同负责的"国家荒野保护系统"(National Wilderness Preservation System,NWPS)已指定约相当于4.5%的美国面积的荒野区。

时，该国家风景区有一半的土地是私产。一旦指定生效后，联邦政府便获得对这些公、私土地的极大控制权。为此，该风景区制定了系统的土地管理制度，把风景区土地分为三类分别予以管理：在山谷资源最核心的敏感区(11万英亩)建成特殊管理区；在近15万英亩的综合性区域(农区、林区、牧区、公共休闲区和农宅区)设立土地及河流普通管理区；城市区免于管辖。其中，私人土地的开发由当地县政府管理，联邦政府土地的开发由国家森林管理局国家风景区管理办公室负责，13个城区及印第安事务局托管的印第安自留地均被免除风景区的管辖。

根据国会研究局(Congressional Research Service)2012年的报告[①]，联邦政府拥有6.35亿—6.4亿英亩土地，是美国国土面积的28%。其中6.09亿英亩归以下四个部门管理：农业部森林管理局、内政部国家公园管理局、土地管理局和鱼类与野生动物管理局。联邦政府的土地主要集中在西部(占西部11个相邻州土地的47%)和阿拉斯加(占该州的62%)，在其他州，仅有4%是联邦政府的土地。此外，国防部管理1900万英亩的军事基地、兵营等。四大部门各司其职/责，其管理的联邦土地主要用于(自然资源)保护、开发以及提供休闲。在可持续和多用途的管理原则下，土地管理局管辖2.48亿英亩土地和7亿英亩地下矿场资源，涉及能源开发、休闲、放牧、野生动植物以及保护。森林管理局负责1.93亿英亩，其中很多被指定为"国家森林"(designated national forests)，涉及伐木业、休闲、放牧、水系保护以及鱼类和野生动物栖息地。鱼类与野生动物管理局管理8900万英亩，外加几个大面积的海域，主要负责保存保护动植物，它还负责国家野生动物庇护所系统(National Wildlife Refuge System)，涉及野生动物庇护所，水禽繁殖保护区，以及野生动物协调单位。国家公园管理局负责8000万英亩，负责保护土地及各种资源，以便公众之用。

关于联邦政府是该持有(own)还是处置掉(dispose)土地，一直都有争议。联邦政府的土地和资源在美国历史上起着重要作用，它增强并稳固了联邦政府的地位，吸引人们安居和发展经济，为地方学校、交通、国防和其他国家、州和地方的需求提供了国家税收来源。19世纪，很多法案都鼓励通过处理掉联邦土地来解决西部问题，20世纪则强调保留联邦土地，现在，不同职权部门在处理/置土地的问题上有松有紧。但自1990年以来，五大部门管理的联邦土地已经减少了1800万英亩，从6.47亿减少到6.29亿英亩，主要是因为土地管理局在阿拉斯加处理掉一部分土地。近来，有关联邦土地的议题主要集中在联邦政府所有权的程度，是优先维

---

① 参见 Congressional Research Service. *Federal Land Ownership：Overview and Data*. 2012. fas.org/sgp/crs/misc/R42346.pdf［2014-07-31］

护这些地区基础设施和土地现状，还是优先兼并以增加持有量？怎样才是利用与保护间最理想的平衡状态？联邦土地是否应该优先考虑为国家和地方谋福利？目前，联邦政府土地管理部门的首要目的是管理联邦土地上的自然资源，其最基本的模式便是设置国家公园以及森林、自然保护区。

这就是美国人常挂在嘴边的"公家的西部，私家的东部"。不言而喻的则是有关"公和私"的一系列常识，这是美国人用来感知世界的"文化天性"。这一文化天性当然是在特定的历史里养成并传袭的。以下介绍两个养成和传袭美国遗产体系的机构，它们犹如小提琴的弓，唯有拉动它，才能听到"美国"这个旋律。

第一节　国家公园体系

国家公园体系虽比史密森尼学会年轻，但鉴于美国绝大部分遗产都是自然遗产，加之当年美国在联合国教科文组织所提出的国际保护公约也仅针对自然，再者，这个国家有关保护的理念、方法大都源自保护自然的实践，因此国家公园体系堪称美国国家遗产体系的主体部分，是我们第一个要来探索的。①

一、孵化国家和自然的地方

格鲁辛（R. Grusin），美国威斯康星－密尔沃基大学（University of Wisconsin-Milwaukee）英语系教授，（致力于开展跨学科人文研究和学习的）21世纪研究中心主任，是跨领域研究的代表，其研究焦点（著作）从《圣经》的超验阐释学，到新媒体，到国家公园，再到"9·11"，跨度之大令人瞠目。或许正因如此，他关于美国国家公园的分析才尤其具有美国本色的主位（emic）阐释力，相比那些专家（国家公园管理者、保护和研究人员、历史学家），更能帮助这个文化之外的人理解美国的国家公园体系。为此，我们选择他的作品作为我们探索美国遗产理念的"田野"。②

他在《文化、技术和美国国家公园的诞生》（2004）一书中提出：国家公园从一开始（大概是南北战争到一战结束之间），便是一种依据不同历史时期的科学、文化、

---

① 作者试图研讨的是被编制在美国文化中的国家公园体系和史密森尼学会，通过探析美国学者对这两个机构的知识（相关著述），通过阅读这些文本来进行探究"主位"的"地方"知识，把握在文化中的对象（objects existing in culture）。

② 文化人类学民族志研究方法强调研究者要进入"他者"生活的地方（比如村落、部落），通过参与观察的方法、经验进而感知、研究他者，这个过程也常常被称为"做田野"（doing fieldworks or doing ethnography）。这里试图把某个作者的某个研究作为一个思考的、精神的"村落"来进行田野考察工作。

美学实践再生产自然的技术。① 实际上,国家公园不仅仅是自然的再生产技术,更是美国和美国精神的孵化器。

1. 丢掉历史包袱

不论是托克维尔还是布克哈特都认为,美国是没有历史的国家。这里所说的历史不是可量化的物理时间,而是德国近现代哲学所讨论的历史——人类精神活动的轨迹。布克哈特认为,历史和朝圣一样,都是让我们远距离沉思自己的智慧,而不是现代资产阶级表达对其他类型历史生命傲慢情怀的所谓进步理论,这种理论不过是告诉人们,现在赚钱比过去更容易了。② 两位学者,都把美国精神活动萎缩的原因指向其民主制度,在拉平美国公民政治权利的同时,其精神质量的水平,相对欧洲精英社会(贵族制度)而言已然是"堕落"。一百多年前,托克维尔站在美国书店里,看着琳琅满目的书架却无一可读之书时说,除了新闻记者,在美国找不到一个真正写作的人。这种情况,或许并没有因为美国在全球领衔生物学、经济学和社会科学等学科而有所改观,如果没有更差的话。《麦田里的守望者》里考尔菲德(Holden Caulfield)无所适从的迷惘搅拌着无处发泄的生命力,或许不该解释为青春期的叛逆,正如美国人类学家米德(M. Mead)在萨摩亚(Samoa)根本找不到"青春期"③,更无从讨论叛逆。青春期,这一被生理化的美国社会文化心理问题,无法不让人去感慨,这个割断了历史的群体,是如何在每日各种繁杂琐碎的公共事务中维护自己的权力,又如何把生命里的诗性一点点埋葬在惘然所失时无止无休的追求和满足/无法满足中,生命的手段最终"僭越"并成为了目的。那个日光下投射的影子,不论如何追赶,永远也无法企及,更涂抹不上生命动人的容颜。

当英国清教徒终于离开压迫,远走新大陆建设平等自由的梦中家园时,割断欧洲的脐带,是他们走向自由的必经之路。带着苍白的身体,在这个"荒野"里求生,这群拓殖者的艰辛可想而知。在清教伦理的支撑下,每个人都把身心交给了孜孜不倦的工作和财富创造,工作并积累财富全都成为宗教修行的主要内容。④ 托克维尔和布克哈特都不认为,多数人的伦理和态度可以和少数智者相提并论。当绝

---

① R. Grusin. *Culture, Technology, and the Creation of America's National Parks*. Cambridge, UK, and New York: Cambridge University Press, 2004, pp. 161.

② 参见 J. Burckhardt. *Force and Freedom: Reflections on History*. pp. 54-56.

③ 米德通过对萨摩亚原住民的研究发现,他们并没有"青春期"这个特殊年龄的可识别的生理心理阶段。她由此反思美国青少年所谓的"必经的"充满了焦虑叛逆的"青春期"只不过是被自然化、科学化,进而被一般化的美国社会文化问题。参见玛格丽特·米德:《萨摩亚人的成年:为西方文明所作的原始人类的青年心理研究》,周晓虹等译,北京:商务印书馆,2008年。

④ 参见 M. Weber. *The Protestant Ethic and the Spirit of Capitalism*. New York: Scribner's Press, 1958.

大多数人都无法到达一定的精神高度和深度时,用他们的态度和意见来左右国家的命运,决定人类前进的方向,无法不让人惊悚和悲观。三亿个臭皮匠里无法选出一个诸葛亮来。

在美国没有历史,只有时间。布克哈特把对历史没有兴趣的人叫做"野蛮人"(Barbarians),认为以没有历史且唯"新"为傲的美国人之民主制度,实际上是一种土豪政治(plutocratic)。① 与珍视历史为其文化生命的布克哈特不同,列维-斯特劳斯(C. Levi-Strauss)这个"弑父"的文化革命者,经由"野性思维"(savage mind)高扬结构主义大旗,不仅针对着将历史填充为社会、知识和人类本质内容的20世纪西方,更在充满诗性却对历史毫不在意的野蛮人和西方讨论的知识、社会和人类之间建立起哲学的原生纽带,在反思中重击了欧洲自19世纪以来内化为其思维模式的历史意识。尽管他们对历史持有不同的认识和态度,然而这两个欧洲思想家都是近现代欧洲历史意识(historical consciousness)或文化历史(history as the destiny of a culture)的孩子,与美国之"历史"有本质区别。

二战后美国一个退伍后成为人类学家的老兵,沃尔夫(E. Wolf)站出来,批评西方人类学消解研究对象历史的"罪孽"。② 沃尔夫等人认为,殖民时间用"时间"替代了过去用"空间"来解释文化和社会间的差异的框架,把野蛮人自然地推到了欧洲历史的童年时期,消解了野蛮人自己的时间系统,更用人类学家"我在场"式的见证民族志,把野蛮人按照20世纪人类学家写出来的样子,植入欧洲正统的书写历史脉络中。于是,这些民族志书写的,便是一群永远长不大的孩子,直到欧洲文明的侵入,才打破了他们没有历史的状态。犹如一座停滞了许久的钟表,在欧洲人的碰撞下,终于又开始按照不准确、不规律的频率走动,这"空前"的社会文化变迁,随即又成为人类学家迫切需要解释的任务。无不讽刺的是,社会学家、经济学家和心理学家似乎比人类学家更胜任这个人类学所谓的新任务。沃尔夫的批评似乎开启了一个新的意义追寻之旅,然而,这是一个没有历史的人,在为对历史不感兴趣的人"画蛇添足"。沃尔夫抹去了强加给野蛮人的(启蒙运动带来的)线性的进步的时间历史,然后经由"世界体系",为野蛮人添加了马克思无所不包的社会逻辑历史。不论是他所批评的时间历史,还是其为野蛮人添加的社会逻辑历史,都与(托克维尔、布克哈特和列维-斯特劳斯等)人类精神轨迹或命运之历史无关。或许美国人和野蛮人一样,难以真正进入欧洲的"历史"来思考,哪怕是将欧洲的历史理论和术语熟稔于心。

---

① 参见 J. Burckhardt. *Judgments on History and Historians*. Trans. H. Zohn. Indianapolis, IN: Liberty Fund, 1999, foreword by Coll, A. R., p. xxii.

② 参见埃里克·沃尔夫:《欧洲与没有历史的人民》,赵丙祥等译,上海:上海人民出版社,2006年。

沃尔夫对西方人类学殖民时间的批评虽然是隔靴搔痒,但是以个体自由平等为建国理念的美国联邦政府连沃尔夫的矛头也躲不过去。直到1963年国家公园管理局所采纳的新管理目标,仍然保留着沃尔夫所批评的殖民历史观,该目标规定:

> 在每个公园里,凡是和生物有关的,或需重建的(recreated),都应尽可能地保持在白人首次到达并征服这里时的模样。①

这种历史观,无论遭到怎样的批评都强劲地延续着。这难道不是因为美国没有历史,只有时间,且只有向前的时间?可否强名之为"唯新主义"?这一点,在史密森尼学会那里会被再次证实。

在一个托克维尔艳羡的新大陆上,这些满心要建立自由平等美好国度的美国人,四面无敌,没有虎视眈眈的邻居,如今,更是要把不堪如噩梦一般的"过去"——印第安人、奴隶,以及一种将人类精神轨迹/命运作为历史的传统,都作为包袱,统统彻底丢掉。感恩节和圣诞节,是一年中最重要的节日,游客若没有预订和准备,这个时候只好饥寒交迫了,因为遵循法治的商铺都关门谢客,人们纷纷回家团聚,颇似中国的春节。感恩节是美国独创的节日(只有美、加两国过),为感谢当年印第安人在第一批拓殖者饥寒交迫陷入绝境之时,给他们送来食物和安家落户的用品。印第安人的火鸡换来的是子弹、枪炮和细菌,在这片大陆上生息了几万年的印第安人几近灭绝。这一点,不知是否也是感恩节所要纪念的部分? 如今,在处理印第安人这个"过去"时所采取的措施,如自留地、特许赌场经营、文化保护与复兴等,也首先是实践政治平等、国家公共生活的一部分,而不是对历史的反思和弥补。对奴隶这个"过去",南北战争只解决了国土整合,马丁·路德·金带来了政治上的整合,但如何避免文化的冲突,至今仍是美国最大的问题,肤色似乎成为一道基因和民主政治难以迈过的关口。

国家公园,恰好是丢包袱过程中非常重要的一环。据格鲁辛的研究②:1864年3月28日,加州参议员康内斯(J. Conness)提案,请求联邦政府将优胜美地山谷(Yosemite Valley)和美利坡撒大树林(Mariposa big tree grove,亦称蝴蝶谷)的所有权转让给加州政府,为公众利用、度假和休闲(for public use, resort and recreation)而保护起来,永不挪用。这是一个月前,美国中央蒸汽船运输公司加州

---

① 参见 *Compilation of the Administrative Policies for the National Parks and National Monuments of Scientific Significance* (Natural Area Category). Washington, DC: US Department of the Interior, rev. 1968, p. 92.

② 参见 R. Grusin. *Culture, Technology, and the Creation of America's National Parks*. Introduction and Chapter 1.

代表雷蒙德（I. W. Raymond）向康内斯写信提出的建议，随信还附上了美国风景摄影师沃特金斯（C. Watkins）制作的优胜美地相册。他在建议中提到，加州政府可指派一个独立委员会来管理这个公园。康内斯把这封信转给了土地办公室委员会委员埃德蒙德（J. W. Edmonds）并最终形成正式提案。3月28日，因讨论向堪萨斯州增拨土地以支持当地铁路建设，公共土地委员会推迟优胜美地的提案。5月17日，优胜美地议案顺利通过，会议讨论很简单。康内斯说，这片土地虽算得上世上最了得的奇观，但对公众、对政府而言，却无甚价值，何不用作公园皆大欢喜。康州参议员表示，这样的授权闻所未闻，非同寻常，必须弄清楚是否是加州政府立意申请为之。康内斯回答说，这是加州一些富有的、有品位的雅绅提出来的，虽然这种授权前所未有，但这个奇观之地，也是世上任何其他地方所未有的。6月30号，林肯总统签署了该法案。格鲁辛用阐释学的方式，特意找出了同一天总统签署的另一个法案——资助纳瓦霍（Navajo）俘虏在新墨西哥州境内自留地里留居并生活。

格鲁辛从档案堆里梳理出的这段过去，是想要人们看到：在美国统一南北内战尾声将近之时，在西部，立法保护优胜美地、建设铁路和重新安置印第安人三个法案同时出现，均表达了当时的主流意识形态，都迎合着当时美国的公共舆论——整合西部进入美国。而不是环保主义者们后来书写的美国环保史中所说的那样，立法保护优胜美地是为了对抗东部文明之扩张。在当时，大家都认为只有无用之地才会用来建立国家公园，"自然"在那个时候还不是"环保主义的自然"。

然而，不论是把联邦政府整合西部的政治战略——联邦土地管理，视为美国自然保护主义思想的萌芽之所，还是把自然保护主义视为新的政治话语，都是美国精神的具体表现，二者都无法真正"杀死"对方，杀死对方就意味着消灭自己。因此，格鲁辛阐释历史的方式，与环保主义者们或并无二致，不过他的确提醒了我们："自然"在美国从来就没有那么自然（natural）。下一部分会详谈这个问题。先且看看格鲁辛是如何把时间的指针变为罗盘的指针。

以回溯过去和源起的方法，去建构美国国家认同，对于美国人而言不是难以想象，而是不可能的。"过去"：从铁蹄一般的欧洲，到激发愧疚感的土著，再到与自由平等背道而驰的奴隶制，这些恰恰都是他们一刻也不愿意久留的噩梦。内战，把这个庞大且各自为政的新大陆，熔为一个国家的"温度"推向了最高点，犹如火山把所到之处都融化为岩浆，以南、北两轴流动。"南北"抛开了时间，把政治变成一种空间关系，用空间来表达伦理结构（善的民主制和恶的蓄奴制）、敌我关系，由此，通过空间来构筑国家就成为最自然的途径。

格鲁辛再次找出一个不大不小的人物——美国景观设计师奥姆斯特德（F.

L. Olmsted)来讲述他的故事。1863年,历任纽约中央公园首席建筑师(architect-in-chief)和美国卫生委员会秘书的奥姆斯特德来到加州,帮助复兴美利坡撒的矿业。次年9月,接任加州优胜美地管理委员会委员后,他即刻垫付资金,抢在冬天封山之前,派人进入优胜美地山谷调查、测绘。1865年8月8日委员会会议上,他已有详尽的调查报告在手,并向其他委员提交了一份优胜美地公园最早的设计案。

二战后,这份预案重现天日,被视为美国环保主义思想的早期原则。格鲁辛认为,这是种误读。他当然不怀疑这份设计案中蕴含着美国环保主义的源起,但需要放远视线,将文本及其作者重置在当时的语境里,才能找到恰当的意义。在格鲁辛看来,这个文本的作者通过保护优胜美地山谷,践行了当时美国的主流文化。处理的虽同是"人与自然的关系",但其主旋律是"再造自然",而非"保护自然"。格鲁辛从文化和媒体的角度阐释国家公园,就方法而言,也是一次主流文化的实践(这与美国人习以为常的胡椒南瓜味哈根达斯冰激凌、辣椒吉力贝糖果、培根巧克力,或者设计出世界上第一辆能一边泡澡一边驰骋高速路的敞篷跑车,或者用福柯理论解释傣族人的性生活并无二致);就研究主题"国家公园"而言,这个边缘的视角最终还是落回"唯新主义"主流的窠臼中。"落在唯新主义的窠臼里",对于美国人而言,不言而喻是一种实实在在的表扬。

奥姆斯特德在公园设计的阐释中,将优胜美地的保护纳入了建设美国国家认同的活动中。为了整合美国,美国人在地理、商业、媒体、技术、艺术等各个方面齐头并进,共同来缝合一面星条旗。内战期间,美国南北是异质性的、敌对的,北方代表人权和进步,与代表不人道的奴隶制度和落后的南方斗争。北方的胜利,在政治和地理(主权及其疆域)层面统一了国家。同时,在东部,大兴土木修建中央公园、国会大厦;东部艺术家们随探险家到西部带回大量照片、绘画展出/销。战后,联邦政府又在西部大量设立公地。这些都将战前美国南、北"异质"的"敌对"轴,修辞性地转入另一种叙事:东、西"同质"的"公私"轴,这是一个国家内部的"东/西"而不是外内的"南—北"关系,是私与公的而不是敌与我的关系。① 同是空间关系,"东西"替代了"南北";同是政治关系,"公私"替代了"敌我";同是伦理关系,"文明的推进"替代了"道义的伸张"。从"肮脏的南方"到"纯美的西部",从"伸张正义的北方"到"文明先进的东部",国家成为洗涤转换邪恶制度的祭司,而"西部的自然"是祭司的圣坛——"国家景观"(national landscape)。国家公园,是仪式转换两种象征现实的支点,犹如一张纯洁的白纸、一片圣洁的处女地等待理性文明女神来建造文化与自然完美均衡的人间仙境。

---

① 参见 R. Grusin. *Culture, Technology, and the Creation of America's National Parks*. Chapter 1.

格鲁辛的分析是精彩的,他和他笔下通过空间来建设美国国家认同之文化逻辑和实践,都是没有历史包袱的"唯新主义"与美国相互形塑过程的一部分。若他分析的对象只限定在19世纪中后期,那么他本人则将这一过程延续到了21世纪。

2. 再生产自然

通过空间来认同国家,完整的地图固然一目了然,却也是抽象的。国境虽具体,但遥远;家园虽日常,但易流入地方主义,或易冲淡爱国主义激情。"祖国的大好河山"并非美国独有的叙事,但自然,对美国这个自称"自然之国"(nature's nation)的国家而言,意义尤其重大。

第一批清教徒到达美洲大陆时,自然科学还未兴起。独立战争爆发之前,自然科学已然成为显学。但自然科学(自然史,natural history)认知模式摸索出的客观自然,却早在意大利文艺复兴时期,便与具有现代精神的个体在向外发展个性的同时迤逦拉开。这个自然是美的,无休止地刺激着意大利人的灵魂尽情充盈地成长。布克哈特的《意大利文艺复兴的文明》将现代最早"发现美景"的荣誉,归于文艺复兴时期的意大利人。尽管无法证实究竟人们从何时开始感知到外在世界是美的,但是意大利人第一次自觉地在诗歌、绘画里表达了个体所欣赏的自然之美。是但丁(Dante)在其开拓的个体"内心世界"里经验地证实了,自然对人类精神的影响日益深厚。被誉为"文艺复兴之父"的彼特拉克(F. Petrarch)也是位地理学家,他攀上冯杜山巅(Mont Ventoux,普罗旺斯山系西脉),为壮丽景观深深震撼,于是拿出圣奥古斯丁《忏悔录》对兄弟念诵第十章:人们且行且仰慕,那山之高海之阔,那湍流拍浪之声,那浩瀚海洋和星辰,竟自忘于其中。之后,他合上书本,从此一言不发。对他而言,享受自然是人类知性最喜爱的伴侣。这时的意大利出现了风景画,自然在画家这里找到了自己的表达方式。对自然的详尽科学描述,也逐渐出现……这是一个将生活、工作置于周遭美丽自然中,真诚地、直接地、无忧无虑地享受自然的时代,它并非古代的重现,而是意大利文艺复兴才首次出现的真正意义上的现代享受(modern enjoyment)。[①] 这种现代人的生活理想,15世纪意大利哲学家克拉诺(L. Cornaro)已经在实践了,他在《论严肃的生活》(*On the Sober Life*)里,向那些一过65岁便把自己当活死人的人们叙述他健康、平静和愉悦的老年生活:

> 每每春秋降临,我便到山里的住所与美景做伴,随性狩猎。山中最美的地

---

① 参见 J. Burckhardt. *The Civilization of the Renaissance in Italy*. New York: The Modern Library, 1954, pp. 218-225.

方有我的喷泉、花园和舒适的居所。其余两季,我住在平原阔地的居所里。条条小径通向美丽的教堂,花草果树比肩华实。这原本是臭烘烘的泽地,我修通地下水道后,空气清新了,土地肥沃了,各方人众被吸引,看到大家在此安居乐业,我感到无比欣慰和幸福……①

这样的文字,似乎让这六个世纪的时间也好,历史也好,都停滞了。这种停滞感或可称为"传统"。这条潜游在欧洲文化深处的自然传统是如此庞大坚实,就连以"自然"自我标榜的美国,也是从这里出发的。但是,恰恰也从通过独尊自然,美国拒绝了与这个传统携手同行的其他传统,比如以精神为轴,复兴"古代"的历史传统和绘画、诗歌等艺术传统。

独尊自然的"自然之国"发展出了丰富的自然。作为"自然之国"之子,格鲁辛细致地区别出三种不同的自然:三个不同国家公园的符号现实(如,设立理由、保护目标、叙述主线、公共形象等),犹如爱斯基摩人能区别出近百种冰雪:

1864年,优胜美地,景观自然(美景);

1872年,黄石,被我们发现的自然(荒野);

1919年,大峡谷,不可进入的自然(无人区)。

这三种自然,在当时的美国,因共患难同命运(在以东部为代表的现代文明威胁下)而组成一个更模糊广义的自然:一个正在受威胁、破坏的"自然"。19世纪,美国出现了纽约流派风景画,与同时代代表欧洲的法国风景画相比,美国画家所画的风景更原始,是"未受到文明污染的"荒野。纽约人眼里的风景,不仅仅是要和欧洲风景对话,还要表达"东西"间的对话,画家要鞭挞的不再是南方的黑暗,而是东部进步和发展的魔爪,画家们要批判当时美国的西部大开发,要在文明的魔爪下挽救未被污染的西部。东部是工业、文明、发达、破坏、侵蚀;西部是原材料、自然、欠发达、避难所、被侵蚀,二者相互支撑完成了一个象征现实——濒危的自然。虽同在保护主义的主流阵营里,这三种自然又各不相同。

优胜美地山谷,美国第一个保护起来的自然,很滋润却独独地延续了欧洲众多共生传统中"美的自然"之传统。设计师和政府官员们设定了,这个山谷未来一百年都按照欧洲景观传统来改造美国自然的框架。奥姆斯特德,美国景观设计大师,认为自然是美的,而艺术是自然的中介(aesthetic agency of nature)。他信奉康德"自然创造了美的形式"之说,但他认为英国人并不能代表真正的欧洲传统,英国的

---

① 参见 J. Burckhardt. *The Civilization of the Renaissance in Italy*. New York:The Mode Library,1954,pp. 250-251.

园艺景观(landscape gardening)是假惺惺的自然(fictitious nature)，而康德的自然之所以是美的，是因为她看起来像艺术，而艺术则只能是我们感觉她是艺术时，才能被称为是艺术，尽管她看起来像是自然。美的艺术必须看起来像是自然，虽然我们能意识到她是艺术(look like nature, although we are conscious of it as art)。所以，他要做的是景观建设艺术(art of landscape architecture)，是看不出艺术痕迹的自然，隐藏了艺术的艺术，尽管自然已经被改造为艺术，但丝毫看不出一丁点改造的痕迹。

黄石和大峡谷，都难以用欧洲景观传统的审美框架去理解。格鲁辛不厌其烦引用了1963年调整国家公园管理局保护理念和职能的议案原文：

> 将黄石管理目标由保护"地热奇观"(geothermal curiosities)转变为保护公园整体生态系统，国家公园应该去表达、展现原始美国的一个片段(a vignette of primitive America)，只要尽最大努力，利用技术、卓越的决断力，敏锐捕捉生态，是可以重建一个合理的原始美国意象的，这个目标是可以达成的，虽不可完全实现。

从这里出发，格鲁辛摸到黄石自然的命脉。

他相信，在把白人到来之前的人全部抹去后，黄石成为以白人为原点来定义美国原始状态的自然，黄石公园是一个让美国人来见证"发现历史"时刻的公园。地热一次一次爆发，游客可以一次次体验"发现"自然的历史时刻。与此同时，把"自然"推到人的前面，自在、独立于人的存在。这把自然从康德的美之先验图示，从人发现美的所谓"慧眼"下"解放"出来，文化地把"自然"建构为先于人，先于有关自然表述(感知和符号)的独立存在。于是，每个人有了不断发现"自然"的可能和时间链条，这些发现作为科学的真知，以"真"为伦理，构筑了人们对自然的忠实(fidelity)。接下来，保护自然不受人的影响，就成为必然的，也是自然的事情。这是格鲁辛所阐释的，美国自然保护思想的基础和脉络。相信并忠实于自然不是美国独立完成的现实，福柯笔下词与物的割裂，生物生命和语法的出现，都为格鲁辛所说的"信"提供了认知基础。[①] 这是一场解放，还是把自然关进一个新的幻象，抑或是对人类改造自然后难以自觉的愧疚和担忧的反应，都很难说。但当人们在黄石标志景点"老忠实泉"(Old Faithful)，按照公园咨询处和纪念品商店里滚动预报的喷发时间，围坐在古希腊半圆剧场式观景台，等候热乎乎的间歇泉喷向高空，并发出阵阵由衷快乐的惊呼时，隐隐觉得被解放出来，每天好几次按时准点被一群群

[①] 参见米歇尔·福柯：《词与物——人文科学考古学》，莫伟民译，上海：上海三联书店，2001年，第三、五章，及第二编。

游客"发现"的"自然",与古希腊的角斗士之间有惊人的相似性。

格鲁辛笃信,不论自然被视为艺术、物理,还是生态过程,在黄石,人们最关心的一个问题便是:对自然的表达是否是忠诚的。所以,他再次出发,从故人堆里找出早年"发现"黄石的探险家们(多为淘金者和皮毛贩子),比如柯尔特(J. Colter),1804—1806年路易斯(Meriwether Lewis)和卡拉克(William Clark)探险队成员之一,探险结束后,他为密苏里皮毛贸易公司工作,1807—1808年他被派去开拓一个白人未涉足的区域,希望能与那里的几个印第安人部落建立贸易。他独自在黄石和大提顿的荒野里跋涉了几个月,被认为是第一个发现黄石的白人。从此,黄石成为公众热门话题,人们传谣辟谣,分辨有关黄石的谣言与真话成为茶余饭后的最佳谈资。也许对这群从欧洲来的人来说,黄石太野,超出了他们所能解释和理解的范围。此后,他们又以此为傲,傲视欧洲和其他地方,这也在情理之中。1862年,海登(F. V. Hayden)向政府申请资金,计划对黄石进行地质调查,为国民提供国家西部疆域那个充满谣言的奇幻之地的全面、准确可信的信息。1867年他拿到了钱,1871年他成功了,名垂青史。他带回了不可置疑的证据:数不清的田野笔记、素描、照片、标本。美国风景画家莫兰(T. Moran,海登调查组成员)也因画黄石大峡谷而成就了"风景之诗 国家之魂",他的画,成为美国政府首次购买的,由美国本土画家绘制的美国风景画作。1872年春天,就在总统签署成立黄石国家公园法案后不久,政府为国会大厦购买了这些画,在国家的象征现实里,凝固了海登对黄石的发现,也凝固了被发现的"自然",和美国式的自然"荒野"。①

科罗拉多河大峡谷,在格鲁辛看来是一个委屈的巨人,自1869年鲍威尔(J. W. Powell)九死一生首次全程探索大峡谷,到1919年2月26日威尔逊总统(T. W. Wilson)签署法案在大峡谷成立国家公园,相比别的公园,间隔太久了。并非无人推动,并非无人知晓。只是从最一开始,这里就被塑造成一个"不可进入"的地方,大有生命禁地无人区的意味。它和荒野不同,荒野是根据人参与度的高低来判断的,而无人区则是根据进入的危险和难度系数来确定的。荒野或许并不危险,只是因未被发现或被人们荒置而野。"无人区"的神话延续至今。公园投入大量广告,配备了高空观景台、直升机、IMAX影像等先进手段来帮助大家进入峡谷,想要打破这个神话。

至此,格鲁辛也希望读者和他一样相信,国家公园是美国一种再造自然的文化

---

① 荒野在美国受到极其严格的隔离式保护。人类还原到动物的幻觉,因此有了努力的可能性。犹如好莱坞式"楚门的世界"。托克维尔说,若美国人有机会写诗的话,那只能是站在整体人类的立场。若英国人还是独自面对"星期五"的鲁滨逊,那么美国人就是进入荒野的麦肯迪尼斯(C. McCandless,据真实故事写作的小说 Into the Wild 主人公),在荒野生存100多天后终于想明白了重返社会的意义,却被荒野吞噬。

技术,它根据不同历史时期的科学、文化、美学实践再生产自然,当然成功被制造出来的不仅是自然,还有国家。

3. 孵化国家

东部科学家、探险家、艺术家和政治家们积极张罗,把西部的象征现实确定为"自然",以保护为由,确定或转换为公地,纳入政府及其法律保护的羽翼下(抑或控制的铁掌中),不管是为了原材料,还是(事实地、符号地、情感地)发展国家,这都开了先例:立法保护部分公共区域,作科研、休闲度假之用,也为应变,先把部分资源封存起来,以便子孙后代有机会根据自己的价值来开发和利用。

格鲁辛没有忘记把这种美国首创的文化技术——国家公园,放到当时的社会背景里。东部的工业中心,将美国从一个岛民社区社会(a society of island communities)变为一个现代的都市工业文明之民族国家。这一过程,若没有"到西部去旅游"的国内旅游业相伴,将是孤掌难鸣。应和着当时美国不断崛起的消费文化(以都市和大众传媒为阵地),国家公园正重新定义美国的国家认同:西部不是被掠夺破坏的受害者,而是美国国家景观(American national landscape),"去看我们国家的大好河山"成为最好的爱国培养基地。

内战后,以国家公园为目的地的旅游业,使得西部作为一个地区,参与到动态、互惠、互动的国家系统中,与之配套的技术、经济和文化的交通网络系统,把东、西部弥合为一个国家。国家公园当然不仅仅只是境内最佳的旅游目的地、国家的象征,更密切地联系着技术密集型产业,如矿业、铁路业,这一切也将顺利地推动西部整合进大西洋工业经济体系。从此,西部由"边缘的西部"变为"为东部崛起提供支撑的西部"。美国及其文化,在国家公园再造自然的行为中,几乎是同时,也在建构中,动摇、再建……自然和国家,在国家公园中交织在一起,共同成长。建立公园,再造自然只是第一步。犹如修好了水渠,水还没有到。这水便是美国人。让他们来的,是另一个与自然同样重要的东西——休闲(recreation)。

现代休闲是欧洲工业文明的产物,区别于欧洲贵族作为社会生活本身的"消遣"。泰因(H. A. Taine)在《旧制度》(Ancient Regime)里用了很大篇幅来描绘法国大革命前法国贵族阶层的社会生活,华丽、文艺而合仪的享乐、消遣、社交……是贵族的权利和义务。[①] 而现代的休闲,是和工作一起出现的。工业文明带来了工薪阶层,工作赚钱,赚钱养活自己,工作之外出现了大量闲暇时间。如何平衡好这

---

① 参见 H. A. Taine. *Ancient Regime*. Trans. J. Durand, New York: Henry Holt & Company, 1876, Book second, pp. 86-169.

两个时间,对资本主义制度而言尤其重要,工作是生产,而闲暇是消费,二者都是现代经济中必不可少的环节。在 19 世纪的美国,"休闲"本身不仅是个产业,更被提高到了修复劳动力的高度,双重地长进资本主义的肌体。

优胜美地公园设计师奥姆斯特德所理解的休闲,就是这种社会学、精神经济学意义的休闲:休闲产业应该为美国工人提供休养、生息,以便工人有更好的身心状态投入工作生产。修公园的目的,正是为美国公民提供休闲的机会,让人们有机会审美地面对蕴含自然美的景观。在他看来,保护优胜美地和在纽约修建都市公园没有区别,修建这些公园都有社会和政治影响。在说服国会把优胜美地送给加州,留为公地时两条重要的理由便是:论小,这里的好东西不能取出来带走,但可以吸引游客前来,而唯有公地才可能对所有人开放;论大,可为公民提供休养的福利。政府的一项主要责任,就是为人民追求幸福提供条件,扫除障碍。休闲,同时是幸福和对幸福的追求。

劳动和福利,在美国内战后有重大意义。当时人们笃信,财富是劳动力创造的。所以休养对于劳动者而言是必需的,是再生其劳动力的重要保证,休息好了才能更好地工作。奥姆斯特德甚至用当时的神经科学来说明,保护自然如何能增进国家的财富。福利,几乎是现代国家从公民手中获得权力信托的核心砝码,当然,在福柯眼里更是知识和权力在光天化日之下设置的牢笼,不过人们已被驯服,挤破脑袋也要抢先进去。长寿、健康、享乐,由此成为普世的不二价值。

但更为重要的恐怕还是公园的"公共性",让每个公民都有平等权利是民主美国的立国之本,公园恐怕比选举更普遍和具体地让公民体会到民主及其意义,不用碍手碍脚担心"闯入"了私人领地,不管贫富肤色,大家都以相同的方式、相同的路径看到同样的风景,经验同样的自然。这正是托克维尔所看到的美国民主,与法国和中国的珍馐美馔相比,汉堡和披萨才是民主社会应有的食物,上到总统下到流浪汉都真心诚意地热爱它们。国家公园是制造"均值平等公民"的重要场所。

要让自然隐藏人为的设计,又要民主,向公共开放,这是个难题——自然之美的保护与利用。对于奥姆斯特德来说,解决这个难题的过程,恰好是美国景观文化的孵化过程。但这两难又绝非今天环保主义者们面临的难题——生态保护与利用。他详尽设计了园区的道路,力求方便游客,力求让人们看到更好风景的同时不破坏风景,还要整体考虑如何把优胜美地和全国交通网络联系起来,方便游客充分享受公园,又不用走回头路。为弥补奥姆斯特德所设计的优胜美地对生态考虑的欠缺,1890 年,被誉为"国家公园之父"的苏格兰裔自然科学家缪尔(J. Muir)等人,提出围绕山谷再划定一片森林为保护区。

国家公园,简直是一种最为理想的消费品:开放、随意进入,却享受着私人领地的感觉；观光，取之不尽、用之不竭；同时她又是最为理想的生产者，不花一丝一毫的广告费，不费一枪一炮，便把想到、来到国家公园的人们变成爱国者，至少是国民。

公园，在格鲁辛看来，是种完美的技术。一方面，公园的打造是门专业技术活，牵涉到大量技术：如地图测绘、田野调查、道路建设、通讯、建筑、商业、土地和园区管理等。同时，公园本身又是一种工具，用来丢掉过去或历史，用来生产自然，再有就是能铸就国家认同。"自然之国"不同于帝国，不扩张，不用东部的文明、经济和技术的制度来破坏西部的原始，便能美丽地生产性地统一国家。犹如画家们在表现美国中、南部风景时，把文明的伤疤抹去，只留下了美好的自然景观。

直到今天，通过"自然"、公园来定义劳动（力）、福利和公共，进而构筑美国文化的模式仍是这个国家的主流。2010年奥巴马总统提出"美国大户外21世纪战略"（A 21st Century Strategy for America's Great Outdoors），执行单位包括内政部、农业部、环保部门、环境质量委员会等。或许这份战略文本值得看看：

> 天佑美国拥有数量巨大、种类繁多的自然遗产，美国壮阔的户外自然塑造了我们顽强的独立性（rugged independence）和社区感（sense of community），这就是美国精神。我们从先辈那里继承来的这些珍贵馈赠，像世外桃源，让我们有机会远离日常凡务，精神焕发，在这里留下我们许多温馨记忆：这是我和孙儿最喜欢的钓鱼池，那是和朋友远足的山路，那边是和家人野餐的邻家公园。这也是我们的农田、牧场和森林，世代养育着我们。这就是我们美国人引以为傲的地方，保护它，是我们世代共同的责任。
>
> 然而，今天我们远离了它们，丢失了很多塑造我们成为美国人的传统。农田、牧场和森林，以及其他珍贵的自然资源正以惊人的速度消失。家人们也难得在一起享受周边美好的自然环境。虽然我们也在努力保护，但太多田野被分割，太多河流被污染，我们也和公园、野地，还有儿时玩耍的休憩之所越来越疏离了。尤其是孩子们，他们越来越少在户外奔跑、嬉戏、钓鱼、狩猎，与户外的接触仅限于街道和郊区。
>
> 全美国社区正在联合起来保护和修复我们珍爱的户外遗产（outdoors legacy），探索存续和享受户外大自然的新方法，农场主、牧场主、土地信托人、休闲提供所与保护团体、运动员、社区公园团体、政府和工业部门人士，全国各地各行各业的人们都在探索新的合作形式及创新项目。但这些努力零散乏力。作为我国最大的土地管理者，联邦政府有责任参与并和所有人一起，帮助发展一份21世纪的保护战略。我们要依靠私企、非营利组织，镇、城和州各级地方政府，还有生活和工作在其中的居民们，要认识到这些地方对美国人的意

义良多,要积极投入联邦政府的力量,帮助社区主导(community-driven)的各种努力走向成功。我们要联合各方,把户外空间联系起来,把美国人和户外的联系重新找回来。①

具体措施包括:推动社区休闲和保护活动,激活地方公园、绿道、沙滩和水道;增加与保护和户外休闲相关的工作和志愿者机会;支持已有的认识美国历史、文化和自然恩赐的教育活动、项目,提高参与度;在各户外活动区域之间建立联系网络,发展社区公园,注意在与州、地方、私人和部落合作中,联邦政府如何能更好地提高优先权;科学管理,避免水土退化等。奥巴马的战略强调,恒久的保护之道应该来自人民,保护自然遗产是超越党派的,是每个美国人的目标。这份战略不是强制性政策,而是强调社区角色,要发动地方、草根保护活动,不是扩大官僚机制,而是要让无效的政策重新再"动"起来,联邦政府和州、部落、地方社区更好地合作起来。

"户外"在中国的兴起,与我们的传统、爱国主义教育没有天然的关系,这一点和现代自然保护运动一样。在现代自然保护运动肇始的美国,人口不到我们四分之一,不论是保护还是利用自然的意义都与我们大不同。格鲁辛对国家公园的阐释里,自然(保护和利用)与国家是一起生长的,自然是国家自然②,国家是自然之国。了解这一美国文化,是了解美国遗产体系重要的一步。

二、国家公园的功能与国家公园管理局

以生物来隐喻国家公园,能表达在她一个半世纪的"生命"里,时而自个儿疯长,不受控制;时而如盆栽,任人曲折。将来她可能死去,也可能如古树千年不枯,被土壤养育着,也养育着土壤,犹如一个拥有了生命自觉的主体。

格鲁辛所阐释的是国家公园的文化意义。但是,国家公园从诞生之日起,就是一个依法存在的实体,按照既定的原则和章程来运作。在过去的一个半世纪里,国家公园究竟经历了怎样的管理?犹如一匹战马,在指挥官的指示下,冲锋陷阵,偶尔撅几下蹄子,把主人摔下马来。

加州大学伯克利环境设计学院建筑系教授克兰茨的书《公园设计政治学:美国都市公园的历史》(1982)详细梳理了美国公园,主要是都市公园体系,自19世纪中期以来经历的四个阶段:1850—1900年的游乐场(the pleasure ground),没有结

---

① 参见白宫总统备忘录"美国大户外"2010年4月16日:http://www.whitehouse.gov/the-press-office/presidential-memorandum-americas-great-outdoors [2014—07—24]。

② "国家地理"只能在美国诞生、繁荣,并走向世界。参见 D. R. Jansson. "American National Identity and the Progress of the New South in 'National Geographic Magazine'". *Geographical Review*,Vol. 93, No. 3 (Jul., 2003), pp. 350-369.

构,只为躲避城市;1900—1930 年的改良公园(the reform park),开始结构化,区分公园和玩乐场,还有社区公园;1930—1965 年的休闲便利所(the recreation facility),休闲时代开始,要求提供服务;1965 年以后的开放空间系统(the open space system),城市危机出现,进入设计的革命时代。在近一个世纪的公园设计政治学里,有话语权的包括理想主义者、慈善家、管理委员会、专业人员和官僚。公园设计所要服务的对象包括:家庭、孩子和青少年,老年人和残障人士,少数群体,妇女。在公园效益与功用中,核心问题是社会效益以及福利公平。

克兰茨相信,对公园的各种诉求及其满足,绝非是自然而然的,更不是非此不可的,而是与当时城市和社会相关问题的主流观念密切联系。公园的游乐场时期,是道德精英们设计出来的,为满足他们某些时候想要像乡绅(gentleman farmers)一般生活在乡间的愿望。而从农村移入城市的人们则将城市理想化:充满了各种乐子,亮堂堂的灯光,VIP 的感觉,脱离了农耕社区半封建压迫的自由,当然,最重要的还是工资带来的移动性和自由感。城市是个机会金矿,而不是罪恶之本。据这样的城市理念设计出来的公园,更像是一个市场或游乐园。改革期间的公园,则是要满足多元化的个人喜好,像是个俱乐部、啤酒花园、运动协会、电影院、教堂。20 世纪 30 年代以后,城市变成官僚机构竞争大众(选票)的赛场,不同的公园开始寻求满足不同群体的需求,尽量提供让人们满意的服务。1965 年后,城市危机重重,如何通过设计让公园变成人人可以且容易进入并享用的开放空间,成为社会福利公平的考量标准,设计本身大唱主角,"什么是公园"的问题进入前所未有的革命性反思。总之,公园是表达城市和社会理想/理念的地方,随人们对城市的观念、想象而设计的。社会秩序同样重要,影响着公园功能的定位。不论是清教徒的传统、民主制度,还是科技革命的原因,美国文化始终是以"工作"为导向的(work-oriented culture),而公园则是工作的影子或负片(shadow),即不工作的、非工作的、反工作的,比如休闲、玩乐、消费……[1]

1. 黄石国家公园

政府以公园的形式建立保护区并非从黄石开始,我们上面已经提到,1864 年优胜美地山谷已建立州级政府管理的公园保护区。随着自然和国家的共存相生,1872 年成立的黄石国家公园,首次自觉地以"国家"冠名,国家在自然里面找到了自己的表达方式。国家公园管理局常引用历史学家、作家斯特格纳(W. Stegner)

---

[1] 参见 G. Cranz. *The Politics of Park Design: A History of Urban Parks in America*. Cambridge: The MIT Press, 1982.

的一句话来自我表扬:国家公园是我们迄今为止最好的想法。绝对的美国、绝对的民主,亮出了我们最好而不是最差劲的一面。

去过美国黄石又去过中国四川九寨沟、黄龙的中国人或许会说,黄石不如黄龙好看。的确如此,欧洲人和中国人或许都不大能欣赏黄石。格鲁辛直接说了,黄石不是为了"看/观光"才成为美国第一国家公园的,而是为了"发现",为白人所发现的一块原始自然,一个荒野,才成为第一个国家公园的。它也因此在过去一百多年里,甚至至今都代言着美国国家公园。在九寨沟、黄龙,景区大门外人山人海,排队的都是人;在黄石旅游旺季,也排着长队,但排队的是汽车。门票按车头来卖。①在1917年前,出入黄石的则是马车。或许,黄石所代言的美国国家公园展现给中国人的,文化多于自然。

国家公园管理局的公园历史学家威特里斯(L. H. Whittlesey)与婉翠(E. A. Watry)用 200 幅图片来展示黄石的历史②,他们提到,普通美国人最早是通过商业照片和画作得知黄石的。最早进入这个地域的白人要么是皮毛商,要么是淘金者、矿工,他们口中流传出来的黄石,要么被当做谣言看,要么被当做传奇故事听。直到海登等探险科考队使用当时罕见的照相技术,或带上画家随行,这才把一个可信可感的黄石带回东部,进入美国大众的视野。从白人"发现"黄石到1872年黄石国家公园成立的这半个多世纪里,美国人对黄石的胃口几乎被吊到了最高点,这里一旦成为政府公地,旅游业瞬间火爆。时值内战结束,人们带着豪迈的心情来探索国家最新的象征——黄石国家公园。酒店、营帐、饭店、公交马车(stagecoach)、旅游纪念品商店、导游……以惊人的速度把黄石变成了高雅的"大环游"(Grand Tour③)。威特里斯引用了一段1885年汉德森(G. L. Henderson)④的导游词,颇有意思:

  这里开辟出了近四千平方英里的地方,供奉给最高贵的人们享用。条条

---

① 普通车每车 25 美元,摩托车之类的 20 美元,徒步、自行车或滑雪板等个体游客每人 12 美元,房车价格高些。门票可管 7 天内不限次出入黄石和大提顿公园。

② 他们在开篇中说,他们是带着类似感恩节的心情来对待这一段几百年的历史。如今黄石国家公园所在的地区,是至少 26 个美洲印第安部落的家。他们中有四个晚近才居住在此的大部落:克劳(Crows)、肖肖尼(Shoshones)、班诺克(Bannocks)、黑脚(Blackfeet)。为了让公园工作人员放心,1871 年他们被要求离开这里,因为他们担心这些印第安人会影响白人到这里来旅游。参见:L. H. Whittlesey & E. A. Watry. *Yellowstone National Park*. Charleston: Arcadia Publishing, 2008, p. 7.

③ 这个词过去主要指 18 世纪英国贵族子弟欧洲大陆的游学之旅。旅游作为知识获取的途径,在欧洲有漫长的传统。

④ 黄石公园副监管,后来在猛犸泉经营木屋酒店,并给客人当导游,徒步或用自己的马车带客人深入公园游玩,后来竟慢慢成为黄石国家公园真正的发言人和学术权威。他写了好几本导游手册,在报纸上发表了一百多篇有关黄石的文章。

铁路通向这里。这是每个美国人死前必须要来看一下的地方，这是地球人都魂牵梦绕的地方。艺术大师们只需把镜头对准她，只需复制她就能创作一幅佳作。呼吸这里的空气，闻这里的花香，男人们可以返老还童，女人们则更加靓丽。来过这个人间仙境，男孩儿更聪明，女孩儿更可爱。①

黄石国家公园第一任监管（superintendent）是朗福德（N. P. Langford），来自明尼苏达州圣保罗的探险家、生意人、义务治安员和历史学家。在参加1870年"沃什伯恩-兰福德-多恩黄石探险考察团"（Washburn-Langford-Doane Expedition）之前，他做过银行家参与了一个社区公园的投资，曾做过矿区公路勘测，然后在矿区开过磨房，在蒙大拿做过义务治安员、地区税收员。这次探险结束后，他被指派为黄石国家公园的管理者，很快人们都管他叫"国家公园朗福德"，因为他姓氏的缩写和国家公园的缩写都是 N. P.。政府没有支付这个新职位薪水的经费，他得自谋生路，几乎无暇顾及公园的管理工作。在五年的任期里，他只进过黄石两次：第一次是1872年作为客人拜访在这里考察的海登探险队，第二次是1874年驱逐一个宣称自己拥有公园里沸腾河（温泉河）的人，该人四处散布谣言说温泉能治病。没有钱，没有法律手段，公园谈不上保护。政客以朗福德疏于职守迫使他于1877年离职。接任者是诺里斯（P. W. Norris），任期为1877—1882年，他把路修进了黄石荒野区（1878年黄石的第一条公路连接了猛犸温泉和老忠实泉），1879年修建了黄石国家公园第一座行政大楼——"木堡"（Blockhouse）。此外，他对黄石还有详细的记录和报告，对日后的科学和历史研究颇有价值。

接下来的监管，如走马灯般去去来来，有的能力不足，有的贪污腐败，拿了公园里酒馆饭店老板的贿赂，让这些生意人在公园里随心所欲地经营，还拿公园的土地为自己做抵押。这时的黄石公园里，偷猎猖獗，各种蓄意破坏不止……为此，国会投票表决要彻底废除黄石国家公园，虽然议案没有通过，但国会成功地废止了给黄石的一切经费。幸好有人这时向内政部建议，把这个问题交给军队，建议被采纳了。1886年夏天，军队入驻黄石。腐败的旅店破产了，经营者们组织了黄石公园协会（Yellowstone Park Association，后来的黄石公园酒店公司），过去形同虚设的公园管理政策法规也纷纷得以贯彻。军方原本不打算长久管理公园，但这一管就是32年，史学家们对军方的管理大都予以积极的评价。1894年国会通过《雷斯法案》（Lacey Act），成立公园管理委员会，指定梅尔德拉姆（R. Meldrum）为该法案第一任委员主席。法案规定：在黄石猎杀动物是犯罪，违者关进监狱且处以大额罚

---

① 参见 L. H. Whittlesey & E. A. Watry. *Yellowstone National Park*. Charleston: Arcadia Publishing, 2008, p. 7.

款。军队严格贯彻了该法案,有时甚至徒步数英里追捕偷猎者,并把罪犯投入监狱。在此期间,黄石国家公园有了真正有强制性权力的行政管理者,一改过去无钱、无权、无管理的状态。

从1898年到1909年,在黄石里里外外,不论是军队,还是私营主们,都开始逐渐懂得经营旅游业的门道。出现大量新酒店、营帐(如享誉世界的老忠实客栈,但活动营帐占多数),旧旅社也更新换代,马车公司不断升级(比如,十来个游客乘坐六匹骏马拉着的四轮马车上,由穿着制服的马车夫驾着,在黄石公园里穿行,夜宿活动帐篷)。政府也积极在公园里进行必要的基础设施建设。军队忠实地监督敦促这些马车公司合法地在园区内安营扎寨、转移、撤离。公园外,各社区扩大接待规模,以便限制在公园内大兴土木。北太平洋铁路线、联合太平洋铁路线不断延伸,方便游客进入公园。游客满意度提高(如优雅的女士可以穿着长裙,坐在有床、有咖啡桌的活动帐篷里喝着咖啡看书,也可以到湖里钓鱼然后拿到温泉口去煮,或坐在酒店门廊看棕熊在酒店投食区吃吃喝喝),游客数量快速增长。

但是,看似平静的黄石又开始迎接新的挑战。从1910年开始,有人提出,既然黄石已走上旅游业发展之路,是否可以让军队撤离,新设一个政府的特别机构来管理公园?同时,汽车登上美国的舞台,人们纷纷要求公园向汽车开放。公园内外各种讨论非常激烈。终于在1915年,公园主管方和美国汽车联合会(AAA)讨论后决定为汽车放行,同时,国家公园管理局这个全新的政府机构也逐渐浮出水面,走上历史舞台扮演起主角。

1916年,军队开始撤离黄石,新设的国家公园管理局正式接手黄石。于是,黄石又陷入纷乱中。过去几十年里,不同门路的人在各领域内各自为政,而现在被要求全部集中到一个新成立的部门手中。加之,截止到1916年,美国又增加了30多个国家公园。当初依据黄石来思考并确立的国家公园管理法案,如何才能具有普遍的解释力和法律效力?这边厢,公园已向汽车开放,车、马难共行,需要重建或升级毛坯路,汽车和马车的速度不同,导致旅店驿站营帐的数量和间距等等都急需调整。再者,游客量从2.5万剧增到20多万。国家公园管理局差不多用了五年时间才基本理顺局面,让黄石重归有序。

1919年,奥尔布赖特(H. Albright)接管黄石,进行了大刀阔斧的改革。为满足公园管理局新的使命,公园管理人员不再拘泥于保护公园免受破坏、偷猎的角色,他们必须要具备更多的专业技能。比如他们最好还是樵夫、老师、保护主义者、医生、消防员、救援人员、野生动物管理者、青少年的模范……国家公园管理局的第一个宣教员来得很偶然,1919年,奥尔布赖特在猛犸酒店听见巴萨特(I. Bassett)给一个旅行团做地理讲座,就告诉她,若第二年她还来黄石,那么他就雇佣她当个季节工。第二年巴萨特来了,奥尔布赖特没有食言,她成了国家公园管理局第一个女性季节工。此后,黄石开始雇佣具有自然科学专业背景的宣教员,在园区给游客做专业知识讲座。就这样,随着功能转型,职能逐渐专业化,黄石跌跌撞撞地进入现代。

1930 年以降,经济大萧条、二战接踵而至,公园游客数量锐减,管理经费奇缺,各种设施退化。罗斯福总统开创了一种特殊组织:"民间资源保护组织"(Civilian Conservation Corps),该组织被派进黄石,协助国家公园管理局渡过难关。此后,员工正式分为行政事务型和专业型(负责传播和阐释),黄石的自然成为一群专家实施专业保护的对象,生物学家、地质学家、渔政管理者、植物学家们从专业的角度提出,像黄石这样的自然,应尽量避免人为的干扰和操控。就这样,科学主义"必然地"进入了黄石,进入了美国的"自然"。过去那种以人类为中心的、强调保留库存以备子孙后代变化之需的"库存式自然保护"(inventory),逐渐让位于旨在超越人类中心主义、为保护(conserve)自然生态而保护的主流——自然保护主义。也是从这时开始,保护与利用的冲突,开始成为科学家和管理者的主战场,"战火"一直升温至今也高烧不退。过去那些一直在执行的,而如今遭到专家们批评的政策和做法,该如何处理?从实践来看,公园管理局所选择的策略是缓慢过渡,比如游客非常喜爱的"喂熊"项目,被管理局借二战的借口永远取消了。不仅如此,今天黄石公园里处处都是教育游客封存好食物以免招来熊的提示牌。

第二次世界大战后饱受战乱之苦的人们蜂拥而至黄石寻求放松,1948 年公园游客首次突破 100 万。但园区也因二战而破败不堪。为此管理局启动了一个十年计划(1956—1966):著名的"66 号使命"(Mission 66),升级黄石及一些国家公园的接待设施。与此同时,管理局开始认真地考虑,用各种新兴科学来解决公园资源管理当中的老问题。比如,不再人为地控制动物数量,河流湖泊中也不一定需要人工养殖鱼类,或许动物不需要人们来喂养,温泉的确可以用来供热或洗浴。1963 年,美国科学家们提交了一份《利奥波德报告》(*Leopold Report*),这是改变国家公园管理模式的里程碑式文件,给以上问题以确定答复:自然必须尽可能少地受到人为干扰。从此,国家公园管理局管理原则有了根本性转变,从操控公园资源到尽量让自然保持原样,这一延续至今的新的核心管理模式被称为"生态过程管理"。[1] 这就是黄石公园从无到有,从被吊儿郎当的监管、有一搭没一搭看着,到由一个为她而生的庞杂行政部门摸着石头过河般管理至今的历史。

---

[1] 参见 L. H. Whittlesey & E. A. Watry. *Yellowstone National Park*. Charleston: Arcadia Publishing, 2008.

今天,访问黄石国家公园的主页,看看入园的程序和规定,就知道这是一个多么成熟的实体。美国人用自己的方式,让每个人都轻易就感知到他们是如何处理人与自然关系的。比如,进入公园首先要弄清楚:你进入的交通工具(一百多年前人们是骑马、驾马车,现在是开汽车),还要明确你要做什么(钓鱼、扎营、划船、调研、举行婚礼、做商务、拍电影……),然后你要分别申请许可(至少要提前2个月)。付费后,你会得到非常明确的指示,包括活动的时间、区域、形式、禁忌、什么样的车能在什么样的地方扎营等等。你还需要预订好住宿,不管是园内园外(公园内的住宿近年来不断消减,要求低耗、环保、绝不追求豪华),通常人们在几个月前甚至提前一年就做好了预订。美国人去黄石,就是一场精心安排有条不紊地接触、享用自然的过程,犹如他们的厨房,要求精确地计量/时、专业的工具,要求按照食谱精确无误地烹饪出可以量化营养成分的食物,犹如实验室一般,事件发生的过程和结果均是可以控制并反复验证的。

黄石国家公园的生命历程,就是美国人认识、对待其自然馈赠(遗产)的历程,这个公园是美国自然保护理念、实践真正的家园,她还催生、养育了美国最重要的遗产管理行政机构——国家公园管理局。反过来,自然保护主义和国家公园管理局也定义、解释、塑形了黄石。正如《2006年管理政策:国家公园系统管理指南》所说:

> 国家公园这个想法,是美国特定历史的产物,从此引发了全球性的运动,国家公园已在一百多个国家落户。但在黄石国家公园创立之初,并没有要建立一个这种公园制度体系的概念和规划。今天,国家公园已从一个想法成长为一种制度性的实体,肩负着管理联邦土地的重担,缓慢但稳扎稳打地囊括进了全国范围内种类繁多的自然和文化资源。①

这或许便是黄石国家公园"绝对的美国"之所在了。

2. 国家公园管理局

1916年8月25日,威尔逊总统(W. Wilson)终于签署了成立国家公园管理局的法案,结束了有关黄石国家公园管理问题的纷争。但若没有百万富翁马瑟(S. T. Mather,靠硼砂公司发家),我们不知道这个"绝对的美国"今天还在不在(国会可能还会讨论是否取缔黄石国家公园),或者该是什么样子。在内政部朋友的邀请下,马瑟出钱出力,与好朋友记者亚德(R. S. Yard)共同掀起了一场倡议组建政府

---

① 参见美国国家公园管理局网站政策网页:http://www.nps.gov/policy/mp/policies.html#_Toc157232597[2014-07-26]。

部门来管理国家公园的社会运动,当然他们成功了,国会通过了在内政部成立下属机构——国家公园管理局的法案。马瑟也由一介商人、慈善家变成了国家公务员,1917年他被指派为第一任国家公园管理局局长。

很快国家公园管理局就要一百岁了,这也是一座不断粘贴削挫成型的"雕塑"。她和国家公园在美国公众心目中的印象差不多是:"大树、高山、美湖"加上"遥远过去、美国记忆和神话、比奥斯塔(A. Bierstadt)的风景油画、英雄般的开拓者、小木屋、印第安人的锥形帐篷",再加上"自然主义者、警察、资源管理者和教育者"。而国家公园管理局自我介绍的方式则是别样的,用了一串数字(按照大小而不是逻辑关系来排序,数据来自2008年):

> 480亿美元用以刺激私人投资于历史保护活动;117亿游客;54亿保护和户外休闲奖励投入;27.5亿年度经费预算;1.2亿件博物馆藏品;9700万小时志愿者工作时间;8400万英亩辖地;450万英亩海洋、湖泊和水库;248万志愿者;21万个周边社区获得工作岗位;8.5万英里长流河/溪;68,561个考古遗址;43,162英里海岸线;2.8万名员工;2.7万个历史建筑工事;2461个国家史迹;582个国家自然地标;400种濒危物种;401个国家公园;49个国家遗产区域(national heritage areas);1个使命:照看美国人保留下来的特别之地,以便所有人都有机会体验我们的遗产。①

这些数据或可看作是国家公园管理局养育国家公园这一美国最好想法的养分,但管理局的确已经带着国家公园一起长大了,变成一个复杂的综合体:看护自然环境(caring for the environment)、保存历史、复兴社区;召唤社会对公园的主人翁意识和监管(inviting Stewardship)。或许,在美国长大就会经历被生理化的青春期,近百岁的国家公园管理局或许已经过了焦虑迷惘的青春期,却又陷入了成年人理想和现实胶着对峙的双重人格期。②

三十年前,福雷斯塔(R. A. Foresta)分析了国家公园制度及国家公园管理局的现状、成因和未来政策走向,今天看起来仍掷地有声。③ 无一例外,绝大部分学者都认为美国精神、文化和社会,与丰饶的自然馈赠密切相关。户外休闲,走进自然,成为美国人生活质量的重要考评标准,这是美国现代社会的地方性知识。虽然

---

① 参见美国国家公园管理局网页:http://www.nps.gov/aboutus/index.htm[2014-07-26]
② 参见L. K. Rydell & M. S. Culpin. *Managing the "Matchless Wonders": a history of administrative development in Yellowstone national park, 1872—1965*. Wyoming:National Park Service, Yellowstone Center for Resources, Yellowstone National Park, YCR-2006-03.
③ 参见R. A. Foresta. *America's National Parks and Their Keepers*. Washington:Resources for the Future, Inc., 1984.

文艺复兴时期的意大利人,也把欣赏自然景观作为个体生命质量发展的一部分,18世纪针对法国洛可可贵族精致、狭隘生命的风潮,卢梭也引领了一场追求自然之时尚,但只有在19世纪的美国,亲近自然才独有了普世化、大众化的形式,才是公民现代生物生命(biological life)和精神生命(psychological life)所必需之要件。美国国家公园管理局统计访客时用的术语是"recreation/non-recreation visits"(休闲/非休闲客)而不是"tourists"(游客)。[①] 这样的文化"基因"使得国家公园管理局总是处于户外娱乐政策和科研资源保护的两难境地(而如今,这个美国土产的"两难"直接以"科学知识"的形式,成为全球的问题)。

与时俱进,服务民众,似乎才是国家公园管理局的救命稻草。但在社会变迁中,国家公园管理局往往追不上变化的步履,有时甚至失去方向。尤其是在20世纪60—70年代,美国人对自然的态度发生了根本变化:自然从取之不尽、用之不竭的福利,成了我们文化所遗存下来的易碎物。于是,过去公园很多管理受到质疑,比如选择荒一些的区域发展另一些服务美国人休闲的目标失去了合法性,公园管理者和休闲客的关系从服务变成了提防敌对,休闲客们成了破坏者。即便是坚守老的方式,选择荒哪些、开发哪些也成了问题。同时,二战后民众对国家公园提供服务的要求呼声很高,这种需要随着20世纪60年代都市危机变得愈发难以回避。于是管理局面临新的问题:国家公园是随便在哪儿都可以建设,还是必须有独特性?若国家公园以提高人们的生活质量为己任,那么就应该方便城市居民,建在大都市周边。国家公园管理局自然中心主义和人类中心主义的双重人格浮出水面。

双重人格"保护自然—服务民众",用这两条腿走路,虽然跌跌撞撞但也不断前行着,但政府又给管理局装上了第三条腿——保护历史。或许是在黄石国家公园保护西部自然奇观的激励下,政府也开始保护西部和早期印第安文化相关的遗址和物质遗存,并于1906年出台了《古物法》(The Antiquities Act),该法赋予总统直接认定国家文物的权力,可不经过国会,宣布坐落在美国政府拥有或控制土地上的历史性地标、历史和史前建筑(prehistoric structures),以及其他有历史和科研价值的物件为国家文物(national monuments)。继该法后,1966年《历史保护法》(The Historic Preservation Act)把对历史的保护提到更高、更广泛的层面。这对公园管理局提出了新挑战。比如,国家公园体系中哪些"过去"需要保护?我们"过去"的黑暗部分,比如安德森维尔(Andersonville,美国佐治亚州中部城镇,南北战争期间南部联盟监狱所在地)要不要保护?是否仅仅保护实体遗址(physical sites)和物质遗存(material remnants)?应该以爱国为主旋律,还是以客观的、疏离的、平衡的

[①] 参见美国国家公园管理局年报:https://irma.nps.gov/Stats/Reports/National [2014—07—27]

态度为原则,是不是要把公园做成一个爱国主义教育基地?国家公园制度是否能用今天的态度和价值去"校订"过去,比如早年妇女和少数群体运动,是否应该在某地纪念或作为教材展示给今人?福雷斯塔认为,作为一个公共组织,国家公园管理局必须绝对基于社会的利益和价值来定向,必须不断随社会大众的变化来调整自己。组织与人不同,不是要求安稳、求意义,而是求韧(unremitting),坚韧不懈地追随公共利益和价值。

国家公园管理局第一任局长马瑟,作为一个成功的商人,更懂得如何在民主社会中做成事情。为把各自为政的三十多个国家公园整合起来,为给国家公园带来真正有效的管理,他提出了国家公园体系的理念,建立了国家公园系统的遴选标准;更重要的是,他创建了一个专业的国家行政管理组织,这是国家公园进入现代的关键一步。

或许正因如此,在管理局初建的年代,即马瑟和奥尔布赖特的时代,国家公园的目标是明晰的。当然,那时美国社会整体趋势也是明确的。比如汽车普及、夏天节假日增多,时代精神和发展物质的趋向等等,都明确地将"同质的公众"(undifferentiated public)确定为政府行动最恰当的合法受益者。马瑟,恰恰非常了解该如何服务大众。这些都准确无误地把管理局带向了"服务游客"的导向。

从商人变为公务员,让马瑟非常清楚,国会是不可靠的,政坛风云突变,充满变数,唯有得到社会上众多专家和商业精英们的支持,管理局才有可靠的未来,也不至于成为纯粹政治性的机构。反过来说恰恰唯有保有独立性,才是赢得精英们支持的重要前提。这是民主社会的微妙处,犹如美国的国食——三明治,一面是政府,一面是个体,中间夹的是独立或半独立的组织。美国人喜欢它,或因为它在严格的机构和散漫变幻无穷的搭配自由之间形成了绝妙的组合。结构上三者缺一不可,两头夹中间的三层模式不变,但夹层据说充满了无穷的可创造性①:用面包还是玉米饼,用法棒还是土司来做夹馍,中间夹素的还是荤的,还是荤素搭配,放多放少,热还是冷,整片还是碎泥,垃圾的还是健康的⋯⋯

马瑟的时代,看到的是一个理性、公益、物质充裕的乐观前景,管理局充满了干劲和使命感。看着欧洲在战火中化为瓦砾,美国人更加积极地走向简单、强有力、强调公共利益的积极乐观的社会,这给管理局政策导向以充分的政治自信心和道德说服力。现代工业社会以强大的力量,时代精神以"进步"的主旋律整体托起了新生的管理局。对于国家公园来说,进步就意味着人和车畅通无阻地在公园悠游;意味着和私人企业合作,促销公园,为游客提供舒适的食宿服务;意味着公园这片

---

① 很多国人把三明治看作一道菜品,如麻婆豆腐;但美国人把它看作一种烹饪方式,如中餐的炒。

受保护的自然,是公民们休闲放松的公地。

20 世纪中期,国家公园管理局的"进步蓝图"随着进步和发展的社会理想一同走进了阴影。那些曾被汽车解放的城市,反过来被汽车堵住了;城市郊区一线和高速公路逐渐被富人们带动起来,空落下城中心和农村独自凋敝;公路割开甚至抹去了历史区域。20 世纪 60 年代早期,人们开始"觉察"经济发展一边倒造成的这一系列"恶果"。对于国家公园管理局而言,这意味着两件事:过去的发展导向需要反思,挺身而出对付城市危机(包括公园自身不加反思发展所造成的后果)。

管理局的政策导向不可避免地陷入两难:是保护,还是服务大众(别忘了国家公园被视为升华公民情感的度假胜地皇冠上的明珠)?地方小团体在各地开花,他们打定主意,齐心协力为自己的家乡打算,不要外力插手他们的未来。但是另一方面,社会普遍的公共利益要求国家公园体系把全国当做一盘棋,整体地、理性地规划。同时,这个国家对自然、历史、城市和景观的观念本身开始动摇不定,紧跟公共意识形态和权力景观的管理局也变得没有了方向,看不到一个明晰的未来,其职责过于分散(自然、历史、城市和超越公园地界的土地),其政策过于受制于公共舆论。这在托克维尔看来正是美国民主的运作模式,大众传媒在美国号称第四种权力,记者是无冕之王,当然是沾了公共舆论的光,沾了美国民主"大众暴政"的光。

问题的焦点集中在文明和自然关系。马瑟和奥尔布赖特时代是典型的 20 世纪早期乐观主义,崛起中的现代工业科学社会比过去的社会都好,文化和自然的平衡交融形成新的景观,也比原来的更好、更均衡,为人们打造出这样的景观是公园管理者们最重要的工作之一。公众对《66 号使命》导致管理的失误(无视发展公园内公路系统带来的危险)一片批评之声,对此,奥尔布赖特是如此辩护的:物极必反,这是太过于积极追求好的事情(服务游客)带来的罪过。环保主义者不断发展出一套悲观主义的论调,凸显文明对于自然的负面效应。人类不断发展的能力改变了人和地球的力量平衡,更甚者说,文明本身就是自然的敌人。当然,也有中间派,认为文明对自然而言,不过是转瞬即逝的过客,不会持久影响自然,不必执着于暂时的好或坏,它们都会很快过去,因此不必即刻扫除公园里的人工设施。

结果是,所有人都放缓了步调。作为人类中心主义的产物,公园在环保主义者的压力下开始妥协,比如尽量采取生态的标准而不是人的标准来评估公园,在公园里开路尽量小,尽量少,少开酒店,多开车或帐营地。但即便如此,批评仍不绝于耳。比如,把那些不愿待在营地的客人赶到公园之外的酒店去住,这可不是人们来这儿的目的。这样做,等于是用制度阻碍了这些公民去追求幸福的生活,长此以往,作为民主国家象征的国家公园,究竟还有民主吗?可是,若管理局顺了这些批评者的意,就又走回到《66 号使命》的老路子上去了。事实上,这条路也不能真正满足访客。公园内住宿扩容后，反而招来更多访客，园内各种风格、档次的住宿饭店仍供不应求。加之，访客数量增多后，多种游客品味要求多元化服务，但又必须保证在服务中避免游客破坏公园的核心特质，还要保障各种游客们尽量不相互打扰，比如为自驾游开设的公路不能过度影响徒步游客的景观。所有这些都是公园要做的，这是她无论遵循什么样的政策导向都必须体现的民主原则。

问题当然还不止这些，别忘了，国家公园管理局还负责历史文化遗产。该机构本身的政治导向不可能不影响到对历史的阐释、对保护区的选择。管理局是该拿历史遗址当做与国会和环保组织讨价还价的砝码，还是绝对尊重历史本身？国家历史的保管是学术性机构的工作，国民的历史教育是学校的事情。国家公园管理局被分派了这样的工作后，其导向是比较谦逊的，即保管有形的历史，做一些基本的阐释。直到1972年，管理局的计划超出这个范围，比如估值分级，指定某些时间或历史时期为重要的。这是一种符号操作，公园内有形遗存可能与多个不同时期的历史事件相关，但相关程度不一，有些关联简直是微乎其微。比如葛底斯堡（Gettysburg）之役与美国实用主义哲学都是美国历史中值得一提的，二者关系匪浅，但站在战场遗址上，很难让人们理解实用主义哲学及其重要性。1972年的计划混淆了历史事件及其物质遗存之间的关系，管理局蹚进了一潭自己并不谙熟的"水"。

当然，麻烦的还有政治捐赠公园（pork barrel parks），这通常是国会为拉选票报答州政府、地方或私人捐款/支持的小小回馈。这些加入国家公园体系的小型纪念性公园，不可能不影响国家公园体系的质量。好在，公众眼里的国家公园仍只是"西部的伟大自然公园"。

以上，福雷斯塔对国家公园管理局的分析切中要害。这三条腿——保护自然、提供休闲和保存阐释历史，让国家公园管理局走起来并不那么顺利，不过这倒是与美国三权分立的制度结构性相似，无怪乎美国国家公园体系被认为是绝对美国的。现如今，国家公园管理局出版了十余万字的《2006年管理政策：国家公园系统管理指南》，任何人看完后，或许都无法把三条腿拧成一条，尽管福雷斯塔的分析已经过了三十年，三条腿仍牢牢长在管理局的身上。

今天国家公园体系容纳了400多个单位，包括国家公园、文物（monuments）、保护区（preserves）、湖岸（lakeshores）、海岸（seashores）、荒野和风景河流（wild and scenic rivers）、步道（trails）、历史遗址（historic sites）、军事公园（military parks）、战场（battlefields）、历史公园（historical parks）、休闲区（recreation areas）、纪念堂（memorials）和景观大道（parkways）。除了名人和官方指定的公园，其他的都是对国家有重要意义的自然和文化遗产。1968年国会通过了《荒野和风景河流法案》(Wild and Scenic Rivers Act)和《国家步道法案》(National Trails System Act),鉴于国家荒野和风景河流体系里有很多组成部分由国家公园管理局管辖,自然也是国家公园体系的一部分。虽然没有相似条款,但好几条国家步道也是早就作为国家公园体系的一部分由国家公园管理局管辖。

根据1970年《国家公园体系一般授权法》(National Park System General Authorities Act)(还有上面提到的《荒野和风景河流法案》和《国家步道法案》),国家公园管理局负责对申报国家公园的项目进行专业评估,然后向内政部、总统和国会推荐。为了确保国家公园体系只纳入国家最出色的自然和文化资源,国家公园管理局推荐的条件包括:(1)对国家而言具有重要性的自然和文化资源;(2)具有加入国家公园体系的恰当性;(3)具有加入国家公园体系的可行性;(4)同意直接受国家公园管理局的管理和保护。其中,重要性通常由专家团队进行评估,具体条件有:某类资源中杰出的代表;对说明或阐释美国遗产自然或文化内容具有突出的价值和品质;能为公众享乐(public enjoyment)或科研提供最大的机会;保有高度的完整性,应是该类资源真实、确凿且保存相当完好的一个样本。文化资源的重要性评估参照"国家史迹遴选标准"(见第三节)。恰当性(Suitability)主要是考虑参选的项目是否与国家公园体系已有资源重复,或是否已被联邦政府其他机构、部落、州或地方政府,或私人为公众享乐之目的保护起来了。可行性(Feasibility)要考虑规模,必须足够大,以便能同时满足自然资源的保护和可持续性,以及访客的游乐需求;当然还包括是否能以合理的费用进行有效管理。这些条款与联合国教科文组织的(1972年和2003年)两份世界遗产保护指南相比,具有突出的特点:保护、利用和可操作性三者并举(根据具体资源决定优先性),这也是美国精神和文化的充分表达。

第二节　史密森尼学会

1846年8月10日美国国会通过了成立史密森尼学会的法案。时间走到这一天,为这件事的发生,人们准备了17年之久。再到今天,我们看到这个堪称美国最重要的文化奇观的史密森尼学会,时间又过了一百多年。若国家公园体系是美国大自然的管家,那么史密森尼学会就是美国文化资源的管家,被称为"国家阁楼"(nation's attic),她与美国民主、文化、精神之间血脉相通的程度可能不如国家公园体系那么广泛,但绝对更深厚。

一、上帝之手

相比美国最好的主意"国家公园",史密森尼学会不是美国人自己的想法,而是一个英国人约翰·史密森(J. Smithson，1765—1829)的"纪念碑"。

美国人尤因(H. Ewing)撰写的史密森传记开篇援引了史密森一段不知何时写下的话：

> 英格兰最好的血统在我血管里流动着。父亲那边，我是诺森伯兰一族(Northumberland)①，母亲这边，我是皇家一族，但这些对我都没有用；我的名字，在诺森伯兰和珀西(Percy)这些头衔都烟消云散或被遗忘后，还将永远活在人们的记忆中。②

然而，人们铭记他，并非因为他是一位英国化学家和矿物学家，尽管他为此付出了毕生心血。人们也不会因为他是18世纪蜚声英国政坛的诺森伯兰公爵的私生子、他的母亲是位富有的皇亲而看重他。他不知道自己确切的生日，她母亲远赴巴黎生下他，他的出生是个秘密。直到1801年，他父母双亡后，他才从父亲那里得到唯一的财产——父姓"史密森"，当然他得到母亲的全部——年轻时候的姓和财产。史密森终身未娶，没有孩子，他的生活飘摇不定。在欧洲动荡不安的时候，他却在整个欧洲四处游历，法国大革命时他在巴黎，拿破仑战争期间入狱。兴趣广泛的他涉猎自然科学很多领域，从蛇毒、火山的化学过程到电的性质。有一次他甚至接住半颗女人的眼泪，分析它的化学成分。他一生发表了27篇论文，从改进咖啡制作方法、黄铜加工，到炉甘石(smithsonite，为纪念他的贡献，这种矿物以他命名)。他与当时众多大名鼎鼎的科学家为友，亲眼目睹这些科学家们如何惠及全人类，他因此坚信，追求科学和知识，是社会幸福和繁荣的关键所在，有贡献的科学家们应该被誉为"世界公民"。

在生命即将走到尽头时他立下遗嘱：由侄儿继承全部财产，若侄儿死后没有子女，那么这笔遗产将尽数送给美国，一个他从未到访的国家，用于在美国首都华盛顿建立一个名为"史密森尼学会"的机构，致力于"增进和传播知识"。1829年夏天，他在意大利去世。6年后，他年轻的侄儿也在未娶未育的情况下病逝。美国驻英国大使知会总统，现在美国是史密森的遗产继承人了。杰克逊总统向国会申请授权去英国追讨遗产，结果一石激起千层浪，整个美国卷入一场大讨论：要不要接受这笔陌生异国人的遗产？

这时，美国前任总统，时任国会议员的亚当斯(J. Q. Adams)站了出来。或者

---

① 诺森伯兰一族在英国历史上位高权重。国人或熟悉哈利·波特电影的拍摄地——苏格兰爱丁堡的阿尼克城堡(Alnwick Castle)，这是仅次于伦敦温莎堡的英格兰第二大城堡，自1309年起，先后是珀西伯爵与诺森伯兰公爵的家。

② H. Ewing. *The Lost World of James Smithson: Science, Revolution and the Birth of the Smithsonian*. London: Bloomsbury, 2007, p. 1.

是因为他与史密森有着很多相似之处,因此在美国人都说史密森立遗嘱时或精神失常时,都在猜测史密森这惊人之举背后真正的意图时,亚当斯认为他能理解史密森。亚当斯从小随外交官父亲出入欧洲宫廷,热爱科学研究,并认定国家应该成为支持进步和科学发展的力量。他任总统后第一个提案就是建立一所国立大学,支持科考探险,建立全国气象观测站(这也是史密森尼学会成立后做的第一批工作之一)。

国会指派亚当斯为史密森遗赠委员会的负责人,组织研讨该如何处理此事。亚当斯主张接受遗赠,他认为,史密森的遗赠象征着这个时代的精神,国会应全体无异议通过接受史密森的遗赠,以此来感谢他这种博大的仁善。亚当斯说,一个我们国家的陌生人,一个拥有英国贵族血统的人,一个冲在镇压我们独立的前沿阵地的英国高级军官的兄弟[①],他居然要在美国首都为美国人创建一个在全球增进和传播知识的机构。这里,我看到了上帝之手,用不可理喻的方式完成了不可思议的伟绩。国会应该深感于这份信任,充分继承他的精神,让他的遗志实现,在全世界增加和传播知识![②]

但各州议员分为南、北两派,争议激烈。南方各州想借此机会向联邦政府争取州政府的权力,他们的参议员认为,从私人,且是一个陌生异国人手中接受遗赠有失国家体统。作为一个独立而伟大的国家,绝不能迎合这些小人的虚荣心——想在美国首都一座大厦留下自己的名字。美国的首都,不应该被外国人利用来达成自己的不朽。否则日后会有更多这样傲慢的家伙,借此方式来扬名。但亚当斯的努力成功了,1836年国会通过了接受遗赠的议案,争议告一段落,当然随后又会再次兴起,不过问题变成了具体该如何实现史密森的遗愿。

白宫立刻迎来很多客人,都争取去伦敦索要史密森遗赠。总统要考虑很多因素,除了能打官司,这个人还得很富有,不至于贪污了史密森的遗赠。最后,有了完美的人选——律师兼老道的外交官拉什(Richard Rush),费城知名科学家、《独立宣言》签署人之一本杰明·拉什(Benjamin Rush)的儿子。拉什不负众望,不仅两年就拿下了在英国大法院(Court of Chancery,其官僚拖沓之恶名因狄更斯的《荒凉山庄》而永载史册)的官司,而且在动荡的英国金融市场里,以八年来最好的价格把史密森的财产都换成了金币,这笔钱相当于2007年的9千7百万美元。拉什带回金币和史密森的私人物品,包括一些藏品。1838年金币被送到费城造币厂,把

---

① 第二代诺森伯兰公爵休·珀西(Hugh Percy, 2nd Duke of Northumberland,1742—1799),英国陆军军官,1763—1776年间为英国下议院议员。美国独立战争期间,先后参与列星顿和康科德战役及长岛会战,升任中将。1786年承袭公爵衔,1788年获授嘉德勋章,1793年获升为上将。

② 参见 H. Ewing. *The Lost World of James Smithson*. London:Bloomsbury,2007,p. 315.

女王头像改铸为美国鹰后,一共为 508,318.46 美元,相当于当年联邦政府全年预算的 66 分之一。

史密森的命运,在美国真正逆转了。这笔遗赠使得他成为世界上最伟大的博物馆之一的创始人。今天,这里是保管美国梦想和记忆的地方,一个被人们热爱的"国家阁楼"。尤应意识到,史密森的遗赠,是启蒙运动在英国燃烧到最后一丝灰烬时爆发出来的火花,闪耀着新奇的想象力,漂洋过海,干柴烈火一般,点燃一个极度渴求认同、声望和进步的国度。[1]

在声威政坛的父亲和战功赫赫的兄弟之间,年轻的史密森作为一个不能继承父亲名字的私生子,只好拼尽所有的生命,试图从英雄不问出身的科学领域追求功名,他恰逢现代社会开启全新个体(individual)价值体系的开端,但仅仅是开端。在科学领域,也并非努力就可达顶峰的,科学社会学已将社会对科学所谓客观运行的秘密昭然于世。然而,史密森也是幸运的,他一不小心(或者高瞻远瞩地)启动了现代科学与美国民主社会共谋大业的大幕。由他,这个英国贵族社会的边缘人物,尽管延续了西方传统悠久的私人遗赠(bequest)的形式,他却毫不留情地变了这种延续,(个体血缘亲缘关系),把第一桶金和扳机堂皇地交给了大洋彼岸这个新生的国家,进而由美国的民主制度,开启了现代美式遗产事业的大幕。美式遗产事业,犹如史密森附体,也是一个私生子,欧洲传统的"私生子",以全然不同的肌体,走上和父亲截然不同的路,表述全然迥异的逻辑。

就这样,美国人用这笔匪夷所思的私人遗赠,开启了一个国家机构,为全人类增加和传播知识,这一事件的确是也只能是"上帝之手"拨弄而成。欧洲老贵族—个人遗产—民主美国—国家机构—全人类,这些范畴之间的转换多么不可思议,若非上帝之手,很难想象这其中所跨越的历史、政治和社会的逻辑。在诸多思想家笔下,那天堑一般的历史和社会鸿沟——不论是进化关系、革命关系、认知逻辑结构关系,还是精神轨迹的谱系关系,居然在这样一件偶然的事件中,被无比轻软地、顺畅地、自然地跨越了!或许,人类永远不可能去教导历史事态该如何演进!

二、文化经纪人

从 1836 年国会通过接受史密森的遗赠到 1838 年遗赠到位后,美国人又陷入新的讨论,议员、教育家、研究者、社会改革家、普通民众都积极参与,究竟什么形式才能实现史密森所说的"增加和传播知识"?有人说国立大学,有人马上就问,什么样的大学?差不多又用了十年的时间,才形成了最终议案:除了大学,其他的,比如

---

[1] 参见 H. Ewing. *The Lost World of James Smithson* London:Bloomsbury,2007,p.349.

气象观测站、研究所、国家图书馆、出版社和博物馆,都被采纳了,它们全部被放在一座专门修建的"城堡"(常被称为史密森尼博物馆主楼)里,城堡端正地建在华盛顿特区国会山上。

史密森尼学会历史学家、博物馆学家波斯特(R. C. Post)在《谁拥有美国的过去?》里梳理了史密森尼学会的历史,清晰地阐释了学会和美国"过去"之间的社会文化关系。史密森尼学会是联邦政府机构,但不隶属于联邦政府的三大分支机构,而是由一个自主永久的(self-perpetuating)董事会来管理。史密森尼学会最初确定的董事会成员包括:副总统、最高院大法官(the chief justice of the Supreme Court)、3名参议院议员、3名众议院议员,以及9位公民。董事会选择、监管学会秘书长(相当于内阁成员,或文化部部长)。在一座城堡里容纳如此众多并不同质的机构,犹如一个拥有很多孩子的大家庭,秘书长犹如父母,而父母都有偏爱的孩子。学会首位秘书长亨利(J. Henry),一位有国际影响力的科学家,更想建立一个具有国际水平的科学研究机构,着眼于原创性知识的生产,而不是已有知识的传播。但政府有更多的考虑,不断敦促他做更多普及性的工作,比如建设亨利最不愿意办的博物馆。在卸任前,亨利警告说,学会的功能和博物馆完全不同,必须让博物馆成为学会的下属机构。否则,有一天,史密森尼学会将不再是研究所,而更像是博物馆,而博物馆,毋庸置疑会把整个机构直接置于政治的影响力之下。亨利无疑是正确的,尽管在他的时代,只涉及一个博物馆,但他显然已意识到这是一只"大象的脚",一旦踩进来,就会占据整个地方。① 尽管亨利坚持独立于政府,但政府不断把自己认定的收藏品,包括政府支持的科考、展览、发明等等获得的物件,交给学会来管理。无奈的亨利努力地把博物馆和学会的机构分开,但最终随着管理藏品的任务越来越重,学会从开创之初多元的定位,逐渐让位于以博物馆为主的定位。②

亨利本人也逐渐妥协,开始注意收藏有价值的私人藏品,和国会协商尽量多地展出动植物、地质标本等。史密森尼学会赞助的西部探险科考也带回越来越多的藏品,比如鲍威尔(J. W. Powell)科罗拉多河平原科考带回的科考队用具,以及印第安人工具。最为根本性的一次转折,恐怕得数史密森尼学会被指派为1876年费城美国政府百年纪念展览会展品的收藏单位,内务部、陆军部、海军部、海岸测绘队、灯塔管理委员会、专利局、渔政委员会等众多部门和三十多个国家参展,展后,两列火车载着成千上万的展品到了华盛顿。史密森尼学会第二任秘书长贝尔德

---

① Robert C. Post. *Who Owns America's Past? The Smithsonian and the Problem of History*. Baltimore: The Johns Hopkins University Press, 2013, pp. 4-5.

② 参见 H. Ewing. *The Lost World of James Smithson*. London: Bloomsbury, 2007, p. 332.

(S. F. Baird),借机向国会申请在主楼旁新建国家博物馆,来放置这些物品。这一做法承续了博物馆进入国家体系的英国传统模式:1851 年为容纳从水晶宫(Crystal Palace)搬出的藏品,英国政府修建了南肯辛顿博物馆(South Kensington,伦敦科学博物馆前身)。国家博物馆开馆后迎来的第一件事,是举办加菲尔德总统(J. Garfield)的就职仪式。

时至今日,尽管史密森尼学会仍拥有不少具有国际影响力的科研机构,但它们大都远离公众视野。在美国,可视性(visibility)绝不是形式,而是内容本身。对史密森尼学会而言,尤其如此,因此学会最为知名、最有影响力的是也只能是博物馆。波斯特用"艺术、历史、科学"为分类标准把学会博物馆分为:

艺术博物馆:萨克雷美术馆(Arthur M. Sackler Gallery)和福瑞尔美术馆(Freer Gallery of Art),纽约的库珀-休伊特国家设计博物馆(Cooper-Hewitt, National Design Museum),赫希洪博物馆暨雕塑园(Hirshhorn Museum and Sculpture Garden)。

历史和艺术混合型:国家设计博物馆(National Design Museum),国家非裔美国人历史和文化博物馆(National Museum of African American History and Culture),国家非洲艺术博物馆(National Museum of African Art),国家美国历史博物馆(National Museum of American History),国家美国印第安人博物馆及纽约乔治·古斯塔夫·海伊中心(National Museum of the American Indian and its George Gustav Heye Center),国家肖像美术馆(National Portrait Gallery),国家邮政博物馆(National Postal Museum),史密森尼美国艺术博物馆暨任威克美术馆(the Smithsonian American Art Museum and its Renwick Gallery)等。

历史和科学混合型:国家航空航天博物馆(National Air and Space Museum),自然史国家博物馆(National Museum of Natural History)等。

波斯特用自然史的方式来解释史密森尼学会与美国文化及其历史性关系,比如分析史密森尼学会博物馆展示历史物件方式的变迁:从早期"故事导向"(story-driven),到 20 世纪 90 年代的"收藏导向"(collections-driven,或"新传统主义者"neo-traditionalist)。1850 年,当鲍威尔(J. W. Powell)在史密森尼学会主楼东大厅展示民族学标本时,其目的就是为了引起人们的"兴趣","有趣!"是布展的指导思想。1950 年,专业布展师出现,尤其是 20 世纪 60 年代早期,史密森尼学会搬进宽敞的历史和技术博物馆(MHT)后,历史叙事变得重要,出现了"故事导向"(story-driven)。如以"技术的更新"来讲述"人类的进步"。当然故事听众或许并不买账,国家航空航天博物馆(NASM)讲述的,尤其是军事技术的进步被批评为美国的耻辱,是历史倒退而不是进步。当然,故事并非单一腔调,如布展于华盛顿西南的安那考斯蒂亚博物馆(Anacostia)的展览"在粝岩和严苛之地间：美国血汗工厂史"(Between a Rock and a Hard Place：A History of American Sweatshops)，以及讲述跨大西洋奴隶贸易的"奴道"(Captive Passage)都是不同的故事，但这里终年游客罕至。20世纪最后十来年，布展模式变为"收藏导向"，没有主题，随意组织、摆放，如"美国的史密森尼"展(America's Smithsonian)，再比如国家航空航天博物馆伍得瓦-赫兹(Udvar-Hazy)中心，都强调体验，而不是意义，充满后现代的调调。

但理查德·库林(Richard Kurin)显然不满足波斯特的解释，在他看来，史密森尼学会和美国文化的关系，不是被历史推动而有了不同的导向，并由不同的导向生产出不同的"过去"，波斯特这一解释的阐释力在今天尤显疲软。他借用了美国前劳工部长罗伯特·赖克(Robert Reich，哈佛经济学家)在《国家的作用》(*The Work of Nations*)中提出的"策略性经纪"(strategic brokering)和"策略经纪人"的概念，把史密森尼学会看做是一个"文化经纪人"(culture broker)，在各种利益相关者中寻找机会、制造事件、寻求利益，在表达别人的文化过程中，也形塑了自己。①

库林在1997年出版《一个文化经纪人的反思：从史密森尼学会的视野》一书时，任史密森尼民俗项目和文化研究中心(Center for Folklife Programs and Cultural Studies)主任，现任史密森尼副秘书长，分管历史、艺术和文化部，掌管机构大部分博物馆，包括安那考斯蒂亚社区博物馆、萨克雷美术馆和福瑞尔美术馆、纽约的库珀-休伊特国家设计博物馆、赫希洪博物馆暨雕塑园、国家非裔美国人历史和文化博物馆、国家非洲艺术博物馆、国家美国历史博物馆、国家美国印第安人博物馆及纽约乔治·古斯塔夫·海伊中心、国家肖像美术馆、国家邮政博物馆、史密森尼美国艺术博物馆暨任威克美术馆。他还负责史密森尼科研和外联项目，包括民俗和文化遗产中心，美国艺术档案馆(Archives of American Art)、史密森尼-拉丁中心暨美国亚太裔中心(the Smithsonian Latino Center and the Asian Pacific American Center)，此外，还有史密森尼图书馆、档案馆、奖学金和实习中心、国家藏品项目(National Collections Program)、国际关系办公室和有关国际教育和培训、史密森尼频道的节目以及机构有线电视播放、合作等工作。

库林邀得当时史密森尼学会秘书长海曼(I. M. Heyman)为自己的书作序，海曼写道，

> 史密森尼代表了一种伟大的理念——公众对知识的追求和分享。通过其出版物、博物馆、科研工作，以及针对成千上万游客、学者和政策制定者们的公

---

① 参见 Richard Kurin. *Reflections of a Culture Broker：A view from the Smithsonian*. Washington & London：Smithsonian Institution Press，1997.

共项目,在表达有关美国和世界文化的知识方面扮演了主角。如今如何表达人们及其文化变得尤为困难,尤其是在史密森尼研究所这样一个高度视觉化的地方。随着文化交流的增多,我们的世界变得越来越小,甚至越发不和谐。因此,表达某些人的文化,甚至我们自己的,都不是一件容易的事情了。它要求知识和专业技能,以及拥有说服力、协调能力以及深思熟虑的心和脑。①

不论是国家公园,还是史密森尼学会,都为美国民主制度的"三明治"结构不懈地努力着。一方面,在努力独立于联邦政府的同时积极争取其资助;另一方面,在努力获得公众(大多数人)支持参与的同时,还要保护自己的立身之本(自然和文化资源)免受损害。那从英国启蒙灰烬里爆发出的最后一星火花,虽然点燃了美国,铸造出史密森尼学会这粒种子,期盼着果实的甜蜜;但它在新大陆开花结果的过程中,果实的甜蜜已不再是果实存在的目的,她已被分析成为一堆营养成分和卡路里数据,在一群专业人士的努力下,根据公众的需求(该需求或许也是在专家的指导下产生的)不断自我调整。在诸多的 M——大众(Mass)、绝大多数(Majority)、市场(Market)、金钱(Money)和媒体(Media)②中寻找最佳的位置,而不是甜蜜,才是如今这枚果子生存的合理性和目的。在诸多 M 中左右逢源,以便自己长长久久。生存,就等于在诸 M 中左右逢源。这就是库拉的经纪理论,这实际上也是今天美国文化的理论,重新放置了(对换了)目的和手段的理论。

库林的分析当然是"成功的",他展示了在史密森尼学会,文化表述的几种主要方式——展览、博物馆和节庆——是如何被经纪的(brokered),对文化的理解和表述是如何逐渐成熟、实施、植入公共的舞台,这一过程是展示了学术和政治、伦理及其推进(ethics and advocacy)、政府机构和社会团体、抽象理论和技术方法之间是如何互动的。他旨在向参与文化政策制定的智囊团、勃兴中的文化产业从业者,说明这种并非仅仅是美国地方性知识的文化经纪学,进而激活"后学科"(postdisciplinary)时代的文化研究。

作为一个人类学家,库林把他供职的史密森尼学会当做田野考察对象,生动地表达了田野里,不同的概念框架如何在跨文化经验里和平共处,别人如何控制他的文化表述方式,而这些文化表述又是如何进入协商,如何被人们体验。在史密森尼学会经纪文化的过程中,库林意识到,即便是文化经纪人,也不可避免地被"经纪"。而正是这一教诲或洞见,让他能在史密森尼学会里顺利工作。库林的结论充分体

---

① Richard Kurin. *Reflections of a Culture Broker*. Washington and London: Smithsonian Institution Press, p. ix.
② "参与这些文化表述项目的学者,已经感觉自己的工作处于学术和大众媒介之间。"参见 Richard Kurin. *Reflections of a Culture Broker* p. 14.

现了一个文化经纪人的逻辑:在今天这个复杂的、日益商业化和政治化的社会环境里,学者和博物馆从业人员们,对文化需要有公平的、讲道德伦理的,以及专业的理解和表述。①

库林认为,对史密森尼学会这类文化经纪机构所信奉哲学的宏观分析,不仅不能充分说明其哲学,也不足以说明其所处的时势。在美国,政府本身是多维的,同一座博物馆,可能被一派支持,第二派无视,第三派愤恨。学会本身也并非铁板一块,内部充满异见。库林通过他如何参与"经纪"史密森尼学会150周年(1846—1996)纪念活动的案例②,来说明这一点。这是一个文化经纪人自我经纪的案例,也是从内容/主题和形式/方法论两个方面,同时展现史密森尼学会自身的案例。

150岁的史密森尼学会,究竟是一个国家机构、独立机构、国家博物馆、国家阁楼,还是国际科研和文化机构?亨利强调学会的研究型取向,贝尔德则强调博物馆取向,在接下来的七十多年里,机构规模不断扩大,尤其是20世纪60年代雷普利(S. D. Ripley)时期。尽管史密森尼学会的大部分资金来自联邦政府,但它并不是一个联邦机构,或联邦政府的执行代理机构。它是一个独特的公共信托基金,总是努力维护其"非"联邦政府的身份,同时必须与国会保持善缘。很多人视史密森尼学会为国宝③管家,美誉她为"国家阁楼""珍奇屋",总之是一个收集邮票、老工具、恐龙骨架的地方,一个存放重要物件的地方。可见,公众对史密森尼学会的认知度和好感度极高。作为一个学术机构,史密森尼学会长期领衔自然史、动植物分类研究、宇航学、天体物理学、人类学和图书馆学。二战前,因为众多大学博士后项目和政府设备的支持,史密森尼学会在科研领域的影响力远大于现在。有些史密森尼学会与收藏相关的传统领域开始衰落,可能是因为收藏不足的原因。有些学科,比如热带植物学、天体物理学则在没有收藏基地的情况下繁荣起来。然而,史密森尼学会在科研领域的重要性,并不为公众所知,库林认为,这从某种程度上,也让国会误以为史密森尼学会主要是个满足/娱乐游客的博物馆。④ 国会是经由公众舆论来认知他所管理的机构,这也是美国文化的特点。

150周年纪念活动的设计在1993年就开始了。长期以来人们觉得这个国家的文化机构远离大众,西部政治家们甚至认为,学会是一个以华盛顿为中心的机

---

① Richard Kurin. *Reflections of a Culture Broker*, pp. xi, xii.
② Richard, Kurin. *Reflections of a Culture Broker*, pp. 29-56.
③ 比如第一夫人的就职礼服、来自《绿野仙踪》(*The Wizard of Oz*)的红宝石拖鞋、第一面星条旗、怀特兄弟的飞行器、"圣路易斯之灵"(Spirit of St. Louis)、泰迪熊、希望之星、阿波罗宇宙飞船、熊猫、化石、月球岩石等等。
④ Richard, Kurin. *Reflections of a Culture Broker* p. 33.

构,与其他州、地区的选民关系不大。史密森尼学会迫切需要改变这种看法,希望通过强化大众注意力和参与度,让更多纳税人满意,希望更多公民以捐赠、购买产品、成为会员等形式来支持学会,学会市场和发展部门称之为"送、买和参与"策略。随着联邦政府拨款日益缩减,积极争取个人支持成为学会未来的发展战略目标。于是,学会打算把纪念庆典主题定为"史密森尼和国家"(the Smithsonian and the Nation),旨在重申学会属于每个美国公民(public ownership),每个美国人可以并且应该以主人的身份因这样一个机构而感到自豪,因为她保存了数量如此巨大、价值如此多元的文化和自然遗产,并不懈致力于增进人们对这些遗产的理解。

但学会内部很多专家学者对此不满,因为他们的活动是国际化的、跨国的,甚至是非国家的(比如自然)。当时,学会开展的项目涉及 140 个国家,很多学者的事业都在国外开展,比如海洋生物学家、极地学家、人类学家、艺术史学家。总之与环境、文化、传统及太空相关的研究,都不认为应以"国家的"作为学会周年纪念的主题。于是,人们开始转而强调"史密森尼:联通人类、知识和世界"。

然而,1994 年秋天关于"艾诺拉·盖"号(Enola Gay,在日本投下原子弹的轰炸机)巡展的讨论,又让主题回到了"国家"。当时,反对华盛顿的声音在国会议员选举中弥漫。新任学会秘书长海曼,决定在全国免费巡展这艘战机,借此在全国重新树立广大选民对学会的信任、信心和支持。于是,学会决定将 1994 年在日本东京美国文化节(American Festival,大型国际会展的一部分)展出的"史密森尼的美国"(Smithsonian's America①)拿到美国本土巡展。

策展开始了,有诸多复杂的政治和经济问题需要处理。展出艾诺拉·盖号是极度敏感的,学会的严谨性、爱国心和专业能力都要赢得公众的肯定,否则一不小心就会犯众怒。经济问题更重要,展览需要筹集一千万美元。赞助方得到在学会展馆外围设自己展台的机会(赞助方有 3 千平方英尺)。此外,根据赞助方的要求,一千万美元的赞助费里至少有一半得用来购买电视节目广播的时间,比如与哥伦比亚广播公司合作的节目《史密森尼时间》(*Smithsonian Minutes*)全长 42 秒,就要

---

① 该展览布展面积达 6 万英坪,展出了价值 1 千 8 百万的藏品,分别来自美国国家历史博物馆和国家航空航天博物馆。两个月的展期内接待了 130 万游客,每张门票 20 美元,还出售各种史密森尼的书刊、音像制品和其他纪念品。展览的布置、营销和管理费用由日本公司支付。展览旨在向日本公众展示美国的历史和文化,增加他们对美国社会文化多样性、种族关系和公民政治参与度的理解。展览对外国观众的表述相当单线条,是单声道的说教,展览的中心思想是:这个国家如何逐渐发展起自己的美国梦及国家认同。总体而言,展览传达出了积极但并非纯净水式的信息:追求平等和幸福的美国梦,总体而言是进步的,虽然挑战不断,尽管不断克服偏见和歧视,但仍未完全达成目标。也有人认为,这个展览不够爱国,对美国过去和现在的问题说得太多了。部分日本观众和资助方,也不满意展览这种表述美国历史和社会冲突的方式。

留 18 秒给赞助方。为满足赞助方,学会必须承诺展览会会得到公众的喜爱,只有这样才能帮他们实现自己形象的正面化。① 综合以上两方面的考虑,"史密森尼的美国"调转表述的"船头",从东京的"美国梦"转而展示"最好的史密森尼",要展示学会博物馆最好、最重要的珍奇藏品,看家的镇馆之宝都要拿出来秀,除了因价值过高和无法移动等原因而无法展出的三件——希望之星、星条旗和"圣路易斯之灵"。

20 世纪初,史密森尼学会开始有了"国家阁楼"的形象。在过去,博物馆管理人员仅被看做是藏品的保管者,顺便研究这些藏品的物性。但自从 1962 年雷普利(少数拥有博士学位的博物馆馆长)任秘书长以来,博物馆员们开始积极地赋予藏品以各色社会历史语境,并利用这些物件来进行一定的历史叙事。他们从珍宝的管家变成了专家。波斯特称其为"故事导向"。这让博物馆员多少又有了"官方"色彩,他们要担任为国家讲述过去的责任。那么,史密森尼学会该如何讲述艾诺拉·盖号?这立即在国会议员们、媒体和公众间引发了讨论,作为国家阁楼的史密森尼博物馆,究竟是保管展览者还是分析阐释者?是否有教育国民的义务?这次讨论,以及在日本展出时反馈的一些问题,最终让学会策展者们让步,决定以"非叙述"(non-narrative)的方式来设计此次展览。

但即便是非叙述,也总得有个分类和摆放顺序的问题。布展人放弃了传统的——历史、艺术和科学的分类法,以"发现、记忆和想象"为主线,但在具体分类摆放藏品时,分类就又开始模糊了,比如又出现了海洋、太空、美国历史、总统、运动、内战等等亚类。周年纪念活动委员会负责人最终敲定,以"为什么这个物件对史密森尼学会是重要的"这个问题来组织这场"非叙述"性的展览,当然问题并未彻底解决,但毕竟有了个主心骨。出乎库林意料的是,他们一心一意展示的最好、最重要、最珍贵的东西,在外围赞助商,比如世通公司、环球航空公司、英特尔等高科技商业秀的陪衬下,显得老气横秋,似乎这些珍贵的自然和文化遗产,不过是一件和人们不相干的、过去的"老东西"。尽管如此,学会和赞助商的合作也算成功,至少双方最终都践约,一起完成了一场声势浩大的全国免费巡展,在磨合过程中,双方也增进了对对方的了解,把握了对方的价值所在。当然在学会内部,营销部门和学术部门之间的分歧和协作并不亚于与赞助商的博弈。

史密森尼学会 150 周年全国巡展第一站在洛杉矶开幕,场面火爆,一个月的展期内接待了约 30 万观众,若不是早期新闻报道说展览排着长龙,吓跑了不少观众,

---

① 史密森尼学会在公众当中有积极的正面形象,因此,与学会一起出现在公众的视线里,有助于改善资助方的形象,帮助他们建立起正面的公众形象。

人数说不定会更多。预计每个观众停留时间 2 小时,每天能接待 1 万 5 千人,结果平均观展时间是 4 小时。但营销部门希望吸纳个人会员的预期没有达到,或许是因为展览太宏大辉煌,人们觉得 28—60 美元的会费对一个耗资 1000 万办展览的机构来说没有任何意义。但展览的确拉近了学会和华盛顿之外公民的距离,不少观众建立起和展品之间的私人记忆,就这一点而言,展览成功了。在纽约,展览可能因为宣传力度不足,很多人不知道展览免费,观众只有 18 万左右。

媒介对展览好评如潮,自然也有批评之声,有人说这不是一个"国家阁楼",而是一个"国家地下室",地下室不仅是废品储藏室,还是个临时的旧货铺子。批评者们或许都没有注意到,此次展览的目标已经不再是要讲一个故事,展览本身就是一次行为,一次走出博物馆固定空间,走向全国公众,与之建立密切关系的行为。

库林的案例告诉我们,今天的史密森尼学会已经是一位专业的文化经纪人。在库林看来,凡是参与并通过博物馆展览、表演项目、新旧媒体活动、演讲及(针对非专业人员的)民族志写作等活动,向公众表述文化的专业人员,都是在经纪文化。有的学者和博物馆员,对"文化经纪人"这个名衔讳莫如深,觉得这个名号意指唯利是图的学者,或者商业性取向的学术。不管如何,专家们的确是因为自己的工作拿到了工资。学者和博物馆员的"经纪化"并非总是遵循一种定式。但在一个符号操控和建构能力与权力(去表述某种文化并经由媒体向大众展现)都如此重要的世界里,用"经纪"来检视分析史密森尼学会的工作,其本身不失为一个贴切的比喻或有阐释力的概念。①

库林的"文化经纪"一词,是对赖克"策略性经纪"一词的阐释,他认为文化经纪是策略性经纪中颇为晚近出现的形式,伴随复杂的、后现代的符号分析型经济(symbolic-analytic economy)而起。赖克在《国家的作用》里,把"策略经纪人"描述为:在发现和解决问题的过程中,创造出所有相关各方都不过分为难的环境。他要因势利导,像一个教练,在各方阵营里找出最善于学习对方的人。他要能找出各种推动工作的资源,在鼓动大家积极创新的同时,还能让各方都把眼睛持续地稳在共同的目标上。他们还必须是符号分析师,善于操控符号,把现实简化为抽象的形象,然后重组、揉捏,用它们来做各种探索、实验、征求各方建议,最后再把这些符号形象转换回到具体的现实情境流中。他们利用的工具包括争论、暗算、科学原则、心理洞察力、专业知识、说服和逗乐的能力……所有一切能用来交流,解决问题和即兴创新(emergent innovation)的东西。

库林认为,若在文化的表述中,涉及任何类型的媒介化,那么表述方、被表述

---

① Richard Kurin. *Reflections of a Culture Broker*, pp. 18-19.

方,或观众便有了代理,就涉及了"经纪"。文化经纪人,能推动办成要务,协调关系,达成交易。文化经纪不同于传统的经纪(比如政治说客、媒婆、股票经纪人),她的对象是多维度的(被表述者、观众、媒体、代理等),且参与文化表述活动的各方通常没有共享的知识域,没有心知肚明的老规矩,有的是多元复杂的价值体系。文化经纪人背后通常有个拥有传统和原则的组织机构。机构内外,被表述对象(通常又有代理机构,比如被表述文化社区会委托某些机构来代表他们谈判,这使得情况更加复杂,代理机构本身也有自己的利益、传统和宗旨)都有五花八门的立场,以及需要去权衡的因素。文化经纪人通常需要足够的基金来支撑自己的活动,以便为被表述者和观众提供一个可以顺利互动的平台。这就意味着在表述活动之前,为筹集人力物力支持,文化经纪人需要进入复杂的筹备环节,和各种机构、人打交道。文化经纪人必须事无巨细地去管理和(符号地)操控受众,处理庞杂而微妙的大众传媒相关事务。更重要的是,文化经纪人必须谦虚、谨慎、积极地去学习和理解被表述者,倾听他们的声音,深入了解表述对象(被表达的文化)。若被表述者对表述自己的文化有抵触,那么更需要在尊重他们和忠实准确向大众表述该文化之间找到平衡。故而,文化经纪人是否能最终达成各方的意愿,推动事件顺利开展,大有"谋事在人,成事在天"的意味。

库林根据被表述文化和受众之间的社会和文化距离,把文化经纪人分为几种风格:在地理位置相去甚远,文化差异巨大且二者间鲜有互动的情况下,是不太需要文化经纪人的。对该文化的表述,通常由这个文化的探索家、民族志研究者,或者某个远离文化社区的地方代理机构来负责。若由文化经纪人来处理,那么他们需要谨慎对待的问题是,如何解决绝大部分公众都对该文化的一无所知的问题。当二者文化差异大,但社会关系紧密时,就迫切需要文化经纪人了。这将关系到政治的裁定和仲裁,需要严格、精准的协商,最大的挑战是克服刻板印象、偏见和浪漫主义。当文化相近而地理位置相去甚远时,文化经纪人就是外交家了,要协助双方形成固定的联系机制,此外,需要面临的是后勤(资源、技术和环境)问题。当涉及文化自我表述时,文化经纪人就在自我经纪了。请内部专家,或者其他专业人员,比如律师、公关、写手、导演、布展人、朋友家人等来表述自己。[①] 通过库林,我们或许更能理解今天美国文化遗产的语境。"文化经纪"相比"遗产产业","文化资源管理"等表述更具有"主位"立场,更贴近今天史密森尼学会的角色,更具有信息时代符号经济的特质,更能体现美国 3M(Majority-Market-Media)社会框架内的文化遗产观念和实践。

---

① Richard Kurin. *Reflections of a Culture Broker*, pp. 21-24.

三、民俗文化节

早在1967年,史密森尼学会就开始有关民俗推介、教育和研究的工作,在华盛顿国家草坪举办了第一届美国民俗节(Festival of American Folklife)。民俗节由民俗学家林兹勒(Ralph C. Rinzler,1934—1994)发起。库林和很多史密森尼学会的同事都视林兹勒为精神父亲,认为他创造性地糅合了专业知识、艺术敏感、公共服务献身精神和对社会公正的激情为一体。林兹勒本人是位曼陀林演奏家,"绿石楠男孩"(Greenbriar Boys)成员,该乐队是美国20世纪60年代崛起的民谣运动中的一员。他加入史密森尼学会后,也把民间文化运动嵌入这个高高在上的国家阁楼,在华盛顿的绿草坪上拉开了一场美国式的活态民间文化盛宴。为纪念他的贡献,1998年史密森尼学会以他的名字命名了民间档案暨收藏馆(the Ralph Rinzler Folklife Archives and Collections)。

这一由史密森尼学会民俗和文化遗产中心承办的美国民俗节比联合国教科文组织的无形文化遗产运动早很多,如今已是一年一度如期在华盛顿特区举办的国际活态文化遗产盛会,每年6月4日美国独立日左右举办,完全向公众开放,鼓励各种文化间的交流,向人们展示来自社区的各种文化典范。每年的这两个星期,盛会吸引上百万人参加。她已成为美国首都最大的年度文化盛事。史密森尼学会认为,美国民俗节以科研为基础,表述当代活态文化传统,不仅在美国,在国际上也已成为一种典范。在1976年历时三个月的美国建国百年庆典上,民俗节是压轴活动。此外,它还为很多国家和国际活动提供了蓝本。过去48年里,有2万3千多名音乐家、艺术家、表演家、手工艺人、工人、厨师、说书人来到国会山展现他们的技能、知识和美,这些来自社区的传统充满了创造性的生命力。[①]

民俗节主办方强调民俗节也是一次文化民主的实践,让本文化的人自己向公众、向他者表达自己的文化;鼓励参观的人们积极参与其中,去学习、去唱、去舞、去吃、去和来自不同文化的人对话。民俗节牵涉到活态文化的研究和表达技术问题,成百上千的民俗学家、文化人类学家、民族音乐学家等参与其中,当然还有众多技术人员、志愿者和赞助者。

史密森尼学会认为,美国民俗节对政治、学术和从民俗节上"回家后"的民俗生活都产生了重要的影响。很多地方、国家开始在本地开展类似的节日,甚至由此开始启动相关的立法,建立相关的机构,教育项目、出版物、纪录片、录音、博物馆巡展等更是数不胜数。从民俗节回去后,很多文化持有人开始积极

---

① 参见美国民俗节主页:http://www.festival.si.edu/about/mission.aspx [2014-07-28]

复兴本地的传统文化,帮助社区保护和创造性地利用文化资源。该民俗节的实践对2003年联合国教科文组织通过《保护无形文化遗产公约》有重要的启发和支持。

下表是每年民俗节的主题,可一窥节日概貌。

表 4—1 美国史密森尼民俗节历年主题(略去了类型相似的年份)

年份	主题
2014	中国:生活的传统与艺术;肯尼亚:Mambo Poa
2013	匈牙利遗产:复兴之根;一个世界 多种声音:濒危语言和文化遗产;非裔美国人:多元性、风格和认同
2012	校园与社区;城市化:艺术与创作;创造性与危机;艾滋记忆
2011	哥伦比亚:文化的本质;美国和平队:50岁;旋律与蓝调
2010	亚太裔美国人的牵挂;地方和全球;墨西哥:特别节目;海地;林兹勒纪念音乐会
2009	发出声音:非裔美国人文化中词语的分量;美洲:音乐的世界
2008	不丹:千雷之地;美国宇航局:五十年与超越;得克萨斯:音乐、美食和美酒
2007	湄公河:文化的纽带;北爱尔兰在史密森尼;弗吉尼亚文化之根
2006	加拿大亚伯达在史密森尼;新爱尔兰:在风暴中已太久;带着文化走:活着的土著篮子编制传统;芝加哥的拉丁
2005	美国食文化,森林管理局、文化和社区;阿曼;沙漠、绿洲和海洋;拉丁音乐文化
2004	海地:山海间的自由和创造;拉丁音乐文化;水道:大西洋渔民社区
2003	阿巴拉契亚:遗产与和谐;苏格兰在史密森尼;马里:从廷巴克图到华盛顿
2002	丝绸之路:文化纽带 信任之源
2001	纽约在史密森尼,建筑艺术的大师们;百慕大
2000	西藏文化:超越雪域;华盛顿:我们的家
1999	新罕布什尔的故事;通往罗马尼亚的门户;南亚:编制彩虹之国的经济文艺复兴
1998	威斯康星;力拓布拉沃盆地;波罗的海诸国:爱沙尼亚、拉脱维亚和立陶宛;菲律宾的天堂;民俗五十年
1997	密西西比三角洲;非洲移民的民俗;神圣的声音
1996	爱荷华;社区风格;美国南方;工作,在史密森尼
1995	连通佛得角;俄罗斯的根/美国的枝;心跳:女性第一公民们的声音;捷克共和国:传统和转型
1994	传统艺术大师;国家遗产奖助金;巴哈马群岛;泰国;文化与发展:拉丁美洲与加勒比海

续表

年份	主题
1993	美墨边境;美国社交舞;大都会音乐;孩子的东西
1992	新墨西哥州;创造与坚守:美国的逃亡奴隶文化;白宫工作的人们;印第安人乡村变化的声音景观
1991	内陆家庭农场;印第安纳州:森林,土地和海洋;原住民文化中的土地;旋律与蓝调之根。
1990	美属维京群岛;塞内加尔;奋斗之乐
1989	夏威夷;文化保护;美国原住民节日;加勒比文化遭遇新世界
1988	心灵手巧与传统:马萨诸塞州;文化保护;美国民乐协会百年纪;华盛顿大都市移民;在新的地方安家落户;音乐节舞台
1984	阿拉斯加;伟大的一代:民俗与老一辈
1983	新泽西;法国;职业文化;航空业;国家艺术基金会;国家遗产奖
1976	美洲各部:东北,大湖区,南部,南方高地,内陆,大西部,太平洋西北/西南;各区域原住民节日;美国工人;新世界的老传统;孩子们的节目
1975	美洲各部:北部平原,加州高地;美国原住民节日;美国工人;铁路工人,手工艺匠人,卡车司机,船员;新世界的老传统;德国,意大利,黎巴嫩,日本,墨西哥;非洲散居移民;牙买加,加纳,海地;孩子们的节目:家庭民俗
1970	阿肯色州;美国原住民节日;表演:西班牙、爱尔兰和苏格兰风笛,乡村音乐,蓝莓乐,南部蓝调,葡裔美国人法多民谣,中国舞龙,东欧民乐;手工艺;传统烹饪
1969	费城;表演:法国、土耳其、希腊歌舞;手工艺:剪羊毛、纺线、玉米文化、印第安人手工艺等;传统旋转帐篷剧院
1968	得克萨斯州;美国原住民;城乡结合部的蓝调、蓝莓音乐、爵士、福音音乐等;舞蹈;手工艺:制奶油、剪羊毛、做肥皂、做糖果、做火腿、挤牛奶
1967	表演:美国横笛和鼓乐队、铜管乐队、弦乐队、福音音乐、灵歌;波多黎各音乐;新奥尔良爵士;民歌:麦斯奎基印第安人音乐、蓝调、乡村音乐、波尔卡舞乐、牛仔音乐;舞蹈:苏格兰、俄罗斯、爱尔兰舞蹈、中国新年哑剧、爱斯基摩舞、加利西亚舞;手工艺:美国编篮、雕刻、木偶制作、女红、制陶、纺线、编织人和铁匠

民俗节最初由史密森尼学会表演艺术分局(Division of Performing Arts)负责,直到1980年,转由新成立的民俗项目办公室(Office of Folklife Programs)负责。1998年为体现其国际化转向,民俗节易名为史密森民俗节(Smithsonian

Folklife Festival)。为彰显其科研性和公共性,史密森尼民俗项目和文化研究中心 1999 年 1 月正式更名为民俗和文化遗产中心(Center for Folklife and Cultural Heritage),中心对自己的定位是:在美国和全球与各种文化社区开展合作研究,表述(presentation),保护和延续传统知识和艺能/技(artistry),负责史密森尼民间文化节(the Smithsonian Folklife Festival)、民俗档案(Smithsonian Folkways Recordings),举办各种展览,拍摄纪录片,举办研讨会,出版书刊及教育材料等。中心的资金来自联邦政府拨款,史密森尼信托基金,与国家、州和地方政府的各种合同协议,及各种其他基金会、个人或公司的捐款,此外还有文化节和相关民俗产品的收入。中心信奉的哲学是:高水平学术性、社区高度参与性和教育传播的积极广泛性并举。中心的努力已成功地影响到了地方、国家和国际层面的文化遗产政策和实践,赢得了学界重视、大众称赞、媒体广泛关注和业界认同。

民俗活动开展得如此盛大的美国,为什么至今没有签署 2003 年联合国教科文组织《保护无形文化遗产公约》?事实上,美国,尤其是史密森尼学会积极参与了公约前身——1989 年的《关于保护传统文化与民间创作的建议》——的批评和修订。一个说法是,美国认为 2003 年公约有悖人权,它无权要求传承人必须承诺以传承为业;另外,美国人认为公约"保护无形文化遗产生命力"的表述很模糊,缺乏可操作性。从民俗节的情况来看,美国人对传统文化、对民俗的态度,首先看重的是其创造力,是否是基于社区,为社区成员所用、所参与的。而 2003 年公约过于强调保存传统文化的传统规仪。

美国是"未来"取向的文化。史密森尼学会博物馆三大主题——艺术、历史和科技,充分地表达了这一点。犹如蜕皮动物,蜕下的皮就成为国家藏品,放在史密森尼学会的博物馆里珍藏,比如,怀特兄弟的飞行器、阿波罗宇宙飞船、月球岩石、"艾诺拉·盖"号……这些人类创造的物件,以鲜明的特点,凝结成为一种"唯新主义"的历史哲学,拉出一条由过去到现在,再走向未来的单向时间线条,把世界分别按照科学技术先进程度、年代前后顺序,安放在相应的位置。在这样的哲学下,民俗、活态文化,不论其蕴含着怎样迥异的历史哲学、时间观念,都会被简化为一种进步时序里的生活形式,其存在的目的不过是展现个体的自由,并不关涉时间,只是没有历史范畴的,一种共时性的数量上"多"而已。

所以,在美国,无形文化遗产,只可能是一种相对于都市的、现代的、来自社区的、来自民间的生活方式,它或许和某个群体的认同有关,但却不是一种具有"他者"意义的存在,不可能蕴含着另一个全然不同的世界、现实和真理。在这样的情况下,以一场博览会般的节日,有玩有乐,有吃有喝,热闹地彰显一下个性,享受华盛顿夏日的绿草坪,就是最为自然的形式了。在这场盛会里,具体表达的文化内容是"经纪"的结果。民俗节的内容和形式没有区别,都是美国民主给民俗订制的一口石头汤锅,煮什么、吃什么、怎么吃看似变化万千,实际上,最后吃到的都是民主美国唯新主义的内容。

当然,美国还有另一条处理民俗文化的路子:"物化"/"博物馆化"。这是他们处理印第安人文化的方式。早在 19 世纪末,富有的工程师和金融家海伊(Heye, George Gustav)就在世界范围内,进行了一次美洲印第安人物质文化的收集馆藏活动,1916 年为存放这些藏品在纽约创建了美国印第安博物馆(Museum of American Indian),1922 年向公众开放,1989 年转移到史密森尼学会,纳入国家美国印第安人博物馆及纽约乔治·古斯塔夫·海伊中心。此外收集印第安人物品的还有国家或博物馆资助的科考和收集活动,如 1804—1806 年路易斯和卡拉克的收集品最后进入了费城博物馆。还有一些私人业余的、商业性博物馆也在收集,如 1799 年马萨诸塞州赛莱姆(Salem)的皮博迪(Peabody)博物馆。1876 年,史密森尼学会开始重视印第安人手工艺品的收集。1869 年纽约美国自然历史博物馆,1893 年芝加哥田野博物馆(Field Museum)也都大量收集印第安人藏品。人类学在美国兴起的时候,成立了大量人类学博物馆,也收藏大量印第安人藏品。如,1866 年哈佛皮博迪人类学博物馆,1885 年西雅图华盛顿州立博物馆(现在为 Burke 自然史和文化博物馆),1893 年亚利桑那州立博物馆,1889 年宾州大学人类学博物馆,1901 年加州人类学博物馆。当时人类学家和收藏家们都认为,印第安人正迅速消失,必须与时间赛跑,于是进行了世界范围内最大规模的收集活动,寻找收藏有关印第安人的一切物品。而海伊是其中最有野心和开拓性的一个,收集了大概 80 万件。①

1970 年代,博物馆和印第安人的关系发生变化,一场"美国原住民博物馆运动"(Native American Museum Movement)在全美展开,运动很快推动了原住民行动主义(Indigenous activism),反对对原住民历史和文化的刻板印象及展示,反对收集、展示和持有印第安人遗骸,要求印第安人作为专业人士参与到博物馆内部,挑战缺乏原住民视野的西方主流博物馆对原住民社区的表述,归还原住民文化物件、人体遗骸、墓葬品和文化遗产(cultural patrimony)。在运动过程中,建立了一些部落博物馆,通过了《美国原住民墓葬保护与归还法》(*Native American Graves Protection and Repatriation Act*,1990),原住民开始参与主流博物馆机构,还创立了史密森尼美国印第安人国家博物馆。

---

① 参见 Amy Lonetree & Amanda J. Cobb, eds. *The National Museum of the American Indian: Critical Conversation*. Lincoln & London: University of Nebraska Press, 2008.

这条道路以"国家阁楼去殖民化"为结果,然而,这场国家博物馆和国家空间内知识生产的政治学[1],并不会因为美国印第安人国家博物馆的建立,不会因为布展方式的改变,原住民的参与就尘埃落定。把拥有不同历史性、时间认知、世界观的原住民文化,整合到美国的遗产体系里,用三明治的、石头汤的方式或许只能是治标不治本,我们不知何时何地,这些蛰伏压制在美国文化里的他文化,会如过敏一样突然发作。

就这样,美国人无休无止地雕塑着自己的这两个巨人,两个巨人拉扯着自己的铁环,越来越大的铁环凝固着越来越多的自然、历史和文化,巨人们还忙着把铁环扔向世界,以自己的尺寸框住更多的自然、历史和文化。与糅合了多种传统的联合国教科文组织遗产体系相比,美国的巨人更具有(颇具有隐蔽性的)侵略性。

第三节 美国遗产的提名制度

在国家公园管理局和史密森尼学会之外,美国国家艺术捐赠基金会(U.S. National Endowment for the Arts)也值得一提,基金会单纯采取奖励的方式来保护文化遗产。虽然它也是美国遗产体系里不可或缺的部分,但并非主体结构。

梳理了基金会的奖励模式后,美国学者格拉本(N. Graburn)认为,相比其他国家的奖励式遗产保护,美国以美国国家艺术捐赠基金会为代表的保护是野心勃勃的。自 1982 年起,基金会开始在全国范围内选拔并颁发国家遗产奖助金(National Heritage Fellowships),迄今已有 260 多名受助人每年获得至少 2 万美金,用以支持他们的表演艺术传统。两年后,奖励的范围扩大到主流艺术家(建筑家、演员、古典音乐家)、少数民族名流,还为重要艺术机构颁发终身荣誉奖章。

国家艺术捐赠基金会的国家遗产奖助金是类似于日本"人间国宝"的奖励,奖励活着的民间和传统艺术大师,每年十来个名额,获奖者大致可分为三类:(1)印第安人文化的承载者,如萨利希(Salish)珠子的工匠与徽章制作者、奥吉布瓦(Ojibwe)篮子的制作者与说书人、苏人(Sioux)的说书人;(2)"美国"工艺和文化传统的阐释者,如编织艺人和歌手、潜水头盔的设计师、布鲁斯吉他演奏家;(3)更多的获奖者来自美国之外,是世界各地濒危文化传统的持有人,如波多黎各的曼多利(Mundolli)网织品手艺人,波斯的萨恩蒂厄琴(santir)演员,巴斯克(Basque)的伯特苏拉里(Bertsolari)诗人,爱尔兰小提琴家,里斯本的管笛演奏者,西藏的曼陀罗

---

[1] 参见 Patricia Pierce Erikson. "Decolonizing the 'Nation's Attic': The National Museum of the American Indian and the Politics of Knowledge-Making in a National Space." In Amy Lonetree & Amanda J. Cobb, eds. *The National Museum of the American Indian*: *Critical Conversation*, pp. 43-83.

(mandala)画家等。个人没有资格申请该奖金,必须由他人提名,并有最多 5 封推荐信或某社团的保证与支持。遴选标准是艺术或工艺传统的真实性、杰出性与重要性。入选后,获奖者都必须积极地参与到此艺术形式中去。提名被送交到华盛顿由专家(大多来自史密森尼学会)组成的评选委员会进行选拔。[①]

在美国最为重要的提名是国家史迹。1966 年《国家历史保护法》通过,根据该法建立了《国家史迹名录》(National Register of Historic Places,NRHR),旨在保护包括历史区域、遗址、建筑、建筑结构或物品等历史财产。被列入国家史迹名录的遗产可以享受税率优惠政策。《国家史迹名录》最初是美国国家公园管理局根据现存的几组遗产名录编录而成的,其中比较著名的就是据 1935 年《历史遗迹法》(Historic Sites Act)整理出的《国家历史地标名录》(National Register of Historic Landmarks)。现在《国家史迹名录》收录的遗产数量以指数级速度增长,目前已经有大约十万处史迹上榜。《国家史迹名录》比联合国教科文组织的《世界遗产名录》还要早六年。但《国家史迹名录》侧重历史遗产的保护。《国家史迹名录》项目组负责具体事务,主要工作有:审查申请者资格;出版《国家名录期刊》(*National Register Bulletin Series*)等刊物;为名录中的史迹发放福利和经费;管理国家历史灯塔保护项目(National Historic Lighthouse Preservation Program);资助文化资源多样性项目(Cultural Resources Diversity Program),使历史保护和文化资源管理多样化。

一、《国家古迹名录》的分类

1. 遗产分类

美国《国家古迹名录》中并没有像有些国家一样收录非物质文化遗产(事件、技术、文化传承者等),而只列出了具有固定位置的物质遗产。为方便国家名录的提名,古迹名录中列出了很多小的分类。比如市政大楼和喷泉被列入市政大楼的分类下,大的目录是建筑。而一切范围比较大的遗产一般被列入"区域"的目录下:

(1) 建筑(building)

比如住宅、仓房、旅馆、教堂等与人类活动有关的遮蔽物。也可是具有历史和功能重要性的建筑,比如法院、监狱等。但必须是一个完整的建筑,其内部、外部非

[①] Nelson Graburn:《人类学与旅游时代》,赵红梅等译,桂林:广西师范大学出版社,2009 年,第 319—321.

独立部分不在目录之列。如果某建筑是不完整的,因战争等原因丢失了一些结构单元,通常被称为遗址或废墟,则列入"地点"中。主要的建筑有:行政大楼、四轮马车房、教堂、市政大楼、法院、分离的厨房、仓房和厕所、集体宿舍、堡垒、车库、旅馆、民房、图书馆、作坊、办公楼、邮局、学校、礼堂、厂房、畜舍、商店、电影院和火车站等。

(2) 建筑结构(structure)

建筑结构,可以理解为人造的工程,主要指一些有复杂结构和功能的建筑物,而不是只满足遮蔽需要的人类建筑。主要的建筑式样有:飞机/航空器、养蜂场、汽车、有顶盖的室外音乐演奏台、小船和舰艇、桥梁、堆石界标、运河河道、旋转木马、玉米仓库、水坝、土方工程、围墙、瞭望台、谷物升降机、高速公路、灌溉系统、窑、灯塔、铁路、地窖、有轨电车、隧道和风车房等。

(3) 物品(object)

物品是用来区分建筑和建筑结构外的,具有重要艺术价值的物品。可能是自然界中的艺术品,也可能是设计的艺术品,或是可移动的,但是它必须要与一个特殊的背景或环境相关。这个背景或环境可以说明它们的历史用途、角色或特征。博物馆中收藏和展出的收藏品不在此项之内。比如:界标、喷泉、里程碑、纪念碑、雕塑和雕像等。

(4) 地点(site)

地点指一个重要事件的发生地,或史前、历史活动的发生地,或建筑和建筑形式(可以是长期使用的,也可以是荒废的和已消失的),只要地点本身拥有历史的、文化的或考古的价值,不管目前留下多少建筑,都可以归为地点的分类中。但是,地点的价值评估必须要有其他的物质材料存在,如果根据现有的证据不能证明此地点的真实性和准确性,那么此地点也不能被列入目录之中。同时,一个地点也可以是一个与史前和历史事件相关的自然地标。主要的地点名录有:战场、野营地、具有潜在信息和历史关联的公墓、仪式场所、经过设计的景观、居住地、有文化重要性的自然风貌、(史前)岩画、岩刻、岩穴、被损坏的建筑和建筑结构、沉船、(历史)足迹和村落遗址等。

(5) 区域(district)

区域需要具有与地点、建筑、建筑形式的联系或连续性。区域因为整体性而具有重要价值,所以有时一个区域可以包含很多种类的资源。从这些资源的相互关系可以发现相关遗产的总体历史环境或功能。一个区域可以反映一种活动,比如矿场和牧场;或者包含几种相关的活动,比如工业的、住宅的或者商业的建筑、地点、建筑结构和物品。一个区域也可以是一组考古遗址。

区域通常是单个的地理区域,但有时区域也可以包含两个以上被非遗产区隔离开的地理区域。区域的形式主要有:商业区域、运河系统、一组民居地、有分校的大学、拥有大面积土地和很多房产的庄园和农场、工业综合体、灌溉系统、住宅区域、村落群、交通运输网和农村历史区域等。

2. 历史情境

历史遗产的重要性只有在历史情境(historic context)中才能被判断和评估。"历史情境"一词早在18世纪就在历史学中被广泛使用,表示历史现象是一种大趋势或模式的一部分。历史学家、民族学家、考古学家和人类学家用不同的词语去解释这种现象,如趋势、模式、主题和文化联系等,但是它们所表达的意义是相同的。判断遗产是否有历史情境重要性,主要由以下五点决定:①遗产所反映的区域、州和国家的史前或历史背景;②这些史前和历史背景是否有重要性;③是否可以解释历史情境的某一重要类型;④遗产怎样解释了历史;⑤遗产是否拥有调查所必需的自然特性。

在历史情境中评估遗产的步骤为:

(1) 识别遗产表现的主题、地理界限和时间序列。

具体是看遗产的历史情境和以下因素的相关性:事件、活动或一个地区的发展模式;与重要人物的关系;建立在人类某一发展阶段或物质的使用阶段上的建筑形式、工程技术、审美价值等;某一研究话题。

(2) 决定这一情境的主题怎样在社区、州和国家层面上发挥重要性。

主要的历史情境主题有:农业、建筑、考古、史前史、原住民历史、非原住民历史、艺术、商业、通讯/交流、社区规划和发展、保护、经济、教育、工程、娱乐、少数族群遗产、开发和移民、健康/医药、工业、发明创造、景观建筑、法律、文学、航海史、军队、表演艺术、哲学、政治/政府、宗教、科学、社会历史、交通及其他。

(3) 决定遗产的类型和对解释历史情境的重要性。

某一历史情境可能由多种遗产类型所反映,比如表现"弗吉尼亚州南部的内战军事活动"的遗产可能有19世纪的堡垒、战场发生地和沉船等。历史情境也可能只有某种遗产形式表现,比如"1777—1861年乔治亚州地方政府的发展"可能只有当地的法院可以表现。

(4) 决定遗产的情境怎样通过历史社区、考古和工程价值,或者潜在信息表现出来(具体请参照遗产的四个主要标准)。

(5) 判断为表现历史情境,遗产需要哪些自然特征:①判断遗产和哪些历史情境相关;②判断遗产表现情境主题的方式;③判断遗产的整体性。

(6) 区分地方、州和国家历史情境。

历史情境因为分布在不同的地理层面上,根据地理范围的不同,历史情境的建立分为地方、州和国家三种。

地方历史情境反映了一个城镇、城市、郡县、某文化区域、地区等历史的一个方面。文化情境的重要性取决于遗产的重要性,而不是它位于哪个区域。比如,如果某一遗产在州和州的边界被发现,但是它的重要性可能只和一个城市相关,它也被定义为地方重要性。州的历史情境表现了一个州的情况,而国家历史情境和整个国家的历史重要性相关。[1]

二、《国家古迹名录》的评估

《国家古迹名录》对史前和历史区域、历史地点、建筑和其他历史物品的保护具有非常重要的作用。这些古迹的重要性体现在它们能够反映出美国地方、州和国家所经历的历史形式和历史阶段。为了说明历史古迹的提名和评估过程,国家公园管理局制定了国家古迹名录评估标准(National Register Criteria for Evaluation)。这些标准适用于评价一切被提名的国家名录。同时,国家公园管理局还制定了国家历史地标(National Historic Landmarks)和国家公园史前和历史建筑(Prehistoric or Historic Architecture)的认知标准。所有这些标准都和美国内政部《考古和历史保护规范和纲领》(*Standards and Guidelines for Archaeology and Historic Preservation*)相符合,并与《美国的历史遗产处理规范》(*Standards for the Treatment of Historic Properties*)一致。

1. 评选标准

被列入《国家古迹名录》是历史遗产在国家范围内受到保护的第一步。相关个人、部落、州政府历史保护办公室和联邦政府保护办公室都为《国家遗产目录》的申报、评估和提名负责。根据1982年的草拟方案,国家公园管理局制定了《如何申报评估国家古迹名录》(*How to Apply the National Register Criteria for Evaluation*),供美国公民和组织机构参考阅读。

评定遗产重要性的标准主要有以下四点:

标准A:与对美国历史形式具有重要贡献的事件相关;

标准B:与美国历史上重要的历史人物相关;

---

[1] 节选编译自 *National Register Bulletin*: *How to Apply the National Register Criteria for Evaluation* 和 *The National Register of Historic Places*。来源 http://www.nps.gov/nr/publications/index.htm

标准 C：具有形式、历史时期或建筑方法上的显著特点，或具有代表性的精湛作品，或具有较高美学价值，或个体没有代表性但个体组成的整体具有特殊意义的整体；

标准 D：具有已经被发掘或可能被发掘的史前和历史重要信息。

（1）标准 A——事件

这里提到的事件可归为两类：与美国史前史和历史运动相关的事件，对地方、州或国家的发展起着重要贡献的事件。①与遗产相关的特殊历史事件主要有：战争地点，一项重要发明诞生的建筑，一场重要罢工发生的工厂区，发现新的史前证据或考古发现的考古地点，发现最初欧洲移民历史足迹的历史地点；②与重要历史事件相关的遗产主要有：与西方移民相关的移民路线，作为社区交通系统或商业系统的铁路，反映某一时期手工纺织技术的作坊区，当地著名社会组织使用过的建筑，史前美国原住民每年进行季节性采集和社会活动的地点，由于周围农业贸易发展而成长起来的市区。

（2）标准 B——人物

确定人物对遗产的重要性，首先要确定此人物是否重要，然后要弄清他/她是否与此遗产有密切联系。①主要的和人物有关的遗产举例：重要商人或劳工领袖的住宅，著名艺术家的工作室，著名企业家的商业总部。②三点需要注意说明的是：与仍在世人物相关的遗产一般不被列入名录内；建筑家、工匠和艺术家通常以他们所建的建筑而闻名，但是他们的作品一般情况下被列入标准 C 设计和建筑物中，而他们的工作室一般被列入标准 B 人物中；与著名印第安人相关的美国印第安人村庄和其他遗产也可以被列在标准 B 中。

（3）标准 C——设计/建筑物

①符合标准 C 的遗产至少要满足以下条件之一：具有某一类型、时期或建筑方法的独特性；某一大师的代表作品；体现了很高的艺术价值；虽然各个单独的组成部分没有特殊性，但整体表现出重要的特殊性。②与设计/建筑物相关的遗产举例：体现了某一建筑风格的住宅或商业建筑，与某一特殊景观设计哲学相关的公园或者花园，装饰物具有很高艺术价值的电影院，具有先进技术的桥梁和水坝。

（4）标准 D——潜在信息

遗产必须对人类史前和历史具有重要的信息价值。以考古学遗址为例，一个考古学遗址若想成为国家遗产，必须要：能够考证关于事件、人群的假说或假定，论证在社会科学或自然科学中的重要研究话题；能够为假说提供辨别真伪的有效信息；能够解释一个特殊区域考古记录的连续性和非连续性，或能够重建考古文化序列的数据。①

托马斯·金(Thomas F. King)在《文化资源法律和实践》(*Cultural Resources Law & Practice*)一书中引用了丽·魏玛(Lee Wyma,遗产设计师和律师)的另一种解释:

A 代表 association,相关性。一种遗产与特别的历史事件的相关性对遗产评估具有重要意义。这里所说的特殊的历史事件可以是一场战争、一场政治运动、某项发明、发现或某一传统节庆等。B 代表 big people,大人物。对大人物也有很多不同的理解,比如政治人物、学者等,任何在历史上具有影响力的人物都可以被称为大人物。C 代表 cute buildings,漂亮的建筑;或者 characteristics,特征。意思是,这些建筑需要有某种阶级、风格、建筑派别、历史时段等特征。D 代表 data,数据。一个地点或历史资源需要在历史上有重要的信息重要性。但是鉴别一个地点或历史资源是否有信息和数据重要性并不是要把地下的物品挖掘出来,而是在既有的证据条件下可以证实或存疑的判断。在这一点上,考古发掘地比其他文化资源更占有优势。②

除此之外,还有其他一些被考虑在内的标准。一些具有历史性的物品可能并不符合以上标准,但是它们是构成一个区域的必要组成部分,也将被列入《国家古迹名录》,比如:具有建筑、艺术特征或历史重要性的宗教财产;建筑虽然不在原来的地点,但是具有重要的建筑价值,或者与某一历史人物或事件有关联;如果某个历史人物具有丰富的人生经历,没有合适的地点或建筑与其相关,那么这位历史人物的出生地或陵墓可以列入名录中;具有来源于历史人物、年代、设计特征或历史事件重要性的公墓;虽然是重建的历史建筑,但是仍然在一个合适的自然环境中,是重建规划一个重要的组成部分,并且没有其他相关的历史建筑存在;具有自身独特性的设计、年代、传统或象征意义的纪念性遗产;虽然是最近 50 年内的财产,但具有杰出的重要性。

2. 提名遗产的评估步骤

①遗产分类:一处遗产必须被纳入《国家古迹名录》的分类——区域、地点、建筑、建筑结构或物品;②决定遗产所反映的历史情境:一处遗产必须在美国历史、建筑、考古、工程或文化上具有重要性,在这一地理区域中评估相关的历史语境;③决

---

① 节选编译自 *National Register Bulletin*: *How to Apply the National Register Criteria for Evaluation*。来源 http://www.nps.gov/nr/publications/index.htm

② Thomas F. King. *Cultural Resource Laws & Practice*. Lanham, MD: AltaMira Press, 2008, pp. 90-93.

定遗产的重要性是否符合国家名录的标准；识别遗产是否与某一重要的事件或人物相关，是否具有建筑或设计特征，是否具有潜在的数据信息；④决定遗产是否不符合国家名录的标准，如果不符合，它们是否符合上文中提到的其他被考虑的标准；⑤决定遗产是否保持整体性：评估遗产的地点、设计、环境、技艺、材质、感觉和其他相关方面，确定遗产是否具有历史重要性；⑥完成以上步骤，如果确定这个遗产符合国家名录的标准，下一步就是准备书面的申请书，完成提名程序。

三、《国家古迹名录》提名过程

任何组织和个人都可以提交"国家古迹名录申请表"（National Register Form）来提名国家古迹，包括遗产所有者、大众组织、私人团体、地方保护委员会、社会或商业组织、专业顾问、大学教授及他们的学生和其他感兴趣的民众。国家古迹名录申请表可以从国家公园管理局办公室获取或从国家公园管理局网站上下载。填好后将完整的表格交给本州的历史保护官员。

1. 州政府历史保护官员的提名①

（1）各州的历史保护官员负责对有资格当选的遗产进行审核。他们需要准备国家古迹名录申请表，建立全州范围内遗产申报的准备工作，提交所有达到《国家古迹名录》要求的全州内的遗产。提名的遗产名录同时要与本州的历史保护方案相符合。

（2）在提名阶段，州政府需要咨询当地的专业权威。州政府还要通告被提名的遗产是否符合评估标准。对私人所有的遗产，州政府要询问所有者是否愿意被列入《国家古迹名录》。

（3）作为提名程序的一部分，每个州都有通知遗产所有者关于遗产被提名的责任。州政府需要在召开州政府遗产评估会议的90天前获得遗产所有者的信息。所有者信息可以从官方土地记录或纳税记录中获得。在召开州政府遗产评估会议前的30—75天之间，州政府要以书面形式告知遗产所有者，同时告知遗产所在地的县级和市级行政主管。在州政府遗产评估会议召开之前的评议阶段（comment period）②，州政府需要准备《国家古迹名录》申请书的复印件，张贴于公共区域（如公共图书馆），使公众能够获得提名遗产的信息，提出自己赞同或反对的意见。

---

① 美国的行政区划由大到小依次是：联邦（Federal）、州（State）、城市（City）。联邦相当于中国的国家（country）；州相当于中国的省（province）；州和市之间的行政区划是县（county），相当于中国的地区；然后是城市。town 和 village 可以理解为小的城市。

② 在这一阶段，州政府历史保护官员听取来自公众的意见。

（4）如果某个被提名遗产的所有者超过 50 人，州政府需要在遗产评估会议召开前的 30—75 天内以书面形式告知遗产所在地的县级和市级地方行政主管。州政府可以采用集体通告（general notice）的方法通知遗产的全部所有者。这份集体通告书需要在州政府遗产评估会议召开前的 30—75 天内刊登在至少一份当地流通的报纸上。如果采用了集体通告法，在遗产评估会议前，建议州政府在遗产地召开一次公众信息交流会。若州政府想要单独告知每一个所有者，请参照条款（3），州政府不必在报刊上公开刊登集体通告书。

（5）对具有多种资源形式和多种主题小组形式的遗产，提名中提及的每个地区、地点、建筑、建筑结构和物品都将作为单独的提名处理，单独告知每个所有者是否愿意将遗产列入遗产目录。

（6）不能省略提名中的评议阶段，除非遗产的所有者和地方行政主管以书面形式告知州政府他们同意省略这一阶段。

（7）任何反对其遗产列入国家名录的所有者都必须向州政府历史保护官员出示一份公证声明，证明他/她或他们所反对列入国家名录中的遗产是归他/她/他们私人所有。由多人所有的遗产，如果多数所有人不同意提名，遗产将不会被提名。州政府历史保护官员有责任确定不赞同遗产提名的人数。不论所有者拥有多少遗产份额，或是对遗产的重要性多大，每个所有者都有一份投票权。

（8）如果一份遗产在州政府遗产评估会议之前就已经被提名和批准，州政府历史保护官员不必重新向遗产评估委员会（State Review Board）提名；但是在提名的遗产提交给国家公园管理局之前，遗产所有者仍然有权利反对遗产被录入国家名录。

（9）提交完整的申请表、其他申请材料和在评议阶段收到的有关遗产重要性和选举资格的评价，呈交给州政府遗产评估委员会。州政府遗产委员会对提交的申请表、其他申请材料和公众对遗产选举资格的评价进行审阅和评估。同时州政府遗产评估委员会要决定遗产是否符合国家古迹名录标准，向州政府历史保护官员建议哪些提名应该被通过，哪些应该被拒绝。

（10）州政府遗产评估委员会将通过的提名交由州政府历史保护官员进行进一步审阅，核实提交的材料是否翔实，在技术上、专业上和过程上是否正确和完整，是否符合国家名录的评估标准。随后提名将被提交给《国家古迹名录》的管理人（the Keeper of the National Register of Historic Places，附属于内政部国家公园管理局）。同时递交的还有州政府收到的对提名的所有反对和赞同意见。

（11）如果州政府历史保护官员和遗产评估委员会对遗产是否符合名录要求有不同意见，州政府历史保护官员有权利根据自己的意见最终决定遗产是否符合标准，并提交给《国家古迹名录》的管理人。如果州政府遗产评估委员会或地方行政主管要求，州政府历史保护官员需要在州政府遗产评估会议结束的 45 天内提交有争议的提名。这样的提名将由《国家古迹名录》的管理人继续审核。

（12）如果提名的遗产处于以下提到的上诉过程（appeals process），州政府历史保护官员同样应该向《国家古迹名录》的管理人提交这样的提名。

（13）如果遗产所有者拒绝遗产录入国家名录，州政府历史保护官员应该向《国家古迹名录》的管理人提交提名，以审查遗产是否符合《国家古迹名录》的资格。

（14）如果遗产满足了国家名录的标准，州政府历史保护官员需要签署提名表中的第 12 项，证明此提名的遗产：①满足所有的程序要求；②提名表信息详实；③提名表在技术上和专业上正确充分；④州政府历史保护官员认为遗产满足了所有评估条件。

（15）如果州政府历史保护官员认为提名表不符合评估标准，他/她将签署一份提案清单，解释他/她认为提名的遗产不符合的标准。

（16）联邦名录委员会将公布正在进行审批的目录名单。

（17）除了《国家古迹名录》管理人反对的、处在上诉阶段的，或者在收录前收到遗产所有者反对公证声明（在收到提名的 45 天内）的提名，其他遗产提名都将被收录到《国家古迹名录》中。技术上或专业上不充分的提名将被退回修改和重新提交。如果提名不符合国家古迹名录标准，要解释退回的遗产提名为什么不符合国家名录的评估标准。

（18）除非处于上诉阶段，否则《国家古迹名录》管理人需要在 45 天内审核提名的遗产是否符合国家名录资格。管理人如果收到遗产所有者不再反对遗产收录国家名录的公正声明，则将其列入国家古迹名录。

（19）在提名阶段，任何个人或组织都可以向《国家古迹名录》管理人提出反对或者赞同州政府历史保护官员意见的请愿。请愿人需要向管理人陈述反对或者赞同的意见，以请求管理人审核该提名。管理人在审核提名时需要考虑这些请愿意见。

（20）当提名被列入《国家古迹名录》后，州政府历史保护官员需要通知遗产的私人所有者和地方行政主管。如果提名遗产的所有者超过 50 人，可以通过发布上文中提到的集体通告书。如果选择单独告知全部所有者，就不必发布集体通告书。

（21）如果提名遗产的所有者反对遗产列入名录，而《国家古迹名录》管理人认为这项提名符合国家古迹名录标准，州政府历史保护官员也需要将此情况告知所有者。同样，遗产所有者超过 50 人的提名，可以使用单独告知的方法，或者集体通告的方法。

(22) 如果州政府历史保护官员对管理人没有通过的提名进行了很大的修改或者重新提交,州政府历史保护官员也需要告知所有者,但是不需要重新提名给州政府遗产评估委员会。州政府历史保护官员在重新提交提名时,应该说明已再一次告知了所有者和地方行政主管。收到的意见和所有者的公正声明也应该随其他材料一起交给《国家古迹名录》管理人。

(23) 如果所有者拒绝遗产提名,州政府历史保护官员确定透露这些信息会给遗产地造成危害,可以不告知提名的相关信息。

对于联邦所有或管理的遗产,完整的提名表应该提交给联邦保护高级官员(Federal Preservation Officer)审批。联邦管理高级官员可以通过提名后将其递交给《国家古迹名录》管理人。

2. 联邦政府相关机构的提名

(1) 1966年《国家历史保护法》规定,为配合州政府历史保护官员的工作,联邦政府相关机构都应该建立一个项目来保存、记录和提名其管理下的所有遗产。

(2) 提名表在联邦保护高级官员的监督下进行,由联邦相关机构的主管指定,按照1966年《国家历史保护法》条款完成其职责。

(3) 完整的提名表上交给州政府历史高级官员,审核提名的遗产是否符合国家古迹名录的标准。在45天内告知县级和市级行政主管,询问他们的意见。州政府历史保护官员在申请表的第12项签字。

(4) 在收到州政府历史保护官员审核结果后,如果在45天内没有收到任何来自县级和市级行政主管的意见,联邦政府保护高级官员会将通过的提名递交给《国家史迹名录》管理人。联邦政府保护高级官员在申请表的12项签字,说明提名的遗产:①满足所有的程序要求;②提名表信息翔实;③提名表在技术上和专业上正确充分;④联邦政府保护高级官员认为遗产满足了所有评估条件。

(5) 如果联邦政府保护高级官员认定提名表不符合评估标准,联邦政府保护高级官员将签署一份提案清单,解释他/她认为提名不符合的标准。

(6) 州政府历史保护官员和地方行政主管的意见将被附在申请表中。如果州政府历史官员没有意见,要说明原因。

(7) 在联邦名录中告知被联邦政府通过的将被列入《国家古迹名录》的遗产。

(8) 除非管理人反对遗产的收录或遗产处于上诉期,被联邦政府保护高级官员通过的提名在45天内将被列入遗产名录中。技术上或专业上不充分的提名将被退回修改和重新提交。如果提名不符合国家古迹名录标准,退回的提名中会对遗产不符合标准的原因进行解释说明。

（9）在评论阶段，任何个人或组织都可以向《国家古迹名录》管理人提出反对或者赞同联邦政府保护高级官员的意见。请愿人需要向管理人陈述反对或者赞同的原因，请求管理人审核该提名。管理人在审核提名时需要考虑这些请愿意见。

3. 州和联邦共同提名

（1）鼓励州政府历史保护官员和联邦政府保护高级官员在遗产定位、记录、评估和提名上互相合作。如果某遗产的一部分不属于联邦政府管辖，联邦政府同样有权对其提名。

（2）当遗产的一部分不在联邦政府管辖的范围内，但它是文化遗产整体性很重要的一部分，完整的提名表应该送交给州政府历史保护官员，由其告知遗产所有者，征求他们的意愿，决定遗产是否列入名录中。

（3）如果州政府历史保护官员和州政府遗产评估委员会认为此遗产符合国家古迹名录的标准，州政府历史保护官员将签署审批表，再把审批表寄回给最初提名的联邦政府机构。如果不同意，同样需要把审批表寄回给最初提名的联邦政府机构，并解释原因。

（4）如果遗产所有者递交书面公正声明不同意遗产被列入名录中，联邦历史保护高级官员应该把提名表呈交给《国家古迹名录》管理人，评估遗产是否具有国家遗产名录资格。所有评价、观点和公证过的反对声明都应该和提名表一起呈交。

（5）在州政府和联邦政府共同提名一份遗产时，州政府历史保护官员需要告知非联邦范围内的所有者关于提名的事宜。

4. 未获提名的申诉

（1）如果个人或者地方政府认为提名的遗产完全符合国家古迹名录的标准，但是州政府历史保护官员和联邦政府保护高级官员没有通过申请的提名；或者遗产评估委员会推荐此提名，但是州政府历史保护官员没有通过提名；此个人或者地方机构可以提起上诉。

（2）上诉需要呈交提名表和其他资料的复印件给州政府历史保护官员和联邦政府保护高级官员，还需要提交上诉的理由，以及州政府历史保护官员和联邦政府保护高级官员的相关函件。

（3）《国家古迹名录》管理人需要对上诉人、州政府历史保护官员或联邦政府保护高级官员给以书面回应，在接到上诉的45天内告知他们是否接受此项上诉。如果管理人接受此上诉：①如果提名已经完成申请程序上所需的必要条件，州政府历史保护官员或联邦政府保护高级官员需要在15天以内按照上文提到的"州政府历史保护官员提名"和"联邦组织提名"的条款提交提名;②如果提名没有完成程序上的必要条件,州政府历史保护官员或联邦政府保护高级官员需要将此遗产的提名程序直接提前到上文提到的"州政府历史保护官员提名"和"联邦组织提名"的条款,以保证能够在15天内提交提名。

(4) 根据《国家古迹名录》管理人的要求,州政府历史保护官员或联邦政府保护高级官员必须按时提交提名。在告知所有者及相关组织后,必要时,部长(Secretary)可以协助遗产保护工作,对决定提名的遗产是否有资格录入名录拥有最后的保留权,并允许有30天的评议阶段。

(5) 每个人都必须遵守所设定的程序,没人能够因为遗产名录提名的失败而获得行政救济。《国家古迹名录》管理人的行政决定是对上诉的最终决定。

5. 联邦遗产名录的公布和国家公园管理局的其他公告

(1) 接受遗产提名后,国家公园管理局将发布通知,告知遗产正在被考虑录入到《国家古迹名录》中。在公示后,有15天的评议阶段。出于保护历史遗产的需要,可以缩短或者省略15天的公示期。

(2) 国家公园管理局应该告知相关的州政府历史保护官员、联邦政府保护高级官员、辖区内无遗产保护项目的地方政府和个人其申报的遗产获准列入名录,并公示在联邦名录期刊(National Register)中。

(3) 在私人所有者拒绝遗产被列入《国家古迹名录》,而《国家古迹名录》管理人认为其符合名录标准的情况下,国家公园管理局应该向相关的州政府历史保护官员、联邦政府保护官员、辖区内无遗产保护项目的地方政府和个人告知:遗产虽然没有被列入遗产目录,但具有国家遗产的资质。

6. 国家目录中遗产的变更和修订

(1) 范围的变化

范围的变化应该被看作是一个新的提名,需要使用提名阶段的所有表格、标准和程序。如果是范围扩大,需要告知此前未列入的区域,并要考虑所有者是否同意被列入。如果是范围缩小,需要按照下文提到的移除遗产步骤通知所有者。如果此项提议符合国家古迹名录标准,则应该同意范围变化的申请;如果提议没有被通过,则继续采用原来的范围。

变更范围的四个理由是:提名阶段有专业错误;历史整体性的缺失;认识到其他的重要性;在名录更大或更小的范围内有其他重要的调查资料需要被收录。只有在新范围内拥有对历史、建筑、考古、工程或文化重要性的条件下，才可以申请扩大范围；只有原有范围不再符合国家古迹标准，才可以缩小范围。所有申请改变范围的提议都要被详细记录，包括对新区域和原有区域文化遗产的照片记录。

（2）国家古迹名录中遗产的移动

只有当没有其他可行和可替代的保护方案时，国家名录下的遗产才可以被移动。要尽最大努力重新建立遗产的背景和环境。

在遗产移动中和移动后，如果管理此遗产的联邦组织希望在此期间继续被列入在遗产名录中，则需要在移动遗产前，由州政府历史保护官员、联邦政府保护高级官员和所在地没有遗产保护项目的地方政府向国家公园管理局提交申请。申请材料需要讨论：①移动的原因；②对遗产历史整体性的影响；③新的遗产地的背景和环境条件，证明被提议的地区没有历史和考古重要性，遗产的移入不会对此地区有负面影响；④新地区的照片。

将遗产移动到一个新的地区需要按照遗产提名程序进行。遗产移动后，州政府历史保护官员、联邦政府保护官员和所在地没有遗产保护项目的地方政府需要向《国家古迹名录》管理人提供：①遗产移动的时间；②遗产在新地点的照片；③更改的地图；④土地面积；⑤范围的文字介绍。

《国家古迹名录》管理人需要在收到提交材料后的45天内做出是否同意遗产迁往新地点的决定。如果同意移动，除非移动会对遗产的整体性造成不可预知的破坏，遗产在移动中和移动后应继续保持在国家名录中。如果不同意移动，遗产一旦被移动就将从国家名录中删除。

7. 移除遗产名录中的遗产

（1）从国家名录中移除遗产的理由是：①该遗产最初提名时具备的资格已丢失或被破坏，现已不再满足国家名录标准；②有证明该遗产不符合国家名录标准的信息；③在评估遗产是否具有资格列入遗产名录时，专业评估判断存有错误；④提名过程中有程序错误。因为程序错误而从国家名录中移除的遗产在州政府历史保护官员、联邦保护高级官员、地方政府和个人修正错误后，《国家古迹名录》管理人应该重新考虑该遗产的提名。因为程序不充分而从名录中移除的遗产不需要其他审批程序，自动认为符合遗产名录标准，并将列入联邦名录。

（2）在1980年12月13日前列入国家名录中的遗产，如果丢失或被破坏而不符合遗产资格，将从名录中移除。

（3）如果遗产符合条款（1）中的移除条件，任何个人或组织都可以以书面形式申请将遗产从《国家古迹名录》中移除,但是必须要说明移除原因。申请移除的请愿书如果是州的提名,就交给州政府历史保护官员;如果是联邦提名,就交给联邦政府保护高级官员;本州没有历史保护项目的组织或个人的请愿书将交给《国家古迹名录》管理人。

(4) 如果请愿人所在地没有州政府历史保护项目,请愿书还必须包括遗产所有者的名单。在这种情况下,《国家古迹名录》管理人将告知所有者和地方行政主管,在移除名录前给他们一个解释的机会。对州政府提名的遗产,州政府历史保护官员在名录移除前应该告知所有者和地方行政主管。联邦政府保护高级官员应该在遗产移除之前,告知州政府历史保护官员。所有的反馈意见和解释都将随请愿书一同递交。

(5) 州政府历史保护官员或联邦政府保护高级官员需要在收到请愿书的 45 天内对是否将遗产移除名录给以书面回应。

(6) 请愿人在收到书面回复的 45 天内必须告知州政府历史保护官员或联邦政府保护高级官员。

(7) 州政府历史保护官员应该按照提名程序考虑移除名录,但是如果移除申请在程序阶段,州政府历史保护官员需要尽快安排州政府评估委员会完成所需的必要条件,或者可以不询问州政府评估委员会,直接把请愿呈交给《国家古迹名录》的管理人。

(8) 在接到请愿书的 15 天内,州政府历史保护官员需要以书面形式告知请愿人,其申请是否会在某一特定时间内由州政府遗产评估委员会审核,或者其请愿书是否会呈递给《国家古迹名录》管理人。

(9) 在收到请愿书的 15 天内,联邦政府保护高级官员应该把请愿书、他/她的意见和州政府历史保护官员的意见一同呈交给《国家古迹名录》管理人。

(10) 除非必须告知遗产所有者和地方行政主管(这种情况下在 90 天内回复),《国家古迹名录》管理人应该在收到请愿书的 45 之内把自己的决定告知请愿人、州政府历史保护官员、联邦政府保护高级官员和辖区内无历史保护项目的地方官员和个人。州政府历史保护官员和联邦政府保护高级官员应该把结果传达给所有者、请愿人和地方行政主管。告知的所有者超过 50 人可以选择集体通告或者单独告知。

(11)《国家古迹名录》管理人依据(1)中的条款将遗产从国家名录中移除。但是 1980 年 12 月 13 日前的遗产,除非符合(1)条件的第一条,否则不能从名录中移除。这种情况下,需要告知提名专家和地方行政主管,给他们解释的机会。名录移除后,《国家古迹名录》管理人要告知提名专家。州政府历史保护官员、联邦政府保护高级官员和地方政府需要告知所有者和地方行政主管。①

第四节　遗产研究和教育

一、遗产研究

美国的遗产研究由官方机构、大学、博物馆和非政府组织等共同完成。虽然"遗产"一词在美国出现的时间较晚,但在短短的几十年时间里,出版了一定数量的遗产研究论文、专著和论文集。遗产研究涉及的学科非常多,如人类学、考古学、历史学、建筑学、公共政策、博物馆管理等。按照遗产研究的内容,可将美国的遗产研究分为以下几个主要的研究主题。

1. 遗产、记忆和认同

遗产作为祖先留下的财富有其重要的历史意义。遗产可以连接过去和现在,透过遗产能够了解过去的历史。美国是一个移民国家,除了美国原住民外,大部分早期移民都来自欧洲。因为美国建国较晚,又有来自于移民的不安定感,因此美国人对遗产的历史、记忆和认同格外重视。这方面的研究主要有对美国印第安人史前史的考古研究、对博物馆中展品的物质文化研究和对国家史迹名录中的历史遗产的研究等。美国同样关注具象的遗产与抽象的记忆之间的互相联结。

1941年12月7日,日本偷袭珍珠港,一千余名美国海军丧命。1958年,为纪念在珍珠港事件和战争中阵亡的海军将士,美国决定在亚利桑那号残骸上建立一座亚利桑那号沉船纪念馆(USS Arizona Memorial)。纪念馆于1961年建成,当年对外开放。这座横跨在亚利桑那号沉船之上的拱形纪念馆长达184英尺,以白色为基调,给整个纪念馆披上了一层悲壮感。参观者从纪念馆上可以看到锈迹斑斑的亚利桑那号沉船静静地躺在海底。走过长长的走廊,就来到刻着1177名阵亡者名单的纪念碑前。看到这面巨大纪念碑上密密麻麻的名单,无人不为之动容。现在坐落在夏威夷岛的亚利桑那号沉船纪念馆已成为美国重要的军事遗产。这座白色的建筑也可以被看做珍珠港事件的代名词,人们通过它纪念这一重大事件,唤起美国人民对这段历史的记忆。亚利桑那号沉船纪念馆也是重要的爱国主义教育基地,通过这段共同的历史记忆,增加了美国人民的集体认同感,凝聚了一股爱国力量。有趣的是,除了美国参观者以外,人数最多的国外游客就是来自日本的参观

---

① 参见 The procedures for nominations,来源:http://www.nps.gov/nr/regulations.htm

者。这座纪念馆不仅成为美国人重要的历史记忆,也成为战争另一方——日本的重要的历史记忆。

2. 遗产伦理

美国遗产伦理的主要关注点是对美国印第安人遗产的思考。在美国历史上,印第安人有过一段黑暗的历史。从18世纪末开始,美国政府为满足欧洲大陆移民的需求,不断掠夺印第安人的土地。随着美国政府土地不断扩大和土地利用的增多,发掘过程中发现的印第安人墓葬开始受到政府和学术界的关注。随着美国印第安人宗教自由法和美国印第安人坟墓保护和返还法案的制定,越来越多的学者开始研究印第安人遗产保护的伦理问题。

学者们讨论的主要的两个问题是:①博物馆和研究机构(如大学)中收藏的印第安人祖先的骸骨和宗教器物的返还问题。虽然目前已有相关的法律规定,但是返还的具体情况十分复杂。比如,如何确定收藏的骸骨属于哪个部落;在物品返还后,如何在部落中继续对其保护等。②随着原住民艺术品在美国市场上价格的提高,出现越来越多盗窃印第安墓葬、非法买卖印第安艺术品的违法行为,如何避免和处理这些违法行为的发生。

在《祖地、圣地和陵墓:美国原住民对收集文化财产伦理的观点》一文中,作者从印第安人的角度讨论了不同印第安部落对文化财产收集伦理的观点,在文章最后提出:缺乏对印第安文化和传统的基本认识是导致非法交易和盗取印第安财产的主要原因,因此能够减少违法行为的最有效的办法就是加强对印第安文化传统的宣传,增加不同文化间的相互了解。博物馆和考古学家应该承担起向公众介绍印第安文化的责任,在博物馆收集这些遗产前要了解它们的来源,并提高考古学家和印第安人的合作。①

3. 遗产保护

对遗产保护的研究,美国政府做出了很大的努力和贡献,国家公园管理局不仅是遗产保护实践的主力军,而且在遗产保护研究中也有巨大成绩。国家公园管理局一方面每年投入大量经费对美国国家公园、国家史迹名录中的历史遗产和其他遗产进行维护,另一方面还设立各种遗产研究项目,支持研究机构和个人对美国遗

---

① Deborah L. Nichols, Anthony L. Klesert and Anyon Roger. "Ancestral Sites, Shrines, and Graves: Native American Perspectives on the Ethics of Collecting Cultural Properties". In *The Ethics of Collecting Cultural Property: Whose culture? Whose property?* Phyllis Mauch Messenger (ed.). Albuquerque: University of New Mexico Press, 1999.

产保护进行研究。

国家公园管理局出版了大量关于遗产保护的宣传册和书籍。宣传册一般是免费发放,书籍有些可以在国家公园管理局网页上免费下载,有些可以在各地国家公园买到,有些在美国书店销售。国家公园管理局和其下属机构出版的主要出版物主要涉及以下主题:美国战场保护、文化景观、历史保护规划(Historic Preservation Planning)、历史建筑的技术保护、对普通房屋历史保护的案例研究(Case Studies in Affordable Housing Through Historic Preservation)、保护概要(Preservation Briefs)、历史内部空间(Historic Interior Spaces)、石砌建筑(Masonry)、博物馆收藏品;遗址。①

4. 遗产教育

与遗产保护类似,对遗产教育的研究美国官方组织起了主要的作用。遗产教育有专业教育和大众教育两种。专业教育指大学或研究机构开设的遗产课程和项目(本科生项目和研究生项目),培养专业的遗产从业人员;大众教育指对美国公民的遗产普及教育,使公民了解遗产,并参与到遗产保护行动中。对这两种遗产教育的具体内容将在下一节中详细介绍。为鼓励遗产研究和多学科的训练,国会在1992年设立了国家保护技术和培训中心(National Center for Preservation Technology & Training)专门负责遗产教育和培训。国家公园管理局也对遗产教育的研究作出了很多贡献。

5. 遗产旅游

美国的遗产在不破坏遗产的范围内对公众开放,比如国家公园和国家古迹名录中的历史建筑等遗产。

美国黄石国家公园建立于1872年,是美国的第一座国家公园,也是世界上第一座国家公园,1978年列入世界自然遗产名录。黄石公园位于美国西部北落基山和中落基山之间的熔岩高原上,占地9 000公顷,这里既有优美的自然环境——瀑布、峡谷、温泉和喷泉,并拥有很多珍贵的动植物。美国人自豪地称之为"地球上独一无二的神奇乐园"。自黄石公园开放至今,游客数量已达数千万人,每年还有无数的国内外游客竞相前往,体验神奇的自然奇观。黄石公园现在已经成为无可争议的旅游胜地。在美国,遗产和旅游已经密不可分,成为一个整体。

---

① National Park Service. Free Publications. http://www.nps.gov/tps/education/free-pubs.htm

6. 遗产与博物馆

博物馆是收集和展示遗产的重要场所，也是遗产教育的重要方式，因此美国博物馆一直非常关注遗产保护研究。在美国，有些遗产保护协会与博物馆是一个有机的整体，比如美国史密森尼学会和格蒂基金会（J. Paul Getty Trust）。

美国史密森尼学会创立于1864年华盛顿，是由美国政府资助的半官方性质的博物馆机构和研究机构，学会下设十四所博物馆和一所动物园。自学会创立以来，不但对美国博物馆的发展影响重大，而且也在遗产研究方面设立了很多课题，支持进行博物馆遗产研究的机构和个人。

格蒂基金是一个集博物馆和遗产保护协会于一身的私人组织，下设格蒂保护协会（The Getty Preservation Institute，GCI）和格蒂博物馆（J. Paul Getty Museum）等部门。

格蒂保护协会是格蒂基金下的一个项目，设立在美国加利福尼亚州的洛杉矶市。它是一个私立的国际遗产保护机构，宗旨是通过科学调查、教育、培训和项目等方法来保护社区。它的保护项目侧重于艺术保护和建筑保护，范围不局限于美国，而是对全球范围内的遗产进行保护，并资助出版了很多专著和论文集。

在格蒂基金之下的项目还有格蒂博物馆，这个博物馆主要展示欧洲的艺术品，包括绘画、雕塑、装饰艺术等等。虽然这两个机构相对分离，但是机构中的很多教育项目和调查保护项目都有交叉，可以互相合作。

二、遗产教育和宣传

遗产的教育和宣传对遗产保护具有重要意义，因此，美国政府对遗产教育特别重视。根据遗产教育的对象，可以将美国的遗产教育分为对专业从业人员的教育和对公众的教育两大类。因为遗产宣传的主要目的就是对公众的遗产教育，因此这一节把遗产宣传和遗产的公众教育合并在一起进行说明。

1. 对从业人员的专业教育

对从业人员的专业教育指大学、研究机构或国家遗产保护及相关机构通过开设遗产课程，包括考古、历史和遗产保护等，对专业从业人员和希望成为遗产保护从业人员的美国公民进行教育培训，此培训可以是一个长达5年的博士项目，可以是大学的暑期课程，也可以是短期的集中培训或会议。

（1）大学的研究生项目

目前美国很多大学中都设有遗产保护的研究生项目，这些项目因为学科侧重不同,有些设在考古学系中,有些设在环境学、建筑学、博物馆学和艺术学系中。项目名称有文化资源管理、历史保护、历史建筑规划、遗产保护等,各个学校选择的课程各不相同。

1964年,美国哥伦比亚大学(Colombia University)的建筑系开始开设一个两年的历史建筑保护硕士课程。这一课程的主要目的是培养保护历史建筑的专业人才,提供对历史建筑的哲学理解和历史建筑保护理论,并教授相关的调查技术、建筑技术和遗产保护知识。

西弗吉尼亚(West Virginia University)大学的历史学系开设了两年的文化资源管理硕士项目,为学生提供文化资源管理的资格证。这个项目同时与州、地方和社区的遗产机构相联系,提供不同的资源背景,帮助美国的历史建筑调查、提供专业遗产教育和进行考古实地调查研究。

美国佐治亚州立大学(Georgia State University)开设了遗产保护的硕士项目。要求报考的学生必须具有遗产保护的相关学科背景,如建筑史、民俗学、城市规划、历史建筑保护、美国遗产保护法等。必选课程主要有:历史保护概论、遗产保护法、历史资源评估和考古学等。选修课涉及的方面比较广泛,课程主要有城市人类学、民族志分析、考古方法、博物馆研究、物质文化、口述史和文化地理学等。

最初高校中遗产研究相关学科通常设置的是硕士学位,后来也相继出现本科和博士学位。由于遗产保护是一个综合性和应用性的学科,需要很多历史学、建筑学、环境学等相关知识,因此一般需要获得这些相关知识的本科学位才可以申请硕士课程。遗产保护是美国一个比较新的学科,设立博士学位的学校还很少。不过很多大学已经开始出现遗产研究的本科学位和博士学位。大学中遗产保护的相关课程也逐渐增多。

美国保护教育委员会(National Council for Preservation Education)为方便相关人员选择遗产课程的需要,列出了详细的学校、项目名称及课程等内容。

设有本科历史保护学位和资格证的学校目前共有13所,学校及其所开设的本科项目名称具体如下:

美国建筑艺术大学(American College of the Building Arts)的建筑艺术的应用科学(Applied Science in the Building Arts),波士顿建筑学院(Boston Architectural College)、查尔斯顿学院(College of Charleston)、罗杰·威廉姆斯大学(Roger Williams University)、萨凡纳艺术与设计学院(Savannah College of Art & Design)、S.E.密苏里州立大学(S. E. Missouri State University)、玛丽华盛顿大学(University of Mary Washington)、乌尔苏拉会学院(Ursuline College)的历史保护(Historic Preservation),贝尔蒙特技术学院(Belmont Technical

College)的建筑保护与修复(Building Preservation and Restoration),克拉特索普社区学院(Historic Preservation and Restoration)、萨凡纳技术学院(Savannah Technical College)的历史保护与修复(Historic Preservation and Restoration),拉马尔社区学院(Lamar Community College)的历史建筑技术(Historic Building Technology),罗德岛新港大学(Salve Regina University)的文化与历史保护(Cultural and Historic Preservation)。

设有历史保护研究生学位和资格证的学校有 32 所：

鲍尔州立大学(Ball State University)、波士顿建筑学院(Boston Architectural College)、克莱姆森大学 & 查尔斯顿学院(Clemson University & College of Charleston)、哥伦比亚大学(Columbia University)、康奈尔大学(Cornell University)、特拉华州立大学(Delaware State University)、东密歇根大学(Eastern Michigan University)、戈切尔学院(Goucher College)、普利茅斯州立大学(Plymouth State University)、普拉特学院(Pratt Institute)、罗杰·威廉姆斯大学(Roger Williams University)、萨凡纳艺术与设计学院(Savannah College of Art & Design)、芝加哥艺术学院(School of the Art Institute of Chicago)、得克萨斯理工大学(Texas Tech University)、科罗拉多丹佛校区(University of Colorado, Denver)、特拉华大学(University of Delaware)、佛罗里达大学(University of Florida)、佐治亚大学(University of Georgia)、肯塔基大学(University of Kentucky)、马里兰大学(University of Maryland)、马萨诸塞大学/麻省大学(University of Massachusetts)的历史保护,俄勒冈大学(University of Oregon)、宾夕法尼亚大学(University of Pennsylvania)、南加州大学(University of Southern California)、佛蒙特大学(University of Vermont)、乌尔苏拉会学院(Ursuline College)的历史保护,波士顿大学(Boston University)、杜兰大学(Tulane University)的保护研究(Preservation Studies),佐治亚州立大学(Georgia State University)、得克萨斯州大学(University of Texas)的遗产保护(Heritage Preservation),罗格斯大学(Rutgers University)的文化遗产与保护(Cultural Heritage and Preservation)、保护研究(Preservation Studies),明尼苏达大学(University of Minnesota)的建筑－遗产保护(Architecture-Heritage Conservation and Preservation)。[1]

除此之外,科罗拉多州立大学(Colorado State University)和乔治·华盛顿大

---

[1] 美国保护教育委员会(National Council for Preservation Education)官方网站 http://www.ncpe.us/academic-programs

学（George Washington University）等 9 所学校拥有以历史保护为侧重点的相关专业，宾夕法尼亚大学（University of Pennsylvania）和华盛顿大学（University of Washington）等 24 所学校具有历史保护的资格证和继续教育项目（Historic Preservation Certificate Programs & Continuing Education）。

（2）遗产组织和学会的遗产教育

民俗、历史和古迹保护官方组织也会开设遗产保护相关课程，主要机构有国家公园管理局、美国保护教育委员会（The National Council for Preservation Education，NCPE）和美国考古学会（Society for American Archaeology，SAA）等。它们针对的主要对象是遗产保护的从业人员和美国公众，同时为高校老师提供授课的材料和为从业人员提供保护依据，一般只提供课程材料而不授予学位。

国家公园管理局为教授遗产课程的教师们准备了充足的课程信息，以帮助他们进行专业的遗产保护等课程的教学大纲制订，在国家公园管理局的网页上就可以免费阅读和下载。如"考古课程"（Teacher Resources for Archaeology）提供了对儿童、学生和从业者等不同人群的考古教材，网页上还有很多辅助材料，比如相关考古组织的网页和考古点的网站，可以在网络上点击进入并查看相关内容。"博物馆收藏品"（Teaching with Museum Collections）以物质方式建立起国家公园和美国历史的关系。"文化遗产保护课程"（Teaching Cultural Heritage Preservation）主要侧重对大学本科生讲授少数族群的文化遗产保护知识。

（3）成人学校短期课程和暑期学校

自 20 世纪 70 年代起，一些学校就开始设立关于遗产教育的暑期课程，如哥伦比亚大学和佛罗里达大学。某些课程还会获得国家保护机构（如国家公园管理局）的支持和资助。有些课程教授遗产保护的概念和理论，但更多的是教授进行遗产保护的实践和案例。有时还可以到其他国家访问，学习借鉴别国的保护经验。

1966 年，康奈尔大学开设了为期一周的"历史保护项目"课程，自 1966 年后，每年的 7 月份康奈尔大学都会开设此课程。这一短期课程是在美国国民托管组织（National Trust）的协助下进行的，学员多来自美国和加拿大。北卡罗来纳大学（University of North Carolina）和北卡罗来纳档案局（North Carolina Office of Archives and History）开设的短期课程"历史建筑、地点、地区的保护和规划"自 1968 年开始，每两年举办一次。

（4）会议

美国考古学会（Archaeological Institute of America，AIA）成立于 1934 年，目前编辑出版《美国考古》（*American Antiquity*）和《拉丁美洲考古》（*Latin American Antiquity*）两种专业学术期刊，为全世界的考古学研究提供了交流对话的平台。

1935年,美国考古学会在马萨诸塞州的安杜佛镇(Andover)召开了第一次学术年会,之后成为考古学家每年的盛会。

2010年的第75届考古学年会共有260个专题,涉及考古学、人类学、民族学、建筑学等学科。其中与遗产研究较为相关的话题是环境、生态变化及文化遗产管理。环境和生态变化的关系反映了人与自然界的相互关系,通过考古发掘能挖掘环境变化与人类进化的历史。而文化遗产管理的话题表现出考古学对大众教育的重视,指出公众的参与和对考古学的认知是考古工作的生命力,考古应该为美国大众服务。与此相关的专题有"加强地方考古资源的保护""科罗拉多山谷国家自然保护区近十年的文化资源发现与管理""数字化展陈问题""政府考古:为大众与资源服务"等。

相较于美国考古学会的年会,史迹保存信托机构(National Trust for Historic Preservation)每年的常规会议和相关的观光活动更针对非专业人士,并且每年的会议都会关注当地的遗产保护情况,因此更加吸引大众关注。

2. 公众遗产教育

美国内政部的部长和其他相关联邦官员对美国遗产教育起领导作用,1988年《考古资源保护法》(Archaeological Resources Protection Act)修正案中提出要建立公众教育项目来宣传考古遗产的重要性和它们对美国的珍贵价值,禁止一切对考古遗产的破坏和非法交易。

公众教育的目的是让公众了解到:①从遗产中可以获得有趣的和有用的知识;②进行遗产发掘和研究是一个很辛苦的工作,包括田野工作、实验室工作、准备调查报告和出版物,还要收集相关物品和相关记录;③遗产是容易被损坏的,经常是不可再生的,一旦破坏就再难修复。

国家公园管理局不仅提供专业遗产教育,同时也是进行遗产公众教育的主要机构。考古协助项目(Archaeological Assistant)下的《考古教育名录》(Listing of Education in Archaeological Programs, LEAP)在开展中受到公众、私人机构和考古学家、博物馆馆长等个人的支持,收录了他们所提供的很多教育项目信息。

国家保护技术和培训中心(National Center for Preservation Technology & Training)专门负责遗产教育和培训。美国考古学会和历史考古学会(The Society for Historical Archaeology, SHA)的大众教育也非常活跃。它们开展的项目包括正式和非正式的教育、志愿者项目以及其他形式的延伸项目。美国考古协会通过出版的《考古学》期刊进行公众遗产教育,还同时与公共教育系统合作进行遗产教育。

美国遗产公众教育的主要形式有：

（1）海报和宣传手册：美国遗产教育的海报和宣传手册通常有很多插图，颜色鲜艳，吸引公众的吸引力。很多宣传手册可以在国家公园管理局的网站上获得，如国家古迹名录宣传册。国家公园的宣传手册可以通过电子邮件申请直接寄往美国居民的家庭住址。

（2）展览和陈列：博物馆是展示遗产的主要途径之一。在美国，几乎在每个国家公园内都有一个国家公园博物馆，展示国家公园的历史、矿藏和文化等方面。在美国一些博物馆中，还添加了电影、录像、声音介绍等新媒介的方式为参观者提供更直观的遗产展示。有些博物馆会定期或不定期的邀请遗产的传承者来到博物馆中展示遗产的制作过程。如在美国加利福尼亚州的优胜美地国家公园内的博物馆中，就常有印第安人在馆内制作石质箭头。加州大学伯克利分校（University of California, Berkeley）的菲比·赫斯特人类学博物馆（Phoebe A. Hearst Museum of Anthropology）有时也邀请印第安人到博物馆展示自己的文化，使公众更直观的了解文化遗产。

美国自然历史博物馆是世界上规模最大的自然史博物馆，位于美国纽约曼哈顿区，占地面积为7公顷，建于1869年，迄今已有100多年的历史。自然历史博物馆对公众的教育分不同层面展开：①与当地的公立学校广泛合作，为老师提供培训，安排学校组织学生团体参观博物馆；②博物馆安排讲解员介绍馆藏，带领学生动手参与实验、游戏等活动，提高学生们的积极性；③与美国一些主要科学教科书的出版商有合作，为一到六年级的科学教科书提供材料；④提供免费的课外讲座以扩展大众的遗产知识；⑤每年选出35名中学生与博物馆的科学家们一起着手进行长期的科研项目。这些教育项目大大增进了公众对科学及遗产文化的了解。

（3）电视节目、纪录片以及新媒体：电视节目、纪录片以其故事性被美国大众广泛接受。因此大众遗产教育也会定期在美国的电视节目中出现。比如美国PBS公共广播系统（Public Broadcasting System）就会定期播出一些考古类系列节目，如2009年专门播出了国家公园历史系列节目。美国国家地理学会（National Geographic Society）很早就已经开始尝试制作纪录片，后者成为美国各地电视台、学校和图书馆的必备之物。在出版业方面，国家地理学会旗下拥有《国家地理·旅行家》《国家地理·探险》《国家地理·探险者课堂》《国家地理·儿童版》等子刊，其发行量已逾百万份。之后学会向市场推出图书、地图集和其他印刷出版物，也受到读者们的普遍欢迎。最近国家地理学会还将市场扩大到电子媒体领域，开办国家地理频道，面向全球播出电视节目，并制作成VCD和DVD向海外发行和销售。

（4）大众杂志和专业书籍：大众读物可以用一种通俗易懂的方式介绍遗产及遗产研究成果，通过阅读关于遗产的报纸、图书或杂志，了解美国的文化遗产。遗产保护的专业书籍主要保存在大学的图书馆中，也可以在地方、市级和州图书馆找到。对于喜欢去博物馆和考古地亲自观察体验的人，《美国古老财富》(America's Ancient Treasures)一书值得推荐，该书介绍了美国和加拿大上百个考古遗迹和博物馆，供大众游客参观访问。1991年10月的国家地理杂志也提供了一份考古遗产和博物馆名录，但是没有《美国古老财富》中的介绍详细。

（5）志愿者：在美国，过去如果人们想进行考古发掘、物质遗产研究和遗产保护等工作，必须要到大学里去学习相关课程。虽然在大学里可以接受专业的训练，但并不是所有人都有时间并有条件到大学中学习遗产知识。目前，由于志愿者工作的出现，公众参与考古发掘和遗产研究工作的机会大大提高。很多研究机构都为公众提供了志愿者工作，只要有兴趣、有时间并且不在乎义务服务，任何公民都可以申请这些与遗产相关的志愿者工作。

（6）公众参与项目：公众参与项目指为公众创造机会接触、了解美国文化遗产的活动，比如免费参观历史建筑等国家遗产。尽管出于遗产保护方面的考虑，有些遗产不能对大众开放，但可以定期设立开放日，接待游客参观。有些州政府或市政府会设立考古周，在考古周期间开展多种多样的互动参与项目；有时还对考古现场设立开放日，为公众提供近距离接触考古工作的机会。

（7）对中小学生和教师的遗产教育：中小学生是遗产教育所关注的一部分特殊人群。"教育从娃娃抓起"，遗产教育也不例外。为了让中小学生能够了解遗产知识，自觉保护美国遗产，激起他们对遗产保护的积极性，美国很多州已经开始在课程体系中加入一些遗产课程或加入遗产课程元素。例如，亚利桑那州考古协会(Arizona Archaeological Society)尝试将遗产加入本州的公共教育系统中。为了能够使中小学生容易吸收这些遗产知识，委员会首先想到要获得教师们的配合，鼓励教师们在教学中加入遗产教育的内容。有些州专门为老师们开设了工作室和暑期课程，以便他们更好地理解遗产知识，在课上更好地教学。

很多遗产机构都把中小学师生看作最大的公共教育对象。美国人类学会(American Anthropological Association，AAA)设有一个人类学教学的特别行动小组，国家史迹信托保护(National Trust for Historic Preservation)开设了一个遗产教育的国家中心。在国家史迹名录的基础上，国家公园管理局开设了一系列的课程计划，主要的教授对象是公共教育系统中的历史老师和社会服务老师，讲授的内容是美国的国家史迹、遗产保护及相关内容。

（8）对美国原住民的遗产教育：国家公园管理局下的部落历史保护项目

(Tribal Preservation Program)主要针对美国原住民的遗产教育。此项目的主要对象是原住民部落中小学校、图书馆和部落政府,关注原住民的遗产保护和遗产教育。近年来有很多关于美国原住民的项目出现,比如原住民语言项目、印第安部落历史和文化保护等。部分美国原住民开始接受专业的考古和遗产教育,成为保护原住民遗产的管理者。①

---

① 参见 http://www.nps.gov/history/about.htm

第五章 澳大利亚遗产体系

第一节 澳大利亚遗产的官方管理机构和体系①

一、管理机构

澳大利亚把国家的遗产看作是一种不动产,命名也非常有特点:*National Estate*,我们将其译为"国家遗产"。此术语由英国建筑师克劳·威廉-艾力斯(Clough William-Ellis)于20世纪40年代首次提出②。《澳大利亚遗产委员会1975法案》(*Australian Heritage Commission ACT 1975*)把国家遗产(National Estate)定义为:澳大利亚自然环境或文化环境的组成部分,具有美学的、历史的、科学的或社会的重要性,是不仅对现代社会,对后代也具有其他特殊价值的地方。③ 从这个定义可以看出,国家遗产是一个在空间上、时间上与整个环境相连的概念,它包括了各种各样自然天成的部分,原住民区域以及历史上有名的地方。

国家遗产是与人的可持续的生存条件、艺术审美等相依存,国家遗产和水资源、空气资源、土地资源以及艺术、体育、旅游等紧密联系。

1. 管理机构

可以说,澳大利亚的遗产保护体系经历了一个不断完善的过程,它的管理机构称谓的历史就叙说了一个不断发展、完善和整合的过程,机构的命名也体现了国家财富包含的理念:

---

① 参见 Australian Government, The Department of the Environment 网站 http://www.environment.gov.au, 2014年12月15日。(本章材料如无特别标明,取自澳大利亚环境部官方网站)

② 参见 Australian Heritage Commission, *Australian Heritage Commission Annual Report 2000-2001*. Canberra: Commonwealth of Australia, 2001.

③ 参见 "The National Estate in 1981: A Report of the Australian Heritage Commission", Canberra: Australian Government Publishing Service, 1982, p.26.

表 5—1　管理机构称谓变化图

开始时间	结束时间	机构名称（中文）	机构名称（英文）
1971 年 5 月 31 日	1972 年 12 月 5 日	环境、原住民及艺术部	Department of the Environment, Aborigines and the Arts
1972 年 12 月 19 日	1975 年 4 月 21 日	环境和保护部	Department of the Environment and Conservation
1975 年 4 月 21 日	1976 年 7 月 8 日	环境部	Department of the Environment
1976 年 7 月 8 日	1978 年 12 月 5 日	环境、住房与社区发展部	Department of the Environment, Housing and Community Development
1978 年 12 月 5 日	1980 年 11 月 3 日	自然科学与环境部	Department of Science and the Environment
1980 年 11 月 3 日	1984 年 12 月 13 日	内政与环境部	Department of Home Affairs and Environment
1984 年 12 月 13 日	1987 年 7 月 24 日	艺术、遗产与环境部	Department of the Arts, Heritage and the Environment
1987 年 7 月 24 日	1991 年 12 月 27 日	艺术、体育与环境、旅游与领土部	Department of the Arts, Sport the Environment, Tourism and Territories
1991 年 12 月 27 日	1993 年 3 月 24 日	艺术、体育、环境与领土部	Department of the Arts, Sport, the Environment and Territories
1993 年 3 月 24 日	1997 年 10 月 9 日	环境、体育与领土部	Department of the Environment, Sport and Territories
1997 年 10 月 9 日	1998 年 10 月 21 日	环境部	Department of the Environment
1998 年 10 月 21 日	2007 年 1 月	环境和遗产部	Department of the Environment and Heritage
2007 年 1 月	2007 年 12 月	环境与水资源部	Department of Environment and Water Resources
2007 年 12 月	2010 年 9 月	环境、水、遗产与艺术部	Department of the Environment, Water, Heritage and the Arts
2010 年 9 月	2013 年 9 月	可持续发展、环境、水、人口与社区部	Department of Sustainability, Environment, Water, Population and Communities
2013 年 9 月		环境部	Department of the Environment

2. 机构职责

管理遗产的部门在 2013 年 9 月又改为"环境部",主要职责是规划和实施防护和保护环境、水资源和遗产的政策与项目,并推进研究气候的行动计划。该部门的工作主要包括四个核心内容:洁净空气、洁净水资源、洁净土地资源以及国家遗产。

对于国家遗产,澳大利亚政府一直致力于逐步引导大众对本国遗产产生自豪感,他们不仅重视与社区居民分享有关国家怎样形成的故事,他们也致力于要为了下一代而保护遗产地。① 澳大利亚政府专门制定了 EPBC 法案(即《1999 环境保护和生态多样性保持法案》,Environment Protection and Biodiversity Conservation Act 1999)。

因此,环境部事务众多,主要处理以下事务:

a. 行政安排规程;

b. 环境防护与生物多样性的保护(Environment protection and conservation of biodiversity);

c. 空气质量;

d. 国家燃料质量标准;

e. 土地污染;

f. 气象学;

g. 澳大利亚"南极洲领地"以及赫德岛和麦克唐纳岛(Heard Island and Mcdonald Islands)的管理;

h. 自然遗产、建筑遗产及文化遗产;

i. 环境信息及研究;

j. 电离层预测(Ionospheric prediction);

k. 可持续发展社区政策的相互协调性;

l. 人口政策;

m. 城市环境

n. 国内气候变化政策的发展与协调;

o. 可再生能源的政策、管理和协调;

p. 住房的支付能力;

---

① 参见澳大利亚环境部官网,网址:http://www.environment.gov.au/national-heritage,2014 年 12 月 15 日。

q. 温室气体排放和能源消费报告；

r. 气候变化适应策略和协调；

s. 气候变化科学活动协调；

t. 可再生能源；

u. 温室气体减少项目；

v. 社区和家庭气候活动；

w. 水政策和能源。

二、澳大利亚管理机构体系

围绕以上职责分工，环境部又进行部内分工，同时，各个州及地区又有相应的分类管理机构，因此，整个管理机构形成了国家层面和地方层面的管理机构体系，针对各种主题由不同级别的政府机关和权威机构来管理，在各个州的管理过程中，他们还针对各自不同的特点，成立了不同名目的管理机构。

1. 澳大利亚国家政府层面机构

澳大利亚环境部还管辖四十多个理事会、委员会以及论坛，这些机构在特定的政策领域促进了政府、州与地区间的协商与合作，共同制定政策。其分工主要如下：环境部开发和实施有助于认可、保护和促进对于澳大利亚自然和文化遗产地和遗产物鉴赏的政策与计划，澳大利亚遗产理事会（Australian Heritage Council，简称AHC）是政府在遗产事务方面独立的专家咨询机构，澳大利亚世界遗产顾问委员会（The Australian World Heritage Advisory Committee）主要是为州和地区政府长官提供影响澳大利亚世界遗产地的那些具有多领域交叉的建议，各个州和地区也还有自己的保护遗产的政府或非政府机构组织。

2. 州或地区政府的环境与遗产部门

对应环境的管理职责，每个州和地区针对相关职能与职责又具有自己的管理特色，如每个州或地区都有担任州立顾问的遗产委员会以及处理原住民遗产事务的部门，但同时又各有自己的地区管理特色。

（1）澳大利亚首都地区：领地和市政服务部（Department of Territory and Municipal Services）主要为首都地区的居民规划、开发以及传达一系列市政服务，在将堪培拉建设成环境、社会、经济首都的过程中起了重要作用。该地区有专门的管理首都地区遗产的部门——环境和可持续发展指挥部（网站：http://www.

environment.act.gov.au/heritage），主要在首都地区的遗产保护方面起到了很大的支持帮助作用，并确保遗产的认可、存留、保护、维护以及合适的修缮，为这一代和下一代留下一笔财富。

（2）新南威尔士州：新威尔士州的政府遗产管理机构为环境、气候变化和水资源部（Department of Environment，Climate Change and Water），主要致力于为一个所有新南威尔士社区居民喜爱的有利于健康的环境而努力；努力保护该州所有的陆地和水资源里的自然和文化遗产；减小气候变化造成的影响；为了加强政策制定，引导生物多样性，植物、环境和文化遗产的各项研究。该州也有专门管理遗产的部门——环境和遗产部（http://www.environment.nsw.gov.au/heritage/index.htm），从属于规划部，考虑到遗产事务现在已经是这个部门的核心事务，一些以前的遗产部门的职员也将并入规划部的开发评估、计划制订、策略制订和政策小组。

（3）北部地区：北部地区的政府遗产管理部门为自然资源、环境、艺术和运动部（The Department of Natural Resources，Environment，the Arts and Sport），主要负责保护、完善以及确保对地区的自然和文化财富的使用和鉴赏，遗产包括本土的野生生物和动物栖息地、可再生的包括水资源和自然景观在内的可再生资源。历史建筑和遗址、科学和文化的收藏品以及创新社区居民的推广和开发产品。该地区同样有遗产保护部门——遗产保护部（Heritage Conservation Branch，网址为：http://www.nt.gov.au）。

（4）昆士兰州：昆士兰州的政府遗产管理部门为环境和资源管理部（The Department of Environment and Resource Management，网址为：https://www.dnrm.qld.gov.au/），此部门的工作职责是为了所有昆士兰人的利益而保护和管理该州的自然环境。

（5）南澳大利亚州：南澳大利亚的政府遗产管理部门为环境和遗产部（The Department for Environment and Heritage，网址为：http://www.environment.sa.gov.au/Home），主要负责环境政策、生物多样性保护、遗产保护、环境可持续发展以及动物的繁荣，是有关该州环境的信息和知识的监管部门。而主要管理遗产的南澳大利亚遗产部（Heritage Branch）则负责与环境和遗产部的遗产项目相关的策略与政策的开发，工作目标是在相关的立法范围内致力于认同、保护、防护和提升州立遗产地和水资源遗产。

（6）塔斯马尼亚州：塔斯马尼亚州的政府遗产管理部门为第一产业、公园、水资源及环境部（Department of Primary Industries，Parks，Water and the Environment，网址为：http://www.depha.tas.gov.au），主要负责该州独特的自

然的、原住民的、历史的和文化遗产的可持续管理和提升。而其下的塔斯马尼亚遗产(Heritage Tasmania)主要致力于防护、保护以及提升塔斯马尼亚独特的历史遗产,并与遗产委员会、塔斯马尼亚遗产部门以及政府的其他部门协力来保护这些遗产。

(7) 维多利亚州:维多利亚州的政府遗产管理部门为交通、规划和地方基础设施部(The Department of Transport, Planning and Local Infrastructure,网址为:http://www.dtpli.vic.gov.au/? redirect = environment.gov.au/heritage/organisations/vic),主要致力于联系交通土地使用规划和基础设施服务。专门管理维多利亚遗产的部门则是维多利亚遗产(Heritage Victoria),这是维多利亚州政府首要的文化遗产机构(不包含原住民遗产),是交通、规划和地方基础设施部的一部分,维多利亚遗产执行《1995 遗产法案》并维持维多利亚遗产的登录。

(8) 西澳大利亚州:西澳大利亚州的政府遗产管理部门为环境和保护部(Department of Environment and Conservation,网址:http://www.environment.gov.au/heritage/organisations/wa),该部门具有代表西澳人民防护和保护西澳大利亚州的环境的主要职责,包括管理州立国家公园、海洋公园、保护区公园、州立森林以及林业保护区、自然保护区、海洋自然保护区以及海洋管理区域。

第二节 澳大利亚遗产保护组织机构

在澳大利亚的遗产保护工作中,除了环境部以外,还有其他许多政府和私人机构参加了遗产地的保护工作。这些遗产保护组织结构包括国家遗产组织,如澳大利亚遗产理事会(The Australian Heritage Council)、澳大利亚世界遗产咨询委员会(The Australian World Heritage Advisory Committee)等。除此之外,每一个州和地区都具有相应的保护遗产地的政府和非政府组织。

一、国家遗产组织机构

1. 联邦政府组织机构

(1) 遗产理事会(The Australian Heritage Council,简称 AHC)

AHC 是政府有关遗产事务主要的专家咨询机构,理事会的职责是评估国家遗产名录和联邦遗产名录的提名地,并为部长提供有关对澳大利亚有重要性的海外遗产地的提名和登录的咨询及建议,理事会还负责国家财产的登记注册。遗产理事会是根据《2003 年澳大利亚遗产理事会法案》而建立的遗产专家机构,2004 年,根据《EPBC 法案》要求,按照新的联邦遗产体系,理事会作为澳大利亚政府独立的有关遗产事务专家咨询机构取代了原有的澳大利亚遗产委员会。

理事会在评估、建议以及政策规划和主要的遗产项目支持上起了一个很重要的作用,理事会的主要职责包括:①为国家遗产名录和联邦遗产名录评估遗产地;②为国家遗产名录或联邦遗产名录提名列入名录的遗产地;③促进对遗产的认同、评估、保护和监控;④为部长提供包括遗产策略的酝酿和修正,联邦地区和机构的管理规划等各种各样遗产事务的建议。[①]

(2) 澳大利亚世界遗产咨询委员会(The Australian World Heritage Advisory Committee)

该委员会是为了给联邦和州/地区的部长解决影响澳大利亚世界遗产地有关国家的、交叉性的问题而设的,委员会包括来自澳大利亚每一项国际遗产不动产的一名代表,并为澳大利亚国家遗产地经理提供一个论坛,用于分享最前沿的实践管理信息,并鼓励对世界遗产不动产保护工作的不断改进;委员会还包括来自澳大利亚国际遗产原住民关系网的两名代表,直接为环境保护和遗产委员会提供澳大利亚世界遗产不动产管理的原住民关系问题的最新建议;每年度来自澳大利亚世界遗产咨询委员会的建议为形成有效的国家政策和将来有关澳大利亚世界遗产的决定权提供了不可估价的基础工作。[②]

(3) 澳大利亚原住民和托雷斯海峡岛民研究机构(Australian Institute of Aboriginal and Torres Strait Islander Studies,简称 AIATSIS)

AIATSIS 主要为探究原住民和托雷斯海峡岛民的文化和生活方式提供信息和研究成果,这个机构承担并鼓励基于社区的学术和伦理研究,他们收藏有关原住民研究的珍贵的影像资料、图片、录音及其他打印的或其他资料,甚至拥有自己的出版社。[③]

(4) 环境保护与遗产理事会(Environment Protection and Heritage Council,简称 EPHC)

EPHC 的管理范围包括环境保护和遗产(自然、历史与原住民遗产)责任,遗产责任包括以下几方面:①自然和文化遗产(历史与原住民遗产);②世界遗产与国家

[①] 参见澳大利亚环境部官网,网址:http://www.environment.gov.au/heritage/organisations/australian-heritage-council,2014 年 12 月 20 日。

[②] 参见澳大利亚环境部官网,网址:http://www.environment.gov.au/heritage/organisations/australian-world-heritage-advisory-committee,2014 年 12 月 20 日。

[③] 参见澳大利亚环境部官网,网址:http://www.environment.gov.au/heritage/organisations/national,2014 年 12 月 21 日。

遗产登录和管理;③国家遗产政策;④遗产保护法律架构。①

（5）原住民政策协调办公室（Office of Indigenous Policy Coordination,简称OIPC）

OIPC协调整体性政府处理原住民的项目与服务的方法与手段,OIPC的功能在于:①为部长提供有关家庭、住房、社区服务与原住民事务的建议;②协调和促成整体性政府的革新的政策发展及在整个澳大利亚政府的推广;③协调单个的原住民预算;④在原住民事务上协调好州与地区的关系;⑤为原住民做好对政府项目与服务表现的评价与报告,并及时通报政策现状与发展态势;⑥支持部长特别工作小组（Ministerial Taskforce）有关原住民事务的工作,以及秘书组对原住民事务以及国家原住民理事会的工作。

（6）湿热带管理权威机构（Wet Tropics Management Authority,简称 WTMA）

WTMA 的主要目的就是遵循《保护世界自然与文化遗产》,在昆士兰湿热带世界遗产保护区内,实施澳大利亚对此保护区的保护、保持、呈现、修复并完好地把这一保护区传递给下一代的世界责任。

2. 全国性非政府组织

① 澳大利亚国家信托基金委员会（Australian Council of National Trusts,简称 ACNT）

ACNT 成立于1965年,代表国家信托基金在联邦层面上的利益,该组织为信息交换和不断增长的机构工作协调提供了一个论坛,此组织拥有或管理了 300 处遗产地（主要是永久拥有）,并管理着 7000 位志愿者,还在全国范围内招聘了 350 名专职人员。

② 澳大利亚皇家建筑师协会（Royal Australian Institute of Architects,简称 RAIA）

RAIA 的目标主要是:a. 提升会员的影响力,职业标准以及现有的实践;b. 扩展和拥护为了社区、经济及文化的可持续发展的建筑师与建筑风格。

③ 澳大利亚国际古迹遗址理事会（Australian International Council on Monuments and Sites,简称 ICOMOS）

澳大利亚国际古迹遗址理事会 ICOMOS 成立于 1976 年,是国际古迹遗址理事会的会员,ICOMOS 主要是为了文化遗产的保持与保护服务,它主要致力于促进建筑和考古遗产保护上的理论、方法论以及科学技术的运用,而澳大利亚

---

① 参见澳大利亚环境部官网,网址:http://www.environment.gov.au/heritage/organisations/national,2014 年 12 月 21 日。

ICOMOS 扮演了一个国家和国际纽带的角色,主要是协调涉及具有文化重要性的所有地点的保护和研究的公共权威机构、协会以及个人之间的关系。

除以上所述之外,针对遗产保护,澳大利亚还有其他的非政府组织结构,如澳大利亚遗产工程协会(Engineering Heritage Australia)、大洋洲历史考古学社团(Australasian Society for Historical Archaeology)、澳大利亚历史社团联盟(Federation of Australian Historical Societies)、大洋洲海事考古协会(Australasian Institute for Maritime Archaeology)、澳大利亚收藏品协会(Collections Council of Australia)、澳大利亚保护基金会(Australian Conservation Foundation)、世界自然基金－澳大利亚协会(World Wide Fund for Nature-Australia)、澳大利亚规划协会(Planning Institute of Australia)等,这些机构与政府机构一起,从各个方面对澳大利亚的遗产保护起到了重要的作用。[①]

二、州和地区级遗产组织机构

1. 州和地区级政府组织

① 新南威尔士州:环境、气候及水资源部、规划部、遗产分支机构、新南威尔士州遗产委员会、新南威尔士州国家公园和野生生物业务部、新南威尔士州历史建筑信托基金、原住民事务部。

② 维多利亚州:规划和社区发展部、维多利亚遗产、维多利亚遗产委员会、维多利亚公园、维多利亚原住民事务。

③ 昆士兰州:环境和资源管理部、昆士兰遗产委员会。

④ 南澳大利亚州:环境和遗产部,南澳大利亚州遗产分支机构,南澳大利亚州遗产委员会,南澳大利亚州历史信托基金,南澳大利亚州国家公园和野生生物、原住民事务和调解部,首席官员和内阁部。

⑤ 西澳大利亚州:环境和保护部、西澳大利亚州遗产委员会、原住民事务部。

⑥ 塔斯马尼亚州:第一产业、公园、水和环境部,塔斯马尼亚遗产委员会,塔斯马尼亚公园和野生生物业务,原住民遗产办公室。

⑦ 北部地区:自然资源、环境、艺术和运动部,北部地区遗产咨询委员会,北部地区公园和野生生物业务,北部地区原住民地区保护权威机构。

---

① 参见澳大利亚环境部官网,网址:http://www.environment.gov.au/heritage/organisations/national,2014 年 12 月 21 日。

⑧ 首都地区：地区和政府业务部，首都地区遗产委员会，包括对公园、保护和土地的管理。

2. 州和地区级保护遗产地的非政府组织

① 新南威尔士州：澳大利亚国家信托基金（新南威尔士州）及新南威尔士州自然保护委员会。

② 维多利亚州：非政府机构包括：澳大利亚国家信托基金（维多利亚州）及维多利亚环境。

③ 昆士兰州：昆士兰国家信托基金、昆士兰保护委员会（Queensland Conservation）。

④ 南澳大利亚州：南澳大利亚州国家信托基金、南澳大利亚州保护委员会。

⑤ 西澳大利亚州：澳大利亚信托基金（西澳大利亚州）、西澳大利亚州保护委员会。

⑥ 塔斯马尼亚州：澳大利亚国家信托基金（塔斯马尼亚州）、塔斯马尼亚环境委员会。

⑦ 北部地区：北部地区环境中心、澳大利亚国家信托基金（北部地区）。

⑧ 首都地区：澳大利亚国家信托基金（首都地区）。

第三节　澳大利亚的遗产及分类

在澳大利亚人看来，遗产包括那些能够吸引澳大利亚人关注的部分；作为一个群体，他们来自哪儿、现在在哪儿、以后要往哪儿前进的地方、价值观、传统、事件以及经验。澳大利亚人认为：遗产给了他们一种理解力，并传递了一个国家发展的故事，传递了他们的精神与独创力，以及他们独具匠心的生存景观。同时，遗产还是帮助他们描绘未来蓝图的遗留物。通过认可、保护及管理遗产，他们保护一种有价值的财产并确保这些遗产地将继续可以被后代感受和享有。① 正因为有了这些共同的认识，澳大利亚的遗产得到了不同层面政府和各团体高层的认可，重要的遗产地还被确认并根据类型分类进入名录，遗产价值观得到了应有的防护和管理。总之，遗产是组成澳大利亚特性的所有东西，包括他们的精神与独创力、历史建筑、独具匠心的生存景观，他们的遗产是由他们过去的遗留之物、现存的、现今生活的综

---

① 参见澳大利亚环境部网站，网址：http://www.environment.gov.au/heritage/about，2014年12月15日。

合部分,以及他们将传承给下一代的故事和地点组成。

根据遗产的不同价值及特点,澳大利亚的遗产被分为:世界遗产、国家遗产、原住民遗产、联邦遗产、历史沉船以及海外遗产地。

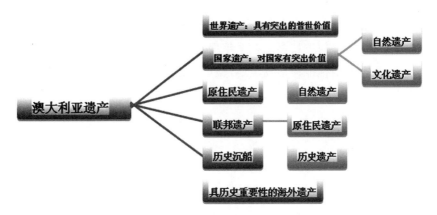

图 5—1 澳大利亚遗产分类图

澳大利亚还根据各种分类,建立了各种遗产地的名录:通常来说一份遗产登记名录会包括一个遗产地的位置、所属以及所有权细节、遗产地的描述,有时还可能有一份解释此地之所以这么重要的评估报告。下面将分类对各种遗产进行介绍:

一、澳大利亚世界遗产

世界遗产遗址(sites)是指那些不管位于何处,对每一个人都很重要并属于每一个人的地点,它们所拥有的普世价值不仅仅属于某一个国家。国际遗产一般都有这一条款,如有关世界文化和自然遗产保护的公约①(世界遗产公约)所表述的品质。而世界遗产公约旨在促进国家间的合作,保护世界范围内的那些具有"突出普世价值"的遗产,这种保持对当代或后代也是至关重要的。

通常来说,只有在被认为是世界文化和自然遗产最佳范例并经过严格的评估后,被提名为世界遗产名录的世界遗产遗址才能进入世界遗产名录。截至 2014 年 12 月,澳大利亚共有 19 项世界遗产名录,其中自然遗产 12 项,文化遗产 3 项,混合遗产 4 项。②

---

① 参照联合国教科文组织的遗产体系,具体情况请参见公约细节(本书第一章)。
② 相关资料参见联合国教科文组织相关网站 http://whc.unesco.org/en/list

1. 澳大利亚世界遗产名录提名过程

在澳大利亚,世界遗产名录候选名单只有政府才有资格提名,而且,澳大利亚的世界遗产地受澳大利亚政府法律保护。世界遗产名录的提名必须严格按照世界遗产委员会的相关规定,如提名日期应在每年的 2 月 1 日前提交总部位于巴黎的联合国教科文组织,以便委员会能在来年把它列入议事日程中,世界遗产委员会在接到提名后,根据既定标准评估提名地,最后做出哪些遗产地可以列为世界遗产的最终决定。①

2. 澳大利亚世界遗产名录评估过程

在评估过程中,世界遗产委员会根据既定程序规则以及行动指南来组织评估过程,以确保其客观性、一致性及专业性。具体的评估过程会严格按照世界遗产标准②,注重突出普世价值的遗产,审慎地遵照以下步骤进行:

(1) 提名名单交由世界遗产委员会秘书处负责;

(2) 提名名单由世界遗产委员会事先排序以确保世界遗产名录能真正代表世界突出的自然和文化遗产地;

(3) 提名名单提交世界遗产中心进行评估过程,在任务执行过程中,中心由世界非政府组织(NGO)来提供对每一个提名名录公平的职业评估。在评估过程中,国际遗产与遗址理事会(ICOMOS)和国际文化遗产保护和修复中心(ICCROM)是文化遗产项目的咨询机构,而国际自然及自然资源保护联盟(IUCN)则负责咨询自然遗产相关提名。除此之外,这些组织还会就相关问题在全球范围内咨询有关的科学技术专家。

(4) 世界遗产委员会考虑安排这些咨询结构进行的有关评估,并在其年会上,通过综合考虑这些来自非政府组织机构的建议与评估,做出最后的决定。③

3. 澳大利亚世界遗产名录管理

对于被列在世界遗产名录上的每一项财产,澳大利亚政府都有相对应的管理安排。他们按照世界遗产公约的规定,对世界遗产的主要管理目标为:①保护、保

---

① 参见澳大利亚环境部网站,网址:http://www.environment.gov.au/heritage/about/world/world-heritage-listing-process,2014 年 12 月 15 日。
② 具体标准请参见联合国教科文组织世界遗产评估标准(1972 年公约行动指南),本书第一章。
③ 参见澳大利亚环境部官方网站,网址:http://www.environment.gov.au/heritage/about/world/world-heritage-listing-process,2014 年 12 月 16 日。

持以及呈现财产的世界遗产价值;②把整个保护区域整合为一个综合的规划项目;③使遗产的功能在澳大利亚人的社区生活中起一定的作用;④加强对财产的世界遗产价值的鉴赏与尊重,特别是一定要通过教育与信息渠道达到这一目标;⑤要使社区居民广泛知晓财产的世界遗产价值状况;⑥采用合适的、科学的、技术的、合法的、行政管理的及必要的经济措施来达到以上目标。

同时,为了达到以上目标,还要对以下方面进行适当的关注:①确保社区内或邻近社区对此项财产的基本服务设施;②确保用于此项财产的设施对世界遗产价值和它们的整体性没有太大的影响;③认识到当前保护财产价值管理机构的重要性;④确保财产规划和管理中当地社区的参与。

当然,对财产的管理安排会因为管理目标的不同而异,有些是由所在州的政府机构管理,如蔚蓝德拉湖群地区(Willandra Lakes Region)、悉尼歌剧院、弗雷泽岛(Fraser Island)、皇家展览馆和卡尔顿花园(the Royal Exhibition Building and Carlton Gardens)等;而大堡礁及昆士兰热带雨林地区(Wet Tropics of Queensland)由国家和联邦共同进行管理安排;诸如乌卢鲁-卡塔丘塔国家公园(Uluru-Kata Tjuta National Park)则属于原住民社区,由国家公园与野生生物部主任签约,按照管理国家公园的方式进行管理;赫德岛和麦克唐纳岛(The Heard and McDonald Islands Group)是由澳大利亚南极署(Australian Antarctic Division)负责管理。

二、澳大利亚国家遗产

澳大利亚的国家遗产由那些有助于澳大利亚国家认同的、杰出的自然和文化遗产地组成。国家遗产详细描述了作为一个国家发展过程中的重要时刻;表达了澳大利亚人生活中的成就、痛苦和欢乐;同时还包含那些显示了极具澳大利亚自然遗产丰富性的地点。

1. 澳大利亚国家遗产名录评估方法

国家遗产名录将极具澳大利亚遗产重要性的遗产地一一列出,包括那些对澳大利亚人来说具有突出的国家遗产价值的自然的、具有历史意义和原住民特点的遗产地。截至2014年12月,澳大利亚共有国家遗产120项。在澳大利亚,一处遗产地是否能登录国家遗产名录,判断其是否具有自然遗产价值主要是按照《澳大利亚自然遗产评估方法》(Australian Natural Heritage Assessment Tool,简称ANHAT)进行评估的。

《澳大利亚自然遗产评估方法》(ANHAT)是遗产部开发的一个有地图支持的

数据库系统(map-supported),该方法有助于确认并优先考虑有自然遗产重要性的地区,同时可以关注生物多样性。至于遗产重要性,主要基于对特殊的自然价值的严格比较,而 ANHAT 是帮助了解澳大利亚生物多样性的一种重要方法。

这是因为:如果要把一个遗产地置于国家遗产名录,此地点就应该展示出它所具有的"对国家有突出的遗产价值",这就要求要在澳大利亚范围内用同样的价值标准与其他地点进行对比评估。也就因此需要整个大陆的比较信息。当信息来源被用来进行自然遗产评估时,ANHAT 就可能在法定的时间限制范围内,用所记录的澳大利亚的生物多样性价值对数据进行快速的分析和比较,提供科学的、健全的并可重复检验的结果。

在评估中,ANHAT 会运用它在澳大利亚范围内收集的所有物种全面的、整合的资料库资料。ANHAT 持有、管理具有 30,000 多个物种的数据分析,可以帮助显示哪个地方最具有生物多样性的独特性。通过分析这些物种的分布,ANHAT 就能够给出一幅有关澳大利亚生物多样性的、清楚明了的、有关动植物的地理分布的生物地理学地图。这种方法就可以回答诸如:哪儿是最具澳大利亚动、植物群丰富多样性的地方,哪儿是生成或保持最具生物演化的遗产(evolutionary biological heritage)特有分布最重要的中心问题。[①]

2. 澳大利亚国家遗产名录登录程序

在澳大利亚,任何人都可以为国家遗产名录提名有突出遗产价值的地点,澳大利亚遗产委员会根据既定标准评估提名地的价值,并向环境部的部长建议提名名单,由部长根据国家相关条款做出最后的决定。

在国家遗产名录提名登录的过程中,主要依据《国家遗产名录地点评估指南》(*Guidelines for the Assessment of Places for the National Heritage List*,以下简称《评估指南》)[②]的相关条款进行评估,规范的国家遗产登录程序[③]。步骤如下:

[①] 具体信息参见澳大利亚环境部官方网站,网址:http://www.environment.gov.au/topics/heritage/publications-and-resources/australian-natural-heritage-assessment-tool,2014 年 12 月 20 日。

[②] 评估指南详情参见 http://www.environment.gov.au/heritage/ahc/publications/pubs/nhl-guidelines.pdf。

[③] 澳大利亚规范的国家遗产名录登录程序。参看 Commonwealth of Australia: Guidelines for The Assessment of Places for the National Heritage List, p.8,下载地址:http://www.environment.gov.au/heritage/ahc/publications/nhl-guidelines.html。

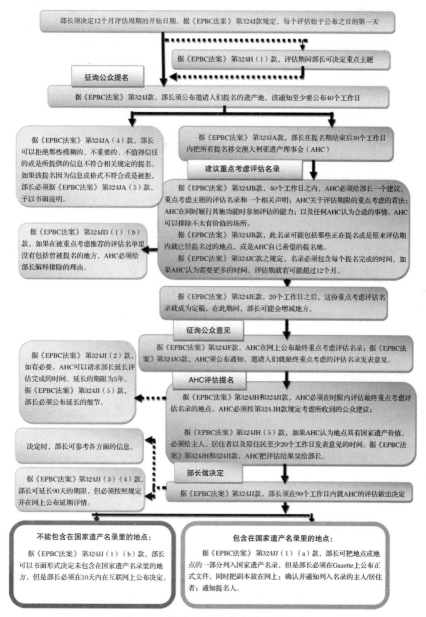

图 5—2 澳大利亚国家遗产登录程序

三、联邦遗产(Commonwealth Heritage)

联邦遗产名录是根据 EPBC 法案产生的,包括:自然、原住民以及具历史意义的遗产地,这些联邦遗产或在联邦区域内,或在澳大利亚管辖范围之外,由联邦或联邦委员会(Commonwealth Authority)拥有或租用。

与国家遗产的登录一样,联邦遗产也可以由任何人提名产生,环境部部长每年都会邀请相关机构和人士为联邦遗产提名,只要一个地点具有重要的遗产价值,都可能被提名,被提名的地点由 AHC 根据标准进行评估,并推荐给部长,最后的登录由部长决定。

1. 联邦遗产的登录过程[①]

澳大利亚联邦遗产有着和国家遗产名录相似的登录过程:常规的过程也是会需要 12 个月左右的评估周期,根据 EPBC 法案第 341G 款之规定,部长可以决定评估开始的时间,常规程序将遵守下列步骤:

(1) 根据 EPBC 法案 341H 和 341J 款之规定,部长邀请人们提名列入联邦遗产名录的地点,然后把提名交给 AHC;

(2) 根据 EPBC 法案 341JA、341JB 和 341JC 款之规定,AHC 准备好并把认为该评估的地点名录(这些地点大部分是经过提名的)呈交部长;

(3) 根据 EPBC 法案 341JD 和 341JE 款之规定,部长最后决定应该评估的名录;

(4) 根据 EPBC 法案 341JF 款之规定,AHC 邀请公众对评估地的最终名单发表意见;

(5) 根据 EPBC 法案 341JG 与 341JH 款之规定,AHC 评估最终名录并把评估结果呈报部长;

(6) 根据 EPBC 法案 341JI 款之规定,部长决定一个已经评估过的地点是否应该列入联邦遗产名录。

以上六个步骤都应在评估周期内完成。当然,在特殊情况下,对于面临威胁的遗产地,部长也可以采取紧急措施,在 AHC 的协助下,根据相关规定进行登录。[②]

2. 联邦遗产登录标准

联邦遗产登录标准也包括九条,如果此地满足九条标准中的一条或一条以上,此地就有可能成为联邦遗产,九条标准如下:

(1) 此地具有重要的遗产价值是因为其在澳大利亚自然或文化历史的进程具有典范之重要性;

(2) 此地具有重要的遗产价值是因为其拥有在澳大利亚自然或文化历史中的非凡的、罕见的、濒危的样态(aspects);

[①] 参见 Environment Protection and Biodiversity Conservation Act 1999. Canberra:Office of Legislative Drafting and Publishing,Attorney-General's Department,2010, pp. 184-187.

[②] 参见 Environment Protection and Biodiversity Conservation Act 1999. Canberra:Office of Legislative Drafting and Publishing,Attorney-General's Department,2010, pp. 199-206.

（3）此地具有重要的遗产价值是因为其有促成对澳大利亚自然或文化历史理解信息之潜在性；

（4）此地具有重要的遗产价值是因为其在展示澳大利亚自然或文化地点或种群主要特点时的重要性，或是在展示澳大利亚自然或文化环境种群的主要特点时的重要性；

（5）此地具有重要的遗产价值是因为其有展现一个社区或文化群体所重视的特殊美学特点之重要性；

（6）此地具有重要的遗产价值是因为其在展示某个特殊时期创造性或技术性成就方面达到高度之重要性；

（7）此地具有重要的遗产价值是因为其与一个特有的社团或文化群体在社会、文化或精神方面强有力或特殊联系之重要性；

（8）此地具有重要的遗产价值是因为其与某个人或某群人的生活和工作，或在澳大利亚自然和文化历史重要性的特殊联系；

（9）此地具有重要的遗产价值是因为其是原住民传统一部分之重要性。

在遗产体系下，联邦遗产名录与国家遗产名录有相似的标准，重要的不同是要求达到的标准的重要性门槛的级别不同。而联邦遗产名录与国家遗产名录的区别在于：要达到国家遗产名录标准，遗产地必须对国家具有"**突出的**"遗产价值；而要达到联邦遗产名录，遗产地必须要达到的是"**重要的**"遗产价值。

3. 联邦遗产地的管理

首先，联邦遗产地受 EPBC 法案各条款的保护，该法案将保护在联邦遗产名录上所有地点的遗产价值，该法案也要求环境部的部长采取以下行动：如承担管理联邦土地的职责，因为这些土地很可能对环境有重要的影响；承担管理联邦外土地的责任，因为这些土地对联邦的土地环境有重要的影响；承担澳大利亚政府和政府机构的职责，因为它们可能对任何地方的环境有重要的影响。

按要求，拥有或租借遗产地的澳大利亚联邦政府机构应帮助部长以及澳大利亚遗产委员会确认和评估这些联邦遗产地的遗产价值，它们还应该有开发保护遗产战略；在管辖范围内对遗产进行登录；根据法案的条款，做好对这些联邦遗产进行管理的规划工作；当联邦遗产地被出售或租借时，确保他们联邦遗产价值的不间断保护；对于联邦遗产地已采取，或将采取，或有可能采取的行动，应得到环境部长的认可。因为联邦遗产管理的遗产价值的影响非常重要，因此，管理者要明白他们自己的义务，提供专业的专家鉴定和方式来保护这些遗产的价值，以使这些遗产可以为了后代而被保护下来。因此，他们提出了"一起合作，管理联邦遗产"的指导意见，为管理者要如何管理此类型的遗产指明了方向。

4. 联邦遗产地的移除过程[①]

当联邦遗产地有可能会从联邦遗产名录中被去除时,也有一些相关的条款规定:

(1) 根据 EPBC 法案的规定,一旦部长知晓此地或此地的一部分不再属于联邦区域,或者此地或此地的一部分不再由联邦或联邦机构拥有,或已经不在澳大利亚的管辖范围之内,那么他必须尽快从联邦遗产名录里把此地或这部分去除。

(2) 如果部长确信下面情况发生,他也可能把遗产地全部或部分从联邦遗产名录中去除:①此地不再具有联邦遗产价值或这部分不再为此遗产地的联邦遗产价值做出任何贡献;②由于澳大利亚的防御或安全利益必须这样做。

(3) 如果部长确信下面情况发生,他也可能把一种或一种以上联邦遗产价值从联邦遗产名录中的联邦遗产地中去除:①此地点不再具有联邦遗产价值;②由于澳大利亚的防御或安全利益必须这样做。

(4) 部长只有通过下列正式的文件,才能把遗产地的部分或全部或此地的联邦遗产价值去除:①在公报(Gazette)上公布;②列出去除的原因声明。

(5) 在正式文件中必须给出按 EPBC 法案列出的原因,如:去除一个地点,去除联邦遗产价值的部分或全部是因为以上提到的第(2)条或第(3)条的原因。

(6) 如果正式文件是关于去除遗产价值,正式文件必须:①按照《1901法案解读法案》(Acts Interpretation Act 1901) 46A 款,正式文件是可否决的;②按照《1901法案解读法案》的 46A 款,此去除将在否决不再生效的第一天实施,或被否决后的第一天实施。

(7) 在公报出版的 10 个工作日内,部长还必须用网络,或按规定要求的任何其他方式公开正式文件的复印件。

四、原住民遗产

1. 原住民遗产的重要性

原住民和托雷斯岛民遗产是澳大利亚遗产很重要的一个部分,有证据证明澳大利亚原住民和托雷斯岛民对澳大利亚大陆的拥有可以追溯到 60,000 年以前,除了具有历史意义的重要性,原住民遗产还具有持续发展的重要性,生成和保持了与

[①] 参见 Environment Protection and Biodiversity Conservation Act 1999. Canberra: Office of Legislative Drafting and Publishing, Attorney-General's Department, 2010, pp. 162-163.

那里的人和土地的持续联系。①

那些对于原住民有很大意义和重要性的遗产包括：①与描述有关土地的惯例和人们应该如何守规矩的"美好故事"（Dreaming Stories）结合在一起的地点；②与他们的唯灵论结合在一起的地点；③与其他文化和原住民文化结合的地点；④对当代的使用很重要的地点。

2. 原住民遗产地的确认

在澳大利亚，有专门帮助确立原住民遗产法案的机构：如 EPBC 法案和澳大利亚遗产理事会（Australian Heritage Council，简称 The Council 或 AHC）。如前所述，EPBC 法案建立了国家遗产名录，其中包括对国家有重要遗产价值的自然、原住民和具历史意义的遗产地；法案还建立了联邦遗产名录，也包括在联邦土地和水域的，属于澳大利亚政府管理的，被环境部部长确认过的，具有联邦遗产价值的自然、原住民、具历史意义的联邦遗产名录。

而理事会（AHC）是澳大利亚政府有关处理遗产事务的专家顾问机构，理事会设有原住民专家，他们必须是具备相关遗产经验或专门知识或技能的原住民，在理事会，至少其中一位代表能够代表原住民利益。

当一个地点被提名为国家或联邦遗产名录，理事会要考虑其也许会具有原住民遗产价值，理事会就必须努力去确认这一地点的原住民的权利与利益，然后必须征询他们对此地点是否应该包含在名录的看法，而部长决定登录地点时，会充分考虑这些提交的建议。②

3. 原住民遗产地的保护

澳大利亚政府制定了一系列法律来保护原住民遗产，包括《EPBC 法案》、《1984 原住民和托雷斯海峡岛民遗产保护法案》③以及《1986 可移动文化遗产保护法案》④。

《1984 原住民和托雷斯海峡岛民遗产保护法案》是针对州或地区法律没有提

---

① 参见澳大利亚环境部官方网站，网址：http://www.environment.gov.au/heritage/about/indigenous/index.html

② 参见澳大利亚环境部官方网站，网址：http://www.environment.gov.au/heritage/about/indigenous-heritage，2014 年 12 月 20 日。

③ 参见 Aboriginal and Torres Strait Islander Heritage Protection Act 1984，下载地址：http://www.comlaw.gov.au/Details/C2005C00228

④ 参见 Protection of Moveable Cultural Heritage，下载地址：http://www.comlaw.gov.au/Details/C2005C00122

供有效的保护时，那么澳大利亚政府就需要对保护传统上重要的、正处于危险中的区域和实物的要求做出回应，由政府发出特殊指令或发表声明来保护原住民地区、实物或实物群免于伤害或亵渎的威胁。一般情况政府无权提出声明，除非原住民和托雷斯海峡岛民（或代表原住民和托雷斯海峡岛民的人）提出这样的要求，并且提供了有关传统、风俗、惯例、信仰的大量证据，解释了：第一，为什么会有伤害或亵渎；第二，为什么此地区、实物或实物群对原住民和托雷斯海峡岛民特别重要。发出这种声明的权力是最后一道应急措施，它是在州或地区相关程序已经无能为力的情况下才做的。

至于《1986可移动文化遗产保护法案》，则主要用于防止原住民遗产被运出澳大利亚之外而制定的一部法律，这部法律能够帮助确保这些对原住民具有文化遗产重要性、被原住民奉为神圣之物的原住民遗产免于遗失。

除此之外，所有州和地区都有立法并对原住民遗产提供了层层保护。每一个州都有立法[①]，来保护不同类型的社区以及实物，每一个开发者在进行有可能影响原住民遗产的活动前，都要提出申请许可。而且，按照 EPBC 法案，任何人采取对具有国家级遗产价值的地点有重要影响的行动，他/她就将面临罚金。

4. 原住民遗产地的管理

澳大利亚原住民参与国家或联邦遗产名录上具原住民遗产重要性地点的管理、规划和开发，在原住民土地上的国家遗产地可以通过签署保护协议来管理，此协议与原住民保护区的运作方式相同。当部长认为国家或联邦遗产名录上地点的遗产价值有可能会由于有些信息的公开而受损时，部长可以决定只对公众公开一份对此地点、它的位置以及它的国家遗产价值的大致描述。[②]

五、历史沉船

自《1976年历史沉船法案》实施以来，澳大利亚成功地保护了境内75年以上的遇难船只以及相关遗址，该法案运用于所有从低潮水位标记到大陆架的属于澳大利亚的水域，由联邦和州、北部地区和诺福克群岛联合管理。在该法案的实施下，澳大利亚水域知名或不知名的沉船得到了保护，澳大利亚周边至今还有许多完整无缺的沉船，澳大利亚人和旅游者甚至可以潜水去欣赏这些75年以前的沉船或

---

① 参见 Protection under State and Territory Law，下载地址：http://www.environment.gov.au/heritage/laws/indigenous/protection-laws.html

② 参见澳大利亚环境部官方网站，网址：http://www.environment.gov.au/heritage/about/indigenous-heritage，2014年12月20日。

遗迹。

《历史沉船法案》还通过历史沉船项目来实施,目的就是通过研究、探索、记录和保护澳大利亚历史沉船遗产,每一个州或领地的项目都为每一个公众参与者提供不同的机会来做考古志愿者。①

六、海外遗产地

1. 海外遗产地的重要性

在澳大利亚历史上有特殊地位的海外遗产地被象征性地认可为具有历史重要性的海外遗产地名录（the List of Overseas Places of Historic Significance to Australia,简称 LOPHSA）,这份名录基于 EPBC 法案,于 2007 年 1 月公布。这份名录能够使澳大利亚正式认可或颂扬那些对国家的发展有重要性的海外遗产地,同时也基于对相关国家的权利与主权的一种尊重。这份海外遗产名录主要讲述发生在澳大利亚国土之外的对澳大利亚的历史有重要意义的故事,如战争时期发生的重要事件以及那些展示海外澳大利亚人特别成就的场所中的故事。

2. 海外遗产地的登录过程

海外遗产登录过程包括以下步骤：

（1）澳大利亚政府环境部部长会考虑在澳大利亚管辖范围之外的一个特殊的遗产地是否应该被包括在 LOPHSA 内；

（2）部长就所建议的名录征求 AHC 的建议,部长也会考虑来自其他途径的材料；

（3）部长可能会把一处遗产地列入 LOPHSA,如果他/她确信此地是在澳大利亚管辖范围之外而且对澳大利亚有突出的历史重要性；

（4）为了能够登录,部长必须在政府公报上公开一份关于对澳大利亚具有历史重要性的地点的通知或声明。

第四节　澳大利亚国家遗产评估体系介绍

经过多年的努力,澳大利亚已经形成自己特色的遗产评估体系,本节以国家遗

---

① 参见澳大利亚环境部官方网站,网址：http://www.environment.gov.au/heritage/historic-shipwrecks,2014 年 12 月 20 日。

产名录登录为例,详细介绍澳大利亚国家遗产名录的申报评估,希望以此让读者形成对澳整个评估体系的大概印象。首先,以解读《国家遗产名录地点评估指南》(*Guidelines for the Assessment of Places for the National Heritage List*,以下简称《评估指南》)的方式使读者了解评估体系。

一、国家遗产评估体系之本:《国家遗产名录地点评估指南》

《评估指南》是国家遗产名录登录最重要的一份指导性文件,它是根据 EPBC 法案的法定条款和规定对国家遗产名录标准在进行评估过程中的一份解释性指南,它为那些评估地提名或准备提名信息提供了很好的指导作用。该《评估指南》分为五个部分:引言、国家遗产名录(NHL)[①]标准的运用、范例、评估术语汇编、常见问题。

在引言部分,《评估指南》介绍了澳大利亚遗产的分类:世界、国家、州/领地及地方四个级别(澳大利亚遗产分类以及对应的管理机构如下图所示[②])。

图 5—3　澳大利亚遗产分类及其管理结构图

在澳大利亚遗产类别中,级别最高并已列入《世界遗产名录》遗产地的如卡卡杜(Kakadu)国家公园以及悉尼歌剧院。一般说来,不同的遗产名录由不同级别的

---

① NHL 为 National Heritage List 的缩写。

② 参见 Commonwealth of Australia:Guidelines for The Assessment of Places for the National Heritage List, 2009,p.4,下载地址:http://www.environment.gov.au/heritage/ahc/publications/nhl-guidelines.html

政府管理,还有的名录由社区或职业机构进行保养和维护,如那些在每个州和领地由国家信托基金团体(National Trusts)管理,澳大利亚皇家建筑师研究院(the Royal Australian Institute of Architects)以及澳大利亚工程遗产协会(Engineering Heritage Australia)资助管理。在遗产名录中,不同的名录涉及的内容会有一些不同,有些澳大利亚遗产名录涉及所有的遗产地——自然遗产、原住民遗产和历史遗产;有些还涉及遗产物(Heritage objects)(如文档或绘画);也有的只处理一种类型的遗产,大多数是具历史意义的遗产地;在有些州、领地、地方政府,没有自然遗产和原住民遗产地名录。①

在《行动指南》的引言部分,还介绍了什么是遗产名录的标准及门槛,怎样使用它们。澳大利亚政府用名录作为基础来公开明确澳大利亚遗产地(place),保护这些地点以及传递这些地点的重要性,并介绍决定一个地点的遗产重要性的主要因素是标准和门槛(thresholds)。

所谓的标准,即如果一个地点有遗产价值,就会有一系列的原则、规格参数以及类别被用来确定其价值。常用的标准②如:

① 此地在自然或文化历史进程中(course)或典范上(pattern)的重要性;

② 此地在展示一个特殊时期的创造性或是技术上取得的成就所达到高度的重要性;

③ 此地在自然或文化历史上的重要性与一个人或是一群人的生活与工作之间的特别联系的重要性。

而门槛,则是指一个地点为能够列入遗产名录而必须展示的遗产价值的级别,不同级别的遗产名录会参照不同的门槛,如:

表5—2 澳大利亚遗产名录申报时需要参照的门槛

管理级别	遗产名录	门槛
联合国教科文组织	世界遗产	突出的普世价值
联邦	国家遗产	对国家的突出的遗产价值
州或地区	联邦遗产 州或领地遗产	有重大意义的遗产价值 在州或领地的重要性或重大意义
地方	地方遗产	对地方社会的重要性或重大意义

---

① 参见 Commonwealth of Australia:Guidelines for The Assessment of Places for the National Heritage List,2009,p.4,下载地址:http://www.environment.gov.au/heritage/ahc/publications/nhl-guidelines.html

② 参看 Commonwealth of Australia:Guidelines for The Assessment of Places for the National Heritage List,2009,p.5,下载地址:http://www.environment.gov.au/heritage/ahc/publications/nhl-guidelines.html

接着,《评估指南》指出,根据《EPBC法案》,国家遗产名录由环境、遗产及艺术部的部长负责。《EPBC法案》和《环境保护与生物多样性保持的规章制度》管理国家遗产登录过程,指南没有法定的力量,如果指南与《EPBC法案》或《环境保护与生物多样性保持的规章制度》有任何冲突,都必须遵照该法案和规章制度执行。

《评估指南》介绍了国家遗产的登录过程:一个地点要能登录到国家遗产名录,部长必须要保证此地满足一个或一个以上的国家遗产标准。按照《EPBC法案》,常规的登录过程是在部长收到遗产委员会(简称"委员会")正式推荐函后,才能做出决定(部长也可以在没有委员会的推荐下,使一个地点紧急登录,但是部长必须根据委员会的评估标准进行审核)。当一个地点被提名国家遗产名录候选名单之时,澳大利亚遗产委员会根据9条标准与重要的门槛评估遗产价值。

在《行动指南》的第三部分,大量有特色的国家遗产的例子被举出来,按照九条标准的要求,列举那些遗产地符合哪条标准的遗产价值;哪些因为它具有原住民遗产价值而符合国家遗产门槛的标准;哪些是因为它们具历史意义的遗产重要性符合国家遗产门槛的标准;同时也给出了一些不符合国家遗产门槛标准的遗产地,详细说明了为什么这些遗产地符合了地方或地区的遗产标准,但是哪些条件没有达到国家遗产价值的标准。从这些案例的阅读中,阅读者不仅知晓了哪些属于国家级遗产,而且详细了解了遗产的特点与价值,不仅对于遗产申报者是一个很好的参考资料,对于一般的阅读者也可以通过阅读了解很多有关澳大利亚的具历史意义的遗产或原住民遗产,而且能够清楚了解遗产评估的标准与门槛,增加了遗产背景知识的积累。①

在《行动指南》的第四部分,提供了很多有关遗产评估术语的汇编,而且还说明了在这些术语解释中,可以参照两个依据《EPBC规则》和《EPBC法案》,根据这两个依据,解释了指南中频繁提到的ANHAT(The Australian Natural Assessment Tool)、原真性、社区、标准、遗产价值、整体性、重要性等的意义和内容,使读者更清楚关键词的定义,以便更进一步帮助读者理解。②

《行动指南》的第五部分,专门设置了常见问题解答,使阅读者基本能掌握国家遗产评估登录的大概情况,如:谁能够对国家遗产名录进行提名?在遗产评估中机密的信息是否会受到保护?遗产登录是什么意思?国家遗产名录由谁负责管理?

---

① 参见 Commonwealth of Australia:Guidelines for The Assessment of Places for the National Heritage List,2009,pp. 51-150,下载地址:http://www. environment. gov. au/heritage/ahc/publications/nhl-guidelines. html

② 参见 Commonwealth of Australia:Guidelines for The Assessment of Places for the National Heritage List,2009,pp. 151-151,下载地址:http://www. environment. gov. au/heritage/ahc/publications/nhl-guidelines. html

如果需要了解更多更全的国家遗产名录资料可以在哪里咨询？从何地获取《EPBC法案》等问题进行了解答。[①]

总之，行动指南是一份把评估理论与案例结合非常紧密的文件资料，从对该指南的阅读中，每个人都会对澳大利亚国家级遗产有十分深入透彻的了解，从评估的标准、门槛、程序，再到评估地的价值等方面都是一本非常完整的资料型手册，也是了解澳大利亚国家遗产特点需要阅读的必备资料。

二、国家遗产名录评估标准

前面说过，一个地点要能登录到国家遗产名录，必须要保证此地点满足一个或一个以上的国家遗产标准。那么，这些具体的标准是什么呢？遗产地成为国家遗产名录的标准（必须达到一个或一个以上）是："此地对国家有突出遗产价值是因为它：

① 在澳大利亚自然或文化历史的进程或典范之重要性；

② 拥有在澳大利亚自然或文化历史中的非凡的、罕见的、濒危的样态（aspects）；

③ 有促成对澳大利亚自然或文化历史理解信息之潜在性；

④ 在展示澳大利亚自然或文化地点组群主要特点时的重要性，或是在展示澳大利亚自然或文化环境组群的主要特点时的重要性；

⑤ 有展现一个社区或文化群体所重视的特殊美学特点之重要性；

⑥ 在展示某个特殊时期创造性或技术性成就方面达到高度之重要性；

⑦ 与一个特有的社团或文化群在社会、文化或精神方面强有力或特殊联系之重要性；

⑧ 与某个人或某群人的生活和工作，或在澳大利亚自然和文化历史重要性的特殊联系；

⑨ 是原住民传统一部分之重要性。"[②]

由于遗产涵盖自然、文化及原住民遗产，为了充分体现他们对原住民遗产的重视，此标准还专门有注释部分：标准的文化部分就意味着原住民文化部分、非原住民部分或者含有这两部分的文化部分。从这九条标准中还发现遗产的重要性涉及

---

① 参见 Commonwealth of Australia: Guidelines for The Assessment of Places for the National Heritage List, 2009, pp. 152-154, 下载地址: http://www.environment.gov.au/heritage/ahc/publications/nhl-guidelines.html

② 参见 Commonwealth of Australia: Guidelines for The Assessment of Places for the National Heritage List, 2009, pp. 6-7, 下载地址: http://www.environment.gov.au/heritage/ahc/publications/nhl-guidelines.html

很多种类及层面,因此,它的重要性的定义也会因群体不同而不同,因针对的对象不同,强调的重要性也会不同。阿普林(Graeme Aplin)曾在其两本专著①中总结了确定澳大利亚遗产重要性的几个重要方面:

① 等级:可能对一个地方社区、一个地区、一个州或其他行政单位、一个国家或全球是某种有意义的事物。

② 重要性:在某个适当的级别上,它是多么重要或为什么重要。

③ 独特性或代表性:表示某件事物会因为它是一个独特例子(也许是最后一件),或是因为它极具某类事物的代表性而被评估为某一级别的遗产。

因此,为了让大众更好地理解遗产保护体系并进而去认可它,指南明确指出:如果一个地点属于国家遗产名录,除非部长同意遵照 EPBC 法案的环境评估以及别的相关规定可以进行行动外,任何有、将有或有可能对此地有重要影响的活动都是禁止的。而且,为了避免晦涩难懂的术语,国家遗产价值的描述基本是采用比较简单的语言,这样就比较有利于依从管理和对价值的认可。②

而且,为确保评估程序明朗化、公开公平化,在评估时,除了理事会要紧紧围绕标准,分析所提名的遗产地是否达到了以上要求,同时在此过程中,如果理事会发现此地可能具有国家遗产价值,除了以书面的形式与遗产地的主人(owners)、居住者(occupiers)以及有权或有利益关系的原住民进行商议外,还有一个对公众的公示期。

该指南提供了决定一个地点是否满足了门槛的主体帮助,并且为结论提供了一些证据。然而该指南要配合《国家遗产标准》使用。指南用了一些没在 EPBC 法案和规章制度中出现的重要性的指标(indicators of significance)、原真性和综合性的概念,这些概念与其他以下讨论的概念可能会帮助决定一个地点是否会满足一个或一个以上的国家遗产标准,并且帮助确认引起一个地点满足标准的国家遗产价值。

而且,在指南中使用的例子都是被评估为国家遗产名录的地点。这些例子是根据每一个已经评估过的标准整理出来的,因此,有了这些例子,在考虑评估是否违反特别的标准时,就可以更方便地去参考过去的决定。而且,指南还在不断添加新的评估建议和更多的例子以及相关材料以备参考。

---

① Graeme Aplin. *Australians and Their Environment: An Introduction to Environmental Studies*, Melbourne: Oxford University Press,1988,p. 195. Heritage: Identification, Conservation, and Management. Melbourne: Oxford University Press,2002,p. 21.

② 参见 Commonwealth of Australia:Guidelines for The Assessment of Places for the National Heritage List,2009,p. 7,下载地址:http://www.environment.gov.au/heritage/ahc/publications/nhl-guidelines.html

三、国家遗产名录登录需考虑的要素

首先,要看一个地点是否具有遗产价值,第二就是要决定重要性的级别。决定一个地点是否满足突出遗产价值,就需要比较分析:

① 对整体性的分析决定其主要的遗产价值仍旧保持完整无缺的;

② 对原真性的分析决定遗产价值是真实的或是无可争辩的源头,是否适用于文化环境。

在详细论述了国家遗产名录登录标准之后,指南又解释了如何使用"门槛",由于门槛与遗产价值的级别有关系,所以门槛的决定一般是由对相似地点的比较分析得出的,这种分析能够得出一地与另一相似地之间孰重孰轻的理由。

决定不同类型的遗产价值的门槛范围会有不同,如在考察生物价值时,决定的途径是 ANHAT,一方面在全国数据库之内进行定量分析和或参考清楚明白的门槛定义,另一方面,门槛的最终决定权也需要依靠公认的和相关专家使用一些未公开出版的文献或数据。文化价值包含横跨从自然到高度城市化范围的美学、历史、科学技术和社会价值,有潜在的国家重要性的文化地点可能会通过一个系统的调查,运用一些经由选择的主题研究、一个区域的调查,一个特别的类型或是社区的考察来决定;而特别的提名(Ad hoc),为了能把它们置于澳大利亚历史的类型和角色的背景下,会经常要求额外的调查。在决定遗产价值门槛时,还有一个非常的说明性条款,即一个地点会使澳大利亚人更具澳大利亚特色,可以为社区或后代提供此地重要性的指标。在决定一个地点是否对国家具有突出遗产价值时,他们主要的指导思想就是"此地的损失会使我们的国家遗产明显弱化吗?"[①]

1. 重要性的指标

考虑什么指标可以运用于一个地点的潜在价值是评估过程的第一步,这些指标被用来促进与特殊的标准相关的重要性的评估,而且它们没有法律条款的偏见——提供的指标不一定是无所不包的一整套参考资料。然而,这种建议的指标会为重要性评估提供有用的帮助,重要性指标一般都被列于指南中的每一个标准之下。

大多情况下,具有国家重要性的地点都是众所周知的,然而,会有一些遗产地的价值不具普遍性或不易明白,就会运用比较分析的方法裁定某个地点的重要性。

---

① 参见 Commonwealth of Australia:Guidelines for The Assessment of Places for the National Heritage List,2009,p.10,下载地址:http://www.environment.gov.au/heritage/ahc/publications/nhl-guidelines.html

2. 比较分析

国家重要性的地点具有除世界遗产之外的相对较高的重要性级别,是澳大利亚人社区很重要的地点(然而,"对于国家突出的遗产价值"并非意味着此遗产对所有的澳大利亚人都很重要)。得出某地点有突出的遗产价值的结论需要对遗产价值进行比较评估;这种结论是基于与其他可比较地点的比较,或是基于这地点是独一无二的、符合标准的发现。①

比较分析在遗产价值重要性级别的评估中起到了很大的作用,然而,指南也明确指出,即使是那些同样类型的地点,比较都并非易事,这种方法也有缺陷:多相似的地点需要进行有效的比较?不同的地区环境可以给重要性增加比重是多大?比较也可能基于相关历史的国家重要性而不是外观的重要性。

3. 整体性(integrity)概念

在决定相似类别地点的相对重要性时,整体性的概念也起了很大的帮助作用。对于大多数国家遗产地,都对它们的整体性有很高的期待。

当然,对于不同的遗产,整体性会有不同的解释:对于自然环境来说,整体性就是一种长期可持续发展的指标,反映出此地被其他环境影响的程度,自我恢复能力或可能恢复过程的期限;而对于文化环境来说,整体性就是此地保留和传递主要遗产价值的能力。②

而地点整体性有可能受到内因、外因的影响,那么一个地点的整体性在失去重要性前能有多大的损失?此难题只有当一个地点的情况和整体性从一开始就被完好记录才有可能回答。

4. 原真性(authenticity)概念

如果文化地点的遗产价值是真实的或具有无可争议的起源,那么原真性概念可帮助决定遗产价值。在评估一个地点的整体性时,原真性可能会受到内因和外因的影响。一个地点的原真性真实而又可信地表达多少遗产价值?遗产价值的原真性可以通过以下元素来决定:

① 形式和设计;

---

① 参见 Commonwealth of Australia: Guidelines for The Assessment of Places for the National Heritage List, 2009, p. 11, 下载地址: http://www.environment.gov.au/heritage/ahc/publications/nhl-guidelines.html

② 参见 Commonwealth of Australia: Guidelines for The Assessment of Places for the National Heritage List, 2009, p. 12, 下载地址: http://www.environment.gov.au/heritage/ahc/publications/nhl-guidelines.html

② 原料和实质；

③ 作用和功能；

④ 传统、技术和管理系统；

⑤ 位置和背景（setting）；

⑥ 语言以及非物质遗产的其他形式；

⑦ 精神和感情；

⑧ 其他的内因和外因。①

然而，在一个地点可能会具有两种或更多的遗产环境（自然的、原住民的、历史的），相关的评估管理人员就要考虑对评估过程进行合作评估、联合评估，并考虑首先要关注的事项以及可提供的资源，只有这样才能在评估过程中确保相关的价值、价值的协力优势以及联系才能被认可。

另外，在价值评估中还要考虑不断改变的价值因素，遗产价值评估时是基于某一特定时间段提供的信息而做出的，因此，提供的信息也会随时间而变。所以，一个地点的国家遗产价值可能会随时间的推移而产生变化，从而使门槛不再满足一条特殊的标准，或有一条门槛现在正适合一条额外的标准。其他情况的改变也可能会导致国家遗产标准中遗产价值的变化，一条标准的变化也会影响另一条相关标准的变化。考虑到不断变化的遗产价值的变化，EPBC 法案允许部长考虑添加或移除已经登录国家遗产名录里地点的国家遗产价值，然而在此增减前，部长必须考虑理事会关于此增减的建议。

四、国家遗产名录标准的运用②

遗产价值评估主要是基于相关文字表述的标准，该指南也详细解读了如何运用国家遗产名录的九条标准，包括标准内容、解读要点、主要的关键词、运用标准需要考虑的事，以及一些重要的指标等。以下我们将依据《评估指南》逐条介绍相关标准。

1. 标准一：事件和过程

此地对国家有突出遗产价值是因为它在澳大利亚自然或文化历史的进程中具

---

① 参见 Commonwealth of Australia：Guidelines for The Assessment of Places for the National Heritage List，2009，p. 12，下载地址：http://www.environment.gov.au/heritage/ahc/publications/nhl-guidelines.html

② 参见 Commonwealth of Australia：Guidelines for The Assessment of Places for the National Heritage List，2009，pp. 15-50，下载地址：http://www.environment.gov.au/heritage/ahc/publications/nhl-guidelines.html

有典范之重要性。

（1）此标准缩略为：事件和过程。

（2）解读要点

① 此标准运用于具有示范性证据和关于过去的产物，或具有连续的气候、地质学、地形学、生态和生物进程的地点。

② 此标准也运用于原住民环境地，这种环境特点已经在澳大利亚原住民的政治、经济、社会结构中清晰可见；与澳大利亚原住民历史不同时期的经济、政治和社会进程特点有关；或是那些最能展示澳大利亚原住民历史最显著的生活方式的地点。

③ 此标准还运用于具有历史意义的地点，这些地点与有历史意义的地点相连，或这些地点描述那些对国家有不朽影响，对澳大利亚政治、经济、科学和社会结构有重要改变的重大事件有关；这些地点可能对他们展示主要的政治、经济、科学或形成澳大利亚的发展社会过程，或能最完美地展示澳大利亚历史上典型的生活方式，以及重要活动所呈现的特色，且具有显示国家重要性的作用。

（3）主要的关键词

① 重要性：a. 作为名词（importance）：重要的质量或事实，重要的位置或身份。b. 作为形容词（important）：个人或社会影响很重要或很有影响力的，如一件重要的事件；或曾经使用过的特别称号，这些重要事件和称号是有突出的、巨大的价值。

② 进程（course，名词）：在一段时间或连续阶段内持续的一个时段或全过程。

③ 典范（pattern，名词）：事情或活动的安排或指令，或一种抽象意义里的活动；事情、活动、想法、情形等的可识别的命令或形式。

（4）运用标准需考虑的要点

① 遗产地与澳大利亚自然或文化历史的进程或典范之间的联系具有一种"结合的价值"（associative value）；

② 如果有一种与这种结合相关的结构出现，结构与结合的关系能在地点的记录中确认；

③ 对于满足此标准的地点，肯定会因为此地在澳大利亚自然或文化历史中的进程与典范的重要性，而有证据证明它已经作为一种非常独特的地点而得到国家性的认可；

④ 如果一个地点有一个位置在横贯几个不关联的时期在诸如某种复杂的文化景观的使用中有一个普遍联系的主题时，也可能会由于它的结合的价值被考虑。

（5）重要性的指标：地点满足名录标准的根据

在使用"此场所在自然或文化的进程中（course）或是形式上（pattern）的重要

性"标准时,主要围绕事件和过程,对以下问题应给予考虑:

① 地形学(geomorphology)、景观和地形(landform)

地点需要包含具示范性的证据和关于过去的产物或连续性地形学的进程,并要被认为是澳大利亚最好的或唯一的例子,展示了这种价值的最丰富的浓缩精华。此地对理解澳洲大陆进化的贡献需被清晰地展示。

此涵盖地形的结构、进程以及阶段的指标总结为:a. 地球的形成(forming the Earth);b. 地球的形塑(shaping the Earth);c. 地球的造型(sculpting the Earth)。

② 结构地质学、古生物学和地层学

包含矿物学、地层学或是对过去气候或环境记录化石的地点,提供阐释澳大利亚景观和生物群发展或展示这种价值具有最丰富的浓缩精华的有关地质学和古生物的进程。这方面主要是指:a. 矿物学——有关矿物的研究;b. 古生物学——有关古代生物的研究;c. 地层学——有关分层的岩石繁荣研究。

③ 进化过程

包含有助于理解澳大利亚大陆和它的植物种群和动物种群进化过程中生物或生态证据的地点;相关重要性的指标可用《澳大利亚自然遗产评估方法》(ANHAT)为基础的 1∶100 000 的地图决定。这一过程主要与这几方面相关:a. (动、植物种的)特有分布现象和物种形成情况;b. 遗留物以及按照动植物种系统独特或原始的物种。

此根据主要适用于那些显示了物种集中的丰富性,反映了澳大利亚特有的生态进程,或现有物种显示了进化过程的一种突出的或独一无二的样态的地点。

④ 生态进程

指那些在国家等级上保持或显示不断发展的气候、生态或生物进程中具示范性的重要地点,这些地点具有包含完整无缺的生态系统以及具有高度完整性的特点。这一进程主要包括:a. 气候、水文学以及营养学方面的循环;b. 物种的孕育、养育、早期培育以及栖息等生命周期过程;c. 物种的运动/迁徙路线和通道以及干旱时期的避难所;d. 物种的传宗接代(succession)。

⑤ (自然价值)丰富和多样性的中心

指那些在国家等级水平上,具有生物属性的丰富性和多样性的中心地点。物种丰富而多样是需要比较评估的,所以物种的种类需详细叙述。这种地点包括:a. 物种的丰富性,即要考虑在某一个遗址、栖息地或已被定义的地区的不同物种的数目;b. 物种的多元性,即要考虑在某一个遗址、栖息地的不同物种的不同物种数目,且在这些物种内和物种之间的遗传学上的独特性;c. 生态系统/生态社区的多元性,即不同组合和存在于同一景观内不同地方的生物体社区的多样性结构方式。

⑥ 避难所(refugia)

是指那些在一个进化、生态或历史时期范围内为某类型或某些具有有机物体系类型避难所的地方,且在国家范围内广泛被认为是一个突出的例子,充当了大量分类的避难所,或包括独一无二的生态体系,或在那里存在许多有机体系——属于古代植物群或动物群的遗留物。避难所里会包含具有显著科研吸引力的对象,包含特有的或是濒危的物种。在此类避难所,谨记价值和特性是很重要的。这种地点包括:a.进化方式避难所为那些过去传播很广,但现在只在它们原来范围内零星存在的动植物留有持续生存的地点,这些避难所就如在浮动环境中物种形成的中心,包括了大量某地特有的和/或残留的物种;b.由于土地用途的改变和其他人类活动的结果,人为构成的避难所在过去200年发展形成,成为因土地的清理导致那种具有地方特性的或濒危的物种,诸如食肉动物、昆虫等的避难;c.生态避难所是近几年发展起来的,当许多适合的栖息地在遇到干旱或洪水等自然灾害变得荒芜后才形成的地点,这些避难所周期性地支持相对大量的、不断重新适应他们自然分布范围的个别动物种群。

⑦ 描述事件

a.此根据在评估原住民遗产时运用

此标准包括那些导致澳大利亚原住民在政治、经济或是社会结构重要变化的事件。定义事件通常是通过书面文件、口头传统或是这两种方式的结合来记载的。此标准可以适用于一个遗址(site)、建筑物、文化景观或一系列遗址,包括那些主要发生在原住民历史上,标志着事件的转折点的地点;这些地点会和以下情况相联系:

➤ 适用或应用于原住民的政策或方法;
➤ 在处理原住民事务中的抗议或其他与变化相联系的活动;
➤ 遍及澳大利亚的抗议或庆祝活动。

b.此根据在评估具历史意义遗产时运用

此标准包含对国家具有持久影响的标志性事件和重要时刻、对国家的重要影响以及导致对澳大利亚政治、经济、科学或社会结构重要变化的事件。此标准能被运用于一个遗址、建筑物或建筑群文化景观或一系列遗址。此事件也许在地方的结构方面不是很明显或者不包含以下事情:

➤ 一个全国性的社会、政治运动(包括原住民的活动)的原初地;
➤ 象征性代表国家社会、政治或经济生活主要变化的地点;
➤ 在全澳大利亚都庆祝的抗议或活动地;

➢ 一项伟大人类技艺发生的地点；
➢ 一个国家性的灾难发生的地点。

⑧ 经济、政治或是社会进程

a. 此根据在评估原住民遗产时的运用

此标准包括历史不同时期的具有原住民特点的经济、政治或社会过程，包括澳大利亚原住民从早期到现在发展的故事，包含地区经济差异的发展、经商路线、复杂的社会和政治网络以及与邻近岛屿的人际关系；用于确认经济、政治和社会进程的信息，包括物质残余物、岩石艺术图像、口头传统和历史文件。标准适用于澳大利亚的遗址、文化景观或一系列的遗址，包括具备澳大利亚原住民特色的政治和文化过程范围，如：

➢ 最充分展示了原住民历史上一个或多个时期生活特色的一个或多个方面；
➢ 最充分展示了原住民历史上一个或多个时期经济过程，包括商贸关系；
➢ 最充分展示了与邻近岛屿或附近居民的关系。

b. 此根据在评估具历史意义遗产时的运用

此地在定义上突显了在国家形成过程中，即在澳大利亚发展中能够体现诸如经济、政治或社会活动的能力对国家的重要性。此地还包括历史不同时期的原住民特色的经济、政治或社会过程。此标准的适用范围很广，可展示一种生活方式、一种文化、政治或经济体系或过程的地点，这些地点必须清晰展示一个国家历史主题，如：考察、畜牧生活、矿产和资源利用、工业化和制造业、金融业、市场营销和零售业、休闲和旅游、教育、交通和通讯、管理、城市发展、移民、防御等。

⑨ 组合或文化景观的丰富性

a. 此根据在评估原住民遗产时的运用

➢ 此标准包括那些最能显示澳大利亚原住民历史上一个或多个时期最具有典型生活方式和特性的地点。
➢ 此标准主要适用于具有与原住民历史上一个或多个时期特殊生活方式相关的特色的地点。此部分要求有相对的敏感度。它还包括在原住民历史上比较重要的地区，因为：此地的特色充分展示了一个或多个原住民历史上重要的经济、政治或社会过程；此地的特色充分展示了原住民实践的典礼和持有的信仰。

b. 此根据在评估具历史意义遗产时的运用

此标准包括具有高度多元化特点的、最能充分展示澳大利亚历史上一个或多个时期的最典型生活方式和特性的地点，包括诸如至少有一个故事，这个故事对国家是最重要性,并具有鲜明的地方特点;这些地点也可以包括不同遗产的异常特点以及丰富性,在这种情况下,丰富性必须随地点的大小来评估。①

2. 标准二:稀缺性

此地对国家有突出遗产的价值,因为它拥有在澳大利亚自然或文化历史中罕见、珍稀、濒危的样态(aspects)。

(1) 此标准缩略为:稀缺性。

(2) 解读要点

此标准主要运用于拥有罕见、珍稀、濒危的对澳大利亚具有国家级重要性的自然或文化历史中的样态。而且是要对这一地点的相关样态具有很好的了解,且对重要性的程度也要有很好的了解作用,这对于评估此地是否具有那么重要,以至于具有"对国家有突出的遗产价值"至关重要。

(3) 主要的关键词

① 罕见的(uncommon,形容词):不寻常的,不一般的或珍稀的。

② 珍稀的(rare,形容词):空间或时间上很少发生的,不寻常的、罕见的,数量上很少的,很稀薄的,几乎难以分开的。

③ 濒危的物种(endangered species,名词):面临绝种威胁的物种;

④ 样态(aspect,名词):一种事物能够被视为或被认为的样子,一种事物很特别的部分或特点,一种事物被认为的样子。

(4) 运用标准需考虑的要点

① 这些类型的地点将满足下列标准:

a. 一个唯一和/或唯一现存的具有整体性或原真性的,对国家具有重要性示范作用的地点;

b. 一个与具有特别的、与国家重要历史相联系的地点。

② 这条标准并不限制可能满足此标准的地点种类。

③ 不必一定要使一个地点满足此标准:

a. 这是这类地点中最古老的;

b. 一个罕见、珍稀、濒危的单一物种、社区或栖息地在此地被发现。

④ 然而这些因素将在决定一个地点是否满足此标准时会被考虑。

⑤ 一个地点是否满足标准的评估应该基于深入研究的信息基础之上,包括在

---

① 参见 Commonwealth of Australia:Guidelines for The Assessment of Places for the National Heritage List,2009,pp. 15-22,下载地址:http://www.environment.gov.au/heritage/ahc/publications/nhl-guidelines.html

国家层面上对一个地点的理解。

⑥ 一个地点将不会满足标准:如果它只被假定拥有一个澳大利亚自然或文化历史中珍稀或罕见样态,但是这种样态还没被证实或证明是珍稀或罕见时。

⑦ 一个简单的威胁,或在遇到危害性的过程时迫在眉睫的,对于国家突出的遗产价值的特别的"样态",可以申请使用《紧急名录》(*Emergency Listing*)的相关规定。

(5)重要性的指标:地点满足名录标准的根据。

地点从以下几个方面展示对澳大利亚具有国家重要性的历史、文化或自然具有世界罕见的样态:

① 珍稀性的聚焦源(Foci for rarity)(自然价值);
② 罕见、珍稀、濒危文化的过程、活动、信仰或其他样态(文化价值)。

所谓珍稀性聚焦源主要是与它的自然价值有关:指具有保留或展示国家级重要性的地点是生物、地形学或古生物特性方面珍稀性的聚焦源,此地点将展示罕见和受威胁的物种(极度高的门槛)或具地形学/地质学特性方面最珍稀的案例,拥有重要的保护价值。

罕见、珍稀、濒危文化的过程、活动、信仰或其他样态主要是与原住民遗产以及具有历史意义的遗产相关。

a. 此标准在评估原住民遗产时的运用

这条标准特别运用于原住民在数量上比较少,或指那些由于后来者的破坏而使存续数量较少的生活方式、风俗、过程、土地使用、功能或设计;这些地点展示了人类早期的居住和活动情况的罕见部分,以及现在已经比较珍稀的原住民过去所进行的活动。一般情况下,对于这种价值的评估必须很好地掌握在国家背景下具有类似价值的地点。

b. 此标准在评估具有历史意义的遗产时的运用

此标准主要运用于那些现在数量上已经比较稀少的,或指那些由于后来者的破坏而使存续数量较少的,描绘了过去的生活方式、风俗、过程、土地使用、功能或设计的地点。这一类地点包括:

➢ 那些展示了人类早期的居住和活动情况的罕见样态的地点;
➢ 那些展示了现在已经稀少、废弃或不再实践的、过去的人类活动样态;

➢ 那些在国家背景下具备罕见的完整性的地点。①

3. 标准三:研究

此地对国家有突出遗产价值因为其具有促成对澳大利亚历史、文化或自然世界理解信息之潜在性。

(1) 此标准缩略为:研究。

(2) 解读要点:此标准运用于那些具有从各种各样的研究资料来源提供信息的潜质,包括那些能够体现,或在所在地发现,或与此地结合的自然、原住民、具历史意义的、社会科学或其他信息的地点。

(3) 主要的关键词

① 有潜质的(potential,形容词):可能会变成实际的、有能力或将成为具有潜在价值的。

② 贡献(contribution,名词):贡献的名词;贡献出来的事物。

③ 理解(understanding,名词):理解特定的行为;理解个人解释;完全熟悉,清楚地理解特性或性质。

(4) 运用标准时需考虑的要点

① 此标准需考虑其根据信息的潜在性价值,而不是"教育/解读价值",这不是国家遗产价值的教育/解读,而是这些价值被决定的后续行动。

② 根据信息的潜在性价值不仅指这种信息的可能性。一个地点要满足此标准,必须是有证据证明其真实的、被证实或确定了的潜在性,如可能,要有专家测试或专业考察。

③ 大量有根据的信息带来的证据或与此地结合大量证据证明一个地点带来的潜质,这些信息包含但不仅限于口头传统、记录、收藏品、可移动文化遗产、考古学资源、化石、生物学资料、地质学特点,以及其他内容或结构。

④ 测试确立的潜在性有可能包括生物学的或地质学的考察,或其他与同主题相关的职业考察,至于考古学的潜质,会具有相关的考古学发掘。

⑤ 根据信息的潜在性价值将被充分实现或利用。

⑥ 所有的标准在某种意义上都是独立运作的,所以只要求达到一个具有国家遗产价值的标准就可以;然而也有可能一个潜质会满足几个标准的情况。

⑦ 潜在的研究价值只能存在于它与国家级重要性贡献相关的地点。

---

① 参见 Commonwealth of Australia:Guidelines for The Assessment of Places for the National Heritage List,2009,pp. 23-25,下载地址:http://www.environment.gov.au/heritage/ahc/publications/nhl-guidelines.html

(5) 重要性的指标:地点满足名录标准的根据。

这地点具有澳大利亚国家级重要性,是因为它能够提供从记录、收藏品、化石、生物材料、地质特点、可移动文化遗产、考古资源、建筑结构到其他有价值的东西,它有助于人们理解澳大利亚的自然历史以及澳大利亚的历史、生活方式和/或文化。

a. 此标准在自然遗产方面的运用

此地的重要性是可经论证的,即它对澳大利亚自然历史的科学研究所做的贡献,对理解澳大利亚的自然历史所做的贡献——包括那些具信息性潜质的遗址。此标准主要与研究遗址以及发现的遗址相关。

b. 此标准在评估原住民遗产时的运用

➢ 这个具潜质的研究必须是可经论证的,而且必须与原住民的历史和文化相关,包括任何能够展示对我们理解以下重要信息有贡献的、有潜质的遗址或地区:有关原住民历史上一段或更多时期,以及有关原住民文化特点或生活方式的信息。

➢ 此标准在具历史意义遗产方面的运用要考虑到:研究潜质必须是可经论证的,而且必须与澳大利亚历史和文化发展有关,研究和教育价值必须在遗址或遗址结构内,必须具有国家级重要性。此地需要展示下列重要信息和潜质:如有关澳大利亚人历史上一段或更多时期,以及有关澳大利亚人文化特点或生活方式的信息。[1]

4. 标准四:地点组群最重要的特点

此地对国家有突出遗产价值,因为它在展示澳大利亚自然或文化地点组群主要特点时的重要性,或是在展示澳大利亚自然或文化环境组群的主要特点时的重要性。

(1) 此标准缩略为:地点组群最重要的特点。

(2) 解读要点:此标准运用于那些在澳大利亚自然或文化地或环境中代表一个级别或类型、风格、设计所有或重要元素特点的地点。

(3) 主要的关键词

① 重要性(importance,名词):重要的质量或事实;重要的地位;个人或社会

---

[1] 参见 Commonwealth of Australia:Guidelines for The Assessment of Places for the National Heritage List,2009,pp. 26-28,下载地址:http://www.environment.gov.au/heritage/ahc/publications/nhl-guidelines.html

影响。

② 展示（demonstrate，动词）：显露或展览。

③ 级别（class，名词）：大量的人、物、动物被认为是通过拥有相似的品质组成一群，一种，一类。

④ 地点（places，名词）：包括一个位置、一个地区或一个区域或大量的位置、地区或区域；一幢建筑物或其他构造物，或许多建筑物或许多构造物；与一个地点的防护（protect）、保持（maintenance）、保护（protect）或改善（improvement）有关；迅速把 A-b 提到的事物维护起来。

⑤ 环境（environments）：包括生态体系和它们的构件，包括人和社区；自然或物质资源；一个位置、地点和区域的质量和特质；地点的遗产价值；以上四点提到的事物的社会、经济和文化样态。

（4）运用标准需考虑的要点

① 此标准里的术语"文化"是取其最广泛的意义，或与一个特殊的设计/风格、特定的工业/技术过程，并与特别的生活方式或特别的用法/土地使用相结合。

② 此标准关注此地的主要特点突出的,有示范性和代表性,在考虑一个地点展示的是它主要的特点,而不是所罗列出的一个类型地点的全部例子；

③ 一般会期望一个地点能够通过它的结构或主要特质加以展示,且这些特质应该是一个全面的、清楚明了的,具有原真性以及整体性所达到的高度；

④ 制定特别级别的标准可参照标准一、标准五及标准六；

⑤ 标准四主要关注此地的主要特点为突出的,具有示范性和代表性。

（5）重要性的指标：地点满足名录标准的根据。

此地点通过以下优势的结合充分展示了此等级的特性：

第一：自然物质和生物属性的结合；

第二：变异性范围与等级的结合；

第三：等级的最优发展；

第四：在等级内展示最重要的变异；

第五：一段特殊时期发生的设计或风格；

第六：一个特别的工业或技术过程；

第七：一种特别的生活方式；

第八：一种特别的使用方法/土地使用方法。

a. 此标准在评估自然遗产时的运用

在展示它的国家级重要性的特点方面,一个地点具有相关代表性和重要性,需

经由此地与其同一级别的类型进行比较,分析以下因素得来的:

- 地质、地形、土壤、植物群、动物群的自然资源属性;
- 状态和整体性;
- 此种类的丰富性和分布情况;
- 这种类型范围内的同质性与变异性程度。

而在进行以上比较时,又和以下因素相关:

- 气候因素:此类地点是不同气候带的代表,表现了不同生物与气候区、生物与地理区的重合关系地带;
- 地质因素:此类地点是发生在不同生物气候区环境范围的不同地质年代、结构、岩石类型或不同地形学/土壤的代表;
- 生物学因素/生态学:具有代表性物种、地质范围、土壤类型的地点,有可确认的动物群群落。

b. 此标准在评估原住民遗产时的运用

- 在考虑"第五"个根据"一段特殊时期发生的设计或风格"时,此地也应该代表原住民历史中一个特别重要的设计或风格所有的或主要的特质;
- 而在考虑"第六"个根据"一个特别的工业或技术过程"时,此地也应该代表原住民历史中一段特别重要的工业或技术过程所有的或主要的特质;
- 同样,在考虑"第七"个根据"一种特别的生活方式"时,此地也应该代表原住民历史中一种特别重要的生活方式所有的或主要的特质;
- 在考虑"第八"个根据"一种特别的使用方法/土地使用方法"时,此地也应该代表原住民历史中一种特别重要的土地使用所有的或主要的特质。

c. 此标准在评估具历史意义遗产时的运用

- 在考虑"第五"个根据"一段特殊时期发生的设计或风格"时,此地也应该代表在澳大利亚历史中一个具高度整合性、重要性设计风格所有的或主要的特质;设计和风格也可以参照建筑、结构、设计的景观、规划和流程,此地也可能由于它的不同寻常或是很有共性而被认为具有国家级重要性。
- 在考虑"第六"个根据"一个特别的工业或技术过程"时,此地也应该代表澳大利亚历史中一段具示范性的工业或技术过程所有的或主要的特质,此地也可能由于它的不同寻常或是很有共性而被认为具有国家级重要性。
- 在考虑"第七"个根据"一种特别的生活方式"时,此地或环境的等级展示也应该具有与国家级别相对应的重要性的生活方式,此地或环境等级的特质如果得以认可,就必须展示它是怎样表达这种特质的。

➤ 在考虑"第八"个根据"一种特别的使用方法/土地使用方法"时,此地或环境等级展示的特别的土地使用必须具备国家级别相对应的重要性,此地或环境等级的特质如果得以认可,就必须展示它是怎样表达这种特质的。①

5. 标准五:美学特质

此地对国家具有突出遗产价值,是因为它对国家具有突出遗产价值,并且展现了一个社区或文化群体所重视的特殊美学特点。

(1) 此标准缩略为:美学特质。

(2) 解读要点:可以把美学价值属性赋予一个自然或文化地点,在与自然的地点相关时,是自然地人民的感知能力创造了美学价值。

(3) 主要的关键词

① 展览(exhibiting,动词):陈列、展览;展现;阐明,呈现。

② 特别的(particular,形容词):与一个人、一件事、一群、一个等级、机会而非别的或所有种类相连,特殊的,非大众的;特定的,个别的或单一的,被认为是分离的;卓越的或与众不同的,显著的,不寻常的;独特的或特别的。

③ 有美感的(aesthetic,形容词):有美的感觉;有关美的。

④ 美(beauty,名词):有一种愉悦的品质或特性,或使人们欣赏的或具有美感的品质、特性。

⑤ 美丽的(beautiful,形容词):拥有或展示美;非常愉悦的;美丽的、有美感的或可感受美的概念。

⑥ 特质(characteristic,名词):与众不同的特点或品质。

⑦ 价值(value,动词):(带着尊敬的想法)认为值得、优越、有用或重要。

⑧ 社区(community,名词):一个特别的地方,一般会与在那儿的居民联系在一起。一个社会内的一群共享民族的或文化背景的人;一个人类组织——具有政治行政关系的社会单位的机构。

⑨ 文化群体(cultural group,名词):一个具有共享民族的或文化背景的社会里的一群人;社区。

(4) 运用标准需考虑的要点

① 一个地点基于"有美感的"意义,是因为它的美学价值被考虑,"有美感的"

---

① 参见 Commonwealth of Australia:Guidelines for the Assessment of Places for the National Heritage List,2009,pp. 29-33,下载地址:http://www.environment.gov.au/heritage/ahc/publications/nhl-guidelines.html

就是存在美丽的感觉。美感的反应可能会通过可视或非可视的因素由环境激发出来,如包括情感反应以及地方感、声音感和味觉感等因素。

② 这里的"特别"在标准七,是指能够单独被考虑的一种特质,而非突出的或特殊的。

③ 共享的社会机构、文化和精神价值位于社区或文化群体的标识之间,社区能够存在于不同级别之中,共享利益的有些群体也会组成社区。

④ 职业群体和特殊利益群体不一定组成一个社区或文化群体,只有共同的专业能力不能确定一个社区或文化群体的边界。

⑤ 没有法律规定说一个社区要多大,社区可大可小。

⑥ 社区一般是指澳大利亚的社区。

⑦ 在社区评价中,不被强烈认可的地点达不到门槛的要求。

⑧ 社区应该被看成被评估地点的附属物,以及其影响力所依据的基础。

⑨ 一个地点可能由于外界对其"有美感的价值"的认可而被考虑。

⑩ 虽然有美感的价值是一个文化概念,但是建构一些拥有美感价值的地点会被认为是"自然"或"文化"之地。

⑪ 存在一些展示与特别的美学特质相关的数据。

⑫ 对社区进行国家级重要性的认可通常是超越地区或州认可之外的。

(5)重要性的指标:地点满足名录标准的根据。

第一,地点对澳大利亚具有国家级的重要性,是因为它展现了社区特别具有美感的特质;

第二,具有美的特点,或启迪、引起情感上的感动,或其他激起一种强烈的人类反映的特质和特点。

a. 此标准在评估原住民遗产时的运用

美感的品质是一个激发或感动人的地区的特别特征;这种价值覆盖那些被认为对在澳大利亚原住民中造成灵感启发非常重要。

b. 此标准在评估具历史意义遗产时运用

在考虑"第一"根据时:一个地点会被基于"有美感的"意义,是因为它具有特殊的美学价值而被考虑时,而引起美感的品质是由从环境或某种特别的自然和文化属性中得到的经验所决定的。由于这种价值是从个体的经验中得到的,因此,它需要得到全国多方面的评估和认可,包括专家的考察、专业的方法、社区的认可等;同时,这种价值必须涵盖人们所认可的"美丽",这些地点也许对人们的情感具有很深的影响,甚至影响到对自然景观的形成,或由人们改进的和形成景观的过程。①

6. 标准六:创造性或技术性成就

此地对国家有突出的遗产价值,是因为它在展示某个特殊时期的创造性或技术性成就方面达到的高度和重要性。

(1) 此标准缩略为:创造性或技术性成就。

(2) 解读要点:此标准运用于那些阐释创造性或技术性成就、卓越、革新、技能、扩展或创造性的适应方面达到某种高度和具有重要性,在人类致力的不同领域,包括艺术、工程、建筑风格设计、工业或科学设计、景观设计、建筑业、制造业、手工业以及其他技术领域。

(3) 主要的关键词

① 重要性:名词(importance)表示重要的质量或事实,重要的位置或身份,个人或社会影响;形容词(important)表示很重要或很有影响力的,如一件重要的事件;或曾经使用过的特别称号,这些重要事件和称号具有突出的、巨大的价值。

③ 有创造性的(creative,形容词):来自思维或表达的独创性。

④ 技术的(technical,形容词):属于或与艺术、科学等有关;一件特别的艺术、科学、职业、商业等所特有的特质,与机械或工业拓术以及应用科学有关联的。

⑤ 程度(degree,名词):在一个上升或下降水平上,或过程中的步骤和阶段。

⑥ 成就(achievement,名词):特别是通过英勇、大胆、优越的能力完成的事情;伟大或英勇的事情。

⑦ 特别的(particular,形容词):与一个人、一件事、一群人、一个等级或与相关种类相连,特殊的、特定的、个别的或单一的,被认为是独特的、卓越的、与众不同的、显著的、不寻常的事物。

⑧ 阶段(period,名词):属于不确定的时间、历史或生命的一部分,由某种环境或条件所营造,由特定时间所限制的部分。

(4) 运用标准需考虑的要点

① 一个地点包含着特定和特殊的创造性或技术性成就,它们与建筑物或工程相关而被考虑。在评估时,需考虑其所达到的成就的高度以及对国家的重要性,还需考虑是否这些特定的成就超越了专家所能及的范畴。

② 在此评估标准下需要考虑的还有:创造性或技术性成就是否被广泛认为是

---

① 参见 Commonwealth of Australia:Guidelines for The Assessment of Places for the National Heritage List,2009,pp. 34-37,下载地址:http://www.environment.gov.au/heritage/ahc/publications/nhl-guidelines.html

很重要的；在有的情况下，这或许还不是决定性因素，因为它所达到的高度和成就在特定的时期还没被人们意识到、认识到并加以推进，这些疏于人知的成就也可能是具有突出价值的国家遗产。

③ 在评估中，还要考虑如果这一成就展示了那段时间的一种行为准则、实践或技术历史里的范式的转变，或它影响了随后发展的同一类型的地点，那么这一地点对突出的遗产价值就具有引导作用。

④ 对一个地点，展示了一种达到目的而又起重要作用的，清晰而又创新的设计也就够了。

⑤ 当一个地点由于它在一个景观、结构要素、技术成就或手工艺设计的精美卓越、有特性的结构组合方面等而被广泛认可就已经满足了标准。

⑥ 一般情况下，一个被提名的地点应该具有高度整合性，在整体性上反映了设计理念、设计样态或技术品质。

⑦ 如果一个地点作为一个突出的范例，虽然没有达到原来的设计理念，但是在设计样态上仍具有很强的创造性价值，此地也可以在门槛之内。

⑧ 此地必须陈述此技术成就的时段。

⑨ 人们对此地点的设计品质保持着经久的认可，这也可以成为其满足标准的依据。

（5）重要性的指标：地点满足名录标准的根据。

此地点可以从以下方面展示它的创造性和技术性成就：

第一，在设计、艺术或手工艺方面具有高度的成就；

第二，把建筑特点融汇于自然或人工设计景观所具有的创意和所达到的美感效果；

第三，对材料的独创和创新性使用。

a. 此标准在评估原住民遗产时的运用

➤ 在考虑根据"第一"时，设计、艺术或手工艺必须与那个时代的实践或技术相关联，并被人们所接受和认可，此地必须清楚地反映设计者的意图和个性化呈现；

➤ 在考虑根据"第二"时，独创性或创新性必须和那个时代的实践或技术相关联，此地必须清晰地反映独创性或创新性的特点；

➤ 在考虑根据"第三"时，此地点应该持续反映设计者清晰的意图。

b. 此标准在评估具有历史意义遗产时的运用

➤ 在考虑根据"第一"时，此设计必须与那段时间的行为准则、实践或技术历史

相关,此地必须清楚地反映设计者的意图和个性化呈现;
- 在考虑根据"第二"时,此地点必须反映设计者的清晰意图,如果需要,设计者的意图可以由专家根据那个时段相关的行为准则、实践或在技术历史中进行确认;
- 在考虑根据"第三"时,独创性和创新性必须与那段时间的实践和技术相关联,此地点必须清晰反映独创性或创新性的表达。①

7. 标准七:社会价值

此地对国家具有突出遗产价值,因为它与一个特有的社团或文化群在社会、文化或精神方面表现出强大的力量,同时具有特殊关联性和重要性。

(1) 此标准缩略为:社会价值。

(2) 解读要点:此标准运用于那些融会在社区或文化群体之中,并在国家层面上展现出一种强烈或特别的公共意识和归属性的地点,不管是自然或是文化遗产地。

(3) 主要的关键词

① 强烈的(strong,形容词):强有力的、强势的、有影响的、有效能的、有说服力的,坚强而不动摇的。

② 特殊的(special,形容词):有显著特点的或特别的;杰出的或不同于普通的或平常的;异常的,独特的,在数量或度上是独一无二的。

③ 联系(association,名词):a. 联系的状态;b. (associate,动词)用某种关系结合在一起。

④ 特别的(particular,形容词):与一个人、一件事、一个群体、一个等级、一个机构相属,而非与其他种类相连,特殊的、非大众的、特定的、个别的或单一的,具有独立性的、卓越的、与众不同的、显著的、不寻常的。

⑤ 社区(community,名词):一个特别的地方,一般会与在那儿的居民联系在一起。一个社会内的一群共享民族的或文化背景的人;一个人类组织——具有政治行政关系的社会单位的机构。

⑥ 文化群体(cultural group,名词):一个具有共享民族的或文化背景的社会里的一群人。

(4) 运用标准需考虑的要点

---

① 参见 Commonwealth of Australia:Guidelines for The Assessment of Places for the National Heritage List,2009,pp. 38-41,下载地址:http://www.environment.gov.au/heritage/ahc/publications/nhl-guidelines.html

所谓"社会价值",是指在一个特别的社区或文化群体之内的人们,共同拥有与自然和文化遗产地具有的强大而特殊的联系,被认为具有原住民或历史遗产的价值。

a. 特别的社区或文化群体

- 由什么组成了一个社区或文化群体的问题是一个特别难以回答的问题,需要进行具体分析;
- 这儿的"特别的"意味着一个能被单独考虑的特质;
- 一个特别的社区,指在澳大利亚作为一个共同体之整体中的特殊性;
- 具有一个能够共享社会组织、文化和精神价值的社区或文化群体的标识和标志;
- 职业群体和专业群体并没有组成一个社区或文化群体,只有相同的专业知识对于定义一个群体是远远不够的。

b. 地点与社区或文化群体的联系

- 为了满足此标准,必须在特别的社区或文化群体与地点之间存在一个强大而特殊的协调和协同性,这种属性将是持久的并包括归属和同属关系。
- 一个地点可能会在这些根据方面满足标准:构成一个社区或文化群体的许多人都会持续保持与此地点的联系;作为在传统、历史和/或艺术表述事件的背景上相一致,社区或文化群体与地点之间又保持着很强的联系,而这种联系是基于历史背景和文化表述之上。同时,地点与独一无二的澳大利亚人民的文化活动之间存在很强的关联;如果能够显示这些特性,也就能够与一个作为象征性的、在国家历史上一直流传的、具有国家级重要性的故事保持直接的联系。
- 在有些情况下,一些重要的、具有历史意义的协会,如过去的社区或文化群体的协会,也可能成为满足此门槛的条件。
- 那些与地点存在着短期关联的一般不能满足此标准,如当一个地点处于某种压力和威胁之下,便不维持那种联系的长期性。
- 那些公共的、社区拥有的可以满足此标准;某些私人财产也可能满足此标准,但要视情况而定。
- 一个大规模的、由澳大利亚人社区可以决定一个地点对国家有突出遗产价值的、具有文化认同的符合此标准。
- 一个大规模的、由澳大利亚人所在社区决定的、有爱心或有认同的展示,关系到在此标准下决定一个地点对国家是否具有突出的遗产价值,虽然有些不知名的地点依然被作为突出的遗产价值而被评估。
- 只有地方重要性的地点不能满足此标准。
- 此地必须被一个社区或一个文化群体所认可或使用。
- 由于要具有国家级的重要性,此社区认同要超越地区或州。

(5) 重要性的指标:地点满足名录标准的根据

第一,地点对于澳大利亚具有国家级重要性,是因为它与一个特别的社区或文化群体之间建立了强大而特殊的联系;

第二,可能包含传统、宗教、典礼或其他社会目的,包括庆祝或纪念用途,或与社区活动有联系的社会、文化或精神的原因。①

8. 标准八:重要的人

此地对国家有突出遗产价值,是因为它与某个人或某群人的生活和工作相关联,或在澳大利亚自然和文化历史重要性方面存在特殊的联系。

(1) 此标准缩略为:重要的人。

(2) 解读要点:此标准主要首先运用于地点而不是人,由于人或群体对澳大利亚自然或文化历史所做的特别的或重要的贡献的人或人群与地点存在特殊的关联,这在确认其是对国家有突出遗产价值的地点是非常重要的。

(3) 主要的关键词

① 特殊的(special,形容词):有显著特点的或特别的;杰出的或不同于普通的、平常的、异常的,独特的,在数量或程度上是独一无二的。

② 联系(association,名词):联系的状态;联系(associate,动词):用某种关系联系在一起。

③ 群体(group,名词):由于某方面的关系而形成的群体,包括或被认为在一起的一群人和事。

④ 重要性(importance,名词):表示重要的质量或事实,重要的位置或身份,个人或社会影响;形容词(important)表示很重要或很有影响力的,如一件重要的事件;或曾经使用过的特别称号,这些重要事件和称号具有突出的、巨大的价值。

(4) 运用标准需考虑的要点

① 在考虑一个地点和一个重要的人/群体结合在一起时,如果达到此标准,那

---

① 参见 Commonwealth of Australia: Guidelines for The Assessment of Places for the National Heritage List,2009,pp. 42-44,下载地址:http://www.environment.gov.au/heritage/ahc/publications/nhl-guidelines.html

么,要满足此标准,就要保证人民与此地点的历史相联系。同时,要满足此项标准,此地与人民或群体的历史联系必须在澳大利亚的自然或文化历史中显示其重要性。为了满足这一条款,要求提供包括在《澳大利亚参考文献词典》里的人物名单等广泛的、相关重要的证据,没有一个单一的参考资料被认为是可靠的。特别要注意原住民在有些文件资源里是否被包括进去。

② 一个人的重要性可能完全依靠发生在此地点的某一活动来加以说明。

③ 然而,一个人有可能和很多地点相关联,在这种情况下,需要展示和考虑与他们存在最紧密联系的地点的关系。

④ 要建立一个群体最基本的要求是存在于某种联系或结合中的,或是群体成员间的一些关系。

⑤ 一个广泛的群体与重要的人之间"生活或工作"的特殊关系和联系必须被展示。

⑥ 这种联系一般会展示出群体对重要的人一生中的突出作用。

⑦ 与此地点的联系会被当成具有国家级重要性的成就而被认可。

⑧ 对突出的遗产价值的意识可能不被社区或文化群体认可。

(5) 重要性的指标:地点满足名录标准的根据。

此地点对澳大利亚具有国家级的重要性,特别具有下面的原因和特殊关联:

第一,此地点对全国认可的人或群体有重要的形成方面的影响;

第二,在此地点发生了被全国认可的人或群体所取得的主要的国家级成就。

a. 此标准在评估原住民遗产时的运用

➢ 在考虑根据"第一"时,此价值的内涵是确认那些很重要的地点与澳大利亚范围内具有国家级重要性的人或群体之间的持久联系;应该具备地点和群体之间的特殊联系,如果此地对哲学、职业、实践或事件有影响的话,它应该得以展示。

➢ 在考虑根据"第二"时,可以考虑此地点肯定是此人取得主要成就的地方。

b. 此标准在评估具历史意义遗产时的运用

➢ 在考虑根据"第一"时,要考虑此人或此群体与此地的联系,并肯定在那个地点极大地影响了人们的哲学以及和此人相联系的事件。

➢ 在此环境中的任何类型的地点都可能获得资格:它可能是对某个人的生活有着重要关系的地方;与田野科学家或探索者的路线有联系的自然之地也许是合乎条件的;如果一个地点与一个特别重要人的相关事件有着重要的关联,并对当地具有深刻影响的,虽然时间短,也可以包含进去。

➤ 在考虑第二个根据时,此价值旨在确认这些地点与对澳大利亚具有国家级重要性的人或群体在持久联系方面很重要,这种联系必须代表一个人或群体在生活的任何领域所取得的巨大成就之间显得很重要,如在研究、居住、艺术、政策、公共生活、社区服务、建筑物、工程、设计、科学、商科、工业等方面。这种联系可以适用于此地或环境的任何类型,如可以是作为众所周知的设计者工作中的一个突出成就的建筑或工程项目。①

9. 标准九:原住民传统

此地对国家有突出遗产价值,因为它是原住民传统的一部分。

(1) 此标准缩略为:原住民传统。

(2) 解读要点:此标准运用于那些被看成原住民传统最重要部分的地点。原住民传统曾在法案 S.201(4)中被描述为"原住民或原住民中一部分特别群体的传统、惯例、风俗和信仰的主体部分"。

(3) 主要的关键词

① 重要性:名词(importance)表示重要的质量或事实,重要的位置或身份,个人或社会影响;形容词(important)表示很重要或很有影响力的,如一件重要的事件;或曾经使用过的特别称号,这些重要事件和称号具有突出的、巨大的价值。

② 传统(tradition,名词):传统的概念是指信仰、传说和风俗被一代又一代地传递,特别是通过口传或实践。

③ 惯例(observance,名词):指遵从、服从或跟随的行为;以适合的程序或典礼来保持或庆贺;一种必须遵守的风俗。

④ 风俗(custom,名词):一种习惯的实践,在某种特定的环境中的惯常行为;一种习惯性动作的形式,通常是一代代传承下来的。

⑤ 信仰(belief,名词):所相信的一种接受了的想法。

⑥ 原住民(indigenous,名词):澳大利亚和/或托雷斯海峡最早的种族成员。

(4) 运用标准需考虑的要点

① 此标准运用于一个地区、一个特殊的遗址或遗址群,如果某地点有突出的遗产价值,两个阶段步骤对于确认此地是很重要的:此地是否属于原住民传统的一部分;在背景或传统中,是否存在什么情况使之在国家级别里有不同寻常或示范性的作用。

---

① 参见 Commonwealth of Australia:Guidelines for The Assessment of Places for the National Heritage List,2009,pp. 45-47,下载地址:http://www.environment.gov.au/heritage/ahc/publications/nhl-guidelines.html

② 一个传统之地能因为它的综合性价值而被考虑,一个"无形的"(intangible)价值,在那儿没有和此联系相关的物质表达。然而,如果有一个传统物质的证据表现出来,那么这种关系和此特别的物质证据需要在价值表中被清楚地确认。

③ 原住民的传统不必一成不变也应该被确认,然而根据定义,通常是活态的、动态发展的以及进化的才被认可。

④ 被包含在此标准里的还有被视为原住民生存中的信仰基础,它包括年龄、性别及其他不对公众开放的元素,在这种背景下,比较分析并不总是合适。在运用比较分析的地方,被用来评估遗产价值的材料会包括遗留的材料、口头传统和具历史意义的文件记录。在有些情况下,与一个地点结合的原住民传统的记录材料估计会因为缺乏或不足,以决定它是否"对国家具有突出的遗产价值"。然而,没能力展示一个地点满足国家遗产名录的所有条款,并不意味着此地点对于原住民传统的一部分不重要,它也意味着很多在私密的、不对公众开放的原住民传统中具有高度重要性的遗址将会在那个神秘的领域里继续保持下去。

(5) 重要性的指标:地点满足名录标准的根据

此地点从以下几方面展示了对澳大利亚具有国家重要性的原住民传统的一种样态:

第一,造物主和神灵:在土地上由造物主制造的或由神灵居住的物质场所(physical places);

第二,人物(people):与人的宗教和典礼相结合的场所;

第三,土地(land):与培育土地有关的"增产",贸易或礼仪遗址。

因此,在考虑根据"第一"时,具有示范性意义或不寻常的地点包含由造物主在此地的历史过程中,或造物主在穿过这片土地的行程中,所发生的一件重要的事件,造物主把自己"贡献"给了这片土地的形成,包括物质地貌(如大山、河流),此标准也运用于那些喜欢恶作剧的或恶毒的神灵居住的地方。

在考虑根据"第二"时,人物在仪式或典礼中从一种身份转为另一种身份所具有的示范性或不寻常的地点,这些主要的仪式和典礼的形式可能来自造物主。

在考虑根据"第三"时,具有示范性或不寻常的土地被看成是原住民在那里耕作土地或培育土地技术的地点,这些传统的操作经常是从造物主那儿得来的,因为造物主相信负责任的群体能够照顾好一个特别之地。①

---

① 参见 Commonwealth of Australia:Guidelines for The Assessment of Places for the National Heritage List,2009,pp. 48-50,下载地址:http://www. environment. gov. au/heritage/ahc/publications/nhl-guidelines. html

五、如何保护国家遗产名录上的地点

在一个地点登录了国家遗产名录之后,此地就受到了澳大利亚政府的法律和州、地区政府与原住民和私营业主的协议性保护,首先会受到《1999 环境保护和生态多样性保持法案》(Environment Protection and Biodiversity Conservation Act 1999)[①](《EPBC 法案》)保护,该法案要求对名录上的地点要采取任何有重要影响的行动之前,都必须先期申报并需获准同意。

EPBC 法案是澳大利亚政府重要的环境法规,它提供了一个保护和管理国家级或世界级重要性的植物群、动物群、生态社区和遗产地的法律框架,该法案于 2000 年 7 月 16 日开始使用,该法案使澳大利亚政府与周边地区一起,提供了一个真正的环境和遗产保护、生物保持的国家级体系,EPBC 法案强调澳大利亚政府注重保护国家级环境的重要利益,同时也强调州和地区也有责任去处理有关州与地方的重要性事务。

EPBC 法案的目标力求达到:

① 为环境保护做准备,特别是针对国家级环境重要性的事物;
② 保持澳大利亚生物多样性;
③ 为最新型的国家级环境评估和核准程序做准备;
④ 加强重要的自然和文化遗产地保护和管理;
⑤ 控制植物和动物(野生动物)、野生动物标本及用野生生物制作的产品的国际流动;
⑥ 通过对自然资源的可持续使用和保持,促进可持续发展。

第五节　澳大利亚遗产教育

一、遗产教育理念的提出

早在 1995 年,苏利文(Sharon Sullivan)就曾主编了《文化保护——一种基于国家的思路》(Cultural Conservation: Towards a National Approach)一书。该书的出版基于这样一个背景:澳大利亚遗产委员会为了回顾遗产保护方面所取得的成绩,发现主要问题并找出发展方向,于 1985 年开始了"遗产保护的新方向"(New

---

① 参见 Environment Protection and Biodiversity Conservation Act 1999. Canberra: Office of Legislative Drafting and Publishing, Attorney-General's Department, 2010. 下载地址: http://www.environment.gov.au/epbc/about/index.html

Direction for Heritage Conservation)的行动计划。此计划的第一步就是举行了一系列专题研讨会(workshops)，由政策制定者、管理者、专门从业者来回顾发展情况，确定主要的需求、机会和目标，并提议必须或可取的快速行动。

1986年3月，为期两周的专题研讨会分四个专题分别进行了讨论。每一个专题均针对不同的主题，确定主要的发言人。每个发言人需要简要介绍当时澳大利亚遗产保护的情况，提出当前的热点问题、难题、需求、机会和建议目标，以及将来的方向和能即刻施行的提案，还包括当时要优先考虑的事项。在研讨会结束之时，还要求每个参会者以书面的形式写出他们在论文中和讨论中意识到的主要需求、问题、目标以及能即刻采取的行动。[1]

丹尼尔(Kay Daniel)在上述书中对联合国教科文组织遗产教育有关的环境教育目的进行了梳理：

① 培养清晰的意识并关心有关城市与边远地区的经济、社会、政治以及生态相互依存的关系。

② 提供每个人获取有关保护和改善他们环境的知识、价值、态度、义务以及技能。

③ 形成个人、集体以及社会整体为了环境保育的新方式。[2]

丹尼尔还进一步提出了澳大利亚遗产教育策略：

① 发展和支持非信息教育和信息计划；

② 审核、加强和发展学校环境教育计划；

③ 审核、加强和发展培训专业人士、技术人员以及从事规划和管理人士的拓展计划；他还认为，通过鼓励进行需要特殊技能和遗产教育特殊领域的培训，引起对遗产价值普遍的欣赏，鼓励人们对自己进行针对遗产理解的教育。[3]

二、原住民文化的教育

兰德尔(Randall)也著文提出，对于具有原住民认同感的原住民，必须知道他们的文化，这是他们的权利。原住民要使自己保证做到文化的延续以及文化的重生。要把价值植入原住民文化里，要让他们知道原住民文化可以与独轮车、发动机车、剑、枪以及其他现在放在博物馆里的文化项目相匹敌；就是这种长期相对不变

---

[1] 参见 S. Sullivan. (ed.) Cultural Conservation: Towards a National Approach (Australian Heritage Commission: Special Australian Heritage Publication Series Number 9), Canberra: Australian Government Publishing Service, 1995, pp. iii-xiv.

[2] Ibid., p. 533.

[3] Ibid., pp. 534-535.

的连续使用的项目,使他们具有了特殊的价值。其所以几乎不变,是因为它们满足了原住民的要求。作为原住民,必须要赋予遗迹、遗产所在的地理位置以及相关地点的知识价值;找到那些还能够讲述有关遗址故事的人,并把他们的讲述记录下来;以语言、仪式、亲属体系、艺术形式存在的遗产对远古文明的存在起着很重要的作用。针对原住民的教育,他提出,在原住民遗产地尽可能用原住民文字展示标志,鼓励原住民和其他澳大利亚人使用原住民的名字,促进文化展示,鼓励原住民学习他们的相关文化。

政府部门在入职培训课上都有适合原住民的文化课,并把这样的课程融入部门的培训中;每一个原住民机构应该有一个公共关系部来处理原住民文化知识的培训。

另外,充分利用艺术品以及其他来自田野研究的原住民材料,如可以通过照片展示,人们就能够观看他们的工作并了解他们所学习的原住民文化。对于旅游者和旅游机构来说,通过这些展示可以了解这些文化的概貌,走进原住民文化,因此这是一个非常重要的教育方式。同时,要给予原住民的原始技术和现代技术一样的价值认定,要在学习现代新知识与古老的知识上花同样的时间,以便于使这个大陆上的遗产被这里出生的所有人记住。

他还提出在边远地区进行跨文化项目,让原住民与白人一起规划项目,然后大家一起来实施;让来自两个社会的人在同一自然环境中一起学习,他们互为老师,鼓励人们互相学习。对原住民来说,自然环境就像一本书,自然对那些感兴趣的人来说,心甘情愿地充当着"老师"。[①]

三、高校遗产教育

在高等教育的体系中,遗产教育的相关问题在 1984 年就被当时的教育部长提交讨论过,提案还提出了文化资源管理的必要性。[②] 提案引入了 ICOMOS 文化资源管理研究的必要性,遗产保护和文化资源管理,认为对于遗产地点和地区在文化资源上的管理是非常重要的,包括原住民的圣地和前历史遗迹、欧洲建筑、建筑物以及景观。它需要广泛的知识和技能,包括历史、人类学、考古学、建筑学、景观建

---

① Bob. Randall " Aboriginal sites and education about Aboriginal culture ", in S. Sullivan, (ed.) Cultural Conservation: Towards A National Approach (Australian Heritage Commission: Special Australian Heritage Publication Series Number 9), Canberra: Australian Government Publishing Service, 1995, pp. 549-550.

② Kay Daniels. "Heritage Education in Colleges and Universities" in S. Sullivan (ed.) Cultural Conservation: Towards A National Approach (Australian Heritage Commission: Special Australian Heritage Publication Series Number 9), Canberra: Australian Government Publishing Service, 1995, pp. 555-562.

筑、土地管理、自然保护、规划、社会学、图案设计、解释和管理上的学科专业以及知识技术。这些要求是分门别类的，从遗产管理者的文化资源管理技能的培训到教师、当地志愿团体的课程都不同。不断强调原住民与澳大利亚民众研究的友好关系；同时，澳大利亚教育体系也不断要求接近遗产地，询问相关信息，并把他们的解释提供给学校使用。

澳大利亚遗产委员会希望看到，澳大利亚研究能够给更多的澳大利亚人从自然和文化遗产的了解和理解中获益，而不仅仅是提供培训来让人们保护它。因此，澳大利亚的高等教育机构就有了两个作用：①高校应该给在保护领域工作的人们提供不同的技能以及适当技能的综合能力，以便他们能在具历史意义的保护区和文化资源管理领域工作。②教育院校有责任让人们学会对遗产具有更充分的欣赏和理解力。

关于高校遗产教育的第一个要考虑的问题就是培训问题，要为从事遗产保护和为遗产工作的人们提供足够的培训；遗产机构在某些领域与高等教育机构合作，共同满足人们对这些领域的培训要求，如合适的技术与继续教育课程（如 TAFE）能为护林者、现场工作人员，以及工艺领域或旅游及酒店管理（tourism and hospitality）的学生提供一些可行的课程；在高等教育阶段，文化资源管理的课程也可以为那些主修前历史、考古学和历史的学生给出，他们不仅仅有必要学习与遗产有关的研究技能，而且也要使这些技能用于地方性知识，为学生到现场工作做好知识和技能的培训。

在教育体系中，一个重要的目的就是要让学生得到一些关于他们自己文化遗产的知识和意识，为此，相关部门就当时澳大利亚的历史课未能利用物质材料（如参观相关文化遗产的研究遗址以及博物馆），以及不能系统地运用和理解澳大利亚的档案体系进行教学提出批评，并与相关社区、旅游、媒体、娱乐、遗产、遗迹、博物馆进行沟通，达成接受学生到现场观摩、培训与实习的合作。

文化资源管理者要加强与历史学家的关系，并鼓励历史学家进入他们的领域，只有历史学家或历史学的方法能够为此带来生命力，因为他们能够解释怎样和为什么它的意思是这样的，重要性在不同的时间是怎样和为什么转变的。他们能够揭示文化遗产的重要性，包括人们怎样解释遗址，用怎样的方法来加以表达，如何使用遗址，以及不同的群体采用不同的方法去认识一个遗迹，以不同的态度尊重遗址的价值。

在多方协作下，经过二十多年的努力，澳大利亚的遗产教育已经取得了很大的发展。现在的澳大利亚博物馆、旅游区或遗产地，经常可以发现学生的身影，而且大多以小组为单位，在对博物馆的知识与管理进行学习。而博物馆也有专门的部门和经过严格训练的，具有教育、考古、导游以及博物馆或旅游区相关背景知识的人员对学生进行讲解,加上博物馆的实物陈列、多媒体展示以及放映技术等,为学生提供了一个现代的、交互式的、吸引学生兴趣的可供讨论的论坛,让他们在讨论与观看中深入了解与博物馆陈列相关的知识,并能引发学生的进一步思考与讨论。而且,大多数博物馆还提供了很多在线的材料,帮助观众了解更多的知识。

四、中小学生的遗产教育[①]

澳大利亚的遗产教育体系已经进入中小学的教育当中,为了培养学生对澳大利亚18个世界遗产地的理解与鉴赏,进而学会保护它们,环境部的前身——环境、水、遗产与艺术部发起了澳大利亚世界遗产教育运动。通过一系列学习经验的积累,已经形成了针对五至十年级学生的课程计划。在此部门的网站上,可以看到相关教育资源的PDF和Word文档资源,该课程资源针对不同年级的学生设计了不同的教学内容,目的主要是帮助学生了解世界遗产是什么,哪些是世界遗产,它们分布在哪里,它们的价值是什么,以及他们为什么是世界遗产等。对这些问题分别进行20学时左右的遗产教学设计,教师可直接从网站上下载这些材料来使用。通过遗产教学,学生们知晓了哪些是属于澳大利亚的文化遗产,哪些属于自然遗产,哪些属于复合遗产。五、六年级的学生学会SWOT分析法(即优势、劣势、机会和威胁分析法)来分析遗产的价值,使学生学会分析为什么这些地方需要保护,它的特殊价值是什么,它的文化重要性是什么,为什么是历史的重要的一部分,等等。

澳大利亚在遗产教育中还向学生介绍什么是遗产公约;澳大利亚怎样实施公约;并指导学生学会使用网站资源查询相关资料,了解全世界的遗产名录、澳大利亚世界遗产所占的比率,知晓世界遗产组织的作用,世界遗产公约缔约国的责任和义务;哪些世界遗产受到什么样的威胁;并思考应该采取什么样的措施。对于九、十年级的学生,除了基本的遗产知识外,还引导他们做更深的思考,学会评价一个遗产网站的信息,表达是否清楚、是否有误、是否有趣等,并学会解释为什么气候变化会破坏环境,如大堡礁,人类的哪些行为威胁到大堡礁等;同时,还需知晓申请世界遗产名录的标准。在课程结束时,学生通过小组活动进行研究后,还将对所调查的遗产地做一次展示,内容包括位置、用途、特点、达到的标准、价值、面对的威胁、采取的措施或建议的措施,以及遗产地的管理等。

通过这样的遗产教育以及网络上详尽的案例分析,学生不但对澳大利亚的遗产有基本的了解,而且熟悉了澳大利亚遗产保护的政策和实施情况,同时也在学习

---

① 参见 Australia's World Heritage Places Education Program,下载地址:http://www.environment.gov.au/heritage/education/index.html

中了解了澳大利亚的历史以及从事研究的方法,让学生开阔了视野,增强了兴趣,同时也为遗产保护做了很好的宣传与教育工作。

第六节 澳大利亚与遗产相关的法律法规

为了保护和管理重要的遗产地,澳大利亚政府与各州、地区积极立法,出台了各种法律以管理和监控遗产地,把所有管理遗产地的决议都置于各级别的法律法规管理之下,使得澳大利亚遗产得到有效的管理。

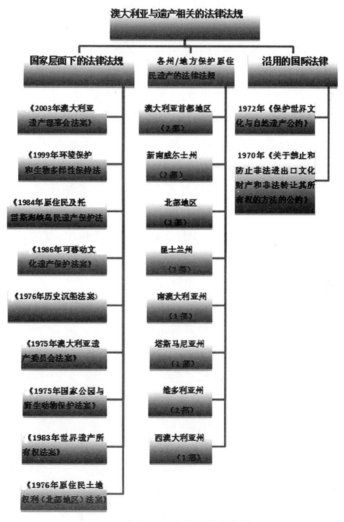

图 5—4 澳大利亚遗产保护法律体系

一、国家层面下的法律法规

1.《1999年环境保护和生物多样性保持法案》

EPBC 是澳大利亚政府最重要的一部环境保护法案，也是了解澳大利亚遗产体系必须要了解的一部法律，它为保护和管理国家级、国际级重要的植物群、动物群、生态社区和遗产地提供了一个法定的结构体系，被该法案定义的事务都具有国家环境重要性的意义。EPBC 法案共分两册，现在使用的 EPBC 法案是于 2010 年 6 月 8 日修订而成的，第一册包括第一章序言部分，在这一部分，介绍了法案的目标：

① 为环境提供保护，特别是那些具有国家级环境重要性的部分。

② 通过对自然资源的可持续使用和保持，促进可持续发展。

③ 促进生物多样性的保持并提供对遗产的保护方式。

④ 促进对涉及政府、社区、土地持有者以及原住民环境管理和保护的合作方式。

⑤ 帮助履行澳大利亚国际环境工作职责。

⑥ 意识到在澳大利亚生物多样性的保护和可持续使用中原住民角色的重要性。

⑦ 在参与知识主人的活动中，在与知识主人的合作中，促进对原住民生物多样性知识的使用。

而且，该法案还对如何达到这些目标做了规定：

① 通过关注联邦对国家级环境重要性的事务、联邦的行为和联邦对地区事务的参与，意识到在环境相关事务中联邦的角色。

② 加强政府间的合作，通过双边协议减少重复性事宜。

③ 为政府间环境评估和审核程序提供认证准备。

④ 采纳那些有效的、及时的并确保能够促成环境被正确评估的，具有重要影响的联邦环境评估、审核程序和相关意见。

⑤ 通过列入下列条款，加强澳大利亚确保生物多样性保持的接受力：a. 保护本国物种（特别是防止物种绝迹、促进濒危物种的恢复），并确保迁移物种的保护；b. 建立澳大利亚鲸避难所，以确保对鲸和其他鲸目动物的保护；c. 通过建立和管理保护区、对生态社区的认可和保护，以及促进非保留区的保护措施来保护生态系统；d. 明确威胁生物多样性各种级别的程序，履行计划的各种程序并设法做好这些程序。

⑥ 列入各种规定来加强世界遗产名录保护、保持和呈现，并加强对湿地公约国际重要性的明智利用；同时，还要列入规定以确认那些包括在国家遗产名录、联邦遗产名录中的遗产地，并加强对这些遗产地的保护、保持和呈现。

⑦ 通过以下与合伙人合作的方法促进环境保护和生物多样性的保持：a. 与州和地区的双边协议；b. 与土地持有者的保护协议；c. 认识到并促进原住民在生物多样性保持和可持续发展方面的角色与知识；d. 社区在管理规划方面的参与。

第二章的主旨为保护环境，共包括三部分。这一章为部长决定一个行动是否会、将会或很有可能会对环境的某些部分产生重要影响提供依据，通常情况下，没有得到部长的许可、决定擅自采取行动是被禁止的。然而，如果符合以下条件，就可未经许可而采取行动：

① 有联邦和州或地区的双边协议，在此协议中，已经采取了措施。

② 有部长的宣布。当然，此行动也有不需要同意的时候，如当此行动与《地区森林协议》(Regional Forest Agreement)一致时，或此行动是为了一个目的，即当此地区是根据《1975 年大堡礁海洋公园法案》(Great Barrier Reef Marine Act 1975)付诸行动——包括使用或进入，是可以不需要经过允许的。

第三章只有一个部分，内容为双边协议，目的是为联邦和州或自治区提供双边协议，以便：

① 保护环境；

② 促进自然资源的保持和从生态学方面可持续利用自然资源；

③ 核准环境评估和行动，确保有效的、及时的，以及良好的效果；

④ 通过州或地区在协议过程中的联邦认证，以减少环境评估和核准过程中的重复低效（反之亦然）。

第四章是关于环境评估和审核，共分六部分，主要是处理行动的评估和审核问题，主要内容为：

① 一个人提出要采取行动的建议，或是一个政府机构意识到此建议的重要性，也许会把建议提交给部长。因此，他/她可以做以下决定：a. 在采取行动时，他/她的认可是否需要；b. 如何评估此行动的影响，能够做出一个是否要同意此行动的有根据的决定。

② 可以用以下方法来帮助做评估：a. 在双边协议规定内制定一个进程；b. 用部长明确提出的声明中的进程；c. 由部长核准过的进程，包括在转交中的信息；d. 支持者提供的文件前言；e. 公共环境报告；f. 一份相关内容的声明；g. 一份公共问卷。一旦一份评估报告被呈送给部长，他/她必须决定是否要同意此行动以及要有什么附加条件。

第五章生物多样性的保持和遗产保护,内容主要涉及关于如何确认和监督生物多样性;定义何为生物多样性,包括物种、居住地、生态型社区、基因、生态系统以及生态进程。在这一章的第十五部分中,还专门针对保护区域提出了国家的规定:首先关于如何管理世界遗产财产,包括关于世界遗产提名的特殊规定,部长必须关注世界遗产财产的递交,在联邦的世界遗产管理计划,如何管理州和自治地区的世界遗产,澳大利亚国际遗产管理原则,以及世界遗产的援助计划。同时,论述了如何管理国家遗产地,解释了国家遗产名录以及国家遗产价值的意义,如何在联邦地区管理国家遗产地,如何在州和自治地区管理国家遗产地,以及国家遗产管理原则、联邦管理机构的义务、对保护国家遗产地的援助、对国家遗产名录的总结和报告等;这一章的最后,还阐述了对澳大利亚有历史重要性的外海遗址名录。

第六章主要是关于行政管理的事项,包括预防性原则和在做决定时的一些其他的考虑,以及一些实施措施、如何补救对环境损害、一些管理的机构的介绍、相关代表团的组成、年度报告(包括法案执行的年度报告以及如何处理环境事务的年度报告)。第七章与第八章是有关环境保护和生物多样性保持的其他问题以及一些关键词的定义。

2.《2003年澳大利亚遗产理事会法案》(*Australian Heritage Council Act 2003*)

该法案包括引言、理事会的成立、理事会的构成、理事会会议、国家财富的登记、报告与规定六部分组成。该法案叙述了理事会的功能,如何根据 EPBC 法案进行评估、如何建议部长把该保护或保持的遗产列入事先考虑的名录、国家遗产名录以及联邦遗产名录;如何将不具备遗产价值的地点从名录移除;建议部长如何开展与遗产相关的宣传、研究、培训以及教育活动,相关法律法规的制定,如何监控国家遗产名录以及联邦遗产名录的遗产地状况,保存好国家财富的登记名录,准备好各种报告,特别是年度报告。

该法案规定了理事会组成成员的任命:所有理事会的成员均由部长通过书面文件任命,理事会主席必须具有丰富的遗产知识或专业技能,理事会成员由擅长各种有关遗产知识的专家组成,如两位具有丰富的自然遗产知识或专业技能的专家,两位具有丰富的历史遗产知识或专业技能的专家,两位具有丰富的相关原住民遗产知识或专业技能的原住民,其中至少一位能够代表原住民的利益。

该法案的第五部分还就国家财富的登记进行了规定,如理事会必须保留好国家财富的登记,包括登记的内容、登记的形式、登记的公示、复印等情况;理事会在何种情况下将一处地点列入登记,地点在列入登记时必须要达到的标准;登记的步骤;地点被从登记册移除的步骤、手续等。总之,法案就理事会相关事宜进行了细致的规定,是理事会机构与职责等各方面的工作规范。

3.《1975 年澳大利亚遗产委员会法案》(*Australian Heritage Commission Act 1975*)

该法案里定义了国家财富(National Estate):是澳大利亚自然环境或澳大利亚文化环境的组成部分,是具有美学的、历史的、科学的或社会的重要性的,或是除了对现代社会,也对后代具有其他特殊价值的那些地方。[①] 除此之外,还规定了委员会要负责鼓励公众对与国家财富相关议题的关注与理解,这就涉及除了进行研究和调查外,还要进行与得到或即将传给后代的国家财富的保护(conservation)、改善(improvement)、展示(presentation)以及管理(administration)相关的培训和教育。[②]

4.《1975 年国家公园与野生动物保护法案》(*National Parks and Wildlife Conservation*)

提供了与国家公园或保护区管理规划相关的准备,要重视国家公园或保护区的自然条件,保护它的特殊形貌特征——包括生物的、历史的、古生物学的、考古学的、地质学的和地理学性质方面的对象和遗址特点,在此基础上进行保护(preservation)。除此之外,对于与国家公园内的与土地有着密切关系的原住民的利益在管理规划中也应予以考虑。[③]

5.《1976 年历史沉船法案》(*Historic Shipwrecks Act 1976*)

由于第一批欧洲人在 1606 年发现澳大利亚后,许多航海家在澳大利亚以及周

---

① 参见 *The National Estate in 1981: A Report of the Australian Heritage Commission*,Canberra: Australian Government Publishing Service,1982,p. 26 以及 Ben Boer,"The Legal Framework of Heritage Conservation",in S. Sullivan (ed.) *Cultural Conservation: Towards A National Approach* (Australian Heritage Commission: Special Australian Heritage Publication Series Number 9),Canberra: Australian Government Publishing Service,1995,p. 23. 另:塔斯马尼亚的总理曾经用非常简洁的话语对他们的主席说,所谓国家财富,就是"您所拥有的东西(the things that you keep)"。选自 *Report of the National Estate: Report of the Committee of Inquiry into the National Estate*,Canberra: Australian Government Publishing Service,1974,p. 20.

② 参见 Ben Boer. "The Legal Framework of Heritage Conservation",in S. Sullivan (ed.) Cultural Conservation: Towards A National Approach (Australian Heritage Commission: Special Australian Heritage Publication Series Number 9),Canberra: Australian Government Publishing Service,1995,pp. 23-26.

③ Ibid., p. 27.

围的海域航行,在此过程中,产生了许多沉船事件,这些事件在文化、科学、教育、娱乐以及考古方面都很重要,而且对地方、地区、国家和世界都有影响。因此,该法案的目的主要是保护(protect)沉没在澳大利亚海域内或在它的大陆架上的某些沉船以及具有历史重大意义的遗迹。①

6.《1976年原住民土地权利(北部地区)法案》(Aboriginal Land Rights (Northern Territory) Act 1976)

原住民与土地相互依存的传统比欧洲人或是其他居民建立的传统要悠久几万年。土地权利被看做是本土性(Aboriginality)概念的中心,因此也是原住民文化遗产的中心。②

7.《1983年世界遗产所有权法案》(World Heritage Properties Conservation Act 1983)

这部法案的第一稿产生于1983年,其背景是为了适应澳大利亚工党为阻止塔斯马尼亚水电站委员会在塔斯马尼亚西南的富兰克林河流修建大坝的政策,这座大坝所在的区域曾经被提名世界遗产名录。后来,该法案被联邦政府用于调解涉及在世界遗产名录或是有潜力成为世界遗产名录提名的候选地区的发展、毁坏或掠夺等相关问题。除此之外,该法案还赋予联邦政府有权通过法规来宣布一件特别的资产为"认定的资产"——不管这项条目是否被提名或是有可能被提名。然而,这部法案没有,也不会声称其满足了《世界遗产公约》的所有要求;这部法案是否能够使用要看特殊情况而定,还包括哪一位部长负责管理环境职责等。③

8.《1984原住民和托雷斯海峡岛民遗产保护法案》(Aboriginal and Torres Strait Islander Heritage Protection Act 1984)

该法案目的是保护澳大利亚境内或水域内的地区(包括遗址)和实物免于伤害或亵渎,保护这些对原住民特别重要的地区和实物,同时也保护这些原住民的传统。该法案对原住民来说特别重要,对与原住民传统相关的地区、实物以及人类遗存物的伤害或亵渎提供了保护的依据。这部法案被原住民事务部长誉为联邦土地权利立法的先驱(precursor)。因此,任何对于原住民文化遗产的讨论必然发生在

---

① Ben Boer. "The Legal Framework of Heritage Conservation", in S. Sullivan (ed.) *Cultural Conservation: Towards A National Approach* (Australian Heritage Commission: Special Australian Heritage Publication Series Number 9), Canberra: Australian Government Publishing Service, 1995, pp. 27-29.

② Ibid., pp. 29-30.

③ Ibid., pp. 30-34.

为了土地权利而斗争的背景之下。而且,当提到澳大利亚文化遗产时,随时谨记在心的是指原住民和欧洲遗产。①

9.《1986 可移动文化遗产保护法案》(Protection of Movable Cultural Heritage Act 1986)

此法案主要用于保护澳大利亚可移动文化物质遗产,也用于支持其他国家保护他们的可移动文化物质遗产以及相关的事务。正是此法案使澳大利亚能够接近1970 年联合国教科文组织公约关于《禁止并防止文化财产非法进、出口和转让的方法》,此法案介绍了对出口的控制目的是管理重要的可移动文化遗产财产的活动;建立了国家文化遗产控制名录。此法案的目的不是在保护的术语下识别可移动文化遗产物质,而是为了控制它们的出口和买卖。②

二、各州/地方保护原住民遗产的法律法规

澳大利亚首都地区:《2004 遗产法案》(Heritage Act 2004)、《1991 遗产物质法案》(Heritage Objects Act 1991)。

新南威尔士州:《1977 年遗产法案》(Heritage Act 1977)、《1996 国家公园和野生生物修正(原住民所有权)法案》(National Parks and Wildlife Amendment (Aboriginal Ownership) Act 1996)。

北部地区:《1989 年原住民圣地遗址法案》(Aboriginal Sacred Sites Act 1989)、《1991 年遗产保护法案》(Heritage Conservation Act 1991)。

昆士兰州:《2003 年原住民文化遗产法案》(Aboriginal Cultural Heritage Act 2003)、《2003 年托雷斯海峡岛民文化遗产法案》(Torres Strait Islander Cultural Heritage Act 2003)。

南澳大利亚州:《1988 年原住民遗产法案》(Aboriginal Heritage Act 1988)。

塔斯马尼亚州:《1975 年原住民遗产法案》(Aboriginal Relics Act 1975)。

维多利亚州:《2006 年原住民遗产法案》(Aboriginal Heritage Act 2006)、《1994 年遗产法案》。

西澳大利亚州:《1972 年原住民遗产法案》(Aboriginal Heritage Act 1972)。

---

① Ben Boer. "The Legal Framework of Heritage Conservation", in S. Sullivan (ed.) *Cultural Conservation: Towards A National Approach* (Australian Heritage Commission: Special Australian Heritage Publication Series Number 9), Canberra: Australian Government Publishing Service,1995,pp. 29-30.

② Ibid., pp. 34-35.

第六章 中国遗产体系

与联合国教科文组织的遗产体系相比,中国的遗产体系也有自己的特点。当然,与其他的遗产大国相比,中国遗产体系的系统性、明晰性和便利性方面的不足也是非常明显的。依据现代遗产理念和方法,回溯、梳理、描述出中国自己的遗产体系,并对其进行深度研究是当务之急。虽然免不了有用某种"视镜"去重整历史之嫌,但"历史"或许本就是如此,注定要被后人不断重整、重塑,重新安排分类和因果,正如"遗产"也是在被鉴定、评价、保护、破坏、消损的过程中才成其为"遗产"一样。

第一节 遗产管理和保护体系

中国遗产体系应该包括概念系统、分类系统、命名系统、知识系统、实践系统和保护系统,这几个系统之间是动态互动的。就目前的情况而言,先通过梳理现阶段我国与现代遗产概念相关的机构及其标志性的产品(如一系列公布的名单),还有这些产品涉及的概念、法规,摸摸中国遗产体系中与实践系统和保护系统相关的现有"家底",以便和其他遗产大国进行比较。

一、机构及其职能和运作模式

中国与现代遗产概念相关的机构不少,住房和城乡建设部①处理与世界自然遗产和文化与自然双重遗产相关的工作,国家文物局处理与世界文化遗产和文化与自然双重遗产相关的工作,文化部则处理与非物质文化遗产相关的事务。站在遗产的立场来看,在其职能方面具有明显的"条块分割"、冲突重叠的特点,缺乏系统管理遗产的专门机构。2008年中国国际新闻中心邀请相关部门领导举办了"中国文化遗产与自然遗产的传承和保护"集体专题采访会,受邀嘉宾包括:住房和城乡建设部城市建设司巡视员、住房和城乡建设部城乡规划司副司长、文化部社会文化司(非物质文化遗产司)司长、国家文物局副局长、国家文物局文物保护司副司

---

① 原住房和城乡建设部现改为自然资源部,考虑到本书所引用的资料均于2018年国家机构调整之前,为尊重资料的历史性,我们沿用原国家机关的名称,下文其他机构名称亦如此。

长。嘉宾的格局再次表明这一特点。下面三个独立的结构图表明我国在实施联合国教科文组织(1972年和2003年的)两份遗产公约时分别对应的机构：

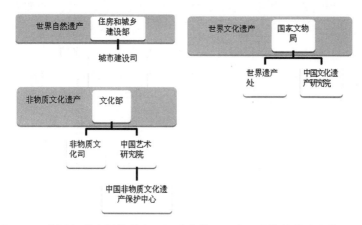

图6-1 中国与联合国教科文组织遗产体系两大公约接轨的政府管理机构

城市建设司主要职责表述为：拟订城市建设和市政公用事业的发展战略、中长期规划、改革措施、规章；指导城市供水、节水、燃气、热力、市政设施、园林、市容环境治理、城建监察等工作；指导城镇污水处理设施和管网配套建设；指导城市规划区的绿化工作；承担国家级风景名胜区、世界自然遗产项目和世界自然与文化双重遗产项目的有关工作。

世界遗产处的主要职责表述为：①管理、指导世界文化遗产(含世界文化和自然双重遗产中的文化遗产部分，以下同)申报和保护工作，起草相关法规。②组织审核世界文化遗产申报项目，协同有关部门审核世界文化和自然双重遗产申报项目；指导申报项目的文物保护和环境整治等有关工作。③管理、指导世界文化遗产的监测工作，组织实施世界文化遗产巡视工作。④设立《中国世界文化遗产预备名单》。⑤审核世界文化遗产保护规划、保护修缮工程方案，指导世界文化遗产保护修缮工程的设计、施工和质量监督，组织工程竣工验收。⑥审核世界文化遗产的保护范围(核心区)和建设控制地带(缓冲区)内的建设工程及设计方案；审核作为世界文化遗产的全国重点文物保护单位的保护范围内因特殊情况需要进行的其他建设工程或者爆破、钻探、挖掘等作业的事项。⑦管理和监督世界文化遗产涉外项目。⑧拟订世界文化遗产保护修缮工程规划和计划，提出年度项目及经费预算安排意见。⑨承办司领导交办的其他事项。

中国文化遗产研究院(原中国文物研究所)是国家文物局直属的国家级文化遗产保护科学技术研究机构，主要职责为：开展国家文化遗产资源的调查、登录工作；承担国家水下文化遗产保护相关工作；承担文化遗产科学的基础研究、专项研究，开展文化遗产保护应用技术研究,推广科学技术研究成果;承担国家重要文化遗产保护项目的有关具体工作;开展文化遗产保护科学技术的国际合作、学术交流和教育培训工作;承担国家文物局交办的其他事项。下设国家文化遗产调查登录中心、国家水下文化遗产保护中心、发展研究所、保护科学技术研究所、建筑保护研究所、岩土文物与遗址保护研究所、规划设计所、教育培训中心等部门。

非物质文化司主要负责:拟订非物质文化遗产保护政策,起草有关法规草案;拟订国家级非物质文化遗产代表项目保护规划;组织开展非物质文化遗产保护工作,承办国家级非物质文化遗产代表项目的申报与评审工作;组织实施优秀民族文化的传承普及工作;承担清史纂修工作。

文化部直属的中国艺术研究院是全国唯一一所集艺术科研、艺术教育和艺术创作为一体的国家级的综合性学术机构,也是改革开放以来国务院首批公布的博士、硕士学位授予单位,直接承担了有关非物质文化遗产的大量工作。

2006年设立在中国艺术研究院的中国非物质文化遗产保护中心是经中央机构编制委员会办公室批准在中国艺术研究院挂牌成立的国家级非物质文化遗产保护的专业机构,承担全国非物质文化遗产保护的有关具体工作,履行非物质文化遗产保护工作的政策咨询;组织全国范围普查工作的开展;指导保护计划的实施;进行非物质文化遗产保护的理论研究;举办学术、展览(演)及公益活动,交流、推介、宣传保护工作的成果和经验;组织实施研究成果的发表和人才培训等工作职能。中国艺术研究院还是联合国教科文组织列为保护和研究传统与民间表演艺术的世界性主要机构之一,联合国教科文组织"亚太地区传统与民间表演艺术数据库"公布的中国首批5家研究保护机构,全部都在中国艺术研究院。中国艺术研究院的音乐音响资料收藏,以其丰富性和民族性被联合国教科文组织列入"世界记忆"名录,这是中国第一个列入名录的项目。从2000年开始,该机构一直承担中国向联合国教科文组织申报人类非物质文化遗产代表作名录的具体评审工作。与此同时,在全面参与实施我国国家级非物质文化遗产名录评审、国家级非物质文化遗产名录项目代表性传承人认定、文化生态保护区建设、非物质文化遗产大型公益宣传活动、非物质文化遗产数据库建设、珍贵非物质文化遗产实物资料征集,特别是非物质文化遗产专业人才培养等工作方面,中国艺术研究院·中国非物质文化遗产保护中心发挥着重要作用。2010年由联合国教科文组织支持的亚太地区非物质文化遗产国际培训中心[①]在中国艺术研究院·中国非物质文化遗产保护中心挂牌。

---

① 2005年,韩国提出建立由教科文组织支持的亚太地区非物质文化遗产中心,2007年中国和日本也相继提出该建议。2008年中、日、韩三方就三个中心的重点职能达成共识并签署谅解备忘录,中国亚太中心以培训为主,韩国亚太中心以信息和网络建设为主,日本亚太中心以研究为主。

以上三大机构体系分别对应联合国教科文组织遗产体系中的世界自然遗产、世界文化遗产和非物质文化遗产。前面两类(即住房和城乡建设部的城市建设司和国家文物局下属的世界遗产处及中国文化遗产研究院)均向1972年公约负责,且在自然与文化双重遗产的提名、管理和保护中需要协同工作,因此有一定的合作。而后一类(即文化部的非物质文化司和中国艺术研究院)则向2003年公约负责,与前两类机构间并没有直接关系。由此可以见,就以联合国教科文组织遗产体系为代表的现代遗产而言,我国并未形成一个整合的管理机构,对其进行系统的管理。

以上三个机构均是中央级结构,其下还有省/自治区、市、县和具体的遗产地管理机构等下级相关部门,根据国际公约、国家和地方一级的法规运行,与联合国教科文组织世界遗产中心等一类的非政府国际组织有本质的区别。各省/自治区的情况也有所不同,如四川省设置的世界遗产管理办公室是属于住房和城乡建设部系统的,省文化厅和文物局对文化遗产负责,另外最近还组建了四川省非物质文化遗产中心旨在系统管理四川省的非物质文化遗产,与省文化厅和中国非物质文化遗产中心直接联系。

二、相关法规

中国有自己独特的遗产保护历史和实践,仅就现行的法律法规来看,也彰显出与联合国教科文组织不同的特点。这里将以颁布机构和时间的顺序来简介中国与现代遗产理念相关的主要法律法规。

1. 国家颁布的法律

(1)《中华人民共和国文物保护法》(1982,1991,2002,2007,2013)

①制定本法的目的和依据:加强对文物的保护,继承中华民族优秀的历史文化遗产,促进科学研究工作,进行爱国主义和革命传统教育,建设社会主义精神文明和物质文明,根据宪法,制定本法。②适用范围:在中华人民共和国境内,下列文物受国家保护:a.具有历史、艺术、科学价值的古文化遗址、古墓葬、古建筑、石窟寺和石刻、壁画;b.与重大历史事件、革命运动或者著名人物有关的以及具有重要纪念意义、教育意义或者史料价值的近代现代重要史迹、实物、代表性建筑;c.历史上各时代珍贵的艺术品、工艺美术品;d.历史上各时代重要的文献资料以及具有历史、艺术、科学价值的手稿和图书资料等;e.反映历史上各时代、各民族社会制度、社会生产、社会生活的代表性实物。文物认定的标准和办法由国务院文物行政部门制定,并报国务院批准。

具有科学价值的古脊椎动物化石和古人类化石同文物一样受国家保护。古文化遗址、古墓葬、古建筑、石窟寺、石刻、壁画、近代现代重要史迹和代表性建筑等不可移动文物,根据它们的历史、艺术、科学价值,可以分别确定为全国重点文物保护单位,省级文物保护单位,市、县级文物保护单位。历史上各时代重要实物、艺术品、文献、手稿、图书资料、代表性实物等可移动文物,分为珍贵文物和一般文物;珍贵文物分为一级文物、二级文物、三级文物。保护原则:保护为主、抢救第一、合理利用、加强管理的方针。文物归属:中华人民共和国境内地下、内水和领海中遗存的一切文物,属于国家所有。古文化遗址、古墓葬、石窟寺属于国家所有。国家指定保护的纪念建筑物、古建筑、石刻、壁画、近代现代代表性建筑等不可移动文物,除国家另有规定的以外,属于国家所有。国有不可移动文物的所有权不因其所依附的土地所有权或者使用权的改变而改变。

下列可移动文物,属于国家所有:①中国境内出土的文物,国家另有规定的除外;②国有文物收藏单位以及其他国家机关、部队和国有企业、事业组织等收藏、保管的文物;③国家征集、购买的文物;④公民、法人和其他组织捐赠给国家的文物;⑤法律规定属于国家所有的其他文物。属于国家所有的可移动文物的所有权不因其保管、收藏单位的终止或者变更而改变。国有文物所有权受法律保护,不容侵犯。属于集体所有和私人所有的纪念建筑物、古建筑和祖传文物以及依法取得的其他文物,其所有权受法律保护。文物的所有者必须遵守国家有关文物保护的法律、法规的规定。主管部门:国务院文物行政部门主管全国文物保护工作。地方各级人民政府负责本行政区域内的文物保护工作。县级以上地方人民政府承担文物保护工作的部门对本行政区域内的文物保护实施监督管理。县级以上人民政府有关行政部门在各自的职责范围内,负责有关的文物保护工作。文物法规定了公民保护文物的义务,保护资金的来源,保护和利用的关系原则,文物法还规定了不可移动文物、考古发掘、馆藏文物、民间收藏文物的范围、保护细则,以及文物出境、入境的相关法律责任。

(2)《中华人民共和国非物质文化遗产法》(2011)

2011年2月25日通过,自2011年6月1日起施行。①制定本法的目的:为了继承和弘扬中华民族优秀传统文化,促进社会主义精神文明建设,加强非物质文化遗产保护、保存工作。②适用范围:非物质文化遗产,是指各族人民世代相传并视为其文化遗产组成部分的各种传统文化表现形式,以及与传统文化表现形式相关的实物和场所,包括:a.传统口头文学以及作为其载体的语言;b.传统美术、书法、音乐、舞蹈、戏剧、曲艺和杂技;c.传统技艺、医药和历法;d.传统礼仪、节庆等民俗;e.传统体育和游艺;f.其他非物质文化遗产。属于非物质文化遗产组成部分的实物和场所,凡属文物的,适用《中华人民共和国文物保护法》的有关规定。

国家对非物质文化遗产采取认定、记录、建档等措施予以保存,对体现中华民族优秀传统文化,具有历史、文学、艺术、科学价值的非物质文化遗产采取传承、传播等措施予以保护。①保护原则:应当注重其真实性、整体性和传承性,有利于增强中华民族的文化认同,有利于维护国家统一和民族团结,有利于促进社会和谐和可持续发展。使用非物质文化遗产,应当尊重其形式和内涵。禁止以歪曲、贬损等方式使用非物质文化遗产。②主管部门:国务院文化主管部门负责全国非物质文化遗产的保护、保存工作;县级以上地方人民政府文化主管部门负责本行政区域内非物质文化遗产的保护、保存工作。县级以上人民政府其他有关部门在各自职责范围内,负责有关非物质文化遗产的保护、保存工作。该法详细规定了保护资金来源、公民相应的义务、非物质文化遗产的调查、非物质文化遗产代表性项目名录、非物质文化遗产的传承与传播和相关的法律责任。

2. 国务院颁布的法规

(1)《古遗址古墓葬调查发掘暂行管理办法》(1964)

①制定本条例的依据:根据《文物保护管理暂行条例》的规定,制定本办法。②主管部门:各省、自治区、直辖市文化行政部门应有计划地组织力量,对本地区内的古遗址、古墓葬进行调查,并将调查的重要发现和收获及时报告文化部。如高等学校或其他单位拟对古遗址、古墓葬进行调查,必须征得调查地区的省、自治区、直辖市文化行政部门的同意,并将调查的重要发现和收获及时告知省、自治区、直辖市文化行政部门。条例规定了古遗址、古墓葬发掘的条件,申报许可执照制度,报告制度,发掘年度计划申报制度,文物处理制度,应急制度,入境考古规定等。

(2)《风景名胜区条例》(1985,2006)

①制定该条例的目的:加强对风景名胜区的管理,有效保护和合理利用风景名胜资源。②规定的管理原则:科学规划、统一管理、严格保护、永续利用。条例规定了风景名胜区的定义①、设立、规划、保护、利用和管理,以及相关的法律责任。③条例规定的各级责权:风景名胜区所在地县级以上地方人民政府设置的风景名胜区管理机构,负责风景名胜区的保护、利用和统一管理工作。国务院建设主管部门负责全国风景名胜区的监督管理工作。国务院其他有关部门按照国务院规定的职责分工,负责风景名胜区的有关监督管理工作。省、自治区人民政府建设主管部门

---

① 条例所称风景名胜区,是指具有观赏、文化或者科学价值,自然景观、人文景观比较集中,环境优美,可供人们游览或者进行科学、文化活动的区域。

和直辖市人民政府风景名胜区主管部门,负责本行政区域内风景名胜区的监督管理工作。省、自治区、直辖市人民政府其他有关部门按照规定的职责分工,负责风景名胜区的有关监督管理工作。任何单位和个人都有保护风景名胜资源的义务,并有权制止、检举破坏风景名胜资源的行为。

(3)《中华人民共和国水下文物保护管理条例》(1989)

①制定该办法的目的和依据:加强水下文物保护工作的管理,根据《中华人民共和国文物保护法》的有关规定,制定本条例。②适用范围:水下文物,是指遗存于下列水域的具有历史、艺术和科学价值的人类文化遗产:a.遗存于中国内水、领海内的一切起源于中国的、起源国不明的和起源于外国的文物;b.遗存于中国领海以外依照中国法律由中国管辖的其他海域内的起源于中国的和起源国不明的文物;c.遗存于外国领海以外的其他管辖海域以及公海区域内的起源于中国的文物。前款规定内容不包括1911年以后的与重大历史事件、革命运动以及著名人物无关的水下遗存。③主管部门:国家文物局主管水下文物的登记注册、保护管理以及水下文物的考古勘探和发掘活动的审批工作。地方各级文物行政管理部门负责本行政区域水下文物的保护工作,会同文物考古研究机构负责水下文物的确认和价值鉴定工作,对于海域内的水下文物,国家文物局可以指定地方文物行政管理部门代为负责保护管理工作。条例规定了水下文物保护的范围设立、公布、禁止活动,发现上报、鉴定制度,考古发掘的规定,奖励制度,相关法律责任等。

(4)《传统工艺美术保护条例》(1997)

①制定本条例的目的:保护传统工艺美术,促进传统工艺美术事业的繁荣与发展,制定本条例。②适用范围:传统工艺美术,是指百年以上,历史悠久,技艺精湛,世代相传,有完整的工艺流程,采用天然原材料制作,具有鲜明的民族风格和地方特色,在国内外享有盛誉的手工艺品种和技艺。③保护原则:实行保护、发展、提高的方针。地方各级人民政府应当加强对传统工艺美术保护工作的领导,采取有效措施,扶持和促进本地区传统工艺美术事业的繁荣和发展。④主管部门:国务院负责传统工艺美术保护工作的部门负责全国传统工艺美术保护工作。条例规定了传统工艺美术品种和技艺的认定制度、认定后的保护措施、中国工艺美术珍品命名制度和保护措施、中国工艺美术大师命名制度和扶持措施、原料地保护制度,商业开发和保密制度、奖励制度和相关的法律责任等。

(5)《中华人民共和国文物保护法实施条例》(2003)

制定该条例依据《中华人民共和国文物保护法》。条例规定了保护专项经费的管理、事业性收入的用途、文物保护宣传教育工作的主管部门、文物保护技术工作的主管部门、奖励政策。条例还规定了不可移动文物,考古发掘,馆藏文物,民间收藏文物、文物出入境、法律责任等实施细则。

(6)《长城保护条例》(2006)

①制定该条例的目的和依据：加强对长城的保护，规范长城的利用行为，根据《中华人民共和国文物保护法》(以下简称《文物保护法》)，制定本条例。②适用范围：长城，包括长城的墙体、城堡、关隘、烽火台、敌楼等。受本条例保护的长城段落，由国务院文物主管部门认定并公布。③保护原则：贯彻文物工作方针，坚持科学规划、原状保护的原则。④主管部门：国家对长城实行整体保护、分段管理。国务院文物主管部门负责长城整体保护工作，协调、解决长城保护中的重大问题，监督、检查长城所在地各地方的长城保护工作。长城所在地县级以上地方人民政府及其文物主管部门依照文物保护法及本条例和其他有关行政法规的规定，负责本行政区域内的长城保护工作。国家鼓励公民、法人和其他组织通过捐赠等方式设立长城保护基金，专门用于长城保护。长城保护基金的募集、使用和管理，依照国家有关法律、行政法规的规定执行。条例还规定了保护的专家咨询制度，奖励，调查，保护级别，保护的总体规划制度，保护范围，备案制度，工程中的保护，标识，保护单位，日常维护和巡查制度，禁止在长城上从事的活动，旅游开发的条件、游客容量，报告制度，修缮手续、原则，相关的法律责任等。

(7)《历史文化名城名镇名村保护条例》(2008)

①制定该条例的目的：为了加强历史文化名城、名镇、名村的保护与管理，继承中华民族优秀历史文化遗产。②规定的保护原则：科学规划、严格保护，保持和延续其传统格局和历史风貌，维护历史文化遗产的真实性和完整性，继承和弘扬中华民族优秀传统文化，正确处理经济社会发展和历史文化遗产保护的关系。条例规定了历史文化名城、名镇、名村①的申报、批准、规划和保护规则，以及相关的法律责任。条例规定，国家、所在地县级以上地方人民政府、企业、事业单位、社会团体和个人均应根据情况参与保护(包括资金支持)。③条例涉及的单位：国家级保护和监督管理者由国务院建设主管部门会同国务院文物主管部门负责。地方各级人民政府负责本行政区域历史文化名城、名镇、名村的保护和监督管理工作。

3. 各主管部局法规

(1)《文物保护工程管理办法》(2003)

①文化部制定该办法的目的和依据：进一步加强文物保护工程的管理，根据

---

① 满足以下条件的可提起申报：保存文物特别丰富；历史建筑集中成片；保留着传统格局和历史风貌；历史上曾经作为政治、经济、文化、交通中心或者军事要地，或者发生过重要历史事件，或者其传统产业、历史上建设的重大工程对本地区的发展产生过重要影响，或者能够集中反映本地区建筑的文化特色、民族特色。

《中华人民共和国文物保护法》和《中华人民共和国建筑法》的有关规定,制定本办法。②适用范围:文物保护工程,是指对核定为文物保护单位的和其他具有文物价值的古文化遗址、古墓葬、古建筑、石窟寺和石刻、近现代重要史迹及代表性建筑、壁画等不可移动文物进行的保护工程。③分为:保养维护工程、抢险加固工程、修缮工程、保护性设施建设工程、迁移工程等。非国有不可移动文物的保护维修,参照执行本办法。④遵循的原则:不改变文物原状的原则,全面地保存、延续文物的真实历史信息和价值;按照国际、国内公认的准则,保护文物本体及与之相关的历史、人文和自然环境。⑤主管部门:国家文物局负责全国文物保护工程的管理,并组织制定文物保护工程的相关规范、标准和定额。文物保护工程管理主要指立项、勘察设计、施工、监理及验收管理。具有法人资格的文物管理或使用单位,包括经国家批准,使用文物保护单位的机关、团体、部队、学校、宗教组织和其他企事业单位,为文物保护工程的业主单位。承担文物保护工程的勘察、设计、施工、监理单位必须具有国家文物局认定的文物保护工程资质。资质认定办法和分级标准由国家文物局另行制定。办法规定了立项与勘察设计,施工、监理与验收,奖励与处罚的细则。

(2)《文物行政处罚程序暂行规定》(2004)

①文化部制定该规定的目的和依据:规范文物行政部门的行政处罚行为,保护公民、法人和其他组织的合法权益,根据《中华人民共和国行政处罚法》《中华人民共和国文物保护法》及其他有关法律、行政法规的规定,制定本规定。②主管部门:国务院文物行政部门以及县级以上地方各级文物行政部门,对违反文物保护法律、法规的行为实施行政处罚的,适用本规定。法律、法规另有规定的,从其规定。上级文物行政部门对下级文物行政部门实施的文物行政处罚行为进行监督。上级文物行政部门对下级文物行政部门违法作出的行政处罚决定,可责令其限期改正。逾期不改正的,上级文物行政部门有权依法对违法作出的行政处罚决定予以变更或者撤销。该规定还对管辖、立案、调查取证、处罚决定、送达和执行等进行了详尽的规定和说明。

(3)《世界文化遗产保护管理办法》(2006)

文化部制定该办法的目的和依据:加强对世界文化遗产的保护和管理,履行对《保护世界文化与自然遗产公约》的责任和义务,传承人类文明,依据《中华人民共和国文物保护法》制定该办法。规定的保护管理原则:保护为主、抢救第一、合理利用、加强管理的方针,确保世界文化遗产的真实性和完整性。办法确定了保护管理的对象①、管理部门②、资金、保护主体和参与者、保护管理规划制定、保护范围、保护方式、标识、记录存档、保护执行机构、利用、宣传、研究、突发事件、监测及相关法律责任。

(4)《博物馆管理办法》(2005)

文化部制定该办法的目的和依据：为贯彻落实科学发展观，规范博物馆管理工作，促进博物馆事业发展，根据《中华人民共和国文物保护法》《中华人民共和国文物保护法实施条例》《公共文化体育设施条例》《事业单位登记管理暂行条例》和《民办非企业单位登记管理暂行条例》等相关法律法规，制定该办法。办法确定了保护管理的对象③及其功能，设立、年检与终止，藏品管理，展示与服务，相关的法律和行政责任，国家对博物馆的鼓励政策，以及管理部门(国务院文物行政部门主管全国博物馆工作，县级以上地方文物行政部门对本行政区域内的博物馆实施监督和管理)。

(5)《古人类化石和古脊椎动物化石保护管理办法》(2006)

①文化部制定该办法的目的和依据：加强对古人类化石和古脊椎动物化石的保护和管理，根据《中华人民共和国文物保护法》制定本办法。②适用范围：古人类化石和古脊椎动物化石，指古猿化石、古人类化石及其与人类活动有关的第四纪古脊椎动物化石。分为珍贵化石和一般化石；珍贵化石分为三级。古人类化石、与人类有祖裔关系的古猿化石、代表性的与人类有旁系关系的古猿化石、代表性的与人类起源演化有关的第四纪古脊椎动物化石为一级化石；其他与人类有旁系关系的古猿化石、系统地位暂不能确定的古猿化石、其他重要的与人类起源演化有关的第四纪古脊椎动物化石为二级化石；其他有科学价值的与人类起源演化有关的第四纪古脊椎动物化石为三级化石。一、二、三级化石和一般化石的保护和管理，按照国家有关一、二、三级文物和一般文物保护管理的规定实施。化石地点以及遗迹地点，纳入不可移动文物的保护和管理体系，并根据其价值，报请核定公布为各级文物保护单位。③主管部门：国务院文物行政部门主管全国古人类化石和古脊椎动物化石的保护和管理工作。县级以上地方人民政府文物行政部门对本行政区域内

---

① 指列入联合国教科文组织《世界遗产名录》的世界文化遗产和文化与自然混合遗产中的文化遗产部分。另外，列入《中国世界文化遗产预备名单》的文化遗产，参照本办法的规定实施保护和管理。

② 国家文物局主管全国世界文化遗产工作，协调、解决世界文化遗产保护和管理中的重大问题，监督、检查世界文化遗产所在地的世界文化遗产工作。县级以上地方人民政府及其文物主管部门依照本办法的规定，制定管理制度，落实工作措施，负责本行政区域内的世界文化遗产工作。

③ 博物馆，是指收藏、保护、研究、展示人类活动和自然环境的见证物，经过文物行政部门审核、相关行政部门批准许可取得法人资格，向公众开放的非营利性社会服务机构。利用或主要利用国有文物、标本、资料等资产设立的博物馆为国有博物馆，利用或主要利用非国有文物、标本、资料等资产设立的博物馆为非国有博物馆。

的古人类化石和古脊椎动物化石的保护实施监督管理。地下埋藏的古人类化石和古脊椎动物化石,任何单位或者个人不得私自发掘。办法还规定了特殊情况的发现、挖掘、出境、相关人员的奖励和法律责任等。

(6)《国家级非物质文化遗产保护与管理暂行办法》(2006)

①文化部制定该办法的目的:有效保护和传承国家级非物质文化遗产,加强保护工作的管理,制定本办法。②适用范围:"国家级非物质文化遗产",指列入国务院批准公布的国家级非物质文化遗产名录中的所有非物质文化遗产项目。③保护管理的原则:"保护为主、抢救第一、合理利用、传承发展"的方针,坚持真实性和整体性的保护原则。④主管部门:国务院文化行政部门负责组织、协调和监督全国范围内国家级非物质文化遗产的保护工作。省级人民政府文化行政部门负责组织、协调和监督本行政区域内国家级非物质文化遗产的保护工作。国家级非物质文化遗产项目所在地人民政府文化行政部门,负责组织、监督该项目的具体保护工作。办法详细规定了保护的整体规划、实施、监察,保护单位的资格、职责,遗产项目标牌的制作、悬挂和保存,资金来源,项目代表性传承人的评审程序、条件、义务,数据库、博物馆等展示场所建设、保管,宣传,对遗产项目所依存的文化场所的设立、范围、标识等,遗产项目进一步提名联合国教科文组织"人类非物质文化遗产代表作"的程序,遗产项目名称和保护单位的变更,域名和商标注册保护,利用和开发,保密,捐赠,奖励,检查和相关责罚等。

(7)《可移动文物修复资质管理办法(试行)》(2007)

①国家文物局制定该办法的目的和依据:为加强可移动文物修复单位的资质管理,根据《中华人民共和国文物保护法》及其实施条例,制定本办法。②办法适用范围:可移动文物修复单位资质的管理。③可移动文物修复工作包括:依据具有相关等级可移动文物技术保护设计资质单位提供的设计方案,开展珍贵文物、一般文物和出土文物的修复而从事的本体保护、修复报告编写等业务活动。④主管部门:国家文物局负责监制《可移动文物修复单位资质证书》、资质及年检的备案工作。省、自治区、直辖市文物行政部门负责受理资质申请、审定资质等级、颁发资质证书和年检工作。办法规定了资质等级标准、资质申请和审批、监督管理、罚则。

(8)《可移动文物技术保护设计资质管理办法(试行)》(2007)

①国家文物局制定该办法的目的和依据:加强可移动文物技术保护设计单位的资质管理,根据《中华人民共和国文物保护法》及其实施条例,制定本办法。②办法适用范围:可移动文物技术保护设计单位的资质管理。③可移动文物技术保护设计工作包括:为开展珍贵文物、一般文物和出土文物的技术保护而从事的现状评估、病害分析、修复方案、预防性保护方案、设计与技术经济分析、分析报告或设计

文本的编制等业务活动。④主管部门：国家文物局负责审定、颁发《可移动文物技术保护设计单位资质证书》和资质年检工作。省、自治区、直辖市文物行政部门负责资质初审和日常管理工作。办法规定了资质等级标准、资质申请和审批、监督管理、罚则。

（9）《国家级非物质文化遗产项目代表性传承人认定与管理暂行办法》(2008)

①文化部制定该办法的目的和依据：为有效保护和传承国家级非物质文化遗产，鼓励和支持国家级非物质文化遗产项目代表性传承人开展传习活动，根据国家有关规定，制定本办法。②适用范围："国家级非物质文化遗产项目代表性传承人"，是指经国务院文化行政部门认定的，承担国家级非物质文化遗产名录项目传承保护责任，具有公认的代表性、权威性与影响力的传承人。③认定原则：坚持公开、公平、公正的原则，严格履行申报、审核、评审、公示、审批等程序。办法规定了传承人的认定条件、申报程序、主管部门、公布制度、记录存档制度、各级文化行政部门支持传承人的方式、传承人应承担的义务、报告制度、奖励制度、资格的取消和重新认定等。

（10）《文物认定管理暂行办法》(2009)

①文化部制定该办法的目的和依据：为规范文物认定管理工作，根据《中华人民共和国文物保护法》制定本办法。②适用范围：文物认定，指文物行政部门将具有历史、艺术、科学价值的文化资源确认为文物的行政行为。《中华人民共和国文物保护法》第二条第一款所列各项，应当认定为文物。乡土建筑、工业遗产、农业遗产、商业老字号、文化线路、文化景观等特殊类型文物，按照本办法认定。古猿化石、古人类化石、与人类活动有关的第四纪古脊椎动物化石，以及上述化石地点和遗迹地点的认定和定级工作，按照本办法的规定执行。历史文化名城、街区及村镇的认定和定级工作，按照有关法律法规的规定执行。③主管部门：认定文物由县级以上地方文物行政部门负责。认定文物发生争议的，由省级文物行政部门作出裁定。省级文物行政部门应当根据国务院文物行政部门的要求，认定特定的文化资源为文物。国务院文物行政部门应当定期发布指导意见，明确文物认定工作的范围和重点。各级文物行政部门应当定期组织开展文物普查，并由县级以上地方文物行政部门对普查中发现的文物予以认定。办法规定文物认定的程序和执行单位，文物登记制度及其执行单位，以及相关的法律责任。

此外，还有诸多相关法规就不一一列举，如《文物复制拓印管理办法》《文物拍卖企业资质年审管理办法》《文物进出境责任鉴定员管理办法》《国家考古遗址公园管理办法（试行）》《文物认定管理暂行办法》《文物出境审核标准》《国家文物局重点科研基地运行评估规则》《可移动文物技术保护设计资质管理办法（试行）》《可移动文物修复资质管理办法(试行)》《文化遗产保护领域国家科技支撑计划课题第三方机构评估咨询管理暂行办法》《文化遗产保护领域国家科技支撑计划课题管理暂行办法》《中国世界文化遗产专家咨询管理办法》《文物保护工程监理资质管理办法(试行)》《中国世界文化遗产监测巡视管理办法》《国家文物鉴定委员会管理规定》《大遗址保护专项经费管理办法》《近现代文物征集参考范围》《近现代一级文物藏品定级标准(试行)》《文物拍卖管理暂行规定》《文物保护科学和技术研究课题管理办法》《国家文物局突发事件应急工作管理办法》《全国重点文物保护单位记录档案工作规范(试行)》《中国文化遗产标志管理办法》《文物保护工程监理资质管理办法(试行)》等等。

三、遗产登记和评估制度

除了实施联合国教科文组织两个遗产公约,参与《世界遗产名录》/《世界遗产濒危名录》和《人类非物质文化遗产代表作名录》/《人类非物质文化遗产代表作濒危名录》外,我国也参与了其他一些国际性的遗产登记名录,如《世界记忆遗产名录》、全球重要独特农业遗产保护项目(简称GJAHS)等。

与此同时,我国存有众多与现代遗产概念相关的国家级认定和登记制度,比如风景名胜区、历史文化名城(镇、村)、全国(重点)文物保护单位、国家珍贵文物和一般文物、国家级自然保护区、国家级森林公园,以及诸多的与艺术有关的国家级奖项,如群星奖、文华奖、中国艺术节奖等等。

1. 国家级风景名胜区

表6—1 国家级风景名胜区简况(截至2014年12月)

启动时间	宣布单位	组织评审单位	法规	数量
1982	国务院	住房与城乡建设部	《风景名胜区条例》	225

国家对国家级风景名胜区(原称"国家重点风景名胜区")实行科学规划、统一管理、严格保护、永续利用的原则。1985年6月国务院颁布《风景名胜区管理暂行条例》(以下简称《暂行条例》),2006年12月1日新修订的《风景名胜区条例》(以下简称《条例》)正式施行。规定了风景名胜区的设立、规划、保护、利用与管理等内容。

风景名胜区划分为国家级和省级,国家级风景名胜区的总体规划由国务院审批,详细规划由国务院建设主管部门审批。确需对风景名胜区范围、性质、保护目标、生态资源保护措施、重大建设项目布局、开发利用强度以及风景名胜区的功能结构、空间布局、游客容量进行修改的,应报原审批机关批准;对其他内容进行修改的,应报原审批机关备案。

风景名胜区内的土地、森林等自然资源和房屋等财产的所有权人、使用权人的合法权益受法律保护。经批准的风景名胜区规划不得擅自修改。对风景名胜区内的有关违法行为将承担严格的法律责任。

风景名胜区所在地县级以上地方政府设置的风景名胜区管理机构,负责风景名胜区的保护、利用和统一管理。

风景名胜区与相关概念的关系:

(1) 自然保护区:新设立的风景名胜区与自然保护区不得重合或交叉;已设立的风景名胜区与自然保护区重合或交叉的,风景名胜区规划与自然保护区规划应相互协调。(据2006年《条例》)

(2) 国家公园:中国风景名胜区与国际上的国家公园(National Park)相对应,同时又有自己的特点。中国国家级风景名胜区的英文名称为 National Park of China。(据1994年原中华人民共和国建设部所发布的《中国风景名胜区形势与展望》绿皮书)2007年,国家林业局审批云南普达措国家公园,据称这是中国大陆第一个"国家公园"[①]。2008年环境保护部与国家旅游总局又另外设立了"国家公园"[②]。

(3) A级旅游景区:是按照国家旅游局颁布的旅游景区质量标准评定为(由高到低)AAAAA、AAAA、AAA、AA或A级的,接待海内外旅游者的各种类型旅游景区[③](包括以自然景观及人文景观为主的旅游景区)。据原建设部于1999年间的相关意见,认为,旅游景区质量标准涉及经国务院批准的原环保总局、原林业局、原建设部等有关主管部门"三定"方案中规定的职能;与现有的、相对稳定的管理体系

---

① 此后,云南省多个地方继续向国家林业局申报,并建设"国家公园"。2009年云南省地方标准批准发布公告,云南省质量技术监督局批准《国家公园基本条件》《国家公园资源调查与评价技术规程》《国家公园总体规划技术规范》《国家公园建设规范》四个国家公园地方系列标准发布实施(时间为2010年3月1日),归口单位为云南省国家公园管理办公室。

② 为了在我国引入国家公园的理念和管理模式,同时也是为了完善我国的保护地体系,规范全国国家公园建设,有利于将来对现有的保护地体系进行系统整合,提高保护的有效性,切实实现保护与发展双赢,2008年环境保护部和国家旅游局决定开展国家公园试点。将"国家公园"定义为"国家为了保护一个或多个典型生态系统的完整性,为生态旅游、科学研究和环境教育提供场所,而划定的需要特殊保护、管理和利用的自然区域。它既不同于严格的自然保护区,也不同于一般的旅游景区"。黑龙江汤旺河国家公园成为获准建设的第一个国家公园试点单位。

③ 旅游景区被定义为:以旅游及其相关活动为主要功能或主要功能之一的空间或地域。指具有参观游览、休闲度假、康乐健身等功能,具备相应旅游服务设施并提供相应旅游服务的独立管理区。该管理区应有统一的经营管理机构和明确的地域范围。包括风景区、文博院馆、寺庙观堂、旅游度假区、自然保护区,主题公园、森林公园、地质公园、游乐园、动物园、植物园,以及工业、农业、经贸、科教、军事、体育、文化艺术等各类旅游景区。

和工作制度产生矛盾,引起职能交叉与扯皮,给资源的保护管理带来严重损害,并于 2000 年发文下级部门,请各省、自治区、直辖市各级风景名胜区等单位暂不参与旅游区(点)的申报定级工作。笔者在官方网站没有找到对此通知的进一步文献。但是,在 2007 年国家旅游局①公布的首批 66 个 5A 级旅游景区中,至少 10 个是以"某某风景名胜区"冠名的。

以上三种相关概念的关系或许只显示出中国各类与现代遗产概念相关的资源在地方与国家、在国家各职能部门之间激烈竞争的冰山一角。这种竞争除了表明相关资源的宝贵及其价值的可生产性,也说明其管理在国家和地方层面的"分割"与"叠交"。这两点将是中国遗产体系建设过程中至关重要且无法回避的两个焦点。

2. 国家级自然保护区

表 6-2　国家级自然保护区简况(截至 2014 年 12 月)

启动时间	宣布单位	组织评审单位	法规	数量
1956	国务院	国家环境保护部	《中华人民共和国自然保护区条例》(1994)	335

1956 年,我国全国人民代表大会提出了建立自然保护区的问题。同年 10 月林业部草拟了《天然森林伐区(自然保护区)划定草案》,并在广东省肇庆建立了我国第一个国家级自然保护区——鼎湖山自然保护区。截至 2012 年底我国已建立各类自然保护区 2 588 个,总面积约 149 万平方公里,占陆地国土面积的 14.9%。其中国家级自然保护区 335 个。有 28 处自然保护区加入联合国教科文组织"人与生物圈保护区网络"。

《中华人民共和国自然保护区条例》定义的"自然保护区"指对有代表性的自然生态系统、珍稀濒危野生动植物物种的天然集中分布区、有特殊意义的自然遗迹等保护对象所在的陆地、陆地水体或者海域,依法划出一定面积予以特殊保护和管理的区域。

申报自然保护区需符合以下条件:典型的自然地理区域、有代表性的自然生态系统区域以及已经遭受破坏但经保护能够恢复的同类自然生态系统区域;珍稀、濒危野生动植物物种的天然集中分布区域;有特殊保护价值的海域、海岸、岛屿、湿地、内陆水域、森林、草原和荒漠;具有重大科学文化价值的地质构造、著名溶洞、化石分布区、冰川、火山、温泉等自然遗迹;经国务院或者省、自治区、直辖市人民政府

---

① 现更名为文化和旅游部。

批准,需要予以特殊保护的其他自然区域。其中,在国内外有典型意义、在科学上有重大国际影响或者有特殊科学研究价值的自然保护区,列为国家级自然保护区。国家级自然保护区分为三大类:自然生态系统类、野生生物类、自然遗迹类。国家级自然保护区的建立,由自然保护区所在的省、自治区、直辖市人民政府或者国务院有关自然保护区行政主管部门提出申请,经国家级自然保护区评审委员会评审后,由国务院环境保护行政主管部门进行协调并提出审批建议,报国务院批准。国务院环境保护行政主管部门负责全国自然保护区的综合管理。国务院林业、农业、地质矿产、水利、海洋等有关行政主管部门在各自的职责范围内,主管有关的自然保护区。

当我们把自然视为遗产,把自然保护纳入遗产体系时,我们要面对的除了庞大而深奥的自然及其保护专业知识谱系,更要面对自然作为遗产的种种政治关系,这种关系或许常常比文化遗产所蕴涵的政治关系更为直接和庞杂。

《森林公园管理办法》定义的"森林公园"指森林景观优美,自然景观和人文景物集中,具有一定规模,可供人们游览、休息或进行科学、文化、教育活动的场所。森林公园分为以下三级:国家级、省级和市、县级。

森林景观特别优美,人文景物比较集中,观赏、科学、文化价值高,地理位置特殊,具有一定的区域代表性,旅游服务设施齐全,有较高的知名度的可以申报国家级森林公园。

建立国家级森林公园,由省级林业主管部门提出书面申请、可行性研究报告和图表、照片等资料,报林业部审批。国家级森林公园的总体规划设计,由森林公园经营管理机构组织具有规划设计资格的单位负责编制,报省级林业主管部门审批,并报林业部备案。修改总体规划设计必须经原审批单位批准。1982年国务院委托国家计委批准成立了我国第一个国家森林公园——张家界国家森林公园。

2005年实施的《国家级森林公园设立、撤销、合并、改变经营范围或者变更隶属关系审批管理办法》(国家林业局发布)规定:主要景区的林地依法变更为非林地的;经营管理者发生变更或者改变经营方向的;因不可抗力等原因,无法继续履行保护利用森林风景资源义务或者提供森林旅游服务的,可以申请撤销国家级森林公园。

2009年,《关于切实做好国家级森林公园行政许可项目审查工作的通知》(国家林业局发布)提高了申报国家级森林公园的条件,凡新申报的国家级森林公园除风景资源质量等级达到标准外,还须符合国家级森林公园建设发展规划。

除了国家森林公园,还有国家地质公园、国家海洋公园等诸多由各职能部门主持评审的,与现代自然遗产概念相关的称号和目录。

3. 全国重点文物保护单位、文物和历史文化名城(镇、村)

表6—3 全国重点文物保护单位和国家级历史文化名城(镇、村)简况(截至2014年12月)

种类	启动时间	宣布单位	组织评审单位	法规	数量
全国重点文物保护单位	1961	国务院	国家文物局	《中华人民共和国文物保护法》	4295
历史文化名城	1982	国务院	住房与城乡建设部 国家文物局	《中华人民共和国文物保护法》《历史文化名城名镇名村保护条例》	123
历史文化名镇	2003	住房与城乡建设部 国家文物局	住房与城乡建设部 国家文物局	同上	252
历史文化名村	2003	同上	住房与城乡建设部 国家文物局	同上	276

根据《中华人民共和国文物保护法》在我国境内,受国家保护的文物包括:具有历史、艺术、科学价值的古文化遗址、古墓葬、古建筑、石窟寺和石刻、壁画;与重大历史事件、革命运动或者著名人物有关的以及具有重要纪念意义、教育意义或者史料价值的近现代重要史迹、实物、代表性建筑;历史上各时代珍贵的艺术品、工艺美术品;历史上各时代重要的文献资料以及具有历史、艺术、科学价值的手稿和图书资料等;反映历史上各时代、各民族社会制度、社会生产、社会生活的代表性实物。具有科学价值的古脊椎动物化石和古人类化石同文物一样受国家保护。

在《中华人民共和国文物保护法》的章节中有三大明确的分类:不可移动文物、馆藏文物、民间收藏文物。对于不可移动文物,国家在建国后即开始不断设立了全国重点文物保护单位、文物和历史文化名城(镇、村)等一系列的评估、等级制度。对于馆藏文物和民间收藏文物,国家设立了文物等级:珍贵文物(分为一、二、三级)和一般文物。

国务院文物行政部门在省级、市、县级文物保护单位中,选择具有重大历史、艺术、科学价值的确定为全国重点文物保护单位,或者直接确定为全国重点文物保护单位,报国务院核定公布。文物保护单位分为文物保护点、区级文物保护单位、县级文物保护单位、市级文物保护单位、省级文物保护单位以及全国重点文物保护单位6个级别。1953年我国曾就某些文物该不该保护的问题进行了激烈的讨论,讨论的结果是要把北京有价值的文物进行彻底调查后再来讨论保护的问题。文物普查工作自此从北京开始,逐渐发展到全国。1956年中央曾印发一个记有8000多处文物保护单位的名单,在此基础上,1956年4月国务院在《关于在农业生产建设中保护文物的通知》中提出必须在全国范围内对历史和革命文物遗迹进行普查调查工作,分批分期地由文化部报告国务院批准,置于国家保护之列。后来由于受各种运动的影响,这项工作受到一定程度冲击,直到1961年,国务院才公布了第一批180处"国保"单位,此后分别于1982年(62处)、1988年(258处)、1996年(250处)、2001年(518处和与现有国保单位合并的23处)、2006年(1080处和与现有国保单位合并的106处)和2013年(1943处,另有与现有国保单位合并的47处)发布国保单位名单,至今一共七批。

同时,文物法还决定将"保存文物特别丰富并且具有重大历史价值或者革命纪念意义的城市"由国务院核定公布为历史文化名城,保存文物特别丰富并且具有重大历史价值或者革命纪念意义的城镇、街道、村庄,由省、自治区、直辖市人民政府核定公布为历史文化街区、村镇,并报国务院备案。同年国务院批准了首批24个历史文化名城。2003年,过去只在省、自治区、直辖市人民政府一级公布的"历史文化村镇"提升为国家级。

2008年,《历史文化名城名镇名村保护条例》设定了更为具体的历史文化名城(镇、村)评选标准:保存文物特别丰富;历史建筑集中成片;保留着传统格局和历史风貌;历史上曾经作为政治、经济、文化、交通中心或者军事要地,或者发生过重要历史事件,或者其传统产业、历史上建设的重大工程对本地区的发展产生过重要影响,或者能够集中反映本地区建筑的文化特色、民族特色。

申报历史文化名城,由省、自治区、直辖市人民政府提出申请,经国务院建设主管部门会同国务院文物主管部门组织有关部门、专家进行论证,提出审查意见,报国务院批准公布。国务院建设主管部门会同国务院文物主管部门可以在已批准公布的历史文化名镇、名村中,严格按照国家有关评价标准,选择具有重大历史、艺术、科学价值的历史文化名镇、名村,经专家论证,确定为中国历史文化名镇、名村。

中国历史文化名城、名镇、名村实行动态管理。因保护不力使其历史文化价值受到严重影响的,批准机关应当将其列入濒危名单,予以公布,并责成所在地城市、县人民政府限期采取补救措施,防止情况继续恶化。对于已经不具备条件者,将取消称号。这是分别负责联合国教科文组织世界遗产自然部分和文化部分的两个国家部门之间的深度合作项目,且这种合作早于中国加入《保护世界文化和自然遗产公约》的时间(1985年)。但在这个项目的合作上,是以国务院建设主管部门(住房与城乡建设部)会同国务院文物主管部门(国家文物局)的形式,也就是说,二者的关系是有主次之分,且分工明确。但世界遗产的分工中,二者分别处理的自然遗产和文化遗产并没有这种关系,两个部门是分别代表国家向联合国教科文组织世界遗产中心进行世界遗产的申报,只有在申报项目为文化景观或文化与自然双重遗产时涉及分工合作。且在住房与城乡建设部内,负责历史文化名城(镇、村)的是城乡规划司,负责世界遗产自然部分的是城市建设司。国家文物局负责历史文化名城(镇、村)的是文物保护与考古司下设的文物处(和中国文物信息咨询中心),负责文物保护与考古司下设的世界遗产文化部分的是专门成立的世界遗产处。中国遗产体系的建设中,首先涉及的大问题正是机构的改革与建设,这方面的工作任重道远。

2009年,国家文物局根据《中华人民共和国文物保护法》制定了《国家考古遗址公园管理办法(试行)》,规定"以重要考古遗址及其背景环境为主体,具有科研、教育、游憩等功能,在考古遗址保护和展示方面具有全国性示范意义的特定公共空间"为国家考古遗址公园。国家考古遗址公园的立项申请由遗址所在地县级以上人民政府提出,经省级文物行政部门初审同意后,报国家文物局。

文物的等级定义则由博物馆、文物单位等有关文物收藏机构依据《文物藏品定级标准》(2001年文化部根据《中华人民共和国文物保护法》和《中华人民共和国文物保护法实施细则》有关规定制定)对文物藏品进行鉴选和定级。文物藏品分为珍贵文物和一般文物。具有特别重要历史、艺术、科学价值的代表性文物为一级文物(定级标准有14条);具有重要历史、艺术、科学价值的为二级文物(定级标准有12条);具有比较重要的历史、艺术、科学价值的为三级文物(定级标准有11条);具有一定历史、艺术、科学价值的为一般文物(定级标准有7条)。在标准的"一级文物定级标准举例"中,一共列举了玉、陶器、瓷器、铜器、铁器、金银器、漆器、雕塑、石刻、砖瓦、书法绘画、古砚、甲骨、玺印符牌、钱币、牙骨角器、竹木雕、家具、珐琅、织绣、古籍善本、碑帖拓本、武器、邮票、文件、宣传品、档案文书、名人遗物等二十多类文物。这一非常具体的文物分类和国内大多数博物馆馆藏分类大致相当,其中蕴藏着中国独有的遗产理念和实践传统,有待深入探究。

从以上的介绍可见,文物保护单位(包括新出现的国家考古遗址公园)与联合国教科文组织文化遗产中不可移动文化遗产相类,而文物则与文化遗产中的可移动文化遗产相似。但是,中国对历史遗物、遗址等有几千年的品鉴和保护历史,并拥有相对独立的保护、展示、阐释和研究体系(从概念到对象、方法和成果),这些一直以来是西方汉学研究中的重要部分,众多西方艺术史学家对中国的古代具有历史、艺术、科学价值的遗产进行了大量的研究和阐释,近年来也有大量中国学者试图沟通该领域研究中的中西两套话语体系。或许这是中国遗产体系在学术领域可以得到重大突破的入口。

4. 国家级非物质文化遗产类奖项

表 6—4　全国非物质文化遗产类奖项简况(截至 2014 年 12 月)

奖项	类型	启动时间	宣布单位	组织评审单位	法规	数量
群星奖（2004 年纳入蒲公英奖）	政府社会文化最高奖	1991	文化部	文化部	《中华人民共和国文化部群星奖奖励办法》(2003)	统计数据没有权威发布
文华奖（2004 年与中国艺术节奖合一）	专业舞台艺术政府最高奖	1991	文化部	文化部	《文华奖评奖办法》(2002)《中国艺术节章程》(1997)	统计数据没有权威发布
孔雀奖（2005 年取消合并到文华奖）	少数民族文化艺术政府最高奖	1985	文化部	文化部、国家民委和广电总局	《文化部关于全国性文艺评奖立项的通知》(1998)《全国性文艺新闻出版社评奖整改总体方案》(2005)	统计数据没有权威发布
中国民间文化艺术之乡	国家级称号	2008	文化部	文化部	《文化部关于开展民间艺术之乡命名工作的通知》(2008)	首批 963 个，最新 2014—2016 年度 441 个
中国工艺美术珍品工艺美术大师	国家级称号	1979	轻工业部发改委	中国工艺美术协会发改委	《传统工艺美术保护条例》(1997)	统计数据没有权威发布
国家级非物质文化遗产名录（代表性传承人）	国家级名录	2006	文化部	文化部	《关于加强文化遗产保护的通知》(2005)《国家级非物质文化遗产保护与管理暂行办法》(2006)	1372

"群星奖"是中华人民共和国文化部(具体由文化部社会文化司承办)为繁荣群众文艺创作，促进社会文化事业的繁荣与发展而设立的全国社会文化艺术政府最高奖。

"文华奖"是中华人民共和国文化部主办(文化部艺术局承办)的专业舞台艺术政府最高奖，设立于 1991 年，最初为一年一届，1998 年起改为两年一届，2004 年第 11 届文华奖改为三年一届，与"中国艺术节奖"二奖合一。

"孔雀奖"是全国少数民族音乐、舞蹈、戏剧奖,是我国少数民族文艺的最高政府奖,由文化部(文化部少数民族文化司)、国家民委和广电总局主办。

"中国民间文化艺术之乡"是文化部(社会文化图书馆司承办)于2008年为配合构建社会主义和谐社会、社会主义新农村建设,为充分发挥民间文化艺术之乡对民族民间文化艺术的保护、继承、弘扬以及在文化建设中的重要作用而展开的国家级评选活动。

"传统工艺美术",是指百年以上,历史悠久,技艺精湛,世代相传,有完整的工艺流程,采用天然原材料制作,具有鲜明的民族风格和地方特色,在国内外享有声誉的手工艺品种和技艺。

我国于2004年加入联合国教科文组织《保护非物质文化遗产公约》,为实施公约,履行义务,加强我国非物质文化遗产保护工作,开启了国家级非物质文化遗产名录(及代表性传承人)的申报工作,这是经中华人民共和国国务院批准,由文化部确定并公布的非物质文化遗产名录。为使中国的非物质文化遗产保护工作规范化,国务院制定了"国家＋省＋市＋县"4级保护体系。

"国家级非物质文化遗产"指列入国务院批准公布的国家级非物质文化遗产名录中的所有非物质文化遗产项目。国家级非物质文化遗产项目保护单位根据自愿原则,提出该项目代表性传承人(符合的条件:完整掌握该项目或者其特殊技能;具有该项目公认的代表性、权威性与影响力;积极开展传承活动,培养后继人才)的推荐名单,经省级人民政府文化行政部门组织专家评议后,报文化部批准。

省级人民政府文化行政部门可以选择本行政区域内的国家级非物质文化遗产项目,为申报联合国教科文组织"人类非物质文化遗产代表作",向国务院文化行政部门提出申请。

四、遗产利用模式

现代遗产很难说不是一种让"过去"为"当下"所用的人类创造,不论是专业的"上、中、下游伦理"还是生物—文化多样性数据库思路,不论是想方设法创造新途径的"保护性开发"还是赤裸裸的遗产产业,利用与保护都是现代遗产的一对内在本题。就我国目前的遗产利用来看,似乎也可以总结出一些被称作"模式"的套路来。

1. 象征资本产业模式

强调遗产的意义,如其纪念碑性,往往承载着某一个时空、某一群体特殊的历史文化情感,昭示了某一文化的内在图式和历史证据,故而国家通常将其用来整合国民,以创造、激发"地方感",地方政府或者群体则常用其来突显地方性或群体的独特性。象征资本并不总是可以置换为货币,很多时候它比普通的资本更具有超越性。当它和现代广告业联合,则往往使得遗产成为最有效且恰当的形象代言,与现代市场经济体制和全球化甚为合拍。恰恰联合国教科文组织遗产体系是全球化的动力兼成果之一,遗产的"象征资本产业"更如虎添翼。这一点在政治、经济、文化、军事等多个领域都广为流行。泰国和柬埔寨在边境地区以柏威夏寺(由柬埔寨提名,于 2008 年 7 月被列为联合国世界遗产)为争端长达半个世纪,至今火药味甚浓的武装冲突便可以纳入该模式。

2. 展演产业模式

该模式主要体现在博物馆、遗产日、遗产旅游等行业。最为直接地继承了遗产的历史性、独特性和视觉性,因此该产业模式更多地集中在有形的遗产领域。该模式具有相当的专业性,其展示及其效果均和象征资本产业模式丝丝相扣。在中国火速增长,遍地开花的博物馆、展览馆、会展、与遗产相关的节庆均属于这一模式。博物馆以其专业性、公共性为文化遗产的保护、宣传立下汗马功劳。但也有人认为,该模式中之翘楚——兵马俑模式,以博物馆的开发运营为核心,严重破坏了文化遗产保护与开发的区域性、系统性。①

3. 体验产业模式

该模式以遗产旅游业为代表和主体,应该说是中国当下遗产利用模式中最为常见的一个,究其缘由大概一方面该模式直接和经济挂钩,可以快速见到巨大商业利益;一方面是因为该模式门槛低,简单易行,哪怕是一个小小的村落也可以挂起遗产旅游的牌子;再一方面是中国迅速掀起"遗产运动"并获得大众认同的契机和全球勃然兴起的大众旅游业。该模式中的经典案例是"丽江模式",该模式在全国的示范作用之巨大,即便是汶川大地震后的四川灾区也在响应。当然,丽江模式也受到不少批评,尤其是最近几年,认为它过度依赖游客接待人次和门票收入,新旧古城规划失衡,旅游品级连年下降。该模式对非物质文化遗产的影响或许更为深刻,随着 2003 年公约和中国国家非物质文化遗产名录的成长,如何在遗产旅游中开发和利用非物质文化遗产,成为近来研究和探索的前沿阵地。大量被遗忘的非物质文化遗产(如仪式、民俗节庆),以强大的力度注入现代遗产旅游业中,成就现

---

① 裴钰:《文化遗产开发难题》,载《中国经济周刊》,http://www.zgjjzk.cn/Special/whyckfnt/Index.html[2011-03-10]。

代游客的体验深度和广度。

4. 器物产业模式

该模式的代表是被称为"保护性开发"的模式,主要适用于可移动遗产,尤其是民间工艺美术品。文物仿品、民间工艺品大量出现在所有的旅游目的地,远远超出了遗产旅游地或这些器物本来存有的区域,甚至有的开设了专营店(包括网店)。这些器物在今天复活,一方面满足了人们的好古之心,解了怀古的"乡愁",更成为消费者个人象征资本的组件,成就他们精心打造的品位;另一方面契合了保护遗产的呼吁,尤其是工艺类非物质文化遗产在现代产业开发链中获得了另一种生命,或者也可以称作"复兴"。

5. 民间收藏模式

遗产热适逢国运昌盛,在股市、房产的夹缝中,民间资本继续为遗产热加温。马未都先生是这一收藏热的引领者。半是喜欢,为藏而藏;半是投资,为升值而藏。如今的中国,即便是老少边穷地区也都被收藏业梳理了几遍。藏品的种类也不断创新,最近收藏名酒也成了风尚。古老中国文人雅士的嗜好如今"飞入寻常百姓家"。该模式和器物产业模式达成了"战略伙伴关系"。

6. 房产模式

遗产成为现代商业地产开发的重要筹码,以满足人们接近遗产这一稀缺资源的愿望。这可以视为遗产旅游业的延展,不仅要旅行到遗产地,更要居住在遗产地。遗产的存续成为地方利益相关者运作地产和金融的重要起点。在云南丽江、河南龙门石窟、四川青城山均有这样的遗产地房产开发项目,他们受到的批评不在少数。此外,房地产商对某些传统民居的"消毒""改造"后,打造符合都市人新口味的"新传统"民居也可以纳入该模式。如北京、上海、广州等地将过去的老工业区、库房改造为艺术家聚居区便是如此。作为一种利用遗产的方式,仍有不少人在继续探索保护和利用的微妙平衡点。

以上模式都逃不开利益的框架,不论其受益者是国家、政府、投资者、公司,还是社区、个体、游客,遗产都是和他们的利益挂钩的,因此这些模式很难绝对分开你我。在西方学者看来,这些都可以纳入文化资源管理的范畴。如何挖掘、利用好自己的遗产,今天也成为政府管理者的一个重要工作方向。实际上,它也应该成为中国学者和从业人员的一个专业问题,即如何在利用模式上跳出"资源"的范式,打开结构性的新局面,为保护和利用的微妙关系提供中国式的经验?

第二节 遗产研究和教育

在中国,遗产研究和培训总是被捆绑在一起,作为遗产大国,中国在遗产研究和培训方面却刚刚起步。现代遗产事业带来的(象征的和实际的)巨大利益,短期内席卷而来。不论是决策者、管理者、研究者、实践者、遗产地社区成员还是遗产产业消费者都并未准备好。因此出现研究遍地开花,教育和研究同时展开的局面。

中国的遗产研究者主要来自高校、专业研究所,在从事遗产研究的过程中,这些研究者也在自己所在的单位积极开展遗产的相关教育,在设有遗产研究机构的高等教育机构中均开设着和遗产相关的本科或研究生课程,有的甚至成立了专门的学院、系或学位方向;甚至在很多并未创立和遗产相关的研究机构的高等学府,也开设了相关课程。

这与国外的情况有所不同,在西方遗产大国,遗产研究的主要力量由强大的非政府组织和高校、研究所平分秋色,而遗产教育则从中小学、大学到社区广泛展开,并已经在长期的实践中形成成熟的体系。中国的高校和研究所遗产研究和教育力量正在逐渐成长,教育则还局限在很小的范围内,也未形成成熟的教育体系(包括多层次、多维度的理念、机构、教材、课程、学位等)。总结我国现有的遗产研究和教育现状,特点是:政府主导,高校和研究所为主,合作不足,未成体系,广度、深度欠缺。

一、国际合作型教/研机构

1. 联合国教科文组织亚太地区世界遗产培训与研究中心(WHITRAP)

WHITRAP 是专门从事世界遗产研究和培训的非营利性组织,是联合国教科文组织在发展中国家建立的第一个遗产保护领域的联合国教科文组织二类机构,也是唯一一个建在知名大学(北京大学、同济大学等)并以其为依托的此类机构,通过培训、研究、信息推广以及网络建设,对亚太地区参与世界遗产地申报、保护和管理的专家、遗产地管理者、手工艺人和其他工作人员进行能力建设,提供、促进和发展适当的政策和技术,从而推进《保护世界文化和自然遗产公约》在亚太地区的落实。该组织于 2008 年正式成立。亚太地区世界遗产培训与研究中心现阶段工作目标是在教育培训创新、研究发展和技术服务方面建立合作平台,开展有效的地区和国际合作,加强亚太地区世界遗产保护和管理的能力建设。中心的主要项目领域包括:

（1）培训与教育：在世界遗产保护技术、管理规划、监测机制和风险防范等领域开展系统的教育培训活动：

① 开办世界遗产保护和管理方面的学位教育，世界遗产保护和管理作为一门跨学科课题，尚缺少正式的教育项目。中心计划在以大学（北京大学和同济大学）为基地的北京分中心和上海分中心实施世界遗产保护/管理硕士、博士学位教育。

② 开设世界遗产保护和管理方面的职业培训课程。职业培训以1至3个月的短期课程为主，用以满足世界遗产保护和管理领域不同层次的从业者提升专业知识和技能的需求。鉴于亚太地区从事世界遗产工作的人员众多，水平各异，中心在职业培训中将主要采用"培训师资"的模式。

③ 为教育和培训项目筹集资金。中心与亚太地区和国际相关机构、政府和非政府组织开展广泛、密切的合作，并下设"亚太地区世界遗产保护基金"，资助本地区发展中国家优秀学员完成中心的教育和培训项目。

（2）研究与开发：加强亚太地区在世界遗产保护和管理方面的学术合作。

① 根据地区需求开展先进实用的研究项目。技术创新和政策发展是中心研究项目的重点领域。研究成果将用于支持本地区的培训、教育活动和其他服务。中心在研究与开发项目中优先考虑以下几方面：保护和修复技术，管理规划的制定与执行，世界遗产风险管理，保护经济学和旅游业可持续发展。

② 建立知识管理体系。除网络工具外，中心还将利用传统传播机制（包括培训班、研讨会和出版物等）以实现知识和经验共享。中心计划每年至少举办2—3个培训班或研讨会。

（3）信息与服务：收集亚太地区世界遗产相关信息和知识，建立综合信息数据库以提供更好的信息服务和智力支持。

① 建立亚太地区世界遗产综合数据库。在建设信息系统过程中，中心将与合作伙伴密切合作，保证数据库的完整性和可靠性。中心正在建设的数据库包括：亚太地区世界遗产数据库、亚太地区世界遗产高清晰图片数据库、世界遗产保护管理知识数据库。

② 提供便捷的信息利用方式。中心信息系统将通过互联网和其他方式对所有用户开放。

（4）网络与合作：建立涵盖广泛、务实高效的合作网络和机制，为不同受众提供对话平台和合作机会。

① 在本地区从事世界遗产保护和管理的大学、研究机构之间建立合作网络。中心的信息、服务和其他资源设有不同层次的权限。中心合作网络中的成员除了能够查看世界遗产保护和管理领域最新知识、技术以及实践案例，还可以获取更多

的服务,参与更多的活动和项目。

② 与利益相关方建立并保持创新型合作关系,加强合作网络的成效和影响。中心将在本地区和国际组织中寻求、增加项目合作伙伴,并使更多的合作者能够有效利用中心的信息系统和其他资源。(中心主页网址:http://www.whitrap.org/。)

2. 亚太地区非物质文化遗产国际培训中心

该中心是亚太地区三大国际非遗中心之一,2010年5月成立。中国亚太中心以培训为主,韩国亚太中心以信息和网络建设为主,日本亚太中心以研究为主。亚太中心由管理委员会、执行委员会、咨询委员会、秘书处等机构组成。中心将致力于宣传和推广《保护非物质文化遗产公约》,通过长期和短期课程培训与田野考察相结合等多种方式提高教科文组织亚太地区会员国在非物质文化遗产保护方面的能力,这是中国在非物质文化遗产领域积极开展地区和国际性合作的重要平台。

3. 联合国教科文组织国际自然与文化遗产空间技术研究中心

该中心成立于2009年,是联合国教科文组织的二类中心,隶属中国科学院,并依托中国科学院对地观测与数字地球科学中心(以下简称"对地观测中心")进行能力建设。该二类中心是联合国教科文组织在全球设立的第一个用于世界遗产研究的空间技术机构,旨在利用空间技术开展自然和文化遗产、生态保护、自然灾害和全球变化等领域的工作,支持可持续发展教育。对地观测中心将利用其卫星数据接收能力、航空遥感数据获取能力以及在数字地球建设方面的优势,与联合国教科文组织共同运作新成立的国际自然与文化遗产空间技术研究中心,在对世界自然和文化遗产地进行监测的同时,也为发展中国家提供人员和技术培训,以保护人类自然与文化遗产。

二、国家级教/研机构

1. 中国艺术研究院

我国唯一的国家级综合性艺术科研机构,隶属于文化部,是国务院首批公布的博士、硕士学位授予单位,也是国务院学位委员会批准的艺术学一级学科授权单位,有8个博士学位授予权和9个硕士学位授予权,学科分别为:艺术学、音乐学、美术学、设计艺术学、戏剧戏曲学、电影学、广播电视艺术学、舞蹈学和文艺学。联合国教科文组织"亚太地区传统与民间表演艺术数据库"公布的中国首批5家研究保护机构都在该院。该院的音乐家音响资料收藏被联合国教科文组织列入"世界记忆"名录,这是中国第一个列入名录的项目。该院承担着文化部委托的向联合国教科文组织申报世界"人类口头和非物质遗产代表作"的论证、评选工作,中国民族民间文化保护工程国家中心就设在该院,该国家中心在保护工程的实施过程中承担了试点单位确定的论证、人才培训等大量工作。

2. 中国艺术研究院·中国非物质文化遗产保护中心

该中心于2006年在中国艺术研究院挂牌。是经中央机构编制委员会办公室批准在中国艺术研究院挂牌成立的国家级非物质文化遗产保护的专业机构,承担全国非物质文化遗产保护的有关具体工作,履行非物质文化遗产保护工作的政策咨询;组织全国范围普查工作的开展;指导保护计划的实施;进行非物质文化遗产保护的理论研究;举办学术、展览(演)及公益活动,交流、推介、宣传保护工作的成果和经验;组织实施研究成果的发表和人才培训等工作职能。目前中国唯一的一位联合国教科文组织"人类非物质文化遗产代表作"评审委员会委员,也是由中国艺术研究的专家担任。此外,中国艺术研究院研究生院已开设非物质文化遗产保护专业,将全面系统地培养非物质文化遗产保护的高级人才。

3. 中国文化遗产研究院

该研究院是国家文物局直属的文化遗产保护科学技术研究机构。其前身可追溯至成立于1935年的"旧都文物整理委员会",1949年更名为"北京文物整理委员会",是新中国第一个由中央政府主办并管理的文物保护专业机构,1973年更名为"文物保护科学技术研究所",1990年与文化部古文献研究室合并为中国文物研究所,2007年8月更名为中国文化遗产研究院。研究院目前的主要职责是:开展国家文化遗产资源的调查、登录工作;承担国家水下文化遗产保护相关工作;承担文化遗产科学的基础研究、专项研究,开展文化遗产保护应用技术研究,推广科学技术研究成果;承担国家重要文化遗产保护规划编制、维修及展示方案设计;开展文化遗产保护科学技术的国际合作、学术交流和教育培训工作等。其主要研究领域涵盖了文物保护科技、古代建筑及岩土遗址保护、设计规划以及博物馆、水下考古等多个学科方向,形成了社会科学、自然科学、工程技术科学各具特色又交叉融合的文物保护专业体系;具有中华人民共和国考古发掘资质、文物保护工程勘察设计甲级资质、可移动文物技术保护设计甲级资质、可移动文物修复一级资质以及文物保护工程施工一级资质;主持承担了一大批国家级重大科技攻关项目和省部级重点科研项目,承担了国内重大文物保护工程及科研项目,取得了一批重要科研成果。同时还开展了一系列的工程技术咨询、评估和技术服务等业务工作。国际古迹遗址理事会中国国家委员会秘书处、文物保护标准化技术委员会秘书处、国家文物局科研课题管理办公室等均挂靠在中国文化遗产研究院。

4. 中央美术学院非物质文化遗产研究中心

该中心是隶属中央美术学院，专门进行国家非物质文化遗产中民族民间美术类遗产的普查、研究、鉴定、评价、保护与规划、教育传承普及，专业管理人才师资及培训、民间艺术开发的开放型信息实践平台和专业研究机构。2002年5月，该研究中心经教育部备案正式成立，其前身是有二十多年学科发展历史的"民间美术研究室"（1980年）。中心以"产、官、学、民"为科研操作理念。在中央美术学院的支持下，已将非物质文化遗产与民间美术作为全院选修课程，并系统规划了五年科研规划。非物质文化遗产与民间美术作为新学科资源纳入中央美术学院人文学院新建立的文化遗产学系，开展相关本科生与研究生教学。

5. 中国科学院地理科学与资源研究所·自然与文化遗产研究中心

该中心成立于2006年，以保育生态学、景观和人文地理学、地质古生物和科学史等研究为基础，开展遗产地保护方面的科学研究，探索自然与文化遗产形成规律、评价的理论与方法、遗产地的动态变化、保护与利用的协调、可持续利用范式。该中心为我国遗产地的有效保护和合理利用提供决策参考，为遗产地的申报提供科学依据，并加强与IAC特别是东南亚、中亚地区的合作与交流。中心以遗产地科学价值评估的理论与方法，遗产地保护的理论、方法与可持续利用范式，我国世界遗产地申报与国家级遗产地评估，以及国际遗产地保护经验总结与遗产地所在地区的能力建设为研究对象；依托国内外相关项目，开展了一系列活动，对中国的农业文化遗产进行了系统的研究，产出大量成果。其主要项目有：GEF项目、联合国－西班牙千年发展目标基金"中国文化与发展关系框架"项目、中国古代农业技术发明创造项目规划：农业文化遗产普查与现地保护示范等。

6. 中国社会科学院考古研究所·文化遗产保护研究中心

中国社会科学院考古研究所，文化遗产保护研究中心简称"文化遗产保护研究中心"（CCHC），是中国社会科学院考古研究所主管的科研学术机构，于2007年成立。中国社会科学院考古研究所成立于1950年，1977年中国社会科学院建院，考古研究所归属中国社会科学院。建院宗旨是利用考古研究所在文化遗产保护领域的学术资源和交流网络，建立一个考古发掘、遗产保护、开发利用、综合研究等多方面互动交流的研究平台,推动我国文化遗产的保护工作。其主要任务包括:开展文化遗产保护科学与技术研究,承担制订文化遗产保护规划和实施方案,指导和配合古代遗址考古发掘工作中的文化遗产保护工作,以讲座、研讨会等形式在业务人员中进行培训,传播最新的文化遗产保护理念、法规和方法,进行中外文化遗产保护学术交流,进行遗址保护信息库建设等。设有大遗址保护研究工作室、考古现场保护研究工作室、出土文物保护修复研究工作室等部门。拟陆续建立古迹遗址保护规划研究工作室、文物保护科学技术实验室等。其承担的主要工作有:受国家文物局委托,推荐我国百处大遗址名单,并参与制订其保护规划纲要;参与编制偃师二里头、偃师商城等多处著名大遗址的保护规划和保护展示方案;承担国家"考古移动实验室"、国情调研项目等。

7. 国家古代壁画保护工程技术研究中心

我国文化遗产保护领域第一个国家级工程中心,依托敦煌研究院,联合中科院上海硅酸盐研究所、兰州大学和浙江大学等单位共同组建,于2009年6月由科技部批复,2009年7月30日正式挂牌成立。中心任务:立足中国面临的大量古代壁画和土遗址亟须保护的实际,通过集成、开发和推广成套的工程技术和方法,重点解决目前在该领域的关键性保护技术难题并使其产业化。同时还将适时制定本行业相关标准和规范,促进古代壁画保护行业健康、有序地发展。

三、中央、地方高校和研究所的相关教/研机构

(根据创立时间进行排序)

1. 北京大学世界遗产研究中心

该中心创建于1998年,隶属北京大学城市与环境学院。研究中心负责人为谢凝高教授,曾任北京大学城市与环境学系风景研究室主任,兼任建设部风景名胜专家顾问和中国历史文化名城保护委员会委员。

2. 郑州大学历史文化遗产保护研究中心

该中心是在郑州大学历史与考古系的基础上,整合校内历史、考古、物理学等多学科资源建立的。历史学系始建于1958年,是郑州大学建校之初成立的七个系之一,至今已有近五十年的发展历程。1976年,郑州大学设置考古学及博物馆学专业,它是河南省高校中唯一的考古学专业,也是全国高校中为数不多的同类专业之一。1980年以来又陆续成立了历史研究所、殷商文化研究所、考古研究所等研

究机构，积极开展古代历史文化研究。2001年，为适应学科发展的形势，赶上世界考古学发展的潮流，又成立了跨学科的学术机构"科技考古中心"。本中心所依托的历史与考古系目前拥有两个博士点（中国古代史、考古学及博物馆学），一个博士后科研流动站（历史学），六个硕士点（中国古代史、历史文献学、中国近现代史、专门史、考古学及博物馆学、世界史），三个省级重点学科（中国古代史、考古学及博物馆学、世界史）。中心有三个大的研究方向：田野考古与文物研究；科技考古与文物保护；历史文化遗产研究。五个子研究方向：中国文明起源及其早期发展研究、古代城址研究、秦汉魏晋陵墓研究、历史文献研究、科技考古与文物保护、中原文化研究。

3. 复旦大学文化遗产研究中心

该中心隶属于复旦大学，是专门从事文化遗产研究的学术机构。遗产研究中心的筹备和运作始于2000年，2003年春正式挂牌成立。遗产研究中心依托复旦大学文物与博物馆学系长期积累的专业基础，同时整合校内、校外各路力量，从多学科的角度开展学术工作。遗产研究中心近年开展的研究工作涉及下列问题：有关文化遗产的内涵和外延，知识探寻和价值评估，保护和利用；有关文化遗产行业的管理模式，制度改革和法律建设，政策指导和民众参与；有关文化遗产事业的特点，社会定位，发展规律，未来走向；文化遗产的信息化、数字化；无形遗产及其博物馆化；考古学理论与方法的探索与创新；文物学及其与艺术史、社会史的嫁接；博物馆文化和博物馆行业规范研究；文明和国家起源的研究；等等。遗产研究中心创办了《文化遗产研究集刊》，这是中国国内第一本以"文化遗产"为名的刊物。遗产研究中心与日本方面合作成立了"中日合作书法和文物研究中心"，内设有"中国古村落文化遗产研究小组"。

4. 中山大学华南文化遗产保护、研究与教学中心（CHRCSC）

该中心2003年由中山大学批准成立，直属学校管理，并与广东省博物馆合作共建，同时聘请部分外系与校外学者为专任和客座研究员。该中心主要从事各类有形和无形文化遗产保护战线输送各类专门人才；举办文化遗产研究、保护与管理系列讲座与相关学术活动，大力推介国内外文化遗产保护与管理的先进理念与成功经验；开展对各类文化遗产（如古遗址、古村落和古建筑）的评估、规划与旅游；为世界文化遗产保护名录以及各级文物保护单位的申报以及政府相关决策提供咨询与评估服务；开展多种形式的文化遗产保护行动，接受各类工程或地区委托，对相关地区地下和地上文物实施调查、考古发掘以及保护规划等。中心已得到国家

"985"重点工程支持,并与"中国世界遗产保护研究中心(CIPEP)"联合开展"联合国教科文组织 CIPEP-CHRCSC 文化遗产保护专项计划"。

5. 乐山师范学院世界遗产研究所

该所成立于 2003 年,是一家以世界遗产为研究对象的专业科研机构。该研究所将建设峨眉山—乐山大佛世界双遗产资料库,为乐山大佛和峨眉山的保护、开发提供科学方法,并将全面开展我国世界遗产的保护、开发、利用、价值分析以及可持续发展理论研究。该研究所还将从世界遗产总体状况、主要类型、分布范围、特征等方面开展研究,并结合社会学、历史学、艺术学、生态学、建筑学等相关学科,创立世界遗产学的理论体系。

6. 山西大学非物质文化遗产研究中心

前身是山西大学戏剧影视研究中心,该中心成立于 2003 年。中心主要从事非物质文化遗产保护项目的整理、研究工作。研究方向有艺术学、人类学、民俗学、民间文艺学、民间文学等。

7. 中山大学中国非物质文化遗产研究中心

该中心隶属于中山大学,教育部人文社会科学重点研究基地,成立于 2004 年。设有传统戏曲、口头文艺与民俗、非物质遗产保护对策三个研究方向。2006、2008和 2011 年分别在重庆文理学院、内蒙古师范大学和西藏民族学院成立工作站。

8. 四川大学—育利康遗产研究所(SUUI)

由四川大学文学与新闻学院和美国育利康基金会(Unicorn Foundation, INC)合办,于 2004 年成立。该研究所是为顺应中国西部少数民族传统文化研究、保护与弘扬,及其环境保护的要求而成立的非营利性国际合作组织。四川大学文学与新闻学院长期致力于中国民间文化、中国俗文化和文化人类学的研究,拥有国家重点基地"中国俗文化研究所"和全国第一个"文学人类学"博士学位授权点,国家"985"创新基地——文化遗产与文化互动。目前正筹备四川大学"2011 计划"培育项目——"中华多民族文化遗产与文化凝聚"协同创新中心。美国育利康基金会于 2002 年由法国人冰焰女士(Frédérique Darragon)和中国人王史波(卫阳)先生共同创建,旨在向全世界介绍中国西南民族地区的碉楼状况和改善发展中国(主要在四川藏民区)教育状况。四川大学—育利康文化遗产研究所结合育利康基金会的民俗研究项目,发挥四川大学的研究特长,以研究与记录中国西部民族优秀文化,恢复和保护珍贵文化遗产,尤其是以中国西部少数民族语言、文化、艺术和建筑为主题,唤起国内外对这些文化遗产的意识,并鼓励国际间的文化与学术交流活动。目前从事的主要研究项目方向有:中国西南碉楼的研究、遗产基础理论研究和文学人类学。

9. 中国世界遗产保护研究中心

该中心 2004 年在北京工业大学成立,中心主要针对中国地区文化遗产保护开展的工作内容有:文物遗产保护理论和技术方面研究;文化遗产的价值评估、保护、规划研究;文化遗产保护知识的普及;文化遗产保护专业力量教育培训;介绍相关法律法规,引进联合国教科文组织文物遗产保护先进理论,促进国际交流等工作。

10. 南京大学文化与自然遗产研究所

该研究所隶属南京大学,专门进行物质文化遗产和非物质文化遗产及文化与自然双遗产的调查、评价、鉴定、利用、保护、研究的专业机构。研究所的宗旨:紧密结合社会及学术发展要求,开展文化遗产与自然遗产研究、保护及人才培养。吸纳国内外文化与自然遗产研究的理论和方法,依托南京大学的综合学术优势,坚持科研合作和出成果、出人才、出效益的工作方向,为弘扬中华文明和推进中国世界遗产事业发展做出贡献。其主要科研课题方向包括遗产基本理论及文化遗产科学、文化与自然遗产事业发展对策、中外遗产比较、遗产价值鉴定、遗产考古和历史、遗产管理与法制、遗产展示与陈列、遗产保护与利用、遗产规划、遗产事业与现代化、历史文化名城、博物馆以及古代陶瓷、古代玉器、古代宗教遗产研究等。合作机构:中山陵园管理局、明孝陵博物馆;宜兴市人民政府、宜兴市文化局、宜兴陶瓷行业协会;南京市文物局、南京市规划局和两家商业公司。除了科研,该研究所还举办一些研修班。

11. 兰州大学藏缅—阿尔泰民族非物质文化遗产研究所

该所于 2005 年成立,是研究、保护和弘扬藏缅—阿尔泰等各民族优秀传统文化遗产为使命的学术和教育机构,挂靠教育部人文社会科学重点研究基地兰州大学—新疆大学西北少数民族研究中心。

12. 西北民族非物质文化遗产保护中心

2005 年西北民族大学设立"西北民族非物质文化遗产保护研究中心",以西北地区为重点,从高等教育的层面上把《遗产学》引入课堂,研究民族口头与非物质文化遗产保护、培养各民族非物质文化遗产保护高级人才。

13. 苏州大学非物质文化遗产研究中心

该所隶属于苏州大学,成立于2006年,是研究与教学并重的校级研究机构。中心的职能有:非物质文化遗产保护理论研究;非物质文化遗产课程教育;调查、记录、挖掘非物质文化遗产;参与民间社区文化遗产保护;举办学术研讨、相关展览及公益活动;组织实施研究成果的出版、发表和相关人才培训等。中心成员由苏州大学艺术学院、文学院、社会学院部分师资组成,聘请社会上遗产保护和研究方面的专家参与。中心综合研究以原生态文化遗产的抢救、非物质文化遗产可持续性发展战略研究、非物质文化遗产的文化内涵及其传承方式与特色等为重点。分类研究则主要包括苏州工艺美术研究、昆曲艺术研究、评弹艺术研究、江南乡土艺术抢救发掘与研究、文化遗产传承人研究等等,并在此基础上建立档案和信息库。中心每年出版一辑《东南文化遗产》。

14. 西北大学文博学院、文化遗产学院

西北大学文博学院/文化遗产学院建立于1988年,其前身是创建于1937年的历史学系。2006年与陕西省文物局联合在全国率先成立了文化遗产学院。学院下设历史学系、考古学系、文化遗产保护科学系,设有历史学、考古学和文物保护技术三个本科专业。有历史学一级学科博、硕士授权点和博士后科研流动站,有专门史、考古学及博物馆学、世界史、中国古代史、中国近现代史、历史文献学、中国历史地理学、文物保护学等博士、硕士学位授予权。"中国思想文化史研究"和"西部地区文化遗产保护与研究"两个方向被列入国家"211工程"三期重点建设学科,是全国同类学科中建立较早的专业学院。有国家基础学科人才培养和科学研究基地1个(历史学),国家大学生创新实验基地1个,教育部重点实验室1个,国家特色专业1个(历史学),陕西省名牌专业3个(历史学、考古学、文物保护学),陕西省特色专业3个(历史学、考古学、文物保护技术);3门国家级精品课程,6门陕西省精品课程,8门西北大学精品课程;先后有4项成果获国家级优秀教学成果一、二等奖;拥有国家重点学科二级学科、文化遗产研究与保护技术教育部重点实验室、国家文物局重点科研基地砖石类文物保护研究中心、陕西省哲学社会科学重点研究基地西北大学文化遗产与考古学研究中心等教学科研平台。学院下设周秦汉唐研究中心、文化遗产保护规划研究中心等学术机构。

15. 中国民间美术遗产保护与研究中心

该中心于2007年在天津大学冯骥才文学艺术研究院成立。同时成立的还有中国木版年画研究基地。中心和基地是中国首个民间美术遗产与木版年画的保护与研究学术机构,将致力于民族民间美术遗产的抢救、整理、挖掘与弘扬,承担国家相关文化项目,培养有关研究人才,为中国民间文化乃至非物质文化遗产的确认、保护、研究和传播提供有力的学术保证和学术支持。

16. 浙江大学非物质文化遗产研究中心(CICHS)

该中心于2007年成立。由于非物质文化遗产研究与社会学两个二级学科即人类学、民俗学关系最为密切,故由人文学院社会学系有关教师联合其他院系的相关研究人员,共同发起成立本中心。中心成立的初衷是为了整合分散在浙江大学各个院系的学科力量,实现多学科通力合作,切实完成省文化厅设在浙江大学的"浙江省非物质文化遗产研究基地"的各项科研及咨询服务工作。中心的远景目标则定位于发挥人才资源和学科优势,开展高水平的学术和对策研究,在服务浙江省的基础上,力争创出国内特色,开拓国际空间。中心已在越文化生态保护区研究、浙江风水文化研究、影视人类学研究等方向形成若干有特色的非物质文化遗产研究方向。

17. 东北师范大学文学院东北非物质文化遗产(满语言文化)研究所

该研究所是东北首个非物质文化遗产研究所,于2007年由北华大学东亚历史与文化研究中心与东北师范大学东北民族与疆域研究中心联合成立。该研究所的成立旨在推动东北地区的非物质文化遗产,特别是满族语言文化的发掘、研究与传承。研究所建立了东北非物质文化遗产档案库;配合国家民间文化遗产普查抢救工程,进行东北民间文化遗产信息考察采集工作;对作为东北非物质文化遗产的二人转进行多角度的研究。

18. 贵州文化与自然遗产保护研究基地

该基地是贵州师范大学独立建制的研究机构,整合了旅游、历史、地理、音乐、美术等学科及其专家优势。基地的牵头单位国际旅游文化学院是贵州师范大学和贵州省旅游局合作共建的,以贵州旅游国际化为目标的新型学院。基地的发展目标是紧扣文化、自然遗产保护这个主题,从科学保护贵州文化自然遗产、贵州文化与自然遗产的传承、文化内涵的充分挖掘与展示等方面出发,对贵州省具有重大旅游价值的民族民间工艺美术、民族音乐舞蹈、民族历史文化、喀斯特文化与自然遗产等进行研究,建立"学—研—产"一体化的文化与自然遗产研究与发展中心;组建一支专业分布和学术梯队合理、高素质高水平的遗产保护与旅游发展的科研队伍;

在国家级、省级等重大研究课题申报上有较大突破;确立研究基地在省内影响显著。

19. 郑州轻工业学院非物质文化遗产研究中心

该中心成立于2008年。中心整合了艺术设计学院、外语系、法政学院、轻工职业学院等相关院系的人才优势,主要致力于民间美术、民俗文化、民间文学的研究,设立了民间美术、美术考古、民俗艺术三个研究机构和一个民俗艺术馆。各研究所成员分别由教授、副教授、讲师等组成。中心还是中国民间文艺家协会学术研究基地和河南省非物质文化遗产研究基地,并和相关单位、民间艺术传承人进行了多方面的合作,已取得初步的成效和影响。中心的近期任务为搜集整理河南省非物质文化遗产(特别是民间美术遗产)相关的最新资料,建立文献资料和信息档案库,同时组织合作申报相关学术研究课题。长远目标为扩展国家级或省部级研究课题立项,加强与国内外同领域研究机构的学术联系与交流;同时,通过对河南民间美术遗产信息的整合,将信息转化为知识体系,在教育和社会发展中发挥作用,逐步有效地促进河南乃至全国的非物质文化遗产的保护和发展研究工作的开展。

20. 南京市非物质文化遗产研究所

该所2009年由南京市文化局和南京社科院共同主办。研究所整合民俗博物馆、南京市非遗保护中心和南京社科院研究所的多种资源,聘请对非遗有一定研究的专家学者、非遗传承人为研究员,结合现有展示活动,打造系统展示南京非遗的集中区域,并为非遗传承人打造专题性的展演,为非遗的传承搭建展示的平台。

21. 江苏高校文化遗产保护与管理研究所

该研究所2009年在南京艺术学院挂牌。与中科院自然科学史研究所、南京博物院合作,实现人才、资源共享,加强文化遗产保护法律与管理体制、文化遗产价值评估与价值开掘、文化遗产的旅游与利用、文化遗产保护事业的公共事物及文化遗产的经济管理等领域的研究、挖掘、整理和保护,力争形成比较完善的文化遗产保护与管理研究体系,为社会培养急需的优秀文博人才。

此外,近年来在各省区的文化行政管理系统纷纷建立完善省级非物质文化遗产中心,作为与中国非物质文化遗产中心对接的行政事业单位,组织本辖区内的非物质文化遗产的管理工作。同时这些中心还纷纷与本省区内的高校达成合作,形成数量不等(通常是数十个)的、有针对性的非物质文化遗产研究基地。这些研究基地的建立是正式的,但就目前的情况看,还没有形成大的影响力。

以上列出的机构只是部分中国高校和研究所在近二十年内成立的,以遗产为主题的研究和培训中心,应该说这只是非常少的一部分,因为随着遗产热的出现,和遗产相关的研究机构均将遗产视为新的学术和教育增长点,不断成立相关的机构,甚至很多社区、村落也设置了遗产研究和教育基地或中心,实在难以计数,但数量和质量并没有成正比。

在中小学基础教育中,遗产教育通常是以活动的性质展开,鉴于中国基础教育的应试制度,遗产类的课程很难进入中小学的正式课程体系,即便是我国作为1972年公约缔约国实施公约的行动——建设"世界遗产小卫士"(Patrimonito)[①]网络,也更多地以活动的形式展开。2002年苏州"中国世界遗产国际青少年夏令营"诞生了我国第一批"世界遗产小卫士"。2004年由中国教科文组织全国委员会秘书处主办、北京师范大学附属实验中学承办的中国首届"世界遗产青少年论坛"在北京举行,有29个代表队160名代表参加。中国联合国教科文组织全国委员会会同教育部计划把世界遗产教育纳入部分重点中学教学课程之中,并对教育内容做出了设想。

2004年,联合国教科文组织在中国苏州通过了《关于加强青少年世界遗产保护教育的宣言》(即《苏州宣言》),呼吁世界各国政府、机构、团体和协会一起行动:大力支持世界遗产青少年教育,制订本国的行动纲领,提出具体的目标和措施,作为本国世界遗产青少年教育的行动指南;鼓励更多的学校将世界遗产教育列入教学计划,设置相关课程,普及遗产知识;继续举办国际、国家及地区论坛,充分利用广播、电视、书刊、网络等媒体进行遗产教育;对世界遗产青少年教育进行监测和评估,促进其可持续发展;国际社会和各国政府应该围绕世界遗产青少年教育,加强国际合作,共同开展工作。同时,帮助欠发达地区建立起教育机制,促使各国的青少年都能够接受世界遗产教育;为实现世界遗产青少年教育所需经费,各国政府和国际社会应作出具体的财政承诺——这一点至关重要;在有条件的国家建立世界遗产青少年教育研究基地,实现跨区域的世界遗产教育与研究。联合国教科文组织在协调世界遗产青少年教育合作中应发挥重要作用,建议成立工作小组,协调和监测世界各国进行世界遗产青少年教育工作,督促各国履行《苏州宣言》作出的承诺。

2001年中国首届世界遗产国际青年夏令营后,苏州外国语学校便将世界遗产课程作为办学特色的重要方面。2005年编写了面向初中生的教材《中国的世界遗产》,2004年开始进行苏州下城区重点招标课题"中小学世界遗产教育的实践研

[①] 1995年联合国教科文组织认为保护遗产应该让未来主人亲自参与,于是诞生了建设世界遗产小卫士网络的项目,联合全世界青少年为保护世界遗产出力。

究",三年后共有三十多所本地幼儿园、小学、中学参与研究实践,将世界遗产变成其学校的特色课程。2010年在中国联合国教科文组织委员会主办的"第二届世界遗产青少年教育联席会暨世界遗产教育论坛"上,苏州外国语学校获联合国教科文组织亚太地区世界遗产培训与研究中心颁授世界遗产青少年教育基地证书,成为中国第一批由联合国教科文组织亚太地区世界遗产培训与研究中心授予的世界遗产青少年教育基地。在中国世界遗产数量最多的地方,北京的65中自2002年开始进行世界遗产教育研究与实践的初步尝试,成立了"以故宫地区世界文化遗产教育为重点综合构建新型学校育人模式的实验研究""我们的世界遗产"课题组,编写了适宜中学生的校本教材《我们的世界遗产》。组织学生学习、考察、竞赛、评选世界遗产优秀青年保卫者,师生共同建立了"世界遗产教育网站"。2010年再次启动了"依托北京世界遗产,进行民族文化教育的实践研究"课程,该课程以科研课题为引领,依托学校周边世界遗产地——故宫等教育资源,以教育教学为主渠道,在学校课程中进行世界遗产教育与民族文化教育,以增强学生民族文化的认同感,提高学生的综合素质。

可见,基础教育中的世界遗产课程与地区和世界遗产的关系有密切的联系,远不及高校的遗产研究和教育那么普及。中国的遗产教育事业需要更多人的努力。

在诸多的研究和教育机构中,鲜有支持研究和教育的本土基金会,因此,柒牌非物质文化遗产研究与保护基金显得极为突出,该基金会成立于2008年8月8日,由福建柒牌集团有限公司在清华大学艺术与科学研究中心[①]设立,旨在保护和传承我国丰富的非物质文化遗产,弘扬优秀的民族文化,提高非物质文化研究与保护的水平。基金将通过支持研究项目,促进我国传统及民族、民间非物质文化遗产的挖掘、抢救、保护及传承,弘扬中华文化,增强企业竞争力,提升国家软实力。基金将面向全国高等院校及相关研究机构、专家学者征集项目,分重点项目和一般项目两个层次,重点项目每年2—3个,每项8—10万元;一般项目每年8—10个,每项4—6万元。2014年度申报的项目希望集中在传统服装服饰、传统手工艺及非物质文化基础理论研究三个方面。

从以上信息大致可以感受到中国遗产研究机构的研究及其方法特点。研究范围虽然涉及基础的遗产理论等综合研究,但更主要集中在个案的深度和应用研究,强调具体遗产保护、利用模式的研究。可见,在我国,真正意义上的遗产学科并未形成,其知识和学科体系正在逐渐形成中,文化遗产保护和传承研究虽不乏针对性,但与遗产学基本理论,以及中国几千年遗产传统的对接不足,根基弱,心态急。

---

① 于2001年成立,研究方向包括:基础理论研究、应用研究及教育研究。

大量从传统学科进入遗产领域的研究,实际上只是在过去的研究对象上扣了"遗产"的"新帽子"。因此,研究的方法自然也更多地沿袭了过去的套路,要么局限于传统知识和新的遗产公约文书去"描述＋思考"对象,要么坚守专业的文博知识和技术,专心讨论文物的研究和保护,将遗产的庞大语境和学科体系限定在历史和考古中。

中国遗产教育急需利用我国研究和教育"同体"的现状,在加大研究中国几千年遗产传统力度的前提下,借鉴海外遗产学科的建设经验,建设中国的遗产学学科体系,完善其研究框架、方法,跟进学科多维度(理论型、应用型、创新型)、多层次(包括基础教育、社区教育、高等教育)的遗产教育。如2010年由国家文物局批准,中国文物保护基金会会同北京、河北、河南、湖北、湖南、广东、海南等七省市文物局及清华大学联合主办的"2010中国文化遗产保护万里行暨清华大学早期建筑群——海南大学三亚学院落笔洞遗址文化与遗产和谐之旅"(队员为来自关心、热爱文化遗产的社会各界热心人士和吉利学子组成的29人文化使者团队)便是一种新型的教育模式,与美国自然历史博物馆的世界遗产"探险队"之旅乃异曲同工。

第三节　遗产宣传

中国的遗产宣传拥有良好的氛围,长期以来遗产都是公共关心的话题。大众传媒对遗产拥有持续的关注,尤其是近二十年来,"申遗"这个"申报联合国教科文组织世界遗产"的简称词汇在中国媒体的报道下成为一个普及率极高的词,甚至被扩展来指称所有不同类型、层次的遗产提名活动。这或许与近二十年也是中国大众旅游业的急速发展期分不开,遗产和旅游在大众宣传中形成极为密切的关系,加之宣传和遗产研究与教育是密不可分的环节,而我国遗产研究和教育都亟待增进,因此,宣传有很大的改善空间。这里就主要的宣传方式进行现状的梳理。

一、遗产宣传方式

宣传方式主要有网络、出版物和"遗产日"等节庆会展类。每一类将选择一些主要的予以简介。

1. 网络

(1) 官方遗产宣传网站

① 中国非物质文化遗产网·中国非物质文化遗产数字博物馆(http://www.ihchina.cn/main.jsp)

该网站作为中国首个国家级门户网站,于2006年6月我国第一个"文化遗产日"来临前夕开通,有中英文版。这是根据《国务院关于加强文化遗产保护的通知》精神,在非物质文化遗产保护工作部际联席会议的领导下,由中华人民共和国文化部主管,中国艺术研究院主办的公益性非物质文化遗产保护专业网站。旨在利用数字化技术和网络平台展示、传播中国和世界非物质文化遗产的专业知识,展示我国深厚丰富的非物质文化遗产资源,提供非物质文化遗产保护工作的信息交流,凝聚非物质文化遗产保护实践的观念和理论共识,充分调动和利用全社会的学术、经济、舆论资源及社会公众的参与,以促进中国非物质文化遗产保护工作的全面和健康开展。数字博物馆将及时反映政府有关非物质文化遗产保护工作的法规、政策以及学术机构和保护机构的研究成果、工作经验,为引导全国非物质遗产相关工作者、志愿者正确地开展非物质文化遗产的保护与研究,提供一个有效的交流平台。网站设置了组织结构、法规文件(中国政府法规文件、联合国教科文组织文件)、国家名录(国家名录申报指南、代表作申报指南、申报范本)、保护工程(综合性试点、专业性试点)、代表作、传承人、申报指南、遗产精粹(昆曲艺术、古琴艺术、新疆维吾尔木卡姆)几大版块;同时设有羌族文化数字博物馆(现设羌族概览、美好家园、文化风舞、羌之印象、遗产保护、抢救重修、学术研究和新闻动态几大栏目)、中秋节、端午节、非物质文化遗产专题展、中国非物质文化遗产保护成就展等几大专栏。

② 中国文化遗产网(http://www.cchmi.com/Default.aspx)

该网站是在国家文物局领导下,由中国文物信息咨询中心(国家文物局数据中心)承建的,体现"权威、特色、服务"原则的文化遗产信息公益性传播网络平台。网站目前开通了中华遗产、在线展览、遗产课堂、互动家园、动态资讯、资料信息、文博黄页、网站服务等8个频道,近100个子栏目,在宣传普及有关中国文化遗产基础知识和信息的同时,网站提供论坛、博客、咨询等多种网络互动交流服务。中华遗产栏目汇集了中国的世界遗产、全国各级文物保护单位、历史文化名城名村名镇、数字典藏等信息,利用网络展示全国文物精华。在线展览利用网络具有多种表现形式的特点,通过策划专题展览、多媒体影像展示等方式,将中国文化遗产更直观地展现给广大网民,提供网上免费的虚拟博物馆。互动家园提供多种可供选择的交流平台。遗产课堂则是通过遗产百科词条解释、文化讲堂、鉴定知识介绍讲解、遗产知识趣味测试等,为广大青少年及不同需求的用户提供相应服务。动态资讯汇集了行业信息、展览信息等与文化遗产有关的各方面资讯,使用户在一个网站中就能全方位了解到所有相关信息。资料信息提供了相关法律法规、期刊资料等基础资料,便于广大用户的查找和使用。文博黄页汇集了国内已建立网站的文物行政管理部门、博物馆及相关组织,为用户多层次浏览提供了通道。在网站的继续建设中将进一步完善数字博物馆展示及青少年文化遗产网上教育平台的建设,并逐步结合现实活动打造文化遗产论坛,全力整合、荟萃全国文化遗产信息资源,建立中国文化遗产信息知识门户网站。

除了以上这类国家相关主管部门专门设立的以遗产宣传为主题的网站外,国家和地方政府均有主管部门的官方网站,此处不赘。遗产项目或遗产地的官方管理部门也有官方网站,比如故宫博物院官方网站:(http://www.dpm.org.cn/index1280800.html,有中文简体、中文繁体、英文版),引导页分咨询首页、参观导览(了解开放服务与展示)、时空漫游(品宫史,鉴珍藏,探索紫禁城宫廷文化)和资料搜寻(获得文博与科研信息)。在咨询分站中设置了本院总说、开放与导览、紫禁城时空、数字资料馆、学术天地和文化专题几大版块,提供了学术沙龙和故宫讲坛的信息。此外还链接"基于影像的中国古代书画研究系统"、紫禁城出版社、故宫文化产品、故宫淘宝网、故宫古建大修网站等。设计极具特色。

(2) 新闻媒体

中国文化网(http://www.chinaculture.org/gb/cn_index/node_843.htm)是由中华人民共和国文化部对外文化联络局主办,中国日报网站承办,是中国第一家最全面、最丰富、最权威的多语种文化网站,它为世界了解中国、中华民族以及中国文化架起了桥梁。2002年1月1日,中国文化网中文版开通;2004年1月1日,中国文化网英文版正式开通;2004年8月,中国文化网中文版全面改版;2005年6月,中国文化网推出繁体版。网站包括二十多个频道,其中"交流"发布权威的政策和项目信息,推荐优秀的艺术家和演展活动,引见值得信赖的合作伙伴,搭建中外文化产业合作的平台;"资讯"播报最新的中国文化动态,追踪中外文化交流的热点;"资源"是一本简明的中国大百科全书;"文化"展示说学逗唱、工艺美术、民风民俗、奇观异景;"中国创造""中国走进课堂"等网上服务正在建设。

除了这类专业媒体创办的遗产宣传主题网站,很多综合性新闻每天的网站也均有相关的主题,此处不一一赘言。

(3) 研究机构网站

这类研究非常多,各个地方遗产宣传为主旨的网站数不胜数。这里也只选几个简要介绍。

① 中国文物网(http://www.wenwuchina.com/index.shtml)是由国家文物局直属的中国文物学会指导建立,以文博系统广泛的专家团队为基础,利用互联网为文博主管部门、研究机构提供客观严谨的第一手数据,为文物收藏、古玩爱好者及艺术品经营机构打造多元互动的网上平台,以媒体资讯、社区交流和文物艺术品交易为核心,全力促进古玩艺术品市场的繁荣与发展。中国文物网积极配合国家"大力发展文化创意产业"的政策,始终坚持以学术与市场相结合的方式致力于为

中国七千万到一亿的古玩艺术品收藏爱好者提供最具兼容性、创新性的服务；为近2000家古玩艺术品收藏、经营机构以及其他相关商业机构提供基于"全媒体"整合的外延性推广解决方案，中国文物网现已成为国内最专业的古玩艺术品行业综合服务平台。中国文物网的定位：专业、及时、权威的行业信息资讯和知识平台，文博、文化类专业活动的策划、实施机构，古玩艺术品收藏爱好者及从业人员的互动交流平台，功能完善的古玩艺术品在线交易平台。

② 中国非物质文化遗产网(http://www.chinaich.com.cn,有中英文版本)旨在利用数字化技术和网络平台展示、传播中国和世界人类非物质文化遗产的专业知识，展示我国深厚丰富的非物质文化遗产资源，提供非物质文化遗产保护工作的信息交流，凝聚非物质文化遗产保护实践的观念和理论共识，充分调动和利用全社会的学术、经济、舆论资源及社会公众的参与，以促进中国非物质文化遗产保护工作的全面和健康开展。同时，中国非物质文化遗产网将及时反映政府有关非物质文化遗产保护工作的法规、政策以及学术机构和保护机构的研究成果、工作经验，为引导全国非物质遗产相关工作者、志愿者正确地开展非物质文化遗产的保护与研究，提供一个有效的交流平台。网站访问量统计有20多万人次。网站设置了新闻快报、国际动态、媒体评论、文化交流、人物专访、传承发展、代表作、视频在线、国际条约、法律法规、申报动态、申报指南、专家咨询等版块。

③ 中国历史文化遗产保护网(http://www.wenbao.net,有中文简体版、英文版和日文版)，简称文保网，是一所公益性专业文物保护网站，于2000年在国家文物局的支持下在天津成立，并在人民大会堂召开了新闻发布会。网站的宗旨：宣传文物保护知识，弘扬中华文化，呼吁全中国乃至全世界华夏儿女的响应，一起来保护灿烂的中国历史文化遗产。网站还举办如"中华文保世纪行"一类的专题讲座，由亲身参加沙漠考古的网站创办人员主讲，介绍考古纪实，宣传文物保护，探讨相关问题。网站设置了新闻频道(文保新闻、本站新闻、特别新闻、考古新闻、世界遗产、其他新闻)、文保聚焦(文保现状、经济与文保、科技与文保、文保知识、技术常识、文物鉴定、政策法规、文保大家谈、读者来信)、文化遗产(中国考古,世界文化遗产、民族文化、历史文化名城、历史文化名镇、历史文化名村、博物馆、64件禁止出国展出的文物)、精品图片(文献、藏品鉴说、珍品赏析、海外遗珍)、馆建探讨(各地博物馆、建设成效、建设存在的问题、各抒己见)、热点专题(丹丹乌里克遗址国际研讨会、丹尼考察实录、小河墓地考察)、考古新发现、文保世纪行(演讲者、演讲之路、演讲材料)、梦幻尼雅(尼雅风情、新闻报道、宗旨目的、考古过程、出土文物、研究文集)、文保特区(论文争雄、古文明探索、历年十大考古发现、相关服务)几大版块。

④ 世界文化遗产网(http://www.wchol.com,有中文简体、繁体两个版本)设

置了联合国教科文组织、世界文化遗产、非物质文化遗产、文化遗产名录、遗产新感觉、濒危遗产、遗产之旅等几大版块及最新遗产图片、遗产宝典(世界遗产旅游景点票价、世界遗产与中国古典诗词、世界遗产人气排行榜等特色小栏目)、进军名录(列出我国正在申报世界遗产的项目)、文化名人、我与遗产、遗产特区(百工坊、独家专访、遗产典故)几个栏目。

⑤ 华夏遗产网(http://www.ccnh.cn)由文化产业机构南京赛里斯文化传播有限公司主办,南京文化遗产保护与利用研究会、南京大学文化与自然遗产研究所协办。华夏遗产网是关于中华文化遗产、自然遗产和世界遗产及文化遗产与现代化的行业门户网站。其奠立于内涵丰厚、博大精深的中华文化遗产基础之上,以"传承中华遗产,对话世界文明"为宗旨,为中华遗产的传承、推广、保护及在中国现代化过程中加以合理利用而构建的大型综合性和公益性网络媒体平台。网站设有新闻、世界遗产、城市、中华区域文化、亚洲文明对话、文化产业、收藏、考古发现、走进非遗、红色遗产、国学、老南京、茶文化等三十余个一级栏目和300余个二级版块,内容涵盖广博,信息流通量大。华夏遗产网作为大型门户主题网站,是传播中国传统文化和促进文化多样性及中国现代文化建设的新途径,是提供公共文化服务和提升国家及区域文化软实力的新平台,也是推动海内外文化交流与合作的新渠道,还是创造人们健康美好的精神文化生活的新空间。

⑥ 山水自然保护中心网站(简称山水,http://www.hinature.cn)是在民政部所属机构注册的生物多样性保护组织,目前的项目主要在中国西部,示范人与自然和谐相处的实例,并推动自然保护在国家和地方政策以及公众意识中的主流化。山水是保护国际(CI,一家从事全球生物多样性保护的国际民间组织)的合作伙伴。网站设置了山水新闻、综合新闻、山水简报、热门话题、自然看点等版块,以及北纬28度大熊猫拯救行动、碳足迹计算器、"我们是主角"社区纪录片展映活动、旅游、真实的大熊猫、创意空间等栏目。

2. 纸质出版物

详见第二节"重要研究资料索引",其中科普类的专著在遗产的宣传方面起到重要作用。

3. 节日、会展等活动

近年来遗产宣传的方式逐渐走出文字堆,形式日趋多样化,各地传统的或创新的节庆活动中,遗产宣传均成为主角之一,这其中国家遗产日是最具社会影响力的官方宣传活动。

自20世纪90年代以来,一直关注文化遗产保护的冯骥才先生就不断以多种形式(包括两会提议)提出,希望中国也像欧洲一些国家那样,确定一个"文化遗产日"。2005年7月,郑孝燮等11名专家学者联名致信党中央、国务院领导同志,倡议中国设立"文化遗产日"。2005年12月,国务院决定从2006年起,每年6月的第二个星期六为中国的"文化遗产日",旨在营造保护文化遗产的良好氛围,提高公众对文化遗产保护重要性的认识,动员全社会共同参与、关注和保护文化遗产。设法使公众成为这一天的主人,成为主动的参与者,使国家文化遗产日成为全民的文化遗产日,使国家举措转化为每一个公民自觉的文化行为。遗产日是一个纯文化的主题日,所有活动都应是公益活动。

国家希望到2010年,初步建立比较完备的文化遗产保护制度,文化遗产保护状况得到明显改善。到2015年,基本形成较为完善的文化遗产保护体系,具有历史、文化和科学价值的文化遗产得到全面有效的保护;保护文化遗产深入人心,成为全社会的自觉行动。全国"文化遗产日"并没有像人们预想的那样,选在农历五月初五端午节,而是确定在没有任何特殊意义的6月的第二个星期六,这样做旨在使这个"文化遗产日"具有更为广泛的代表性。每一年遗产日均会选择一个主题:2006年的"保护文化遗产,守护精神家园";2007年的"保护文化遗产,构建和谐社会";2008年的"文化遗产人人保护,保护成果人人共享";2009年的"保护文化遗产,促进科学发展";2010年的"文化遗产 在我身边"。

国家遗产日活动在遗产宣传方面应该说是成果斐然,形式多样。每年将有个别城市作为遗产日的主办城市,如北京(2006—2008)、成都(2007、2009)、杭州(2009)。大多数省市也会在遗产日的1至2天内举办各类活动,活动形式多为专家讲座、非物质文化遗产展演、博物馆遗产地的免费或优惠开放、学术研讨会(或论坛)、讲座、文博工作表彰宣传、文物法规宣传、邀请领导出席、组织媒体报道与学校活动、专家文物咨询鉴定、专题讲座、文物保护单位与非物质文化遗产名录发布等。公众通过网络评选、考古体验、景点游览、社区互动等形式参与。

此外,2007年成都借势国家遗产日在全国首创了"国际非物质文化遗产节"(以下简称"非遗节"),主题为"文化的盛会、人民的节日"。期间,文化部、四川省、成都市共同举办了高规格、多层次的学术、文化、社会教育活动,联合国教科文组织保护非物质文化遗产政府间委员会第一届特别会议和保护非物质文化遗产国际论坛,发表《保护非物质文化遗产成都宣言》;在非物质文化遗产主题公园举办开幕式、非物质文化遗产展演、主题晚会、博览会、《成都宣言》碑揭幕暨中国非物质文化遗产研究院授牌仪式、闭幕式等。来自国内外的100多支表演队伍,84个单位的1000多个非物质文化遗产项目参加了11大类270项各类节会演出和展览活动。

活动吸引了400多万本市、外地、国外游客的广泛参与。2009年6月第二届"非遗节"以"多彩民族文化·人类精神家园"为主题,举办了六大类370多项活动,吸引了520多万人次参与。媒体评论"非遗节"有力地提升了中国的非物质文化遗产及保护工作在国际社会的影响力,搭建了中国乃至国际非物质文化遗产保护、传承和发展的交流展示平台,对成都、四川的旅游业发展和震后重建将有深远的、积极的影响。根据成都市统计局提供的数字,在第二届"非遗节"期间,外地游客在成都消费比平时增长22.7%,餐饮行业营业额增长20%以上,百货行业客流量较平时增加20%至50%,酒店入住率维持在80%,拉动成都市各类社会消费54.2亿元。活动期间,非物质文化遗产项目生产性保护的产品市场销售活跃,平均每天交易额近100万元,累计达1200多万元。

成都"非遗节"在举办时长、规模、规格、策划水准等方面都超越了中国多数省市的"遗产日",并建设了专门的、固定的"非遗节"主会场——非物质文化遗产公园,是产业发展与节会互动的专业节会公园,开园伊始便承接了2011年6月开幕的第三届国际非物质文化遗产节。同时,四川省非物质文化遗产保护中心项目也落户国际非遗博览园,给全省近万项非物质文化遗产项目找到了"家",这在全国是首例。四川省非遗保护中心于2008年年底成立,2010年1月正式在川博挂牌运行工作,承担着全省非物质文化遗产保护、传承、培训、宣传、展示和科研工作。

此外,一些媒体也开拓了自己的遗产宣传模式,比如2011年《文化月刊·遗产》、中国文化传媒网、中国网、华夏遗产网联合主办"中国首届非物质文化遗产保护知识竞赛"。竞赛旨在让公众通过参与,特别是随之而来的网络大讨论,掌握更多更加精准的非物质文化遗产保护知识。通过参与,特别是随之而来的网络互动,习得更多更加科学的非物质文化遗产保护理念,而不是在浑浑噩噩中因知识的匮乏与理念的错误毁掉我们已经所剩不多的文化遗产。竞赛的奖品也具有遗产宣传的性质,比如一等奖奖品为蓝夹缬、高密扑灰年画、阳新布贴、南京云锦和《文化月刊·遗产》2011年全年刊物。值得一提的是中央电视台纪录频道、科教频道的"探索·发现"栏目,以及各大电视台的鉴宝和发现类节目,也都掀起了公众对遗产的热情。

二、遗产宣传模式

中国的遗产宣传模式有两种类型相映成趣,一种是政府主导的自上而下的遗产运动,在软硬件方面均有强大的支持,声势浩大,并与经济活动达成很好的互动关系;另一种是民间世代承袭的自下而上的收藏传统和热情。两种类型之间,现代传媒成为最有力的联系者,将自上而下和自下而上的两种类型遗产宣传凝聚为媒体具可持续性的公共话题,从而反过来推动政府和民间两方的热情和行动,逐渐建设了中国较好的遗产宣传生态。

政府主导的遗产宣传虽然也有过这样那样的弊端(其强大的力量也曾对有的遗产,不论是文化的还是自然的,造成了难以挽回的损毁),但在当下的确极大地推动了我国遗产事业,并已经将"保护遗产"推向主流价值体系的高端,为遗产保护提供了前所未有的合理、合法、合情度。2011年刚刚通过的《中华人民共和国非物质文化遗产法》再次为我国遗产提供了又一道保护线。政府主导的遗产宣传如何与民间、学界、媒体进一步协作,而不仅主要与地方的经济发展和官员的政绩挂钩是未来的努力方向。

民间对遗产的热情或许从未在我国熄灭过。国人对古董(古玩、珍宝)的痴迷或许延续了远古先民对神器的崇拜和珍视,并将其与血统的延续以及家族和社会的组织融为一体。后来进而发展为皇家统治系统、文人雅士修身养性的内容、象征和形式。到今天,古器承载的东西更添加了民族国家的色彩,成为中华儿女的共同信物。这一支脉形成的民间对文化遗产,特别是有形的可移动遗产的认知,保护意识意义重大。民间对佛道以及其他形式信仰的强势存续则形成对我国自然遗产、不可移动文化遗产以及非物质文化遗产的坚实支撑,大量传统风景名胜(包括古建筑一类的不可移动文化遗产)均有信仰的气息,大量民俗也因为这样那样的禁忌和"不科学"的意识而得以延续。

民间的遗产教育中,教育者和被教育者与政府主导的有极大的区别。政府主导的遗产教育中,民众是被教育的对象,而专家、知识分子、政府是教育者。在民间的遗产教育中,二者调了个位置,民众变成教育者,专家们一直在田野中吸取民众有关遗产及其保护的智慧。然而作为教育者的民众对自身的角色并没有自信,也没有自觉,伴之以政府和专家的社会地位,这种教育一直被遮蔽,没有真正得到认识,更谈不上发扬。或许到了请"土"专家讲遗产及其保护的时候了,也是到了保护"土"智慧和"土"精神的时候了,否则我们的"土"根本将被"污染"殆尽。

现代传媒在遗产宣传中的角色真是一言难尽,急需大量专门的研究来观察、评估他们和遗产及其宣传的关系。媒体远非一面镜子,而是一面"墨镜",被媒体观察到、报道、观看媒体都是会让与之接触的对象发生化学反应的过程,可能发生变形、创造、自觉、自律、移位、暴力、反抗、塑形、神话、仪式等等反应或事件。政府、民间和媒体三者的关系远比三种化学物质放到一起反应复杂得多,本书无法一一涉及。

专家在宣传中总是占一席之地,政府、媒体和民间都离不开他们,因此,他们的研究、实践如何,研究和实践成果又如何被言说和宣传都是非常重要的问题。美国人类学协会在半个世纪前就将人类学家如何将其研究成果媒体化列为人类学发展的重要专业问题。那么我们的专家如何将自己的研究成果传递给公众,也是需要研究和关心的问题。这或许是在全球化时代,知识分子公共性的一种责任。

鉴于现阶段还没有翔实的调研个案,也鉴于对我国各地遗产宣传的具体方式进行普遍性分析是不具有可行性的,以上总结主要以宣传主体为线索,并未涉及宣传形式等具体的问题。

纵观中国的遗产体系,可以用一句话概括其特点:管理多头,未成系统;研究根基弱,枝叶虚荣,教育遍地开花,蓄势待发;宣传生态良,民间需重视,研究急跟进。

参考文献

第一章 联合国教科文组织遗产体系
一、外文著作

Anna-Katharina Wöbse. *Natural Allies? Private-public Actors and International Organisations: A History of Their Interplay (1920—1950)*.

Omland, A. *World Heritage and the Relationship Between the Global and the Local*. London: University of Cambridge, 1997.

Conwentz, H. *On National and International Protection of Nature*. The Journal of Ecology. 1914.2(2).

Holdgate, M. W. *Pathways to Sustainability: the Evolving Role of Transnational Institutions*. Environment. 1995. 37(9).

Batisse, M. Gerard Bolla. *The Invention of "World Heritage"*. English verstion. UNESCO, pp. 2005.

Batisse, M. *The struggle to save our world heritage: includes ralated article*. Environment. pp. 19—92.

World Heritage Centre. *Genesis of International Protection of Cultural and Natural Heritage. World Heritage: Challenges for the Millenium*. Paris: UNESCO, 2007.

UNESCO Section of Intangible Heritage, Korean National Commission for UNESCO. *Guidelines for the Establishment of Living Human Treasures Systems*. Updated Version. Paris: UNESCO, 2002.

UNESCO. *Records of the General Conference*. Twenty-ninth Session Paris, 21 October to 12 November 1997.

二、其他
网站

德国柏林自由大学网站：http://web.fu-berlin.de/ffu/akumwelt/bc2005/papers/woebse_bc2005.pdf

世界遗产中心官方网站：http://whc.unesco.org

第二章 法国遗产体系
一、中文著作

陈泯旻：《法国文化遗产研究：以巴黎塞纳河畔为例》，淡江大学欧洲研究所硕士班硕士论文，

2011年。

二、外文著作

Aguilar Yves，La Chartreuse de Mirande. Le monument hitorique，produit d'un classement de classe，*Actes de la recherche en sciences sociales*，N. 42，avril，1982.

Bachoud，L. Jacob，P. et Toulier，B. *Patrimoine Culturel Bâti et Paysager*. Delmas，2002.

André，C. *L'invention de l'Inventaire：éditorial*，La Revue de l'Arts，Paris：CNRS，1990.

Pierre-Laurent，F. *Droit du patrimoine culturel*，Collection *Droit fondamental*，*Droit politique et théorique*，Paris：PUF，1997.

Hottin，C. *Le patrimoine culturel immatériel：premières expériences en France*. Paris：Maison des Cultures du Monde，2011.

Xavier De，M. Sélection raisonnée et connaissance globale du patrimoine bâti，in *Collectif*，*Tri*，*sélection*，*conservation：quel patrimoine pour l'avenir?*，Paris：Monum/Editions du Patrimoine，2001.

三、其他

网站

法国公众遗产相关法律法条网址：www. legifrance. gouv. fr/affichCode. do；jsessionid＝261416DE3D1BA06D1BF1FEB988557EC4. tpdjo14v_1？cidTexte＝LEGITEXT000006074236&dateTexte＝20140715

法国文化及通信部官方网：www. culturecommunication. gouv. fr

文化遗产普查：www. inventaire. culture. gouv. fr

Mérimée 建筑遗产数据库：http：//www. culture. gouv. fr/public/mistral/mersri_fr？ACTION＝RETOUR&USRNAME＝nobody&USRPWD＝4％24％2534P

Mémoire 图表数据库：http：//www. culture. gouv. fr/public/mistral/memsri_fr？ACTION＝RETOUR&USRNAME＝nobody&USRPWD＝4％24％2534P

Palissy 动产数据库：http：//www. culture. gouv. fr/public/mistral/palsri_fr？ACTION＝RETOUR&USRNAME＝nobody&USRPWD＝4％24％2534P

第三章　日本遗产体系

一、中文著作

周星、周超：《日本文化遗产的分类体系及其保护制度》，《文化遗产》（创刊号），2007年。

周星、周超：《日本文化遗产保护的举国体制》，《文化遗产》，2008年第1期。

二、外文著作

新村出：《广辞苑》（第五版），岩波书店，1998年。

東京文化財研究所編　『文化財害虫事典』（2004年改定版）、クバプオロ。

奈良文化財研究所編　『奈良の寺—世界遺産を歩く』、2003年、岩波新書。

文化庁文化財部監修　『文化財保護関係法令（第3次改定版）』、2009年、ぎょうせい。

文化財保存全国協議会編　『遺跡保存の事典』、1990年、三省堂。

文化庁伝統文化課 「文化財行政この一〇年の歩み」、月刊『文化財』第565号、2010年。
文化庁記念物課世界文化遺産室 「世界遺産条約を通じた文化財保護について」、月刊『文化財』第565号、2010年。
松村恵司 「文化財保護法六〇周年の歩み」、月刊『文化財』第565号、010年。
馬淵久夫・杉下龍一郎など編集『文化財科学の事典』、2003年、朝倉書店。
三浦定俊・木川りか・佐野千絵『文化財保護環境学』、2004年、朝倉書店。

三、其他

网站

独立行政法人国立文化财机构：http://www.nich.go.jp/kiko/purpose/index.html
国家指定文化财数据库：http://www.bunka.go.jp/bsys
日本教育部网站：http://www.mext.go.jp/english/bunka/index.htm
日本世界无形文化遗产名：http://ameblo.jp/worldheritage-next/entry-10715895791.html
日本申请世界文化遗产暂定名录：http://www.unesco.jp/contents/isan/jlist.html
日本文化厅：http://www.bunka.go.jp
世界遗产学院（World Heritage Academy，日文"世界遺産アカデミー"）：http://www.wha.or.jp
世界遗产综合研究所：http://www.wheritage.net
文化遗产在线：http://bunka.nii.ac.jp

第四章　美国遗产体系

一、译著

[美]埃里克·沃尔夫：《欧洲与没有历史的人民》（赵丙祥等译），上海：上海人民出版社，2006年。
[美]Graburn, N. H.：《人类学与旅游时代》（赵红梅等译），桂林：广西师范大学出版社，2009年。
[法]米歇尔·福柯：《词与物——人文科学考古学》（莫伟民译），上海：上海三联出版社，2001年。

二、外文著作

Lonetree, A. & Amanda J. Cobb. eds. *The National Museum of the American Indian: Critical Conversation*. Lincoln & London: University of Nebraska Press, 2008.

Burckhardt, J. *Force and Freedom: Reflections on History*. Nichols, J. H. ed., New York: Pantheon Books, 1943.

Burckhardt, J. *Judgments on History and Historians*. Trans. H. Zohn. Indianapolis, IN: Liberty Fund, 1999.

Burckhardt, J. *The Civilization of the Renaissance in Italy*. Trans. Holborn, H. New York: The Modern Library, 1954.

Compilation of the Administrative Policies for the National Parks and National Monuments of Scientific Significance (Natural Area Category). Washington, DC: US Department of the Interior, rev., 1968.

Cranz, G. *The Politics of Park Design: A History of Urban Parks in America*. Cambridge: The MIT Press, 1982.

Ewing, H. *The Lost World of James Smithson: Science, Revolution and the Birth of the Smithsonian*. London: Bloomsbury, 2007.

Foresta, R. A. *America's National Parks and Their Keepers*. Washington: Resources for the Future, Inc., 1984.

Grusin, R. *Culture, Technology, and the Creation of America's National Parks*. Cambridge, UK, and New York: Cambridge University Press, 2004.

Jansson, D. R. "American National Identity and the Progress of the New South in 'National Geographic Magazine'". *Geographical Review*, Vol. 93, No. 3 (Jul., 2003).

King, Thomas F. *Cultural Resource Laws & Practice*. Lanham, MD: AltaMira Press, 2008.

Kurin, R. *Reflections of a Culture Broker: A View from the Smithsonian*. Washington & London: Smithsonian Institution Press, 1997.

Nichols, Deborah L., Klesert, Anthony L. and Anyon Roger. "Ancestral Sites, Shrines, and Graves: Native American Perspectives on the Ethics of Collecting Cultural Properties". In *The Ethics of Collecting Cultural Property: Whose Culture? Whose Property?* Phyllis Mauch Messenger(ed). Albuquerque: University of New Mexico Press, 1999.

Post, Robert C. *Who Owns America's Past? The Smithsonian and the Problem of History*. Baltimore: The Johns Hopkins University Press, 2013.

Rydell, L. K. & Culpin, M. S. *Managing the "Matchless Wonders": a history of Administrative Development in Yellowstone National Park*, 1872—1965. Wyoming: National Park Service, Yellowstone Center for Resources, Yellowstone National Park, YCR-2006-03.

Tocqueville, A. D. *Democracy in America, and Two Essays on America*. Trans. Bevan, G. E. Penguin, 2003.

Weber, M. *The Protestant Ethic and the Spirit of Capitalism*. New York: Scribner's Press, 1958.

Whittlesey, L. H. & Watry, E. A. *Yellowstone National Park*. Charleston: Arcadia Publishing, 2008.

三、其他

(一) 政府报告

Congressional Research Service. *Federal Land Ownership: Overview and Data*, 2012.

(二) 网站

美国保护教育委员会: http://www.ncpe.us/academic-programs

美国《国家古迹名录》http://www.nps.gov/nr/regulations.htm

美国国家公园管理局: http://www.nps.gov/oia/topics/worldheritage/WH_US_Sites.htm

美国民俗节主页:http://www.festival.si.edu/about/mission.aspx[2014-07-28]
美国驻华大使馆官方微博:http://blog.sina.com.cn/s/blog_67f297b00102eh3o.html
白宫总统备忘录"美国大户外":http://www.whitehouse.gov/the-press-office/presidential-memorandum-americas-great-outdoors
Intellectual Property Issues in Cultural Heritage (IPinCH):http://www.sfu.ca/ipinch
National Archives:http://www.archives.gov/research/guide-fed-records/groups/368.html
National Register Bulletin:http://www.nps.gov/nr/publications/index.htm
National Register of Historic Places:http://www.cr.nps.gov/nr

第五章 澳大利亚遗产体系

一、外文著作

Aplin, G. *Australians and Their Environment*: *An Introduction to Environmental Studies*, Melbourne: Oxford University Press, 1988.

Aplin, G. Heritage: Identification, Conservation, and Management. Melbourne: Oxford University Press, 2002.

Boer, B. The Legal Framework of Heritage Conservation, in Sullivan, S. (ed.) *Cultural Conservation*: *Towards A National Approach* (Australian Heritage Commission: Special Australian Heritage Publication Series Number 9), Canberra: Australian Government Publishing Service, 1995.

Daniels, K. Heritage Education in Colleges and Universities. in Sullivan, S. (ed.) *Cultural Conservation*: *Towards A National Approach* (Australian Heritage Commission: Special Australian Heritage Publication Series Number 9), Canberra: Australian Government Publishing Service, 1995.

Jacobs, Jane M. & Gale, F. *Tourism and the Protection of Aboriginal Cultural Sites*, Canberra: Australian Government Publishing Service, 1994.

Randall, B. Aboriginal Sites and Education about Aboriginal Culture, in Sullivan, S. (ed.), 1995.

Randall, B. *Cultural Conservation*: *Towards a National Approach* (Australian Heritage Commission: Special Australian Heritage Publication Series Number 9), Canberra: Australian Government Publishing Service.

Sullivan, S. (ed.) Cultural Conservation: Towards a National Approach (Australian Heritage Commission: Special Australian Heritage Publication Series Number 9), Canberra: Australian Government Publishing Service, 1995.

二、其他

(一) 政府报告、法案等

Report of the National Estate：Report of the Committee of Inquiry into the National Estate, Canberra：Australian Government Publishing Service, 1974.

The National Estate in 1981：A Report of the Australian Heritage Commission, Canberra：Australian Government Publishing Service, 1982.

Australian Heritage Commission：Australian Heritage Commission Annual Report 2000－2001. Canberra：Commonwealth of Australia, 2001.

Commonwealth of Australia：Guidelines for The Assessment of Places for the National Heritage List, 2009.

Aboriginal and Torres Strait IslanderHeritager Protection Act, 1984.

Australian Heritage Commission：A Sense of Place：A Conversation in Three Cultures, Canberra：Australian Government Publishing Service, 1990.

Australian Heritage Commission：Protecting Local Heritage Places：A Guide forCommuni-ties, Canberra：Australian Heritage Commission, 1998.

Canberra：Office of Legislative Drafting and Publishing, Attorney General's Department, 2010.

Environment Protection and Biodiversity Conservation Act 1999.

(二) 网站

Australian Council of National Trusts：http://www.nationaltrust.org.au

Australian Conservation Foundation：http://www.acfonline.org.au/default.asp

Australian Government, The Department of the Environment：http://www.environment.gov.au

Australia ICOMOS：http://australia.icomos.org

Australian Institute of Aboriginal and Torres Strait Islander Studies：http://www.aiatsis.gov.au

Australia's heritage：http://www.environment.gov.au/heritage

Australasian Society for Historical Archaeology：http://www.asha.org.au

Collections Australia Network：http://www.collectionsaustralia.net

Collections Council of Australia：http://www.collectionscouncil.com.au

The Australian Heritage Council：http://www.environment.gov.au/heritage/ahc/index.html

Protection of Moveable Cultural Heritage：http://www.comlaw.gov.au/Details/C2005C00122

protection under State and Territory Law：http://www.environment.gov.au/heritage/laws/indigenous/protection-laws.html

澳大利亚环境部官网：http://www.environment.gov.au/heritage/organisations/national

澳大利亚规范的国家遗产名录：http://www.environment.gov.au/heritage/ahc/publications/nhl-guidelines.html

联合国教科文组织相关网站：http://whc.unesco.org/en/list

第六章　中国遗产体系

一、中文著作

裴钰:《文化遗产开发难题》,《中国经济周刊》,2010年第50期。

二、其他

(一)网站

故宫博物院官方网站:http://www.dpm.org.cn/index1280800.html

国际古迹遗址理事会:http://www.icomos.org

国际文物保护修复研究中心:http://www.iccrom.org

华夏遗产网:http://www.ccnh.cn

联合国教科文组织世界遗产中心:http://whc.unesco.org

联合国教育、科学及文化组织:http://www.unesco.org/new/en/unesco

世界文化遗产网:http://www.wchol.com

世界遗产城市联盟:http://www.ovpm.org

世界自然保护联盟:www.iucn.org

山水自然保护中心网站:http://www.hinature.cn

台湾世界遗产协会:http://www.what.org.tw

亚太地区世界遗产培训与研究中心:http://www.whitrap.org

中国非物质文化遗产网:http://www.chinaich.com.cn

中国非物质文化遗产名录数据库系统:http://fy.folkw.com/index.asp

中国非物质文化遗产网·中国非物质文化遗产数字博物馆:http://www.ihchina.cn/main.jsp

中国非物质文化遗产研究院:http://www.caich.cn/index.html

中国国家博物馆:http://www.chnmuseum.cn

中华人民共和国国家文物局:http://www.sach.gov.cn

中国经济周刊:http://www.zgjjzk.cn/Special/whyckfnt/Index.html[2011-03-10]。

中国联合国教科文组织全国委员会:http://www.unesco.org.cn

中国历史文化遗产保护网:http://www.wenbao.net

中国文化网:http://www.chinaculture.org/gb/cn_index/node_843.htm

中国文化遗产网:http://www.cchmi.com/Default.aspx

中国文物网:http://www.wenwuchina.com/index.shtml

附录：重要研究资源索引

第一章 联合国教科文组织遗产体系

1. 普及出版物

《世界遗产公约 20 年》(1993)：该书由法国巴黎第一大学名誉教授利昂（Léon Pressouyre，2009 年去世）完成于 1992 年，即《保护世界文化和自然遗产公约》通过 20 周年，对公约 20 年的践行给予全面梳理。利昂教授曾任联合国教科文组织前南斯拉夫波斯尼亚和黑塞哥维那两地文化遗产监测专家委员会主席，克罗地亚莫斯塔桥（Mostar Bridge，土耳其人于 1556 年奥斯曼帝国占领巴尔干地区时建造，从此成为东西文化交流的桥梁，天主教、伊斯兰教和东正教三教并立的符号。1993 年被炮火炸为两半。）重建科学委员会主席，1980—1990 年间国际古迹和遗址理事会和世界遗产公约的协调人，1990—1997 年间世界遗产委员会法国代表。在被分发给公约主要参与者之前的版本曾递交给法国联合国教科文组织全委会，并听取了诸多该领域重量级专家的意见。

《世界遗产 2002：共享的遗产 共同的责任》(2002)：会议报告。为纪念 1972 年公约通过 30 周年，联合国教科文组织在意大利政府的支持下，于 2002 年举办了国际纪念大会，以反映世界遗产使命的重大课题、成就和挑战。大会也是联合国文化遗产年的主题活动。全球超过 600 多位专家会聚一堂，分为 12 个专题讨论 1972 年公约的演进及其未来的角色。此外，本书还包括此前近 400 位专家在意大利不同城市组织的 9 个相关讨论组的工作成果。

《气候变化与世界遗产个案研究报告》(2007)：由联合国基金会和英国文化、媒体和运动部资助出版（英文版），针对的读者是相关领域的专家和普通大众，已再版三次，并出版了法文和西班牙文版本（获得佛兰德和西班牙信托基金支持）。报告通过 26 个甄选出来的自然和文化世界遗产地来呈现气候变化对世界遗产地的影响已经到了可以明显观察的地步，报告还预测了未来气候变化对这 26 个世界遗产地将造成怎样的影响。

《世界遗产：千年的挑战》(2007)：该书分析了 1972 年公约近 30 年来的实施，

强调其取得的诸多成就和面临的众多挑战,该书会聚了众多参与者和专家的努力,提供了极有价值的信息:公约的简介(文化和自然遗产国际保护事业的源起,公约的实施、名录、概念和入选标准,遗产地的保护和监测,资金支持和合作,传承和教育,联合国教科文组织"大学与遗产"论坛,世界遗产的能力建设,宣传),世界遗产和其他国际文书,主题讨论(包括世界遗产名录中的考古遗址、城市、文物和建筑群、现代遗产、文化景观和文化线路、森林、海洋、地理和地质遗产地、山脉等),五大地域的讨论、世界遗产地的保护(洪灾与预测和预防、地震与减灾、武装冲突与预防和挽救、野生动物与反偷猎、矿业与遗产保护、发展与适度、遗产旅游与可持续性)。在这些信息中,包括超过 100 幅图片,26 幅地图和诸多图表。针对的读者是普通大众和遗产保护的专业人士。

《修复阿波美王宫》(2007):本书记录了贝宁世界遗产地的首次修复项目,该项目由日本和联合国教科文组织合作支持。书里有修复王宫的贝宁、意大利和日本专家的文章。该项目是联合国教科文组织、日本和贝宁动态合作,以建设当地世界遗产保护能力,提高当地保护世界遗产意识的一个案例。

《萨那的历史古城清单:都市保护工具书》(2008):2003—2006 年联合国教科文组织世界遗产中心和也门古城保护组织(GOPHCY)的主要研究成果报告,该研究旨在探索也门萨拉古城世界遗产地(还包括萨拉大城区范围内的其他历史人类居住遗址)并提供恰当的保护措施、方法,并逐渐筹备古城的保护和修复计划。

《联合国教科文组织世界遗产工作日志》(2008):以"每周一瞥"的栏目提示方式,图文并茂地简介世界遗产地、1972 年公约及其目标、甄选世界遗产的标准、实施机构等,还列出了公约的缔约国。以英、法、西三种文字出版。

《世界遗产和北极》(2008):会议报告和评论。2007 年在挪威召开了"世界遗产和北极"的国际专家会议,8 个来自北极地区的 1972 年公约缔约国代表、原住民组织代表、咨询组织(国际自然保护联盟和国际古迹和遗址理事会)的代表,以及北欧世界遗产基金会和世界遗产中心的代表与会,他们交换了北极地区自然和文化遗产的信息,讨论并认定该地区各潜在的可列入《世界遗产名录》遗产地的突出普世价值。

《重振莫桑比克岛圣塞瓦斯蒂安城堡》(2010):这是由世界遗产中心出版的宣传材料,旨在说明世界遗产地莫桑比克岛上圣塞瓦斯蒂安城堡重振计划的背景、目标、结果和挑战。不仅展示了印度洋最令人瞩目的城堡修葺的过程,更反映了世界遗产保护作为一种可持续发展工具的优势,即为发展中国家提供国际合作的机会。该项目获得日本、日本、葡萄牙和葡萄牙语国家首都/城市联盟(UCCLA)等的资助。本书还旨在鼓励新的资助者加入重振计划的第二阶段:处理文物的再次使用。

该书以英语、葡萄牙语和日语出版。

《刚果盆地的世界遗产》(2010)：本书旨在为生物多样性专业人士和普通大众提供两个由世界遗产中心发起的两个重要的保护中非自然遗产活动的详细信息。第一个活动是"武装冲突地区的生物多样性：保护刚果民主共和国的世界遗产地"，第二个是"中非森林申遗启动活动"，旨在改善刚果盆地保护区的管理，以便支持这些地方成功申遗。两个活动均从意大利和比利时政府以及联合国基金会、法国环保基金会、欧洲委员会获得可观的资金援助。该书展示了1972年公约如何贡献于该地区保护区的改善、推进该区自然遗产申遗的宣传和持续性管理，也展示了世界遗产项目支持和帮助实施非洲区域性其他项目，如保护森林的《雅温得宣言》和中非六国林业部长会议(2004—2013)十年"共同计划"的过程。虽然这些遗产地和保护区的全球重要性为国际社会认同，但很多该区域的遗产地仍处于非可持续发展、过渡旅游开发和武装冲突的威胁中。今天，《世界遗产濒危名录》中的15个自然遗产地中就有5个属于刚果民主共和国，而整个中非只有7个世界自然遗产地，其中6个处于刚果盆地的潮湿林带，剩下的一个则是加蓬的洛佩-奥坎德生态系统和遗址文化景观(Ecosystem and Cultural Landscape Relict of Lopé-Okanda)，是世界自然和文化双重遗产。此外，中非还有几个全球重要的生物多样性保护区，但其中绝大部分均未达到《世界遗产名录》入选的必备标准。

《世界遗产的灾难危机管理》(2010)：随着《世界遗产名录》的稳定增长，指导缔约国实施1972年公约的需求变得越来越重要。多次专家会议以及世界遗产地定期报告过程均确认了这种需求，尤其是某些缔约国和遗产地管理者要求更多的培训和能力培养。于是世界遗产中心出版这套系列的世界遗产资源手册以满足这种需求。该系列出版物是由1972年公约的三个咨询团体(ICCROM，ICOMOS和IUCN)和世界遗产中心共同推出的。该系列的第一本手册以世界遗产的灾难危机管理为主题，聚焦于世界文化和自然遗产在面临灾难危机时管理的原则、方法和过程，以帮助主管政府和管理者减少世界文化和自然遗产在人为或自然灾害中的损失和损伤。手册详细说明了遗产灾难危机管理的主要原则，认定、评估和减少灾难危机的方法，以及如何基于这些方法编制遗产的灾难危机管理计划，以便世界遗产得到恰当的保护。手册还展示了遗产如何在减灾过程中表现出积极的作用。最后手册还建议如何将遗产的灾难危机管理计划整合到国家、地区的灾难管理战略和规划中。手册的首要目标读者是遗产地管理者、管理团队和直接参与遗产管理的机构和组织。

2. 专业出版物

除了以上这些世界遗产中心广泛播发的具有普及性的出版物，还有非常多与

专家或咨询团体合作的更为专业的出版物,这里也只是列举部分:

《作为世界遗产的文化景观:1992—2002》(2003):由英国著名的纽卡斯尔大学考古系教授福勒(P. J. Fowler)撰写的专业报告。该书考察了自1992年"文化景观"被纳为一种世界遗产的特殊类型,到2002年30个文化景观列入《世界遗产名录》之际的20年,系统地量化分析了这30个文化景观的特点、分类及其世界遗产委员会基础报告,还有相关的地区主题会议和咨询团体研究成果。作者认为实际上在当时的《世界遗产名录》中有近100个文化景观类的遗产地,并基于对《预备名录》的分析,在未来的十年内,还将有100个文化景观将获得提名。作者还为未来文化景观的研究和发展方向提供了12条具体的建议。

《文化旅游:世界遗产地旅游业——遗产地管理者手册》(1993):这是国际古迹和遗址理事会(成立于1969年的文化旅游国际专业委员会)在其1993年第十届大会上分发的新系列科学出版物之一,该系列还包括历史园林和遗址、建筑照片测量、民间建筑、岩画、彩色玻璃、考古遗产管理、土质建筑、保护经济学、水下文化遗产等主题的手册。该手册是为世界文化遗产地管理者撰写,全书包括以下三大部分:打基础(了解1972年世界遗产公约,树立管理哲学,遗产地管理计划制订流程),建框架(预算、和游客有关的收入政策、形象和营销、游客记录和分析、游客和地方出版物),开门迎客(游客的迎送、游客接待、遗产地阐释和游客教育)。

《建立新准则性文件保护无形文化遗产:考虑的因素》(2001):由格拉斯哥大学法学院访问学者珍妮特·布莱克(Janet Blake)撰写的研究报告。内容包括对此前术语及其定义、1989年建议案和1993年"人间珍宝制度"的评估和反思、结论和未来战略,包括新的国际文书之目标、参与者的责任,及国际文书设立的步骤、安排。

《世界遗产公约:1992—2002行动效率给予政府的教训》(2003):世界自然保护联盟"世界遗产"高级顾问、加拿大籍专家桑赛尔(Jim Thorsell)为加拿大公园管理局参加2003年第五届世界公园大会"保护区的行政管理"讨论小组准备的背景材料。大会是国际自然保护联盟每十年举行一次的重要全球性论坛,该论坛在国际自然保护领域具有深远影响。该报告总结了《国际湿地公约》(*The Ramsar Convention*)的经验教训,也对世界遗产这种通过遴选诸多保护区进入《世界遗产名录》的国际行政工具进行了评价。

《"世界遗产"的发明》(2003法文版,2005英文版):由米歇尔·巴提塞和杰拉德·博拉完成回忆录,详细记载并讨论了现代知识体系中"世界遗产"核心的法约框架及1972年公约出台的前前后后,是研究世界遗产历史最重要的参考书之一。

《世界遗产名录:为打造可信完整自然和双重遗产名录的优先工作点》(2004):基于对2000年世界遗产委员会在地域、时间、地理和主题类型四个方面的系统量化分析,《世界遗产名录》和《世界遗产预备名录》为公约缔约国提供了清晰的全景。同时基于对代表性不足的遗产类型的认知,提供可能的短、中、长期趋势的要求,世界自然保护联盟撰写了这份战略报告,该报告同时也是该联盟为达成《世界遗产名录》代表性、均衡性和可信性而展开的"全球战略"的产出之一。报告承接桑赛尔之前为世界遗产委员会 2002 年第 26 届大会准备的前期调研分析报告,基于联合国环境规划署世界保护与监测中心主持的《全球世界遗产网络监测报告:生物地理、栖息地和生物多样性》,分析全球现有的自然世界遗产和自然与文化双重世界遗产的覆盖情况,并提出指导性的未来工作重点。这是一份非常重要的、兼具学术和应用性的报告。《弥补世界遗产名录的裂痕:未来行动规划》(2005):也是基于上述同样的理由,国际古迹和遗址理事会在芬兰籍专家朱卡·朱可托(Jukka Jokilehto)的主持下主编了这份分析和对策报告。这是一份非常重要的、兼具学术和应用性的报告。

《保护文化和生物多样性:神圣自然地区和文化景观的作用》(2006):这是 2005 年东京联合国大学"保护文化和生物多样性:神圣自然地区的作用"国际研讨会的论文集。这次国际研讨会是 2004 年联合国教科文组织启动的"为可持续发展加强文化多样性和生物多样性间联系"项目的一部分。这里会聚了生态学家、水文学家、人类学家、政府工作人员及地方和原住民社区代表,讨论如何使传统知识、原住民和地方社区生活方式免于进一步的影响。他们都认识到全世界神圣的自然地区和文化景观均表达了地方和原住民社区的传统信仰和土地管理系统,并指出认识到自然和文化的关联对于生物多样性和文化多样性的保护均非常重要,该论文集为整合文化和自然的努力提供了全球各地的个案。

《联合国教科文组织与生物多样性》(2007):这是一份简介联合国教科文组织和生物多样性关系的手册。介绍了联合国教科文组织在通过保护和可持续使用生物多样性来确保全球环境及社会经济持续性发展的全球努力中所做的各项工作,旨在说明逆转当下生物多样性丧失和衰变趋势唯一的希望存在于以整合的和跨学科的态度联合不同领域共同努力,正如联合国教科文组织整合教育、科学、文化与传播一样。

《世界自然遗产提名:工作手册》(2007):这是由世界遗产基金会资助,由 1972 年公约咨询团体国际自然保护联盟主持完成的工作手册,是其实施世界遗产委员会"全球战略"的产出之一。手册旨在支持缔约国实施 1972 年世界遗产公约,并为达成《世界遗产名录》的可信度(以便更好地管理具有卓越普世价值的自然遗产、文化与自然双重遗产)提供指导和知识。作为世界自然遗产、文化与自然双重遗产的评估机构,国际自然保护联盟不能为具体的提名进行指导和支持,但可以通过该手册帮助缔约国认识到提名过程的复杂性,谨记必备的步骤,认识到对于遗产的保护和地方社区和利益相关者而言这些努力都是值得的。手册分为以下三大部分:世界遗产提名:决策者须知的关键点;提名过程:如何准备;提名实施——为《世界遗产名录》制造榜样。该手册必须配合最新版本的公约《行动指南》使用。

第二章　法国遗产体系

一、法国无形/非物质文化遗产目录

1. 手工艺

（1）皮手套加工作坊

（2）照相凹版术

（3）宝石雕刻术

（4）珐琅上釉术

（5）晶体玻璃制品工场

（6）传统彩色装饰术

（7）陶瓷绘画艺术

（8）家具车工术

（9）轻革矾鞣工场

（10）手工织造场

（11）奥伯松·罗伯特·福尔的地毯工场（入选《世界无形文化遗产名录》）

（12）木制椅椅架制作工场

（13）安恩松针织花边（入选《世界无形文化遗产名录》）

（14）私人陪行导游培训（入选《世界无形文化遗产名录》）

（15）木质墙体砌造术

（16）钢铁锻造术

（17）纺锤花边织造术

（18）木质雕刻术

（19）法餐（入选《世界无形文化遗产名录》）

（20）徽章雕刻术

（21）让·季海尔陶瓷工场

（22）木头镀金术

（23）椅子织造工场

（24）让-克洛德·加隆艺术陶瓷工场

(25) 音乐键盘制作工场

(26) 吉尤姆·吉尔森裁缝工场

(27) 家畜铃铛制作工场

(28) 乐器加工及修复工场

(29) 传统屋架制造术

(30) 马赛传统木质小艇制造术

(31) 传统面条制造术

(32) 肉牛饲养技术

2. 仪式

(1) 维耶欧拉教堂圣母瞻见仪式

(2) 圣雷恩节

(3) 三衫火化节

(4) 圣米歇尔节

(5) 三主教聚集会

(6) 利摩日七年盛会

(7) 圣费尔修道院马槽仪式

(8) 马哈克仪式

(9) 布列塔尼岩石在仪式中的使用和展现

(10) 诺曼底的植物在仪式中的展现

3. 运动项目

(1) 猎鹰训练术

(2) 传统法国驯马术

(3) 卡马尔格斗牛

4. 节日庆典

(1) 牧羊人比赛

(2) 布兰福德-布约兰斯地区圣马丁庆典

(3) 波尔多双岸庆典

(4) 格弘斯狂欢节

(5) 佩里格狂欢节

(6) 布汗东狂欢节

（7）拉提耶尔市集

（8）圣米歇尔集会

（9）努东假面舞会

（10）巴扎斯肉牛展示狂欢节

（11）巴扎斯圣让节

（12）隆德松树纪念活动

（13）阿姆青年狂欢节

（14）卡斯孔列圣人节

（15）贝永娜狂欢节

（16）拉汉斯圣母节

（17）纳杜圣诞点火节

（18）卡布东圣诞夜点火节

（19）布列塔尼传统舞节日

（20）皮耶菲特巨石庆祝节

5. 音乐及舞蹈

（1）留尼汪岛 Maloya 音乐歌舞（入选《世界无形文化遗产名录》）

（2）维耶丹得双人舞

（3）艾尔普-马蒂尼半音手风琴学校及节日

（4）丹德复调歌曲

（5）阿基坦传统音乐及舞蹈

（6）中央卡斯高列回旋曲

（7）32、33、40、64 省节庆或运动会音乐巡演

（8）比利牛斯卡斯高列回旋曲集体演唱

6. 游戏

奥克地区传统游戏节日

7. 故事艺术

（1）贝瑞贡地区奥克故事讲演

（2）鲁特-加隆地区奥克故事讲演

（3）达格兰地区奥克戏剧表演

（4）资料来源：2010 年 12 月 10 日 收录于 www.ethnologie.culture.gouv.fr/

index-immat. html[2014—06—06]

二、出版物

Audrerie, D. 1997. *La notion et la protection du Patrimoine*. Paris: Presses universitaires de France.

Bachoud, L. Jacob, P. et Toulier, B. 2002. *Patrimoine Culturel Bâti et Paysager*. Delmas.

Bleyon, J-B. 1979. *L'urbanisme et la Protection des sites: la sauvegarde du patrimoine architectural urbain*. Paris: Librairie générale de droit et de jurisprudence.

Chapoulie, R. 2010. *Matériaux du Patrimoine Culturel: des décors de céramiques sous le regard des scientifiques*. Pessac: Presses Universitaires de Bordeaux.

Chastel, A. et Babelon J-P. 2008. *La Notion de Patrimoine*. Paris: L. Levi.

Chauvet, L. 1992. *La Valorisation du Patrimoine Immobilier Culturel Communal*. S. I.

Choffel-Mailfert, M. et Rollet, Laurent. 2008. *Mémoire et Culture matérielle de l'université: sauvegarde, valorisation et recherche*. Nancy: Pesses universitaires de Nancy.

Conseil national du tourisme. Ebrard, G. (Ditecteur de la publication). 1995. *Economie Touristique et Patrimoine Culturel*. Paris: Conseil national du tourisme.

Cunha, Manuela Carneiro da. 2010. *Savoir traditionnel, droit intellectuel et dialectique de la culture*. Paris: Ed. de l'Eclat.

Ecole nationale du patrimoine. 1995. *Patrimoine Culturel, Patrimoine Naturel: Colloque, 12 et 13 1994*. Paris: la Documentation française.

Frier, P-L. 1997. *Droit du Patrimoine Culturel*. Paris: Presses universitaires de France.

Greffe, X. 2007. *Economie du patrimoine monumental*. Paris: Economica.
—. 1999. *La Gestion du Patrimoine Culturel*. Paris: Anthropos.

Groupe de recherches sur les musées et le patrimoine (GRMP); préface de Jean-Pierre Warnier. 2008. *Patrimoine et mondialisation*. Paris: L'Harmattan.

Guillaume, M. 1980. *La Politique du Patrimoine*. Paris: Editions Galilée.

Hottin, C. 2011. *Le Patrimoine Culturel Immatériel: premières expériences en France*. Paris: Maison des Cultures du Monde.

Institut international de conservation des œuvres historiques et artistiques. 1997. *Informatique et conservation-restauration du patrimoine culuturel*. Champs-sur-Marne:SFIIC.

Jeudy, Henri Pierre. 1990. *Patrmoines en Folie*. Paris:Edition de la Maison des sciences de l'homme.

Lazennec, M. 1994. *Protection et valorisation du patrimoine maritime en France*. S. I.

Lazzarotti, O. 2011. *Patrimoine et Tourisme:histoire, lieux, acteurs, enjeux*. Paris:Belin.

Ministère de la culture. Département des études et de la prospective. 1989. *La Valorisation Touristique du Patrimoine Culturel*. S. I.

Ministère de la culture et de la communication. 1990. *Patrimoine et Développement Culturel*. Paris:Ministère de la Culture.

Montgolfier, J. de et J.-M. Natalie. 1987. *Le Patrimoine du Futur. Approche pour une gestion patrimoniale des ressources naturelles*. Paris:Economica.

Ollagonon, H. 1984. *Acteurs et Patrimoine dans la Gestion de la Qualité des Milieux Naturels. Aménagement et nature*.

Recht, R. 2008. *Penser le Patrimoine:mise en scène et mise en ordre de l'art*. Paris:Hazan.

Wieland F. 1994. *La Sauvegarde du Patrimoine Culturel Français, 1933—1943*. S. I.

三、常用法语缩略词原文及参考译文

缩写	法语全文	缩写译文
ABF	Architecte des bâtiments de France	法国建筑物管理建筑师
ACMH	Architecte en chef des monuments historiques	历史古迹总建筑师
CAUE	Conseil d'architecture, d'urbanisme et d'environnement	建筑、城市规划和环境委员会

续表

CRPS	Commission régionale du patrimoine et des sites	遗产和风景区地方委员会
CRPS		遗产和景区地区委员会
CSMH	Commission supérieure des monuments historiques	历史遗迹高级委员会
DDAF	Direction départementale de l'agriculture et de la forêt	省级农业和森林司
DDE	Direction départementale de l'équipement	省级设备司
DIREN	Direction régionale de l'environnement	地方环境司
DRAC	Direction régionale des affaires culturelles	地方文化事务司
FEAGA	Fonds européen de garantie agricole	欧洲农业担保基金
FEDER	Fonds européen de développement régional	欧洲地区发展基金
OCBC	Office central de lutte contre le trafic de biens cultures	反非法买卖文物财产中央办公室
PLU	Plan local d'urbanisme	地方城市规划
POS	Plan d'occupation des sols	土地使用规划
PSMV	Plan de sauvegarde et de mise en valeur	保护区保护及开发计划
SDAP	Service départemental de l'architecture et du patrimoine	省级遗产和建筑服务部
SRU	La loi «Solidarité et renouvellement urbains» (2000)	《城市互助与更新法》
ZPPAUP	Zone de Protection du Patrimoine Architectural, Urbain et Paysager	建筑、城市和景观遗产保护区

四、网站

Mérimée 建筑遗产数据库：http://www.culture.gouv.fr/public/mistral/mersri_fr?ACTION=RETOUR&USRNAME=nobody&USRPWD=4%24%2534P

Palissy 动产数据库：http://www.culture.gouv.fr/public/mistral/palsri_fr?ACTION=RETOUR&USRNAME=nobody&USRPWD=4%24%2534P

Mémoire 图表数据库：http://www.culture.gouv.fr/public/mistral/memsri_fr?ACTION=RETOUR&USRNAME=nobody&USRPWD=4%24%2534P

第三章　日本

一、《日本文化財保護法》（目録及第一章）（日文原本）

目録

第1章	総　則	（第1条～第4条）
第2章	削　除	（第5条～第26条）
第3章	有形文化財	（第27条～第70条）
第4章	無形文化財	（第71条～第77条）
第5章	民俗文化財	（第78条～第91条）
第6章	埋蔵文化財	（第92条～第108条）
第7章	史跡名勝天然記念物	（第109条～第133条）
第8章	重要文化的景観	（第134条～第141条）
第9章	伝統的建造物群保存地区	（第142条～第146条）
第10章	文化財の保存技術の保護	（第147条～第152条）
第11章	文化審議会への諮問	（第153条）
第12章	補　則	（第154条～第192条）
第13章	罰　則	（第193条～第203条）
	附　則	

第1章　総　則

（この法律の目的）

第1条　この法律は、文化財を保存し、且つ、その活用を図り、もつて国民の文化的向上に資するとともに、世界文化の進歩に貢献することを目的とする。

（文化財の定義）

第2条　この法律で「文化財」とは、次に掲げるものをいう。

1. 建造物、絵画、彫刻、工芸品、書跡、典籍、古文書その他の有形の文化的所産で我が国にとって歴史上又は芸術上価値の高いもの（これらのものと一体をなしてその価値を形成している土地その他の物件を含む。）並びに考古資料及びその他の学術上価値の高い歴史資料（以下「有形文化財」という。）

2. 演劇、音楽、工芸技術その他の無形の文化的所在で我が国にとって歴史上又は芸術上価値の高いもの（以下「無形文化財」という。）

3. 衣食住、生業、信仰、年中行事等に関する風俗慣習、民俗芸能、民俗技術及びこれらに用いられる衣服、器具、家屋その他の物件で我が国民の生活の推移の理解のため欠くことのできないもの(以下「民俗文化財」という。)

　4.　貝づか、古墳、都城跡、城跡、旧宅その他の遺跡で我が国にとって歴史上又は学術上価値の高いもの、庭園、橋梁、峡谷、海浜、山岳その他の名勝地で我が国にとつて芸術上又は観賞上価値の高いもの並びに動物(生息地、繁殖地及び渡来地を含む。)、植物(自生地を含む。)及び地質鉱物(特異な自然の現象の生じている土地を含む。)で我が国にとつて学術上価値の高いもの(以下「記念物」という。)

　5.　地域における人々の生活又は生業及び当該地域の風土により形成された景観地で我が国民の生活又は生業の理解のため欠くことのできないもの(以下「文化的景観」という。)

　6.　周囲の環境と一体をなして歴史的風致を形成している伝統的な建造物群で価値の高いもの(以下「伝統的建造物群」という。)

　2　この法律の規定(第27条から第29条まで、第37条、第55条第1項第4号、第153条第1項第1号、第165条、第171条及び附則第3条の規定を除く。)中「重要文化財」には、国宝を含むものとする。

　3　この法律の規定(第109条、第110条、第112条、第122条、第131条第1項第4号、第153条第1項第7号及び第8号、第165条並びに第171条の規定を除く。)中「史跡名勝天然記念物」には、特別史跡名勝天然記念物を含むものとする。

　(政府及び地方公共団体の任務)

　第3条　政府及び地方公共団体は、文化財がわが国の歴史、文化等の正しい理解のため欠くことのできないものであり、且つ、将来の文化の向上発展の基礎をなすものであることを認識し、その保存が適切に行われるように、周到の注意をもつてこの法律の趣旨の徹底に努めなければならない。

　(国民、所有者等の心構)

　第4条　一般国民は、政府及び地方公共団体がこの法律の目的を達成するために行う措置に誠実に協力しなければならない。

　2　文化財の所有者その他の関係者は、文化財が貴重な国民的財産であることを自覚し、これを公共のために大切に保存するとともに、できるだけこれを公開する等その文化的活用に努めなければならない。

　3　政府及び地方公共団体は、この法律の執行に当つて関係者の所有権その他の財産権を尊重しなければならない。

二、《关于真实性的奈良文件》(英文原文)

THE NARA DOCUMENT ON AUTHENTICITY

Preamble

1. We, the experts assembled in Nara (Japan), wish to acknowledge the generous spirit and intellectual courage of the Japanese authorities in providing a timely forum in which we could challenge conventional thinking in the conservation field, and debate ways and means of broadening our horizons to bring greater respect for cultural and heritage diversity to conservation practice.

2. We also wish to acknowledge the value of the framework for discussion provided by the World Heritage Committee's desire to apply the test of authenticity in ways which accord full respect to the social and cultural values of all societies, in examining the outstanding universal value of cultural properties proposed for the World Heritage List.

3. The Nara Document on Authenticity is conceived in the spirit of the Charter of Venice, 1963, and builds on it and extends it in response to the expanding scope of cultural heritage concerns and interests in our contemporary world.

4. In a world that is increasingly subject to the forces of globalization and homogenization, and in a world in which the search for cultural identity is sometimes pursued through aggressive nationalism and the suppression of the cultures of minorities, the essential contribution made by the consideration of authenticity in conservation practice is to clarify and illuminate the collective memory of humanity.

Cultural Diversity and Heritage Diversity

5. The diversity of cultures and heritage in our world is an irreplaceable source of spiritual and intellectual richness for all humankind. The protection and enhancement of cultural and heritage diversity in our world should be actively promoted as an essential aspect of human development.

6. Cultural heritage diversity exists in time and space, and demands respect for other cultures and all aspects of their belief systems. In cases where cultural values appear to be in conflict, respect for cultural diversity demands acknowledgment of the legitimacy of the cultural values of all parties.

7. All cultures and societies are rooted in the particular forms and means of tangible and intangible expression which constitute their heritage, and these should be respected.

8. It is important to underline a fundamental principle of UNESCO, to the effect that the cultural heritage of each is the cultural heritage of all. Responsibility for cultural heritage and the management of it belongs, in the first place, to the cultural community that has generated it, and subsequently to that which cares for it. However, in addition to these responsibilities, adherence to the international charters and conventions developed for conservation of cultural heritage also obliges consideration of the principles and responsibilities flowing from them. Balancing their own requirements with those of other cultural communities is, for each community, highly desirable, provided achieving this balance does not undermine their fundamental cultural values.

Values and authenticity

9. Conservation of cultural heritage in all its forms and historical periods is rooted in the values attributed to the heritage. Our ability to understand these values depends, in part, on the degree to which information sources about these values may be understood as credible or truthful.

Knowledge and understanding of these sources of information, in relation to original and subsequent characteristics of the cultural heritage, and their meaning, is a requisite basis for assessing all aspects of authenticity.

10. Authenticity, considered in this way and affirmed in the Charter of Venice, appears as the essential qualifying factor concerning values. The understanding of authenticity plays a fundamental role in all scientific studies of the cultural heritage, in conservation and restoration planning, as well as within the inscription procedures used for the World Heritage Convention and other cultural heritage inventories.

11. All judgements about values attributed to cultural properties as well as the credibility of related information sources may differ from culture to culture, and even within the same culture.

It is thus not possible to base judgements of values and authenticity within fixed criteria. On the contrary, the respect due to all cultures requires that heritage properties must considered and judged within the cultural contexts to which they belong.

12. Therefore, it is of the highest importance and urgency that, within each culture, recognition be accorded to the specific nature of its heritage values and the credibility and truthfulness of related information sources.

13. Depending on the nature of the cultural heritage, its cultural context, and its evolution through time, authenticity judgements may be linked to the worth of a great variety of sources of information. Aspects of the sources may include form and design, materials and substance, use and function, traditions and techniques, location and setting, and spirit and feeling, and other internal and external factors. The use of these sources permits elaboration of the specific artistic, historic, social, and scientific dimensions of the cultural heritage being examined.

Definitions

CONSERVATION: all operations designed to understand a property, know its history and meaning, ensure its material safeguard, and, if required, its restoration and enhancement.

INFORMATION SOURCES: all physical, written, oral, and figurative sources which make it possible to know the nature, specificities, meaning, and history of the cultural heritage. .

The Nara Document on Authenticity was drafted by the 35 participants at the Nara Conference on Authenticity in Relation to the World Heritage Convention, held at Nara, Japan, from 1－6 November 1993, at the invitation of the Agency for Cultural Affairs (Government of Japan) and the Nara Prefecture. The Agency organized the Nara Conference in cooperation with UNESCO, ICCROM and ICOMOS.

This final version of the Nara Document has been edited by the general rapporteurs of the Nara Conference, Mr. Raymond Lemaire and Mr. Herb Stovel.

三、出版物

京都造形芸術大学編『文化財のための保存科学入門』（岡田文男編集責任）、2002年、飛鳥企画

椎名慎太郎『精説文化財保護法』、1977年、新日本法規出版株式会社

椎名慎太郎「私の文化財保護法研究の歩み」、『山梨学院大学法科紀要』第5

号、2010 年

東京文化財研究所編　『文化財害虫事典』(2004 年改定版)、クバプオロ

奈良文化財研究所編　『奈良の寺―世界遺産を歩く』、2003 年、岩波新書

長谷川俊介　「世界遺産の普及啓発と教育」レファレンス第 5 号、2010

文化庁文化財部監修　『文化財保護関係法令(第 3 次改定版)』、2009 年、ぎょうせい

文化財保存全国協議会編　『遺跡保存の事典』、1990 年、三省堂

文化庁伝統文化課　「文化財行政この一〇年の歩み」、月刊『文化財』第 565 号、2010 年

文化庁記念物課世界文化遺産室　「世界遺産条約を通じた文化財保護について」、月刊『文化財』第 565 号、2010 年

星野紘『世界遺産時代の村の踊り―無形の文化財を伝え遺す』、2007 年、雄山閣

松村恵司　「文化財保護法六〇周年の歩み」、月刊『文化財』第 565 号、p5－7、2010 年

馬淵久夫・杉下龍一郎など編集『文化財科学の事典』2003 年、朝倉書店

三浦定俊・木川りか・佐野千絵『文化財保護環境学』、2004 年、朝倉書店

米山俊直　『祇園祭―都市人類学ことはじめ』、1974、中公新書

(社)日本ユネスコ協会連盟編『世界遺産年報』

『世界遺産データ・ブック』

『国宝・重要文化財大全』、1997―2000 年、毎日新聞社

周星・周超　"日本文化遗产的分类体系及其保护制度",《文化遗产》,创刊号,p121,2007

周星・周超　"日本文化遗产保护的举国体制",《文化遗产》第一期,2008

四、网站

日本文化庁 http://www.bunka.go.jp

日本教育部网站：http://www.mext.go.jp/english/bunka/index.htm

"独立行政法人国立文化財机构"：http://www.nich.go.jp/kiko/purpose/index.html

世界遺産綜合研究所：http://www.wheritage.net

世界遺産学院(World Heritage Academy，日文"世界遺産アカデミー")：http://www.wha.or.jp

第四章 美国遗产体系

一、书籍

AmyLonetree & Amanda J. Cobb. eds. *The National Museum of the American Indian: Critical Conversation*. Lincoln & London: University of Nebraska Press, 2008.

Avrami, Erica; Mason, Randall; De la Torre, Marta. *Values and heritage conservation: research report*. Los Angeles: Getty Conservation Institute, 2000.

Community Development Block Grant Program (U. S.). *Preserving America: historic preservation and heritage tourism in housing and community development: a guide to using Community Development Block Grant funds for historic preservation and heritage tourism in your communities*. Washington, D. C.: U.S. Dept. of Housing and Urban Development, Community Development Block Grant Program, 2004.

Compilation of the Administrative policies for the National Parks and National Monuments of Scientific Significance (Natural Area Category). Washington, DC: US Department of the Interior, rev. 1968: 92.

Congressional Research Service. *Federal Land Ownership: Overview and Data*. 2012. fas. org/sgp/crs/misc/R42346. pdf[2014—07—31].

Corzo, Miguel Angel, ed. The Future of Asia's Past: *Preservation of the Architectural Heritage of Asia*. Los Angeles: The Getty Conservation Institute, 1995.

Craib, Donald Forsyth(ed). *Topics in cultural resource law*. Washington, D. C.: Society for American Archaeology, 2000.

Cranz, G. *The Politics of Park Design: A History of Urban Parks in America*. Cambridge: The MIT Press, 1982.

De la Torre, Marta, ed. *Assessing the Values of Cultural Heritage: Research Report*. Los Angeles: The Getty Conservation Institute, 2002.

DiGiovine, Michael A. *The heritage-scape: UNESCO, world heritage, and tourism*. Lanham: Lexington Books, 2009.

Erikson, Patricia Pierce. "Decolonizing the 'Nation's Attic': The National Museum of the American Indian and the Politics of Knowledge Making in a

National Space. " In Amy Lonetree & Amanda J. Cobb. eds. *The National Museum of the American Indian*: *Critical Conversation*: 43-83.

Ewing, H. *The Lost World of James Smithson*: *Science, Revolution and the Birth of the Smithsonian*. London: Bloomsbury. 2007.

Foresta, R. A. *America's National Parks and Their Keepers*. Washington: Resources for the Future, Inc. , 1984.

Grusin, R. *Culture, Technology, and the Creation of America's National Parks*. Cambridge, UK, and New York: Cambridge University Press, 2004.

Harmon, David; McManamon, Francis P. ; Pitcaithley, Dwight T. (eds). *The Antiquities Act*: *a century of American archaeology, historic preservation, and nature conservation*. Tucson: University of Arizona Press, 2006.

Howell, Benita J. (ed). *Cultural heritage conservation in the American South*. Athens: University of Georgia Press, 1990.

Hutt, Sherry; Forsyth, Marion P. ; David Tarler (eds). *Presenting archaeology in court*: *legal strategies for protecting cultural resources*. Lanham, MD: Alta Mira Press, 2006.

Isar, Yudhishthir Raj(ed). *The Challenge to our cultural heritage*: *why preserve the past*? Washington, D. C. : Smithsonian Institution Press, 1986.

Jansson, D. R. "American National Identity and the Progress of the New South in 'National Geographic Magazine'". *Geographical Review*, Vol. 93, No. 3 (Jul. , 2003): 350-369.

King, Thomas F. *Cultural Resource Laws & Practice*. Lanham, MD: Alta Mira Press, 2008.

McManamon, Francis P. and Hatton, Alf (eds). *Cultural resource management in contemporary society*: *perspectives on managing and presenting the past*. London; New York: Routledge, 2000.

Messenger, Phyllis Mauch and Smith, George S. (eds). *Cultural heritage management*: *a global perspective*. Gainesville: University Press of Florida, c2010.

Messenger, Phyllis Mauch (ed). *The Ethics of Collecting Cultural Property*: *whose culture? whose property?* Albuquerque : University of New Mexico Press, 1999.

Nelson Graburn:《人类学与旅游时代》,赵红梅等译,桂林:广西师范大学出版社,2009年。

Nichols, Deborah L. , Klesert, Anthony L. and Anyon Roger. "Ancestral Sites, Shrines, and Graves: Native American Perspectives on the Ethics of Collecting Cultural Properties". In *The Ethics of Collecting Cultural Property: Whose culture? Whose property?* Phyllis Mauch Messenger(ed). Albuquerque : University of New Mexico Press, 1999.

Post, Robert C. *Who Owns America's Past? The Smithsonian and the Problem of History*. Baltimore: The Johns Hopkins University Press, 2013.

Rydell, L. K. & Culpin, M. S. *Managing the "Matchless Wonders": a history of administrative development in Yellowstone national park, 1872—1965*. Wyoming: National Park Service, Yellowstone Center for Resources, Yellowstone National Park, YCR—2006—03.

Smith, Laurajane (ed). *Cultural Heritage* (v. 1, v. 2, v. 3, v. 4). London, New York: Routledge.

Smolcic, Elizabeth and Mansfield, Carol. *Black heritage tourism: exploitation or education?* Washington, D.C. : Partners for Livable Places, 1989.

Stone, Peter . G. And Molyneaux, Brian L. (eds). *The presented past: heritage, museums, and education*. London; New York: Routledge in association with English Heritage, 1994.

Timmons, Sharon (ed). *Preservation and conservation: principles and practices: proceedings of the North American*. Washington: Preservation Press, National Trust for Historic Preservation in the United States, 1976.

U. S. Department of the Interior, Heritage Conservation and Recreation Service. *The National heritage policy act*. Washington: The Service, 1979.

United States. *Federal historic preservation laws*. Washington, D. C. : National Center for Cultural Resources, National Park Service, U. S. Dept. of the Interior, 2002.

Uzzell, David (ed). *Heritage interpretation* (v. 1 and v. 2). London; New York: Belhaven Press, 1989.

Whittlesey, L. H. & Watry, E. A. *Yellowstone National Park*. Charleston: Arcadia Publishing, 2008.

二、网站

Intellectual Property Issues in Cultural Heritage (IPinCH): http://www.

sfu. ca/ipinch

National Archives: http://www. archives. gov/research/guide-fed-records/groups/368. html

National Park Service: http://www. nps. gov/index. htm

National Register of Historic Places: http://www. cr. nps. gov/nr

Smithsonian Institution: http://www. si. edu

TheGetty Conservation Institute: http://www. getty. edu/conservation

The Procedures for Nominations: http://www. cr. nps. gov/nr/regulations. htm

U. S. Department of the Interior: http://www. doi. gov/index. cfm

National Council for Preservation Education: http://www. ncpe. us/academic-programs

三、宣传手册

(下载于 http://www. cr. nps. gov/nr/publications/index. htm♯otherpubs)

National Register of Historic Places Brochure

How to Apply the National Register

Guidelines for Local Surveys—A Basis for Preservation Planning Bulletin

四、国家公园管理局出版物

(Washington, D. C. : U. S. Dept. Of the Interior, National Park Service imprint)

Auer, Michael J. *The Preservation of Historic Barns*. 1989.

Birnbaum, Charles A. *America's Landscape Legacy*. 1992.

Birnbaum, Charles A. , FASLA. *Protecting Cultural Landscapes: Planning, Treatment and Management of Historic Landscapes*. 1994.

Chase, Sara B. *Painting Historic Interiors*. 1992.

Civil War Sites Advisory Commission c/o National Park Service. *Civil War Sites Advisory Commission Report on the Nation's Civil War Battlefields*. 1993.

Cumberland, Don. *Museum Collection Storage in a Historic Building Using a Prefabricated Structure*. 1985.

Day, Karen. *Restoring Vine Coverage to Historic Buildings*. 1991.

Fisher, Charles. *Northern Hotel, Fort Collins, Colorado*. 2006.

Gagliardi, Neil and Morris, Stephen A. *Local Historic Preservation Plans:*

A Selected Annotated Bibliography. 1993.

Grimmer, Anne E. *A Glossary of Historic Masonry Deterioration Problems and Preservation Treatments*. 1984.

Henry, Christina. *Preserving Historic Corridors in Open Office Plans*. 1985.

Jandl, H. Ward. *Rehabilitating Historic Storefronts*. 1982.

Jester, Thomas C. *Preserving the Past and Making It Accessible for People with Disabilities*. 1992.

Kaplan, Marilyn and AIA. *Replicating Historic Elevator Enclosures*. 1989.

Kaplan, Marilyn E., Ennis, Marie and Meade, Edmund P. *Non-destructive Evaluation Techniques for Masonry Construction*. 1997.

Keohan, Thomas. *Preserving Historic Office Building Corridors*. 1989.

Lapsley, Guy and Dodge, Shannon. *Historic Preservation Internships*. 2004.

Montagna, Dennis. *Conserving Outdoor Bronze Sculpture*. 1989.

Morris, Stephen A. *Subdivision Regulation and Historic Preservation*. 1992, revised 1998.

Morris, Stephen A. *Zoning and Historic Preservation*. 1989, revised 1998.

Myers, John H. *The Repair of Historic Wooden Windows*. 1981.

Park, Sharon and AIA. *Proper Painting and Surface Preparation*. 1986.

Powers, Robert M. *Substitute Materials: Replacing Deteriorated Serpentine Stone with Pre-Cast Concrete*. 1988.

Reap, James K. and Hill, Melvin B. *Law and the Historic Preservation Commission: What Every Member Needs to Know*. 2007.

Saldibar, Joseph P. *Rehabilitating a Historic Iron Bridge*. III. 1997.

Sheetz, Ron and Fisher, Charles. *Protecting Woodwork Against Decay Using Borate Preservatives*. 1993.

Slaton, Deborah. *The Preparation and Use of Historic Structure Reports*. 2005.

Sullivan, Aleca. *Pacific Hotel, Seattle, Washington*. 1999.

Sweetser, Sara M. *Roofing for Historic Buildings*. 1978.

Weeks, Kay D. *New Exterior Additions to Historic Buildings: Preservation Concerns*. 1986.

Weeks, Kay D., Look, David L. and AIA. *Exterior Paint Problems on Historic Woodwork*. 1982.

Weeks, Kay D., with drawings by Roxie Munro. *American Defenders of Land, Sea & Sky.* 1996.

Weeks, Kay D., with drawings by Roxie Munro. *Teacher's Guide for American Defenders of Land, Sea & Sky.* 1996.

Weeks, Kay D., with drawings by Roxie Munro. *The Great American Landmarks Adventure.* 1992.

第五章　澳大利亚遗产体系

一、研究主题

EPBC 法案要求 AHC 要为部长准备和提供遗产地的建议名单,AHC 还要为国家以及联邦遗产名录推荐一些需要重点考虑的评估遗产地,为了详述这些重点考虑的评估名录,理事会会委托一些相关专家就与澳大利亚国家遗产相关的主题进行研究,这些专题性研究主要是为帮助公众提高对澳大利亚特殊遗产地的公共意识,并帮助理事会确认将来有可能被列入国家和联邦遗产名录遗产地而设计的。

目前已经完成或快完成的专题性研究包括:澳大利亚城市规划、政治学遗产地(澳大利亚民主建筑)、有鼓舞力量的景观、从种族隔离到同化、从喀斯特到伪喀斯特。

即将从事的研究包括:遗产河流、澳大利亚岛屿、移民、精神生活、政府机构、通讯设施、地理遗产(geoheritage)。

二、书籍

Aplin, Graeme: *Australians and Their Environment: An Introduction to Environmental Studies*, Melbourne: Oxford University Press, 1988.

Aplin, Graeme. *Heritage: Identification, Conservation, and Management.* Melbourne: Oxford University Press, 2002.

Sullivan, S. (ed.) *Cultural Conservation: Towards a National Approach* (Australian Heritage Commission: Special Australian Heritage Publication Series Number 9), Canberra: Australian Government Publishing Service, 1995.

Jacobs, Jane M. & Gale, Fay.: *Tourism and the Protection of Aboriginal Cultural Sites*, Canberra: Australian Government Publishing Service, 1994.

The National Estate in 1981: A Report of the Australian Heritage Commission, Canberra: Australian Government Publishing Service, 1982.

Australian Heritage Commission. *A Sense of Place: A Conversation in Three Cultures*, Canberra: Australian Government Publishing Service, 1990.

Australian Heritage Commission. *Protecting Local Heritage Places: A Guide for Communities*, Canberra: Australian Heritage Commission, 1998.

三、网站

Department of Sustainability, Environment, Water, Population and Communities: http://www.environment.gov.au

Australia's heritage: http://www.environment.gov.au/heritage

The Australian Heritage Council: http://www.environment.gov.au/heritage/ahc/index.html

Australian Institute of Aboriginal and Torres Strait Islander Studies: http://www.aiatsis.gov.au

Environment Protection and Heritage Council: http://www.ephc.gov.au

Office of Indigenous Policy Coordination: http://www.oipc.gov.au

Wet Tropics Management Authority: http://www.wettropics.gov.au

Australian Council of National Trusts: http://www.nationaltrust.org.au

Royal Australian Institute of Architects: http://www.architecture.com.au

Engineering Heritage Australia: http://www.engineersaustralia.org.au

Australia ICOMOS: http://australia.icomos.org

Australasian Society for Historical Archaeology: http://www.asha.org.au

Federation of Australian Historical Societies: http://www.history.org.au

Australasian Institute for Maritime Archaeology: http://www.aima.iinet.net.au/home/aimades.html

Collections Australia Network: http://www.collectionsaustralia.net

Collections Council of Australia: http://www.collectionscouncil.com.au

Australian Conservation Foundation: http://www.acfonline.org.au/default.asp

World Wide Fund for Nature Australia: http://wwf.org.au

Planning Institute of Australia: http://www.planning.org.au

Australian Capital Territory:

Department of the Environment, Climate Change, Energy and Water: http://www.environment.act.gov.au

New South Wales:

Department of Environment, Climate Change and Water: http://www.environment.nsw.gov.au

Department of Planning: www.planning.nsw.gov.au

Office of Water: www.water.nsw.gov.au

Northern Territory:

Department of Natural Resources, Environment, The Arts and Sport: www.nt.gov.au/nreta

Department of Lands and Planning: www.dpi.nt.gov.au

Environment Protection Authority: www.epa.nt.gov.au

Queensland

Department of Environment and Resource Management: www.derm.qld.gov.au

Office of Climate Change: www.climatechange.qld.gov.au

South Australia

Department for Environment and Conservation: www.environment.sa.gov.au

Department of Water, Land and Biodiversity Conservation: www.dwlbc.sa.gov.au

Sustainability and Climate Change Division, Department of the Premier and Cabinet: www.climatechange.sa.gov.au

Environment Protection Authority (SA): www.epa.sa.gov.au

Tasmania

Department of Primary Industries, Parks, Water and Environment: www.dpipwe.tas.gov.au

Environment Protection Authority Tasmania: www.epa.tas.gov.au

Parks and Wildlife Service: www.parks.tas.gov.au

Victoria

Department of Sustainability and Environment: www.dse.vic.gov.au

Department of Planning and Community Development: www.dvc.vic.

gov. au

Environment Protection Authority Victoria：www. epa. vic. gov. au

Western Australia

Department of Environment and Conservation：www. dec. wa. gov. au

Department of Water：www. water. wa. gov. au

Department of Culture and the Arts：www. dca. wa. gov. au

Environmental Protection Authority of Western Australia：www. epa. wa. gov. au

第六章　中国遗产体系

重要研究资源分为专著类、学术刊物和论文类、科研项目和相关重要网站类，尽量为读者提供一份较具有统计意义的、易得的研究资源线索清单，一方面让大家对中国遗产的研究有一个较为面上的了解，另一方面则是为了方便有志于深入了解的读者。

一、书　籍

在当当网（http://www. dangdang. com）输入"遗产"，按照销量排序可得到500余本图书，取前200本按照"学术"和"科普"进行分类。学术类专著根据笔者对图书的了解，参考中国知网中相关作者的论文、百度的评价等摘录了50本学术类专著，尽量囊括了物质/非物质、世界/中国、城市/乡村、总论/案例、理论/方法等方面。这并非一个学术专著排行榜，而是一个帮助读者尽可能全面了解中国和现代遗产概念相关的部分研究成果。限于专业性，深入讨论不同遗产的专业研究，如保护、发掘、修复等方面的专业论著并没有特别纳入本列表。

> 安丽哲：《符号·性别·遗产——苗族服饰的艺术人类学研究》，北京：人民出版社，2010年。
> 安学斌：《少数民族非物质文化遗产研究——以云南巍山彝族打歌为例》，北京：民族出版社，2008年。
> 单霁翔：《城市化发展与文化遗产保护》，天津：天津大学出版社，2006年。
> 单霁翔：《从"文物保护"走向"文化遗产保护"》，天津：天津大学出版社，2008年。
> 单霁翔：《留住城市文化的"根"与"魂"——中国文化遗产保护的探索与实践》，北京：科学出版社，2010年。
> 单霁翔：《文化遗产保护与城市文化建设》，北京：中国建筑工业出版社，

2009年。
- 单霁翔:《走进文化景观遗产的世界》,天津:天津大学出版社,2010年。
- 段宝林:《非物质文化遗产精要》,北京:中国社会科学出版社,2008年。
- 方李莉:《遗产:实践与经验》(人类与遗产丛书),昆明:云南教育出版社,2008年。
- 傅谨:《薪火相传——非物质文化遗产保护的理论与实践》,北京:中国社会科学出版社,2008年。
- 高小康主编:《都市发展与非物质文化遗产传承》,北京:北京大学出版社,2009年。
- 李春霞:《遗产:源起与规则》(人类与遗产丛书),昆明:云南教育出版社,2008年。
- 李春霞、彭兆荣、陈博:《遗产小卫士:小帕》(文化遗产学知识读本系列·少儿版),昆明:云南教育出版社,2012年。
- 李秀娜:《非物质文化遗产的知识产权保护》,北京:法律出版社,2010年。
- 梁文慧、马勇等:《澳门文化遗产旅游与城市互动发展》,北京:科学出版社,2010年。
- 林庆:《民族记忆的背影——云南少数民族非物质文化遗产研究》,昆明:云南大学出版社,2007年。
- 刘伯英、冯钟平:《城市工业用地更新与工业遗产保护》,北京:中国建筑工业出版社,2009年。
- 刘军:《肌肤上的文化符号:黎族和傣族传统文身研究》(中国少数民族非物质文化遗产研究系列),北京:民族出版社,2007年。
- 刘新静:《世界遗产教程》,上海:上海交通大学出版社,2010年。
- 闵庆文:《农业文化遗产及其动态保护前沿话题》,北京:中国环境科学出版社,2010年。
- 闵庆文主编:《农业文化遗产及其动态保护探索(三)》(农业文化遗产研究丛书),北京:中国环境科学出版社,2010年。
- 牟延林、谭宏、刘壮主编:《非物质文化遗产概论》,北京:北京师范大学出版社,2010年。
- 彭兆荣:《文化遗产学十讲》(文化遗产学知识读本系列·高校版),昆明:云南教育出版社,2012年。
- 彭兆荣:《遗产:反思与阐释》(人类与遗产丛书),昆明:云南教育出版社,2008年。

- 普丽春:《少数民族非物质文化遗产教育传承研究——以云南省为例》,北京:民族出版社,2010年。
- 阙维民等:《世界遗产视野中的历史街区——以绍兴古城历史街区为例》,北京:中华书局,2010年。
- 邵甬:《法国建筑·城市·景观遗产保护与价值重现》,上海:同济大学出版社,2010年。
- 宋振春:《日本文化遗产旅游发展的制度因素分析》,北京:经济管理出版社,2009年。
- 孙克勤:《世界遗产学》,北京:旅游教育出版社,2008年。
- 孙克勤:《遗产保护与开发》,北京:旅游教育出版社,2008年。
- 王红军:《美国建筑遗产保护历程研究:对四个主题性事件及其背景的分析》,南京:东南大学出版社,2009年。
- 王建国等:《后工业时代产业建筑遗产保护更新》,北京:中国建筑工业出版社,2008年。
- 王松华等:《非物质文化遗产保护与开发的经济学研究——基于上海弄堂文化的研究》,成都:西南财经大学出版社,2009年。
- 王文章:《非物质文化遗产保护与田野工作方法》,北京:文化艺术出版社,2008年。
- 王文章:《非物质文化遗产概论》,北京:教育科学出版社,2008年。
- 王文章:《非物质文化遗产概论》,北京:教育科学出版社,2008年。
- 王耀希:《民族文化遗产数字化》,北京:人民出版社,2009年。
- 魏小安、王洁平:《创造未来文化遗产》,北京:中国人民大学出版社,2005年。
- 乌丙安:《非物质文化遗产保护理论与方法》,北京:文化艺术出版社,2010年。
- 吴予敏、陶一桃:《德国工业旅游与工业遗产保护》,北京:商务印书馆,2007年。
- 向云驹:《解读非物质文化遗产》,银川:宁夏人民出版社,2009年。
- 向云驹:《人类口头和非物质遗产》,银川:宁夏人民教育出版社,2004年。
- 向云驹:《世界非物质文化遗产》,银川:宁夏人民出版社,2006年。
- 于海广、王巨山:《中国文化遗产保护概论》,济南:山东大学出版社,2008年。
- 喻学才、王健民:《文化遗产保护与风景名胜区建设》,北京:科学出版社,

2010 年。
- 张朝枝:《旅游与遗产保护:基于案例的理论研究》,天津:南开大学出版社,2008 年。
- 张晓:《加强规制:中国自然文化遗产资源保护管理与利用》,北京:社会科学文献出版社,2006 年。
- 章建刚:《山西省民间音乐遗产的传承与保护》,北京:中国社会科学出版社,2007 年。
- 仲富兰、何华湘:《越地非物质文化遗产综论》,北京:人民出版社,2010 年。
- 周俭、张恺:《在城市上建造城市:法国城市历史遗产保护实践》,北京:中国建筑工业出版社,2003 年。
- 朱晓明:《当代英国建筑遗产保护》,上海:同济大学出版社,2007 年。
- 邹统纤:《遗产旅游管理经典案例》,北京:中国旅游出版社,2010 年。

科普类的图书很多,主要选择一些销量靠前的书系来简介。

清华大学出版社的"中华遗产·乡土建筑"丛书,是清华大学建筑学院陈志华、楼庆西、李秋香三位教授带领清华师生,近 20 年调查、研究和保护乡土古村落与古建筑的成果。于 2007 年推出了八本,分别为《丁村》《梅县三村》《郭洞村》《西华片民居与安贞堡》《蔚县古堡》《十里铺》《楼下村》《俞源村》;2010 年又推出第二辑四本,分别为《婺源》《楠溪江中游》《关麓村》《诸葛村》。本丛书内容通俗易懂,可做传统民俗文化、古建筑文化读本,又可跟着调查者的脚步,带着独特的眼光来赏鉴这些古朴美丽的村庄,它们有些已经消失,有些正在消失。

世界图书出版公司的"世界遗产丛书",主要介绍被联合国教科文组织世界遗产委员会列入的中国景观和外国景观,这是联合国教科文组织亚太世界遗产研究与培训中心的出版项目之一,"世界遗产丛书"首辑八册由上海世界图书出版公司出版,各分册科学而直观地展现中国所拥有的众多世界文化遗产和自然遗产:苏州古典园林,曲阜孔庙、孔林、孔府,秦始皇陵与兵马俑,殷墟,高句丽王城王陵及贵族墓葬,云冈石窟,天坛,泰山。

广东旅游出版社出版是以旅游图书为主体的专业出版社,其所出版的"世界自然文化遗产之旅"丛书(2002—2008,共十余本),为游客提供了中国世界遗产旅游目的地的详尽旅游信息,包括大足石刻、开平碉楼与村落、拉萨布达拉宫、洛阳龙门石窟、黄山、皖南古村落·黟县西递·宏村、青城山与都江堰、丽江古城、明清皇家陵寝、颐和园等。

浙江人民出版社出版的"人类口头和非物质文化遗产丛书"自 2005 年开始出版,是目前国内第一套专门介绍非物质文化遗产代表作的丛书。原文化部部长孙家正为丛书撰写了总序,阐述了非物质文化遗产申报与保护工作以及编撰这套丛书的重大意义。这套丛书由中国艺术研究院组织各地专家学者编写,较具权威性,其中既包括已经获得联合国教科文组织认定的昆曲、古琴等项目,也包括更多同样有着悠久历史、独特风貌、丰富内涵,尚有待申报的项目。丛书着重反映了这些文化遗产的基本面貌、表现形态、美学或工艺上的主要特点、历史,以及目前有代表性的主要传人,同时也简要介绍了当地政府为继承与保护这一文化遗产所做的工作和未来的计划。自 2005—2010 年丛书一共出版了近 20 本,涉及古琴、热贡艺术、年画、昆曲、凉山毕摩、铜鼓文化、客家山歌、蒙古长调、关中皮影、安顺地戏、川剧、云锦、侗族大歌、江南丝竹、蔡氏漆线雕、紫砂工艺、德化瓷、正字戏、高甲戏等。丛书全彩印刷,设计精美,每册均包括数百幅图片,与文字混排,具有较强的视觉冲击力。

民族出版社出版的"中国少数民族非物质文化遗产研究系列"自 2007 至 2010 年出版了十多本学术兼科普类的书籍,大都由相关领域的少数民族学者撰写,涉及的范围包括科尔沁萨满神歌、吉木家支世传彝文文献文字、《珠盖米吉德　胡德尔阿尔泰汗》(作者:仁钦道尔吉)彝族撒尼人民间文学作品采集实录(1963—1964)、赫哲族萨满文化遗存、中国土家族民歌、傣族非物质文化遗产、蒙文西游记抄本、苗族创世纪史话、民国时期湘南苗族调查实录、中国土地信仰图像、那仁汗胡布恩、萨满造型艺术、中国北方民族萨满出神现象、中国区域性少数民族民俗舞蹈、黎族和傣族传统纹身等等,是了解中国少数民族非物质文化遗产的重要窗口。

古吴轩出版社出版的"中国非物质文化遗产图文藏典"丛书由刘锡诚先生主编(全套 10 本),日前由古吴轩出版社陆续推出,已正式出版 8 本,余下几本正在出版制作中。本丛书以"第一批国家非物质文化遗产名录"为分册分类依据,调整和选取其中最具代表性和表现力的项目做图文展开,全景式反映中国非物质文化遗产古往今来之概貌。丛书全 10 册:《中国传奇》《中国戏剧》《中国歌乐》《中国民舞》《中国说唱》《中国女红》《中国百工》《中国医道》《中国风俗》《中国功夫》。融权威性、学理性、普及性于一体,以原生态生活场景的老图版为主,并以此显现特色。

外文出版社出版的"中国民间文化遗产"丛书(共 12 本)是 2009 年法兰克福书展重点图书翻译出版资助项目书目,成为向外国人推介中国遗产的重要工具,包括德文版、英文版和西班牙文版的民间刺绣、民间染织、民间剪纸、民间剪纸、民间玩具、民间布艺、民间石狮、民间石雕、民间年画等。

二、学术期刊和论文

我们根据中国知网(www.cnki.net/)数据库的检索,自 1979 年到 2011 年 3

月,以下这些核心期刊(2011年检索时为核心期刊的刊物)发表的论文的关键词中含有"遗产"一词的排序如下表:

据2011年3月中国知网检索结果,核心期刊关键词含"遗产"的论文
发表量前32名的刊物及其含"遗产"关键词论文发布量简表

刊物	关键词含"遗产"的论文发表量	刊物	关键词含"遗产"的论文发表量
《旅游学刊》	47	《资源与产业》	16
《东南文化》	37	《黑龙江民族丛刊》	15
《建筑学报》	37	《城市问题》	14
《贵州民族研究》	35	《西北民族研究》	14
《中国园林》	31	《云南民族大学学报》（哲学社会科学版）	14
《中南民族大学学报》（人文社会科学版）	28	《地理研究》	13
《经济地理》	26	《河北法学》	12
《城市规划》	25	《图书馆建设》	12
《安徽农业科学》	23	《成都体育学院学报》	11
《广西民族研究》	22	《城市规划汇刊》	11
《工业建筑》	21	《武汉体育学院学报》	11
《人文地理》	21	《地域研究与开发》	10
《特区经济》	21	《青海民族研究》	10
《城市发展研究》	17	《世界建筑》	10
《资源科学》	17	《西北师大学报》（社会科学版）	10
《广西民族大学学报》（哲学社会科学版）	16	《中国人口·资源与环境》	10

该表格并不能说明这些刊物就是中国最权威的遗产研究类学术刊物,但可以让读者了解到这些刊物近年来对与现代"遗产"相关的学术问题的关注度,还有一些长期以来关注遗产的专业刊物,包括文博类专业刊物,如《文物天地》《文物》《丝绸之路》《收藏家》《考古》《故宫博物院院刊》《中国博物馆》等;艺术类专业刊物,如《美术观察》《民族艺术》《艺术评论》《音乐研究》等。此外,随着遗产研究热出现的

一批以遗产为主题的专业刊物,如由国家文物局主管、中国文物报社主办的《中国文化遗产》；由中华人民共和国文化部主管,中国文化传媒集团主办的《文化月刊·遗产》；由中华书局主办,中华人民共和国建设部、国家文物局、中国联合国教科文组织全国委员会联合协办的《中华遗产》以及民办的《中国非物质文化遗产》。

据中国知网引用数据库,我们获得了近年来被引用频次最高的 100 篇关键词中含"遗产"的论文(均发表在核心期刊),根据笔者的理解分为基础、应用和综合研究论文三类:

1. 基础研究类论文

➢ 张成渝、谢凝高:《"真实性和完整性"原则与世界遗产保护》,《北京大学学报(哲学社会科学版)》,2003 年第 2 期。

➢ 王林:《中外历史文化遗产保护制度比较》,《城市规划》,2003 年第 2 期。

➢ 俞孔坚、方琬丽:《中国工业遗产初探》,《建筑学报》,2006 年第 8 期。

➢ 杨丽霞、喻学才:《中国文化遗产保护利用研究综述》,《旅游学刊》,2004 年第 4 期。

➢ 何星亮:《非物质文化遗产的保护与民族文化现代化》,《中南民族大学学报(人文社会科学版)》,2005 年第 3 期。

➢ 陶伟:《中国世界遗产地的旅游研究进展》,《城市规划汇刊》,2002 年第 3 期。

➢ 刘锡诚:《非物质文化遗产的文化性质问题》,《西北民族研究》,2005 年第 1 期。

➢ 张成渝:《〈世界遗产公约〉中两个重要概念的解析与引申:论世界遗产的"真实性"和"完整性"》,《北京大学学报(自然科学版)》,2004 年第 1 期。

➢ 吴晓隽:《文化遗产旅游的真实性困境研究》,《思想战线》,2004 年第 2 期。

➢ 陈淳、顾伊:《文化遗产保护的国际视野》,《复旦学报(社会科学版)》,2003 年第 4 期。

➢ 陈庆云:《非物质文化遗产保护法律问题研究》,《中央民族大学学报》,2006 年第 1 期。

➢ 陶伟、岑倩华:《国外遗产旅游研究 17 年:Annals of Tourism Research 反映的学术态势》,《城市规划汇刊》,2004 年第 1 期。

➢ 闵庆文:《全球重要农业文化遗产:一种新的世界遗产类型》,《资源科学》,2006 年第 4 期。

➢ 苑利:《日本文化遗产保护运动的历史和今天》,《西北民族研究》,2004 年第 2 期。

- 董晓萍:《非物质文化遗产与民俗评估》,《北京师范大学学报(社会科学版)》,2005 年第 5 期。
- 徐嵩龄:《西欧国家文化遗产管理制度的改革及对中国的启示》,《清华大学学报(哲学社会科学版)》,2005 年第 2 期。
- 李文华、闵庆文、孙业红:《自然与文化遗产保护中几个问题的探讨》,《地理研究》,2006 年第 4 期。
- 刘振礼:《世界遗产保护若干问题思辨》,《旅游学刊》,2005 年第 6 期。
- 彭岚嘉:《物质文化遗产与非物质文化遗产的关系》,《西北师范大学学报(社会科学版)》,2006 年第 6 期。
- 李荣启:《浅论非物质文化遗产的分类保护》,《广西民族研究》,2006 年第 2 期。
- 马晓京:《国外民族文化遗产旅游原真性问题研究述评》,《广西民族研究》,2006 年第 3 期。

2. 应用研究类论文

- 王兴斌:《中国自然文化遗产管理模式的改革》,《旅游学刊》,2002 年第 5 期。
- 阮仪三、邵甬、林林:《江南水乡城镇的特色、价值及保护》,《城市规划汇刊》,2002 年第 1 期。
- 熊侠仙、张松、周俭:《江南古镇旅游开发的问题与对策——对周庄、同里、甪直旅游状况的调查分析》,《城市规划汇刊》,2002 年第 6 期。
- 徐嵩龄:《中国遗产旅游业的经营制度选择——兼评"四权分离与制衡"主张》,《旅游学刊》,2002 年第 4 期。
- 徐嵩龄:《中国的世界遗产管理之路——黄山模式评价及其更新》(上、下),《旅游学刊》,2002 年第 6 期;2003 年第 2 期。
- 邵甬、阮仪三:《关于历史文化遗产保护的法制建设——法国历史文化遗产保护制度发展的启示》,《城市规划汇刊》,2002 年第 3 期。
- 张朝枝、保继刚、徐红罡:《旅游发展与遗产管理研究:公共选择与制度分析的视角——兼遗产资源管理研究评述》,《旅游学刊》,2004 年第 5 期。
- 李伟、俞孔坚、李迪华:《遗产廊道与大运河整体保护的理论框架》,《城市问题》,2004 年第 1 期。
- 阮仪三、张松:《产业遗产保护推动都市文化产业发展——上海文化产业区面临的困境与机遇》,《城市规划汇刊》,2004 年第 4 期。
- 谢凝高:《索道对世界遗产的威胁》,《旅游学刊》,2000 年第 6 期。

- 俞孔坚、李伟、李迪华、李春波、黄刚、刘海龙:《快速城市化地区遗产廊道适宜性分析方法探讨——以台州市为例》,《地理研究》,2005年第1期。
- 罗佳明:《我国自然与文化遗产可持续发展的组织体系建设》,《旅游学刊》,2003年第1期。
- 卢松、陆林、徐茗、梁栋栋、王莉、王咏、杨钊:《古村落旅游地旅游环境容量初探——以世界文化遗产西递古村落为例》,《地理研究》,2005年第4期。
- 阮仪三、张艳华:《上海城市遗产保护观念的发展及对中国名城保护的思考》,《城市规划学刊》,2005年第1期。
- 贺静、唐燕、陈欣欣:《新旧街区互动式整体开发——我国大城市传统街区保护与更新的一种模式》,《城市规划》,2003年第4期。
- 邵甬、阮仪三:《市场经济背景下的城市遗产保护——以上海市卢湾区思南路花园住宅区为例》,《城市规划汇刊》,2003年第2期。
- 郭剑英、王乃昂:《敦煌旅游资源非使用价值评估》,《资源科学》,2005年第5期。
- 林庆:《云南非物质文化遗产的保护和开发》,《云南社会科学》,2004年第4期。
- 罗佳明:《论遗产型目的地营销——以四川省乐山市为例》,《旅游学刊》,2002年第3期。
- 张瑛、高云:《少数民族非物质文化遗产保护与旅游行政管理研究——以云南民族歌舞为例》,《贵州民族研究》,2006年第4期。
- 周俭、张松、王骏:《保护中求发展 发展中守特色——世界遗产城市丽江发展概念规划要略》,《城市规划汇刊》,2003年第2期。
- 张松:《上海产业遗产的保护与适当再利用》,《建筑学报》,2006年第8期。
- 梁栋栋、陆林:《古村落型旅游地土地利用的初步研究——世界文化遗产黟县西递案例分析》,《经济地理》,2005年第4期。
- 林锦屏、周鸿、何云红:《纳西东巴民族文化传统传承与乡村旅游发展研究——以云南丽江三元村乡村旅游开发为例》,《人文地理》,2005年第5期。
- 胡绍华、阚如良、曹诗图:《宜昌非物质文化遗产旅游开发研究》,《特区经济》,2006年第9期。
- 鲁东明、潘云鹤、陈任:《敦煌石窟虚拟重现与壁画修复模拟》,《测绘学报》,2002年第1期。
- 蒋宁:《浅谈风景名胜区内旅游索道存在的合理性》,《旅游学刊》,2000年第

6 期。
- 张朝枝、徐红罡、保继刚:《世界遗产地内索道乘客的特征、满意度及其影响——武陵源案例研究》,《旅游学刊》,2005 年第 3 期。
- 刘沛林、Abby Liu、Geoff Wall:《生态博物馆理念及其在少数民族社区景观保护中的作用——以贵州梭嘎生态博物馆为例》,《长江流域资源与环境》,2005 年第 2 期。
- 黄松:《新疆地质遗迹的分布特征与保护开发》,《地理学报》,2006 年第 3 期。
- 宋振春、朱冠梅:《世界文化遗产旅游深度开发研究——以曲阜为例》,《旅游学刊》,2007 年第 5 期。
- 许抄军、刘沛林、王良健、陈友龙:《历史文化古城的非利用价值评估研究——以凤凰古城为例》,《经济地理》,2005 年第 2 期。
- 张晓、钱薏红:《自然文化遗产对当地农村社区发展的影响——以北京市为例》,《旅游学刊》,2006 年第 2 期。
- 姚亦锋:《论南京自然地形与古都风貌保护规划》,《长江流域资源与环境》,2002 年第 2 期。
- 张松:《上海城市遗产的保护策略》,《城市规划》,2006 年第 2 期。

3. 综合研究类论文
- 吴必虎、李咪咪、黄国平:《中国世界遗产地保护与旅游需求关系》,《地理研究》,2002 年第 5 期。
- 阮仪三、肖建莉:《寻求遗产保护和旅游发展的"双赢"之路》,《城市规划》,2003 年第 6 期。
- 陶伟:《中国"世界遗产"的可持续旅游发展研究》,《旅游学刊》,2000 年第 5 期。
- 王建国、蒋楠:《后工业时代中国产业类历史建筑遗产保护性再利用》,《建筑学报》,2006 年第 8 期。
- 王景慧:《城市历史文化遗产保护的政策与规划》,《城市规划》,2004 年第 10 期。
- 陈耀华、赵星烁:《中国世界遗产保护与利用研究》,《北京大学学报(自然科学版)》,2003 年第 4 期。
- 李伟、俞孔坚:《世界文化遗产保护的新动向——文化线路》,《城市问题》,2005 年第 4 期。
- 倪依克、胡小明:《论民族传统体育文化遗产保护》,《体育科学》,2006 年第

8 期。
- 李蕾蕾、Dietrich Soyez:《中国工业旅游发展评析:从西方的视角看中国》,《人文地理》,2003 年第 6 期。
- 阮仪三、张艳华、应臻:《再论市场经济背景下的城市遗产保护》,《城市规划》,2003 年第 12 期。
- 梁学成:《对世界遗产的旅游价值分析与开发模式研究》,《旅游学刊》,2006 年第 6 期。
- 朱建安:《世界遗产旅游发展中的政府定位研究》,《旅游学刊》,2004 年第 4 期。
- 阮仪三、严国泰:《历史名城资源的合理利用与旅游发展》,《城市规划》,2003 年第 4 期。
- 石雷、邹欢:《城市历史遗产保护:从文物建筑到历史保护区》,《世界建筑》,2001 年第 6 期。
- 张成渝、谢凝高:《世纪之交中国文化和自然遗产保护与利用的关系》,《人文地理》,2002 年第 1 期。
- 康延兴:《论图书馆保护非物质文化遗产的职能》,《图书馆建设》,2005 年第 6 期。
- 刘茜:《试用科学发展观认识非物质文化遗产保护与旅游发展》,《西北民族研究》,2005 年第 2 期。
- 萧放:《传统节日:一宗重大的民族文化遗产》,《北京师范大学学报(社会科学版)》,2005 年第 5 期。
- 徐赣丽:《非物质文化遗产的开发式保护框架》,《广西民族研究》,2005 年第 4 期。
- 苟自钧:《中国自然文化遗产要走专业化经营管理之路》,《经济经纬》,2002 年第 1 期。
- 陈天培:《非物质文化遗产是重要的区域旅游资源》,《经济经纬》,2006 年第 2 期。
- 贺李萱、赵民:《旧城改造中历史文化遗产保护的经济分析》,《城市规划》,2002 年第 7 期。
- 周俭,张恺:《建筑、城镇、自然风景——关于城市历史文化遗产保护规划的目标、对象与措施》,《城市规划汇刊》,2001 年第 4 期。
- 朱竑、李鹏、吴旗涛:《中国世界遗产类旅游产品的感知度研究》,《旅游学刊》,2005 年第 5 期。

- 林王晓:《非物质文化遗产视野下民族传统体育保护的若干思考》,《上海体育学院学报》,2007年第1期。
- 陈述彭、黄翀:《文化遗产保护与开发的思考》,《地理研究》,2005年第4期。
- 刘建平、刘向阳:《区域红色文化遗产资源整合开发探析》,《湘潭大学学报(哲学社会科学版)》,2006年第5期。
- 张军:《论无形文化遗产在旅游开发中的有形化利用》,《中南民族大学学报(人文社会科学版)》,2005年第3期。
- 阮仪三:《冷眼看热潮——申报世界遗产和保护历史文化遗存》,《城市规划汇刊》,2000年第6期。
- 周真刚、胡朝相:《论生态博物馆社区的文化遗产保护》,《贵州民族研究》,2002年第2期。
- 刘建平、陈姣凤、林龙飞:《论旅游开发与非物质文化遗产保护》,《贵州民族研究》,2007年第3期。
- 陶伟、田银生、吴霞:《世界遗产中古城研究方法与内容初探》,《地理研究》,2002年第2期。
- 张博、程圩:《文化旅游视野下的非物质文化遗产保护》,《人文地理》,2008年第1期。
- 张松、周瑾:《论近现代建筑遗产保护的制度建设》,《建筑学报》,2005年第7期。
- 姜睿:《旅游与遗产保护》,《商业研究》,2001年第7期。
- 王建国、彭韵洁、张慧、王彦:《瑞士产业历史建筑及地段的适应性再利用》,《世界建筑》,2006年第5期。
- 黄涛:《论非物质文化遗产的情境保护》,《中国人民大学学报》,2006年第5期。
- 黄涛:《保护传统节日文化遗产与构建和谐社会》,《中国人民大学学报》,2007年第1期。
- 李和平:《论历史环境中非物质形态遗产的保护》,《城市规划学刊》,2006年第2期。
- 厉以猷:《中国世界遗产地边缘特征及其思考》,《旅游学刊》,2005年第3期。
- 符全胜、盛昭瀚:《中国文化自然遗产管理评价的指标体系初探》,《人文地理》,2004年第5期。
- 张建雄、江月兰、刘学谦:《更多民族传统体育项目走进高校的战略思考》,

《武汉体育学院学报》,2004 年第 6 期。

这些论文大致可以反映中国有关遗产研究的主题、热点、关注点、类型。

三、国家级课题

国家社会科学基金 2004—2010 年支持的普通项目中含有"遗产"一词的部分项目

时间	项目名称	负责人	项目类别
2004	中国少数民族口头和非物质遗产抢救保护和人的发展政策研究	赵学义	重点项目
2005	民俗文化遗产保护与社会发展研究	刘铁梁	一般项目
	内蒙古民族民间文学遗产数据库	巴·布和朝鲁	一般项目
	岭南走廊·潇贺段文化遗产的人类学研究	彭兆荣	一般项目
	西南少数民族金属工艺文化遗产保护调查研究	张建世	一般项目
2006	黄河上游小民族非物质文化遗产的抢救与保护研究	马成俊	一般项目
2007	唐蕃古道文化遗产的人类学研究	曹娅丽	一般项目
	文化遗产保护与民族发展研究	张铭心	一般项目
	陕北历史民俗与非物质文化遗产研究	刘蓉	一般项目
2008	世界文化遗产保护与利用的人类学研究	李继群	青年项目
2009	泉州木偶戏文化遗产的人类学研究	魏爱棠	一般项目
2010	我国历史镇村文化遗产保护利用的实证研究	周乾松	一般项目
	"十二五"时期中国遗产旅游资源管理战略研究	邹统钎	一般项目
	新疆自然遗产旅游保护性开发研究	刘旭玲	青年项目
	藏族古代史论遗产的发掘与整理研究	叶拉太	一般项目
	中国西部岩画文化遗产的保护、开发与利用研究专著	张亚莎	一般项目

国家社会科学基金支持的科研项目,在 2004—2014 年十年间,题目中含有"遗产"二字的项目共 192 项,从这些项目中大致可以了解到中国遗产研究的一些方面。

国家社会科学基金 2004—2010 年支持的西部项目中含有"遗产"一词的部分项目

时间	项目名称	负责人	工作单位	预期成果
2004	西部大开发中新疆少数民族文化遗产的保护和立法研究	白京兰	新疆大学法学院	论文(集)、研究报告
	内蒙古民族民俗文化遗产数据库	毅松	内蒙古社会科学院民族研究所	电脑软件
	宁夏民族文化遗产保护与开发研究	薛正昌	宁夏社会科学院	专著、论文(集)
	乌江流域非物质文化遗产抢救与保护	戴伟	涪陵师范学院	专著、研究报告
	重庆非物质文化遗产保护对区域经济发展的作用	牟延林	渝西学院	研究专著
2005	建设丝绸之路世界遗产,加速西北文化旅游产业健康可持续发展	邓华陵	西北师范大学	论文(集)、研究报告
	非物质文化遗产保护与壮族民歌习俗传承现状的跨学科调查和研究	覃德清	广西师范大学壮学研究所	专著
	蒙古族非物质文化遗产的抢救与发掘研究专著	巴特尔	内蒙古师范大学社会学民俗学系	研究报告
	非物质文化遗产保护与壮族民歌习俗传承现状的跨学科调查和研究	覃德清	广西师范大学壮学研究所	专著
	维吾尔族非物质文化遗产保护研究以麦西莱甫文化为例	热·依拉·达吾提	新疆大学	论文(集)
	新疆喀什非物质文化遗产保护研究	阿不都克里木·热合曼	新疆大学人文学院	专著、研究报告
	民族自治地方少数民族非物质文化遗产法律保护问题研究	包桂荣	内蒙古财经学院	专著、研究报告
	西南少数民族非物质文化遗产保护研究——总论和若干濒危珍贵遗产抢救	东人达	重庆三峡学院民族学系	专著
2006	基于反求工程的贵州少数民族文化遗产的保护和开发研究	邱望标	贵州大学	研究报告

续表

2007	青藏农牧区基层民族历史文化遗产调查与保护研究	徐世和	青海民族学院社会发展学院	专著
	构建中国西部丝绸之路沿线非物质文化遗产保护体系	李颖科	西安市社会科学院	专著、电脑软件
	贵州非物质文化遗产问题研究	申茂平	贵州省政府发展研究中心	专著
2008	滇藏茶马古道文化遗产廊道研究	王丽萍	昆明大学	研究报告
	坡芽歌书的传承与保护：非物质文化遗产的个案研究	王志芬	云南大学民族研究院	专著
	贵州苗族独木龙舟文化研究——非物质文化遗产保护的边界	卢塞军	贵州师范大学	研究报告
	少数民族地区世界遗产地的生态文明建设研究——以云南为例	杨桂芳	丽江师范高等专科学校	专著
2009	知识产权视野下的非物质文化遗产开发性保护实证研究：以贵州为重点	邓志新	贵州师范大学法学院	论文(集)、研究报告
	吐鲁番地区维吾尔族非物质文化遗产保护研究	田振江	石河子大学	研究报告
	土家族织锦遗产的数字化保护与应用研究	李军	湖北民族学院信息工程学院	研究报告、电脑软件
	中国西部少数民族文化遗产	胡鸣	贵州大学经济学院	论文(集)、研究报告
2010	西南民族地区非物质文化遗产的法律保护问题研究	苟园	昆明学院思想政治理论课教学科研部	研究报告

国家社会科学基金 2004—2013 年支持的重大招标项目中含有"遗产"一词的部分项目

学科分类	项目名称	时间	负责人
中国历史	闽台海洋民俗文化遗产资源调查与研究	2013	张先清
中国历史	西藏非物质文化遗产的整理、传承研究与数字化保护	2013	阿旺晋美
体育学	中国体育非物质文化遗产资源数据库建设研究	2013	陈小蓉
管理学	我国城市近现代工业遗产保护体系研究	2012	徐苏斌

续表

考古学	我国线性文化遗产保护及时空可视分析技术研究	2012	张加万
宗教学	"世界记忆遗产"东巴经典传承体系数字化国际共享平台建设研究	2012	徐小力
中国历史	内蒙古蒙古族非物质文化遗产跨学科调查研究	2012	色音
中国历史	我国非物质文化遗产名录体系与资源图谱研究	2012	蔡丰明
中国历史	中国非物质文化遗产体系探索研究	2011	彭兆荣
宗教学	中国宗教艺术遗产调查与数字化保存整理研究	2011	邓启耀
中国历史	环中国海海洋文化遗产调查研究	2010	吴春明

相信还有很多标题中不含"遗产"的项目实际上做的也是遗产研究，鉴于方便和直接的关系，这里列出的项目均为题目中含有"遗产"一词的，大致可以反映国家对遗产研究的方向性指导，以及从事遗产研究的相关学者近期的关注点等情况。

四、网站

联合国教科文组织：http://www.unesco.org/new/en/unesco

联合国教科文组织世界遗产中心：http://whc.unesco.org

国际古迹遗址理事会：http://www.icomos.org

世界遗产城市联盟：http://www.ovpm.org

国际文物保护修复研究中心：http://www.iccrom.org

世界自然保护联盟：www.iucn.org

亚太地区世界遗产培训与研究中心：http://www.whitrap.org

中国联合国教科文组织全国委员会：http://www.unesco.org.cn

中华人民共和国国家文物局：http://www.sach.gov.cn

中国国家博物馆：http://www.chnmuseum.cn

中国历史文化遗产保护网：http://www.wenbao.net

中国非物质文化遗产网·中国非物质文化遗产数字博物馆：http://www.ihchina.cn

中国非物质文化遗产名录数据库系统：http://fy.folkw.com/index.asp

中国非物质文化遗产研究院：http://www.caich.cn/index.html

此外，还有很多相关机构的网址，详见本节前面有关遗产研究"机构"的部分，不再重复。通过以上专著、期刊和论文、科研项目及网站四部分简介，中国遗产研究资源便有了一个基本的面貌。

后　记

　　本书是国家重大课题"中国非物质文化遗产体系探索研究"的一部分,是课题团队集体协作的成果。全书由我本人设计、规划、统稿。在本书"中国遗产体系"一章里的主要观点来自本人撰写的《生生遗续　代代相承——中国非物质文化遗产体系研究》一书。

　　各章写作者名单:第一章"联合国教科文组织遗产体系":李春霞(四川大学教授、博士,美国伯克利加州大学访问学者);第二章"法国遗产体系":范靖鸣[法国巴黎大学(十大)人类学博士候选人]、李菲(四川大学副教授、博士,美国伯克利加州大学访问学者);第三章"日本遗产体系":孙洁(日本东北大学环境社会人类学博士,日本国立民族学博物馆共同研究员,日本文教大学言语文化研究所客座研究员)、张颖(四川美术学院中国艺术遗产研究中心副主任、副教授、博士、博士后,日本东京大学访问学者);第四章第一、二节:李春霞,第三、四节:金露(宁波大学副教授、博士,美国伯克利加州大学访问学者);第五章"澳大利亚遗产体系":路芳(云南民族大学教授、博士,澳大利亚国立大学人类学系访问学者);第六章"中国遗产体系":李春霞。

　　由于本重大课题按计划于2015年结题,所以本书所使用和采集的材料、数据的截止时间主要到2014年12月。课题于2016年顺利结题,2018年课题成果在北京大学出版社出版,期间有三年的跨度。因此,部分数据已经不是最新的;另外,我国的一些部委近期进行调整,为忠实历史,本书中仍使用原国家机构的名称。关于网络材料的问题,本书中除了作者在现场取的资料,文献资料之外,相当部分取自于相关的网站,这些网站全都是权威性的官方网站。特此说明。

　　特别感谢四川美术学院对丛书的资助。感谢北京大学出版社张冰主任的支持。感谢初艳红编辑为编辑此丛书所付出的劳动。

彭兆荣
2018年2月20日于厦门大学